# 编委会

**全国普通高等院校旅游管理专业类"十三五"规划教材**
**教育部旅游管理专业本科综合改革试点项目配套规划教材**

## 总主编

马 勇　　教育部高等学校旅游管理类专业教学指导委员会副主任
　　　　　中国旅游协会教育分会副会长
　　　　　中组部国家"万人计划"教学名师
　　　　　湖北大学旅游发展研究院院长，教授、博士生导师

## 编 委（排名不分先后）

田 里　　教育部高等学校旅游管理类专业教学指导委员会主任
　　　　　云南大学工商管理与旅游管理学院原院长，教授、博士生导师
高 峻　　教育部高等学校旅游管理类专业教学指导委员会副主任
　　　　　上海师范大学旅游学院副院长，教授、博士生导师
韩玉灵　　全国旅游职业教育教学指导委员会秘书长
　　　　　北京第二外国语学院旅游管理学院教授
罗兹柏　　中国旅游未来研究会副会长，重庆旅游发展研究中心主任，教授
郑耀星　　中国旅游协会理事，福建师范大学旅游学院教授、博士生导师
董观志　　暨南大学旅游规划设计研究院副院长，教授、博士生导师
王 琳　　海南大学旅游学院院长，教授
梁文慧　　澳门城市大学副校长，澳门城市大学国际旅游与管理学院院长，教授、博士生导师
薛兵旺　　武汉商学院旅游与酒店管理学院院长，教授
舒伯阳　　中南财经政法大学工商管理学院教授、博士生导师
朱运海　　湖北文理学院管理学院副教授
罗伊玲　　昆明学院旅游管理专业副教授
杨振之　　四川大学中国休闲与旅游研究中心主任，四川大学旅游学院教授、博士生导师
黄安民　　华侨大学城市建设与经济发展研究院常务副院长，教授
张胜男　　首都师范大学资源环境与旅游学院副教授
毕斗斗　　华南理工大学经济与贸易学院副教授
史万震　　常熟理工学院经济与管理学院酒店管理系副教授
黄光文　　南昌大学经济与管理学院旅游管理系教研室主任，副教授
窦志萍　　昆明学院旅游学院教授，《旅游研究》杂志主编
李 玺　　澳门城市大学国际旅游与管理学院副院长，教授、博士生导师
王春雷　　上海对外经贸大学中德合作会展专业副教授
朱 伟　　河南师范大学旅游学院教授
邓爱民　　中南财经政法大学旅游管理系主任，教授、博士生导师
程丛喜　　武汉轻工大学旅游管理系主任，教授
周 霄　　武汉轻工大学旅游研究中心主任，副教授
黄其新　　江汉大学商学院副院长，副教授
何 彪　　海南大学旅游学院会展系主任，副教授

全国普通高等院校旅游管理专业类"十三五"规划教材
教育部旅游管理专业本科综合改革试点项目配套规划教材

总主编 ◎ 马 勇

# 酒店前厅客房管理
## Hotel Front Office and Housekeeping Management

主　编 ◎ 罗　伟　刘保丽
副主编 ◎ 江东芳　张　苛
参　编 ◎ 郭　瑞　陈惠敏　杨向格

华中科技大学出版社
http://www.hustp.com
中国·武汉

## 内 容 提 要

本书针对酒店前厅客房服务与管理的工作内容、程序和方法进行了系统全面的介绍，共分为三个部分。第一部分是酒店前厅部服务与管理，包括前厅部概述、前厅部接待业务管理、前厅部日常服务与管理、前厅部销售管理、前厅部客房价格管理和前厅部宾客关系管理等六章内容；第二部分是酒店客房部服务与管理，包括客房部概述、客房部清洁卫生管理、客房部对客服务与管理、客房部设备用品管理、客房部安全管理和客房部服务质量管理等六章内容；第三部分介绍了酒店前厅客房服务管理存在的问题、解决对策与未来发展趋势。

本书内容覆盖面广，深入浅出，通俗易懂，注重管理理论与酒店实践、服务技能与管理水平相结合，既可作为普通高等院校旅游管理、酒店管理专业学生的教材，又可作为酒店从业人员与管理培训人员的参考用书。

**图书在版编目(CIP)数据**

酒店前厅客房管理/罗伟，刘保丽主编. —武汉：华中科技大学出版社，2017.3(2021.12重印)
全国高等院校旅游管理专业类"十三五"规划教材
ISBN 978-7-5680-2593-5

Ⅰ. ①酒… Ⅱ. ①罗… ②刘… Ⅲ. ①饭店-客房-商业管理-高等学校-教材 Ⅳ. ①F719.2

中国版本图书馆 CIP 数据核字(2017)第 033141 号

**酒店前厅客房管理**　　　　　　　　　　　　　　　　罗　伟　刘保丽　主编
Jiudian Qianting Kefang Guanli

| | |
|---|---|
| 策划编辑： | 李　欢　周清涛 |
| 责任编辑： | 李家乐 |
| 封面设计： | 原色设计 |
| 责任校对： | 张会军 |
| 责任监印： | 周治超 |
| 出版发行： | 华中科技大学出版社(中国·武汉)　　电话：(027)81321913 |
| | 武汉市东湖新技术开发区华工科技园　　邮编：430223 |
| 录　　排： | 华中科技大学惠友文印中心 |
| 印　　刷： | 武汉市籍缘印刷厂 |
| 开　　本： | 787mm×1092mm　1/16 |
| 印　　张： | 20　插页：2 |
| 字　　数： | 487千字 |
| 版　　次： | 2021年12月第1版第4次印刷 |
| 定　　价： | 48.00元 |

本书若有印装质量问题，请向出版社营销中心调换
全国免费服务热线：400-6679-118　竭诚为您服务
版权所有　侵权必究

# 总　序

　　旅游业在现代服务业大发展的机遇背景下，对全球经济贡献巨大，成为世界经济发展的亮点。国务院已明确提出，将旅游产业确立为国民经济战略性的支柱产业和人民群众满意的现代服务业。由此可见，旅游产业已发展成为拉动经济的重要引擎。中国的旅游产业未来的发展受到国家高度重视，旅游产业强劲的发展势头、巨大的产业带动性必将会对中国经济的转型升级和可持续发展产生良好的推动作用。伴随着中国旅游产业发展规模的不断扩大，未来旅游产业发展对各类中高级旅游人才的需求将十分旺盛，这也将有力地推动中国高等旅游教育的发展步入快车道，以更好地适应旅游产业快速发展对人才需求的大趋势。

　　教育部2012年颁布的《普通高等学校本科专业目录（2012年）》中，将旅游管理专业上升为与工商管理学科平行的一级大类专业，同时下辖旅游管理、酒店管理和会展经济与管理三个二级专业。这意味着，新的专业目录调整为全国高校旅游管理学科与专业的发展提供了良好的发展平台与契机，更为培养21世纪旅游行业优秀旅游人才奠定了良好的发展基础。正是在这种旅游经济繁荣发展和对旅游人才需求急剧增长的背景下，积极把握改革转型发展机遇，整合旅游教育资源，为我国旅游业的发展提供强有力的人才保证和智力支持，让旅游教育发展进入更加系统、全方位发展阶段，出版高品质和高水准的"全国普通高等院校旅游管理专业类'十三五'规划教材"则成为旅游教育发展的迫切需要。

　　基于此，在教育部高等学校旅游管理类专业教学指导委员会的大力支持和指导下，华中科技大学出版社汇聚了国内一大批高水平的旅游院校国家教学名师、资深教授及中青年旅游学科带头人，对"十三五"规划教材做出积极探索，率先组织编撰出版"全国普通高等院校旅游管理专业类'十三五'规划教材"。该套教材着重于优化专业设置和课程体系，致力于提升旅游人才的培养规格和育人质量，并纳入教育部旅游管理本科综合改革项目配套规划教材的编写和出版，以更好地适应教育部新一轮学科专业目录调整后旅游管理大类高等教育发展和学科专业建设的需要。该套教材特邀教育部高等学校旅游管理类专业教学指导委员会副主任、中国旅游协会教育分会副会长、中组部国家"万人计划"教学名师、湖北大学旅游发展研究院院长马勇教授担任总主编。同时邀请了全国近百所开设旅游管理本科专业的高等学校知名教授、学科带头人和一线骨干专业教师，以及旅游行业专家、海外专业师资等加盟编撰。

　　该套教材从选题策划到成稿出版，从编写团队到出版团队，从内容组建到内容创新，均展现出极大的创新和突破。选题方面，首批主要编写旅游管理专业类核心课程教材、旅游管理专业类特色课程教材，产品设计形式灵活，融合互联网高新技术，以多元化、更具趣味性的形式引导学生学习，同时辅以形式多样、内容丰富且极具特色的图片案例、视频案例，为配套数字出版提供技

支持。编写团队均是旅游学界具有代表性的权威学者，出版团队为华中科技大学出版社专门建立的旅游项目精英团队。在编写内容上，结合大数据时代背景，不断更新旅游理论知识，以知识导读、知识链接和知识活页等板块为读者提供全新的阅读体验。

  在旅游教育发展改革的新形势、新背景下，旅游本科教材需要匹配旅游本科教育需求。因此，编写一套高质量的旅游教材是一项重要的工程，更是承担着一项重要的责任。我们需要旅游专家学者、旅游企业领袖和出版社的共同支持与合作。在本套教材的组织策划及编写出版过程中，得到了旅游业内专家学者和业界精英的大力支持，在此一并致谢！希望这套教材能够为旅游学界、业界和各位对旅游知识充满渴望的学子们带来真正的养分，为中国旅游教育教材建设贡献力量。

丛书编委会

2015 年 7 月

# 前 言

## Preface

2015年,我国旅游产业保持较快发展,国内旅游市场持续高速增长,入境旅游市场平稳回升,出境旅游市场增速放缓。据《2015年中国旅游业统计公报》显示,全国10550家星级酒店共拥有客房146.3万间,床位259.4万个,其中五星级酒店789家,四星级酒店2375家,三星级酒店5098家,二星级酒店2197家,一星级酒店91家;拥有固定资产原值5461.3亿元,实现营业收入总额2106.8亿元,上缴营业税金136.5亿元,全年平均客房出租率为54.2%。2016年9月,喜达屋酒店与度假酒店国际集团正式加入万豪国际集团。至此,万豪国际集团旗下汇聚了30个领先酒店品牌,在全球110多个国家和地区拥有逾5700家酒店,客房总数超过110万间,成为全球最大的酒店集团。

旅游产业与酒店行业的快速发展,为我国旅游与酒店管理高等教育带来了前所未有的机遇,也带来了巨大的挑战。在"十三五"的开局之年,为了加快推进应用型、国际化、精英型人才的培养,向社会输出更多优秀的酒店服务与管理人才,我们组建团队编写了这本教材。本教材是武汉轻工大学校级青年教学研究项目和"饭店管理"校级精品资源课程的立项建设成果,在编写过程中不仅注重将酒店前厅客房服务技能的提升和酒店管理水平的提升相结合,而且注重将酒店服务理论知识和酒店管理实践相结合。本教材不仅适合高等院校旅游与酒店管理专业师生使用,同时也可作为酒店从业人员与培训人员的必备参考用书。

本教材由武汉轻工大学旅游管理系罗伟副教授、武汉生物工程学院旅游管理系刘保丽老师担任主编并负责全书编写大纲的拟定和统稿工作,郑州工业应用技术学院江东芳、张苛两位老师担任副主编,无锡城市职业技术学院郭瑞老师、郑州科技学院陈惠敏老师和郑州铁路职业技术学院杨向格老师参与编写。各章节编写分工如下:罗伟(第七、八、九章),刘保丽(第十二、十三章),江东芳(第一、六章),张苛(第三、五章),郭瑞(第十、十一章),陈惠敏(第二章),杨向格(第四章)。武汉轻工大学经济与管理学院硕士研究生周慧琳、田野参与了大量文献资料的收集整理和全书文字的校对工作。

本教材在编写过程中,力求反映酒店前厅客房服务与管理的最新理念和方法,参考了许多国内外的文献、书籍和互联网资料,吸收了国内外学者的最新研究成果,在此谨向各位专家、学者表示衷心的感谢。本书的编写和出版得到了武汉轻工大学经济与管理学院、教务

处、教师发展中心,华中科技大学出版社及各作者所在高校的大力支持与帮助,在此一并致谢。由于时间有限,加之作者水平有限,本教材难免有不足和疏漏之处,敬请各位学界同仁和广大读者不吝赐教、批评指正,以便再版时修改和完善。

罗 伟

2016 年 11 月于武汉金银湖畔

# 目 录

## Contents

**第一章　前厅部概述** ... 1
　　第一节　前厅部概况　　　　　　　　　　　　　　　　　　　/1
　　第二节　前厅部的组织结构及岗位职责　　　　　　　　　　　/6
　　第三节　前厅部的业务特点及业务流程　　　　　　　　　　　/12
　　第四节　前厅部工作人员的素质要求　　　　　　　　　　　　/17

**第二章　前厅部接待业务管理** ... 26
　　第一节　客房预订管理　　　　　　　　　　　　　　　　　　/26
　　第二节　前厅接待服务　　　　　　　　　　　　　　　　　　/40
　　第三节　收银业务管理　　　　　　　　　　　　　　　　　　/48
　　第四节　前厅部其他服务管理　　　　　　　　　　　　　　　/53
　　第五节　行政楼层管理　　　　　　　　　　　　　　　　　　/64

**第三章　前厅部日常服务与管理** ... 69
　　第一节　门童与行李服务　　　　　　　　　　　　　　　　　/69
　　第二节　商务中心　　　　　　　　　　　　　　　　　　　　/81
　　第三节　机场代表与车辆服务　　　　　　　　　　　　　　　/83
　　第四节　金钥匙服务理念　　　　　　　　　　　　　　　　　/85

**第四章　前厅部销售管理** ... 93
　　第一节　前厅客房销售计划　　　　　　　　　　　　　　　　/93
　　第二节　前厅销售产品分析　　　　　　　　　　　　　　　　/95
　　第三节　客房分配的艺术　　　　　　　　　　　　　　　　　/97
　　第四节　前厅销售的艺术和技巧　　　　　　　　　　　　　　/98

**第五章　前厅部客房价格管理** ... 106
　　第一节　客房价格管理的原则与目标　　　　　　　　　　　　/106

  第二节 客房价格的特点、构成与影响因素 /110
  第三节 客房定价的方法 /114
  第四节 客房价格的控制与调整 /117

## 第六章 前厅部宾客关系管理 124

  第一节 大堂副理的岗位职责及素质要求 /124
  第二节 客史档案的建立及其内容 /127
  第三节 掌握与客人沟通的技能 /131
  第四节 正确处理客人的投诉 /135

## 第七章 客房部概述 143

  第一节 客房的基本类型 /143
  第二节 客房部的地位及任务 /147
  第三节 客房部组织机构 /150
  第四节 客房部的岗位职责及素质要求 /151
  第五节 客房部与其他部门的沟通 /165

## 第八章 客房部清洁卫生管理 171

  第一节 客房清洁剂与清洁用具 /171
  第二节 客房清洁卫生服务 /177
  第三节 公共区域的清洁保养 /187
  第四节 客房清洁卫生质量控制 /191

## 第九章 客房部对客服务与管理 200

  第一节 客房部日常对客服务项目 /200
  第二节 客房部对客服务的特殊情况处理 /216
  第三节 客房部人员配备 /222
  第四节 客房部人员日常督导管理 /227

## 第十章 客房部设备用品管理 235

  第一节 客房设备管理 /235
  第二节 客房设备的清洁保养 /241
  第三节 客房用品管理 /243
  第四节 棉织品及洗衣房管理 /247

## 第十一章　客房部安全管理　259

　　第一节　客房安全管理概述　/259
　　第二节　防火与防盗　/262
　　第三节　其他事故的处理与防范　/267
　　第四节　客房部安全管理措施　/270

## 第十二章　客房部服务质量管理　273

　　第一节　客房服务的组织模式　/273
　　第二节　客房服务质量的特点和要求　/276
　　第三节　客房服务质量管理的方法　/280
　　第四节　提高客房服务质量的途径　/287

## 第十三章　酒店前厅客房服务管理的现状与发展趋势　294

　　第一节　酒店前厅部服务管理的现状与发展趋势　/294
　　第二节　酒店客房部服务管理的现状与发展趋势　/299

## 参考文献　/309

# 第一章

## 前厅部概述

**学习导引**

前厅部是现代酒店的关键部门,是联系宾客的"桥梁与纽带",是酒店的"神经中枢"与"橱窗"。本章通过学习前厅部的地位和作用、基本功能,前厅部的组织机构设置与职责,前厅部的环境氛围要求和对管理人员、服务人员的基本素质的要求,使学生对现代酒店前厅部有基本的认识。

**学习重点**

通过本章学习,重点掌握以下知识要点:
1. 前厅部的地位和作用;
2. 前厅部的任务;
3. 前厅部的组织结构类型;
4. 前厅部主要管理岗位职责;
5. 前厅部的业务流程。

## 第一节 前厅部概况

前厅被称为酒店的"门脸"或"门面",包括酒店的正门、总服务台、大堂经理处、大堂吧、客人休息区、商务中心、商场和公共洗手间等。前厅是客人办理入住登记手续、结账、休息和会客的公共场所,一般追求宁静、安逸、轻松的气氛。前厅是酒店客人抵达和离开的必经之地,也是对客服务开始和结束的地方,直接影响着客人对酒店整体的印象。

前厅部,又称为总服务台,或称为总台、前台等。它通常设在酒店的大堂,为客人提供客房预订、入住登记、电话、留言、问讯、票务、邮件、商务、外币兑换、委托代办、结账离店等服务项目。它负责推销酒店产品与服务,组织接待,调度酒店的各项经营业务,具有全面性、综合性和协调性的特点,是酒店的"神经中枢"。前厅部是整个酒店服务工作的核心,其运行的好

坏将直接影响到酒店的整体服务质量、管理水平、经济效益和市场形象。

酒店的前厅部是随着酒店业的发展才出现的。一般认为,酒店前厅起源于19世纪欧洲小酒店的吧台。世界上第一家设立前厅的酒店是1829年在美国波士顿开业的特里蒙特酒店(Tremont House)。特里蒙特酒店被称为第一座现代化酒店,也是第一座建有前厅,负责为客人办理入住、退房手续的酒店。

现代酒店的发展,推动了酒店前厅部功能的全面化,前厅部已经成为提供全方位、一条龙服务的综合性部门。

一、前厅部的地位和作用

前厅部是酒店对外经营的重要部门,担负着销售客房及酒店其他产品的重要任务。前厅部的运转及管理水平,直接影响着整个酒店的经营效果及市场形象。在现代化的星级酒店里,前厅部往往被认为是整个酒店的核心部门,有着举足轻重的地位,无论是前厅部的设置、员工的素质,还是管理的手段都要求高于其他部门。

(一)前厅部是酒店业务活动的中心

前厅部是酒店经营管理的"窗口",在酒店经营管理中起到了连接内外、协调整体的作用。前厅部的管理水平、工作程序和员工素质与表现,对酒店的形象和声誉都会产生重要影响。前厅部的主要任务有销售客房,为抵店的客人办理登记入住手续及安排住房,积极宣传和推销酒店的各种产品,并通过客房的销售来带动酒店其他各部门的经营活动。同时,前厅部还要及时将客源、客情、客人需求及投诉等各种信息通报有关部门,共同协调酒店的对客服务工作,以确保服务工作的效率和质量。同时,前厅部是客人与酒店联络的纽带。前厅部的工作从预订、登记入住到退房结账、建立客史档案,贯穿于客人在店消费的全过程。前厅部运转的好坏反映了酒店的服务质量和管理水平,并直接影响酒店的经济效益和市场形象。

(二)前厅部是酒店的形象代表

前厅部通常设置在酒店大堂最醒目的地方,是客人在酒店活动的必经之地。星级酒店的前厅一般装饰华丽、温度适宜、宽敞明亮,并有独特的香氛,给客人身体上和心理上带来一定的舒适感和优越感。一般情况下,酒店前厅的面积(不含总服务台、商场、商务中心、大堂酒吧、咖啡厅等前厅的营业区域面积)按客房间数推算比例确定,一般按照每间客房0.8~1.0平方米计算。也就是说,酒店规模越大,拥有的客房数量越多,其前厅面积越大。

良好的前厅环境会使客人对酒店产生良好的印象,但酒店前厅部工作人员的工作状态、对客服务的态度则会直接决定客人对酒店整体的评价(见图1-1)。前厅部是酒店对外的形象橱窗,在客人心目中它是酒店管理机构的代表,也是客人对酒店产生第一印象和最终印象的场所。客人办理入住登记、离店结算、问题咨询等都会在前厅寻求帮助,客人感到不满时投诉也会找前厅部。前厅工作人员的言行举止会给客人留下深刻的第一印象,客人入住期满离店时,也要经过大堂,前厅服务人员在为客人办理结算手续、送别客人时的工作表现,会给客人留下最后印象,如果前厅工作人员能够礼貌待客,以娴熟的技巧为客人提供服务,或妥善处理客人投诉,认真有效地帮助客人解决疑难问题,那么客人对酒店的其他服务,也会感到放心和满意。反之,客人对一切都会感到不满。

图 1-1　酒店大堂与服务人员

（三）前厅部是酒店管理机构的参谋和助手

前厅部作为酒店业务活动的中心,能为来店消费的客人提供及时、精准的信息,满足客人的各种需求。同时,前厅部还需把收集到的有利于酒店经营管理的客人信息传达到客房、餐饮、娱乐、财务等相关部门,并对这些信息进行整理和分析,每日或定期向酒店管理机构提供真实反映酒店经营管理情况的数据和报表。前厅部还定期向酒店管理机构提供咨询意见,作为制定和调整酒店计划和经营策略的参考依据。

（四）前厅收入是酒店收入的重要来源

客房是酒店收入的主体,客房营业收入在酒店总收入中占到50%左右的比重,最高的可达80%以上。衡量一个酒店经营管理情况的重要指标就是客房收入占酒店总收入的比重。客房创利润越高,对酒店的营业带动性越强。前厅部作为酒店的一线对客服务部门,其主要任务是接受客房预订,并为客人办理登记入住、离店结账等手续。前厅部按规定的服务程序与宾客直接或间接接触,形成了酒店最主要的经营活动部门,可以说没有任何一家酒店不重视前厅部销售客房的经营活动。客房消耗低,纯利高,初建时投资大,但耐用性强,一般客房可以产生几十年的经济效益。客人入住以后,还要饮食、购物、娱乐、洗衣等,所以重视前厅部的管理,提高前厅部的服务水平,不仅会增加客房的经济收入,还可以增加其他服务设施的收入,提高整个酒店的经济效益。

## 二、前厅部的任务

（一）销售客房

前厅部的首要任务是销售客房。前厅部销售客房的数量、房型和价格不仅直接影响酒店的收入,也间接地影响酒店其他营业部门的收入。前厅部的客房销售主要由预订销售、接待推销、合理排房和房价控制等工作组成,通过超额预订、折扣配置、升档销售、时滞控制等技巧实现客房销售的收益最大化。因此,前厅部必须参与酒店的市场调研和市场预测;参与房价及促销计划的制订;配合销售部进行宣传促销活动;开展客房预订业务并对预订工作进行计划、安排和管理;接待有预订和未经预订而直接抵店的客人;办理客人的入住登记手续

及安排住房并确定房价等事宜。

（二）前厅服务

前厅是客人来往必经的场所，是客人的主要集中场地，前厅部作为对客服务的集中点，担负着直接对客服务的繁杂工作，其服务除了入住登记、离店结账，还涉及接送服务、礼宾服务、票务代办服务、总机服务、商务中心服务等。高质量的前厅服务能使客人对酒店的总体管理水平留下良好、深刻的印象，这就是"大前厅服务"理念的体现。

（三）提供信息

前厅是客人汇集活动的场所，也是酒店经营活动的主要信息源。前厅部要有意识地收集出租率、营业收入、宾客投诉、宾客基本信息等酒店经营的内部管理信息，并对其进行加工处理，及时将其传递到客房、餐饮等经营部门和管理机构，以便采取相应的决策，搞好对客服务。同时，前厅部还应为宾客提供商务、交通、购物、游览、医疗等酒店内外有关活动的信息，为宾客提供优质服务。

（四）协调沟通

前厅部作为酒店业务活动的中心，是沟通酒店与客户的桥梁。前厅部要根据客人的要求和酒店营销部门的销售计划，与酒店各部门之间进行有效联系，协调前台、后台之间的对客服务，达到使客人满意以及内部业务运作顺畅的目的。

（五）控制房态

正确反映并掌握客房状况是做好客房销售工作的先决条件，也是前厅部管理的重要目标之一。前厅部员工在客房产品的销售过程中，必须以正确的客房状态作为基础，保证客房销售、预订等工作的顺利进行。控制房态主要有两个方面的工作：一是协调客房销售与客房管理；二是正确地反映客房的销售状态。要做好控制房态这项工作需要酒店采用电脑化系统和配置先进的通讯联络设备，建立行之有效的管理规章制度，以保障前厅与相关部门之间的有效沟通及合作。前厅部的客房状态显示系统可分为客房预订显示系统和客房现状显示系统，以反映客房预订、住客、走客、待售、维修等状况。只有做好客房状况的实时显示，掌握正确的客房状态，才能更好地开展对客服务。

（六）建立客账

建立客账是为了实时记录并监督客人与酒店的财务关系，达到方便客人、保障酒店声誉并获取经济效益的目的。酒店一般采用统一结账服务。住店客人经过必要的信用证明，除商品购物外，其他可在酒店内各营业点签单赊账，直至客人离店或其消费额达到酒店所规定的最高欠款额时，才要求客人付款。建立客账的目的是记录和监视客人与酒店之间的财务关系，以免酒店发生经济上的损失。做好这项工作，必须注意建立客人账户、对客人消费及时认真地登记和监督检查客人信用状况这三个环节。前厅部要区别每位客人的情况，建立正确的客账，提供客人以往消费和客人信用的资料，以保持酒店良好的信誉及应有的经营效益。

（七）客史建档

前厅部作为酒店与客人联系的纽带，要为住店一次以上的客人建立客史档案，以更好地发挥信息集散和协调服务的作用。在建立客史档案时,可采用电脑记载、统计或手工整理统计等方法,记录客人的主要资料,如姓名、身份、公司、抵/离店日期、消费记录及特殊要求等。客史建档作为酒店为客人提供个性化服务的依据,也是酒店完善顾客关系管理,进行市场分析的重要信息资料。

（八）辅助决策

前厅部每天都要接触大量有关客源市场、产品销售、营业收入、客人意见等信息,因此,前厅部应当充分利用这些信息,将统计分析工作制度化和日常化,及时将有关信息整理后向酒店的管理机构汇报,与酒店有关部门沟通,以便其采取对策。

### 三、前厅部的发展趋势

（一）组织机构扁平化趋势

前厅部的组织机构将化繁为简。酒店会根据来年预计的营业情况,重新定编,人力上讲求最大限度的节约。同时,充分发展第三方外包业务,利用社会上的专业公司为酒店服务,如将酒店外围的保安工作(正门、停车场等)交由专业的保安公司承包,或将商务中心出租等。

（二）定价策略灵活化趋势

前台接待人员将得到更大的组织授权,根据客人及酒店的实际情况,在合理的范围内调整房价。前台销售人员的奖金会与其每月的销售情况挂钩,最大限度地提高酒店的经济效益。前厅工作人员会根据当天的客房出租率情况来调整房价,以创造最大的利润。部分酒店会保持其相对固定的客房价格水平,以维持其档次及其在消费者心中的信誉。

（三）酒店预订网络化趋势

随着互联网技术的发展,人们生活方式的改变,散客预订将越来越少,网上客房预订将成为一种新的发展趋势。这就要求酒店要利用多种渠道来提高客房的预订,并重视网络预订。酒店要建立健全的网站,推出集客房预订、旅行攻略、生活服务等多功能为一体的App,以实现更好的客源预订及客源互推。酒店要借助携程、途牛等OTA(在线旅行社)争取更多的网络预订。为了提高市场占有率和客房出租率,将利用包括价格在内的各种手段鼓励客人提前预订客房。根据预订期的长短,酒店将会在房价上给予客人不同程度的优惠。

### 知识关联

OTA(online travel agent):是指在线旅游社,是旅游电子商务行业的专业词语。其代表有携程、去哪儿、途牛、驴妈妈、艺龙等旅游网站。OTA的出现将原来传统的旅行社销售模式放到网络平台上,更广泛地传递了线路信息,互动式的交流更方便了客人的咨询和订购。

App(application):指的是智能手机的第三方应用程序。随着智能手机和平板电脑等移动终端设备的普及,人们逐渐习惯了使用 App 客户端上网的方式,目前国内各大电商,均拥有了自己的 App 客户端,通过 App 进行盈利也是各大电商平台的发展方向。由于手机移动终端的便捷,为企业积累了更多的用户,更有一些用户体验不错的 App 使得用户的忠诚度、活跃度都得到了很大程度的提升,从而为企业的创收和未来的发展起到了关键性的作用。

（四）收益管理的普及化趋势

收益管理能够使酒店的客房等资料得到最有效的利用,使酒店管理从经验管理上升为科学管理,从而较大程度地提高酒店的经济效益。因此,越来越多的酒店和酒店集团逐渐重视并实施收益管理。就发展的现状和趋势而言,收益管理已经从一种管理思想转化为一种先进的计算机管理系统,好的酒店计算机管理系统都会引入收益管理的内容。

**知识关联**

收益管理(revenue management)：又称产出管理、价格弹性管理,亦称效益管理或实时定价,它主要通过建立实时预测模型和对以市场细分为基础的需求行为分析,确定最佳的销售或服务价格。收益管理是一种谋求收入最大化的新经营管理技术,诞生于 20 世纪 80 年代,最早由民航开发。它通过价格剥离将那些愿意并且消费得起的客户和为了使价格低一点而愿意改变自己消费方式的客户区分开,最大限度地开发市场潜在需求,提高效益。在酒店业,由于收益管理系统对公司决策和创利有巨大影响,世界许多著名酒店集团,特别是欧美的主要酒店集团管理层都对收益管理高度重视,先后建立了专门的收益管理部门,并配置了能进行大量数据分析和实时优化处理的计算机系统。世界著名的酒店集团 Marriott(万豪国际)就是收益管理最成功的使用者,也是最大的获益者。

## 第二节　前厅部的组织结构及岗位职责

前厅部组织机构的设置存在较大的差异,受到酒店类型、规模、目标市场、业务特点及发展需要的影响。不同酒店的前厅部要遵循组织结构设计的统一指挥,根据各酒店的实际情况,设置各自最适合的组织结构形式。

### 一、前厅部组织结构的设置原则

前厅部组织结构的设置,应既能保证前厅运转的效率和质量,又能满足客人的需求。前厅部组织结构的设置原则有如下几点。

（一）结合实际，精简高效

前厅部的组织结构要根据酒店自身的类型、规模、等级来确定，组织结构的设置应遵循"因事设岗、因岗定人、因人定责"的组织编制原则，避免"因人设岗"和"组织重叠"。只有保持组织机构设置与酒店等级、规模的一致性，才能使其组织机构各司其职，各担其责，避免岗位的不足带来的运作困难或岗位的闲置带来的成本增加。

（二）合理分工，便于协作

前厅部组织结构的设置要根据酒店的特点和员工的情况进行合理分工，设立职位，把每位员工安排到合适的岗位，从而提高工作效率。前厅部在进行组织机构设置、职能分工以及人员配备时应考虑管理跨度及业务归属问题。一般大型酒店前厅部业务范围较多，组织机构的管理跨度比中小型酒店要小，而管理层次、人员配备等方面都比中小型酒店要多。前厅部组织机构设置要注意业务归属的问题，要避免出现"三不管"及吹拉扯皮的情况。在责任划分、明确归属的同时需要注重各部门和业务的协作与衔接。前厅部组织结构的设置不仅要注重前厅内部各岗位的协作，还要兼顾前厅部与其他部门在业务与管理上的协调合作。因此，制定科学有效的工作流程也是保证前厅部各项服务工作质量和效率的必要方法。

（三）任务明确，统一指挥

前厅部的结构设置应使岗位的员工明确各自的职责、权利和具体的工作内容，并明确上下级隶属关系。合适的组织机构能够促进酒店的统一指挥与控制、信息的上传下达以及部门间的协调合作，从而防止业务衔接脱节等现象的发生。前厅部组织机构的设置应建立明确的垂直层级指挥体系，确保沟通渠道畅通，层层负责，权责分明，从而实现统一指挥，上下步调一致，提高工作效率。

二、前厅部组织结构的类型

因酒店类型、规模等因素的影响，酒店的组织机构也有较大区别。主要表现有：①管理层次不同。大型酒店管理层次多，前厅设有经理、主管、领班和服务员四个层次。小型酒店层次少，前厅只有经理、领班、服务员三个层次。②组织构成要素不同。大型酒店前厅部组织机构内容多，包含有商务中心服务、机场接待服务、委托代办服务等部门。小型酒店前厅部只有基本的总机服务与厅面服务。③职能分开。大型酒店前厅部组织机构的管理层次多，根据岗位配备人员，使其所提供的服务更具有专业性。小型酒店在组织机构设置中往往采用合二为一、合三为一等方式，一人多职，一人多能，以此来减少组织成本。不同类型酒店前厅部的组织结构大体有以下三种模式。

（一）大型酒店前厅部组织结构模式

大型酒店设置酒店客房事务部，又称房务部，下设前厅、客房、洗衣与公共卫生四个部门，组织结构复杂，层次多，分工明确。在房务部设置主管总经理或总监，在前厅部内部通常设有经理、主管、领班和服务员四个层次。这种组织结构将酒店前厅部、客房部合二为一，既可以降低管理费用，又能加强前厅与客房的联系与合作。大型酒店前厅部组织结构如图1-2所示。

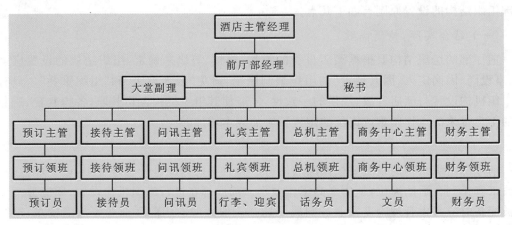

图 1-2 大型酒店前厅部组织结构图

(二) 中型酒店前厅部组织结构模式

中型酒店的前厅部与客房部并列独立,直接向酒店总经理负责。前厅部内设有部门经理、领班、服务员三个层次,分工更加细致,功能也比较全面。中型酒店前厅部组织结构如图 1-3 所示。

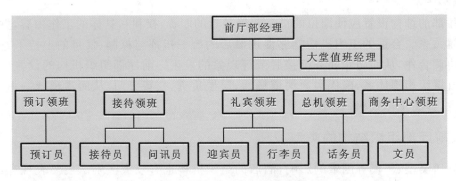

图 1-3 中型酒店前厅部组织结构图

(三) 小型酒店前厅部组织结构模式

小型酒店不单独设立前厅部门,在客房部设置总服务台承担前厅部的功能。小型酒店前厅部设置比较简单,只设领班(主管)和服务员两个管理层次。目前,一些小型酒店也增设了前厅部,扩大了业务范围,以强化前厅的推销和"枢纽"功能,发挥其参谋作用。小型酒店前厅部组织结构如图 1-4 所示。

### 三、前厅部各部门的主要业务内容

酒店规模、等级不同,前厅部业务分工也不同,但一般设有以下主要机构。

1. 预订处

专门负责酒店订房业务,接受客人以电话、传真、信函、网络、口头等形式的预订;负责与客源供应单位建立业务联系,了解委托单位的接待要求,尽力推销客房;密切与接待处联系,

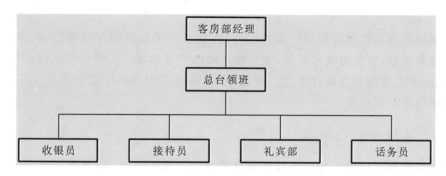

图 1-4　小型酒店前厅部组织结构图

提供有关客房预订的资料和数据;做好客情预测,提供 VIP 抵店信息;制订客房预订计划;制作预订报表,并进行计划、安排和控制;参与对外订房业务的谈判及合同的签订;加强和完善订房记录及客史档案等。

2. 接待处

接待住店客人,负责为散客、团体客人、长住客、无预订客人办理入住登记手续,分配房间;掌握客房出租变化,准确显示房态;制作客房销售情况报表;协调对客服务工作等。

3. 问讯处

回答客人的询问,提供酒店内部和外部的信息(如酒店内服务、交通、旅游信息等);接待来访客人;提供收发、传达、会客等应接服务;负责保管所有客房钥匙。

4. 礼宾部

为客人提供迎送服务、行李服务和各种委托代办服务,在一些酒店又称为礼宾服务处、大厅服务处或行李处。负责门厅或机场、车站、码头的迎送宾客服务;协助管理和指挥门厅入口处的车辆,确保畅通和安全;提供行李运送、寄存和托运服务;引领客人进房,介绍客房设施设备和服务项目;分送客人报纸、信件、物品和留言服务;代办客人各项委托事务。高星级酒店还提供"金钥匙"服务。

5. 电话总机

负责接转电话服务;叫醒服务;回答电话问讯;电话投诉、电话找人、电话留言服务;办理长途电话事项;播放背景音乐等,在酒店出现紧急情况时可充当指挥中心。

6. 商务中心

为客人提供收发电传、传真和电报,复印、打字、电脑文字处理及文件装订,上网、订票等商务服务,还可以根据客人的需要提供秘书服务。

7. 收银处

提供住店客人离店结账服务;管理住店客人的账目;提供外币兑换服务;为住店客人提供贵重物品的寄存和保管服务;催收、核实账款;夜间统计当日营业收益,制作报表。因业务性质,收银处通常隶属于酒店财务部。但是,由于收银处位于前厅总服务台,直接面对客人提供服务,与接待处、问讯处联系密切,是总台的重要组成部分,因此,前厅部也应参与对前厅收银人员的管理和考核。

#### 8. 大堂副理

大堂副理是酒店管理机构的代表人之一，代表总经理负责前厅服务协调、贵宾接待、投诉处理等服务工作，还负责大堂环境、大堂秩序的维护等事项。大堂副理是酒店形象的维护者，也是酒店客人正当利益的保护者。现在，不少高档酒店在前厅设有客务关系部，直接对大堂副理或值班经理负责。

### 四、前厅部主要管理岗位的职责

通过岗位说明可以明确每个工作职务在酒店中所处的层次，以及该职务与其他职务之间的关系，使每个任职者明确自己的责任与权力，可以有效防止各工作岗位之间互相扯皮推诿，也可作为招聘、培训、任用、考评等的依据。

#### （一）前厅部经理

前厅部经理的直接上级为房务总监/酒店总经理，直接下级为大堂副理、前厅部秘书。前厅部经理是前厅运转的指挥者，负责前厅部的一切事务。其主要职责如下：

（1）直接对酒店总经理或房务总监负责，主持部门日常工作，贯彻执行领导下达的指令。提供有关信息，协助领导决策。

（2）根据酒店的年度计划，编制部门预算和各项业务计划，并确保各项计划任务的完成。制定并修改部门的各项规章制度。

（3）掌握客房的预订、销售情况，直接参与预订管理及客源预测等工作，最大限度地提高客房出租率。

（4）巡视检查总台及各服务岗位，抽检部门服务质量，确保各部门的高效运行和规范服务。

（5）处理好客人投诉，检查落实 VIP 接待工作。

（6）协调本部门与酒店内各部门间的关系，加强沟通合作。

（7）督导主管或领班工作。

（8）负责前厅部员工的培训、绩效考核和人员调配工作。

（9）督导检查本部门的安全和消防工作，完成上级交办的其他工作。

（10）批阅大堂副理处理投诉的记录和工作建设，重要问题呈总经理批示。

（11）负责本部门的安全、消防工作。

#### （二）大堂副理

大堂副理的直接上级为前厅部经理，直接下级为前厅部各主管。在不设客务关系部的酒店，大堂副理负责协调酒店对客服务，维护酒店应有的水准，代表总经理全权处理宾客投诉、工作中的突发性问题等。

（1）督导检查酒店重要接待任务和重大活动的安排，协助前厅经理对与大堂有关的各种事宜进行管理，并协调与大堂有关的各部门工作。

（2）代表酒店迎送 VIP 客人，处理贵宾、值得注意的客人的有关事项，落实 VIP 客人的接待细节。

（3）与酒店相关部门合作，沟通解决客人的投诉问题，并采取措施，逐步减少客人投诉。

（4）负责巡视和检查酒店大堂和公共区域设施设备、环境卫生、服务秩序等情况，维护酒店的正常运转秩序。

（5）处理酒店突发问题和事件，如火灾、伤亡、治安事故等。

（6）针对酒店内部管理问题，向总经理报告并提出合理化的建议。

（7）回答客人的问讯，帮助客人解决疑难问题，与客人建立良好的关系。

（8）定期探访酒店的重要客人，收集客人意见并及时向有关部门反映。

（9）协助解决酒店服务中的疑难问题，负责因客人原因造成的酒店设施设备丢失的索赔工作，与财务部门配合，追收客人的欠账。

（10）参加每周前厅部的工作例会，完成上传下达工作。

（11）将各部门反馈的信息、客人意见、投诉处理情况等向有关领导及相关部门报告。

（三）礼宾服务主管

礼宾服务主管的直接上级为前厅部经理，直接下级为行李处领班、机场代表、委托代办代表，负责所辖班组为客人提供高质量、高效率的行李运送服务和其他相应服务。其具体职责如下：

（1）满足客人提出的特殊要求，监督指导本部门员工为客人提供行李运送服务和其他相关服务。

（2）负责处理住店客人的投诉。

（3）负责本部门员工的指导和培训工作，不断提高本部门员工的业务水平。

（4）督促本部门员工的工作。

（5）做好住房登记、退房或送便条、邮件及包裹等登记，负责客人礼宾服务的落实。

（6）定期盘点部门财物，定期核对和检查行李保管室。

（7）根据部门情况，做好合理的行李处预算工作。

（8）与总台接待处、旅游联络组及收银处保持紧密的联系，协调处理好行李运送服务。

（9）检查前厅及其他公共活动区域，疏导酒店门前车辆活动。

（四）预订处主管

预订处主管的直接上级为前厅部经理，直接下级为预订处领班，全面负责酒店的预订工作。其具体职责如下：

（1）按照上级领导指示完成布置的工作。

（2）全面负责酒店的预订工作，掌握每天的客人预订情况，对具体工作做出妥当的安排。

（3）掌握预订情况，做出科学的预订分析及预测，准确制作有关预订报表，及时向前厅部经理反映酒店订房情况和房间状态。

（4）建立一套完整科学的预订档案系统，负责预订处的档案资料管理。

（5）检查、督导下属工作，对员工进行培训，保证预订工作质量。

（6）了解其他酒店的入住情况。

（五）总台主管

总台主管的直接上级为前厅部经理，直接下级为总台接待处领班，负责组织前厅部酒店

产品的销售和接待工作,做好与其他部门的衔接与协调,努力提高客房销售率。其具体职责如下:

(1) 负责总台日常工作,并对总台工作进行全面管理。
(2) 主持前厅工作例会,做好本部门员工的班次排班工作。
(3) 与相关部门做好沟通协调工作,做好对客服务工作。
(4) 做好具体工作的落实和开展,督导本部门员工的接待服务质量。
(5) 处理客人的投诉和各种要求。
(6) 负责本部门员工的指导和培训工作,不断提高员工的业务水平。
(7) 负责处理客人逃账、高额信用卡拒付等棘手问题。
(8) 负责本部门各类资料档案归档管理工作。
(9) 负责前厅各类财产、设备的使用、保管与保养工作。
(10) 负责本部门员工的考勤、绩效考核工作。
(11) 协助大堂副理检查前厅卫生、陈列宣传品等。

## 第三节 前厅部的业务特点及业务流程

### 一、前厅部服务的特点

#### (一) 服务范围广,面对面不停止的服务

前厅部是酒店客人登记入住程序的主要部门,也是酒店少数 24 小时运转的部门,采用轮班、倒班制度。前厅部在酒店开辟市场、保证客源、推销酒店产品等方面起着重要作用,其服务质量的好坏影响着客人对酒店的整体印象和直接评价。

#### (二) 工作内容庞杂,专业要求高

前厅部的业务包括销售、寄存、接待、收银、票务、预订等一系列内容,业务涉及范围广,专业性强,与客人接触多,信息量大且变化快。且每项业务都有相应的规范与要求,在操作过程中必须严格遵守。现代酒店前厅部也大部分实行了信息化管理,加之前厅部要迅速对客人的需要做出反应,这就对前厅部员工的素质、专业技术水平、业务水平提出了较高的要求。

#### (三) 信息量大,服务效率高

前厅部是酒店信息集散的枢纽,同时也是对客服务的协调中心,因此其收集、整理、传递信息的效率决定了对客服务的效果。前厅部与客人的接触较多,收集信息量也较大,客人的要求随时都会有变化,这要求前厅部在信息处理上效率要高。另外,前厅部在整个酒店的管理过程中有协调功能,必然与各个相关部门发生联系,有时不仅需要熟悉本身的业务,还要了解其他部门的情况,才能帮助顾客解决问题。

### 二、前厅部的业务流程

前厅部业务是一个完整、循环的过程。传统的认识将前厅业务分为客人抵店、客人住

店、客人离店三个阶段。实际酒店前厅部在客人到达酒店之前,已经做了大量的工作。对客服务的全过程开始于潜在客人与酒店的第一次接触,直至办理离店结账手续,并建立客史档案,为下次与客人接触做好充分准备为止。因此,可以将前厅部的业务全过程划分为准备工作阶段、接待服务阶段、住店服务阶段、离店服务阶段和离店后服务阶段这五个阶段,由此构成相互衔接的服务流程。前厅部工作人员需要了解客人住店期间发生的对客服务活动内容,才能了解前厅部的业务流程,从而为客人提供优质高效的服务。酒店前厅部的业务流程如图 1-5 所示。

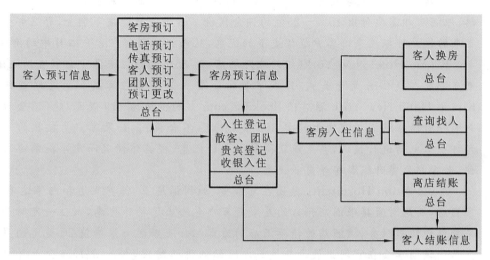

图 1-5　酒店前厅部业务流程图

（一）准备工作阶段

准备工作阶段是指客人抵店前前厅部所做工作的阶段。客人的预订资料能使前厅部对客房的销售、控制提供更准确的依据。前厅部根据客人是否有预订,把客人分为有客房预订的客人和直接抵店入住的客人。有客房预订的客人在抵达酒店之前已通过网络、电话、邮件等形式与酒店预订处取得联系,并提出了住房要求。前厅部在客人抵店前预留好房间,根据客人预订资料显示的抵离店日期、房间要求、是否接站、是否有其他特殊要求等内容,做好各项接待准备工作,以保证客人的要求有效落实。同时,对直接抵店入住的客人,由于无法提前知道客人的具体要求,只能根据酒店的营业状况提供相应的接待服务。准备工作阶段始于客人抵店之前。

如果说对客服务始于潜在客人与酒店的第一次接触,那么客人通过媒体、广告等对酒店所产生的认知或接触都属于酒店在客人抵店前所做的工作。具体包括以下内容:

(1) 酒店营销人员进行市场分析并选定目标市场。

(2) 酒店公关人员确定酒店形象。

(3) 酒店确定自己独特的企业识别系统、宣传口号及营销方针。

(4) 酒店确定营销渠道,并通过电视、海报、网络等媒体宣传推广酒店形象及产品。

(5) 酒店选定营销渠道和代理商推销产品。

(6) 客人通过各种渠道预订客房。

（7）预订处向有关部门提供信息，由接待处下达接待指令，促使各部门做好客人抵店前的准备工作。

### 知识活页　不是在OTA上才有最优价 酒店使出必杀技

酒店与OTA之争由来已久，虽说OTA为酒店行业带来了20%~25%的订单，但酒店却需要付出15%~25%的佣金代价。如果酒店能省下佣金，那这部分省下来的钱就可以用来给客户提供更多的优惠，从而提高酒店在客户心目中的价值。

Kitano Hotel New York（纽约北野酒店）约85%的预订来源于自家直销渠道，酒店给客人提供含免费美式/日式早餐的套餐或者给长住客折扣。近期查询到Kitano Hotel New York酒店在Booking.com上的价格为419美元/晚（不含税），而同一时段在该酒店官网上只要389美元/晚（不含税）。如果客户直接拨打酒店预订中心电话进行预订，甚至能获得餐厅九折优惠（视具体情况而定）、提前办理入住、老客户免费升级客房等更多优惠。

Aqua-Aston Hospitality集团在夏威夷、加利福尼亚、佛罗里达和内华达有50家酒店，酒店对直接跟酒店预订的夏威夷客户也给出了特殊优惠，入住一定时长可享受免费租车服务，该酒店的精英酒店则为客人每天赠送一张价值20美元的星巴克券。该酒店会在官网上展示与第三方网站的价格对比，加入A-List会员并订阅邮件的客人则可享受免费租车的优惠服务。

Hilo Naniloa Hotel（希洛纳尼洛亚酒店）针对直订客户提供免费打一轮高尔夫球的优惠。

大的酒店连锁集团也在争取自家来源而不是OTA来源的订单。比如希尔顿全球年初推了一个"Stop Clicking Around"（别乱点了！）的活动，根据预订日期及提前预订天数，给直接预订的客户减免了2%~10%的费用（比OTA）。直接预订的HHonors会员还可以享受选楼层、选房间、免费Wi-Fi、电子入住等服务。而夏季推广甚至最高可减免30%的费用。希尔顿全球首席市场官Geraldine Calpin表示，自从推出这个活动后，直销渠道的增长率翻了一番。

### （二）接待服务阶段

接待服务阶段是指客人抵达酒店后、入住酒店之前的阶段，这也是客人在酒店消费开始的阶段。前厅接待处要依照《旅馆业治安管理办法》的有关规定办理入住登记手续。前厅部可根据已经掌握的预订信息为客人提前打印或者填写入住登记表，待客人抵达查明身份后，立即安排入住，从而缩短客人在前台的滞留等待时间，提高入住登记效率。对未办理预订手续直接抵店的客人，接待员要掌握准确的房价和房态信息，根据客人对房间类型、位置、朝向等方面的需求，把握面对面的机会进行推销。目前，为了提高前台接待处的工作效率，本阶段前厅部的主要工作任务有迎客服务、行李服务、入住登记、行李送房、建立客账等。

> **知识活页　　江门市开启智慧入住酒店**
>
> 　　2016年8月18日，由江门市蓬江公安分局运营的"江门市蓬江邑微警"微信平台正式上线，方便程度等于"民警提供24小时专人服务"。在该微信平台提供的19项公安业务中，有的业务面向蓬江区或江门市的户籍人口，而"无证入住旅店"业务面向的则是从全国各地来到江门的人。外地旅客来到江门市蓬江区打算住宿旅馆时，如果忘带甚至遗失了身份证，酒店前台接待工作人员只要引导该客人扫码关注"江门市蓬江邑微警"，并填写上传身份证号码、户籍地址等信息后，客人便会收到一个二维码；随后，工作人员会给客人拍摄一张大头照，以及一张持手机展示二维码的照片，并将照片上传至"江门市蓬江邑微警"后台；最后，客人通过审核，成功验证身份，即可办理订房手续，全过程大约5分钟。如今，凭借二维码也能证明身份，客人申办"无证入住旅店"业务，不仅方便客人，也有助于酒店广开客源。

### （三）住店服务阶段

在客人入住登记手续办理完毕，得到客房钥匙和支配使用客房的权利后，客人住店服务阶段正式开始了，客人在店的个人账户也随之建立起来，这也是客人在酒店的消费进行阶段。客人住店期间，酒店的设施设备、服务质量及管理水平，都会对客人对酒店的整体评价产生影响。因此，前厅部工作人员要尽可能地满足客人的各种需求，做好客人住店服务阶段的各项服务工作。住店服务阶段是对客服务全过程中的重要阶段，其主要工作任务内容有以下几个方面。

（1）电话总机为客人提供电话拨打、转接服务。

（2）问讯处为客人提供问讯和留言服务。

（3）接待处提供客人换房、核对房态、提前离店、延期续住等各种服务。

（4）礼宾处提供各种委托代办服务。

（5）总台收银处为客人提供贵重物品寄存、累计客账、账目查询、外币兑换等服务，以及完成催收应收款等工作。

（6）接待处负责协调各部门的对客服务过程。

（7）商务中心为客人提供各项商务服务。

### （四）离店服务阶段

离店服务阶段属于客人在店消费的结束阶段，其主要工作任务有以下几个方面。

#### 1. 办理结账离店手续

客人在办理离店手续时，总台收银员根据所建立的客账，检查核实客人的消费情况，并请客人确认自己的消费内容，确定无误后再予以收款。

**2. 主动征求客人意见**

前厅部总台服务处在客人办理离店手续时要恰到好处地进行二次推销,主动诚恳地征求客人意见,并请客人对服务的不足之处予以谅解,同时感谢客人光临本酒店。

**3. 更改房态并保持房态正确**

前厅部接待处在客人退房时要与客房班组取得联系,检查房间,并整理房间。根据客人住离店情况适时核对并更改房态,避免因未及时更改房态而出现的重大接待问题。

**4. 送客离店**

根据客人的离店时间和要求,及时安排行李运送服务,车辆送机、送站服务,优先照顾特殊顾客,在厅门、车门前送别客人,最后祝愿客人旅途愉快,并欢迎客人下次光临。

**5. 大堂副理处理客人的各种投诉**

客人在酒店消费的各个阶段都有可能投诉,但在"客人离店时"这个消费阶段是最容易投诉的阶段,因为客人是在这个时候结账付款的,也是在这个时候和酒店工作人员有正式的接触交谈机会的。

**6. 完成对营业收入的夜审工作**

夜审员是指在夜间进行核算工作或从事夜间核算工作的人员,对各收银点的收银员以及各营业部门交来的单据、报表等资料,在夜间进行有效的审核。审核重点为酒店当天的营业收入,确保酒店收益的真实、正确、合理和合法。夜审员需要有一丝不苟的工作态度,发现错弊,查找根源,并及时报告处理。

**(五)离店后服务阶段**

离店后服务阶段属于客人消费结束后阶段,其主要工作任务有以下几个方面。

**1. 酒店驻外代表到机场、车站、码头等处送别客人**

大中型酒店和城市郊区酒店一般都有酒店的区间车开往机场、车站等地,客人都可以乘车前往。为体现出对重要客人的接待,酒店会派驻外代表到机场、码头、车站为重要客人亲自送行。现在,个别规模较小的酒店和非星级酒店通过自备车辆也为客人提供了接送机(站)服务,也有酒店通过与车辆机构合作的形式,为客人提供了有限制条件的接送机(站)服务。

**2. 收集整理宾客意见,并反馈到相关部门**

酒店收集宾客意见与建议,一般有主动和被动两种形式。第一种是客人在消费酒店产品和服务时对出现的不满会通过直接反馈、投诉等形式反映到相关部门;第二种是酒店向住店客人发放宾客满意度调查表主动了解客人的意见和建议。酒店前厅部有关工作人员要对这些意见和建议进行有效回收和整理,反馈到相关部门,从而使相关部门提出有效的整改措施,更好地向客人提供优质的服务。

**3. 建立客史档案**

酒店要在激烈的市场竞争中获得市场占有率,需要研究并满足顾客的需求。前厅部作为客人抵达和离开酒店的必经之地,是最容易收集顾客信息的地方。酒店前厅要根据自己部门收集到的和其他部门反馈的信息为客人建立客史档案,从而使酒店能有效地进行客源分析、顾客消费偏好分析等,为顾客提供满意加惊喜的服务,提升顾客忠诚度。

4. 未尽事宜

酒店前厅礼宾处为客人提供委托代办服务,客人在离店时会有寻找物品、邮寄商品等需求,前厅部工作人员要按照委托代办服务的要求及相关规定,快捷、妥善地予以处理,不使客人留下遗憾,为酒店赢得信誉。

5. 与客人保持密切的联系,必要时有针对性地主动促销

酒店要保持与客人的密切联系,对客人的历史消费情况进行分析,挖掘客人的消费潜力,必要时有针对性地主动促销,在有限的资源基础上提高销售额和销售利润。

## 第四节　前厅部工作人员的素质要求

一名合格的酒店前厅工作人员必须具备相应的条件和素质,才能胜任相关工作。一般而言,前厅部工作人员的素质要求,可概括为职业道德、职业规范及职业能力三个方面。

### 一、职业道德要求

职业道德就是具有自身职业特征的道德准则和规范,是员工基本素质的重要组成部分。它告诉人们在工作中应该做什么,不应该做什么;应该怎样做,不应该怎样做。遵守职业道德是做好本职工作的基本保证,前厅部工作人员应树立职业道德思想,形成良好的职业道德规范。酒店前厅部工作人员具体的职业道德规范有以下几点。

(一)热爱本职,忠于职守

热爱本职工作是职业道德规范中最基本的原则。前厅部工作内容专业性强,有具体的标准和严格的要求,只有热爱本职工作,并忠于职守才能干好工作。前厅部工作人员要树立对职业的正确认识,排除社会上对酒店业陈旧观念的影响,乐于为客人服务,履行自己的工作职责。

(二)绝对服从,令行禁止

酒店的组织结构层次分明,各个部门均有归属。前厅工作人员应按照组织结构,服从上级管理人员的命令,满足其合理而正当的要求。同时,酒店管理者应鼓励员工多为酒店的发展建言纳策,采取便捷、快速的途径和方式向员工征询各种意见。前厅部工作人员要遵守酒店的各项规章制度,按照各自的岗位标准和工作要求开展具体工作,保证前厅部工作的正常运行和开展。前厅部工作人员要正确对待各项工作,尽可能地避免出现工作差错,以免对酒店声誉造成影响。

(三)热情友好,文明礼貌

酒店属于服务行业,主要为客人提供满足其需求的产品和服务。这就要求前厅工作人员要有热情友好的态度,为客人提供体贴、周到、富于人情的服务。前厅作为酒店的形象窗口,前厅工作人员要使用文明用语,礼貌待客,使客人充分感受到酒店工作人员的文明素质。

(四)细致周到,宾客至上

酒店工作人员要树立"宾客至上"的意识,"想客人之所想,急客人之所急","客人想到的

我们帮他做到,客人没有想到的我们帮他想到"。这种意识就是酒店员工为客人提供优质服务的体现。酒店员工要时时处处以顾客满意为标准,把握自己的言行,形成良好的服务意识。前厅部作为客人出入酒店的主要场所,其工作人员提供的服务更要细致周到。前厅工作人员要善于观察和分析客人的心理特点,正确把握服务的时机,从客人的神情、举止发现客人的需要,提供正确、有效的服务。

(五)团结协作,互相支持

团结协作是干好工作的前提和保证。对同事的劳动、自尊心予以尊重,对同事的困难予以体谅和帮助,切忌斤斤计较、搬弄是非,这样才能保证酒店工作的有效。酒店分工虽细,但依赖性高。在酒店服务理念中有"$100-1=0$"的公式,酒店各个营业部门销售的是单项的产品,而客人来店消费时对产品的评价却是综合的,这就要求各部门和岗位通力协作,协调配合,做好酒店产品的销售和服务接待工作。

二、职业规范要求

酒店既是物质文明的一面镜子,也是精神文明的场所。良好的职业规范能使顾客在对服务工作认识和理解的基础上对酒店产生情感和行为倾向。职业规范主要包括仪容仪表、行为举止、礼貌礼节,力求做到整洁、恰当、规范。

(一)仪容仪表

中华民族是"礼仪之邦",自古以来就非常崇尚礼仪。仪容是对服务人员的身体和容貌的要求,仪表是对服务人员外表仪态的要求。酒店作为城市对外形象的代表,对员工的仪容仪表有更高的要求,而前厅工作人员作为对外形象窗口的代表,要求则会更高。前厅工作人员一般要求身材匀称、面部整洁、身体健康。在面容上,要保持清爽干净,精神要饱满。女性要化妆轻淡,不使用有颜色的指甲油及浓味香水,发型保持美观大方。男性不能留长发,不蓄胡须。在配饰上,要求员工上班不戴耳环、项链、手镯等。可选择手表、胸针、发卡等与制服相匹配的饰品。在服饰上,要求员工上班穿工作制服,服装要干净、无污迹、无破损、无褶皱。员工名牌要佩戴在右胸前。总之,前厅工作人员要保持良好的仪容仪表,给人以庄重、大方、美观的感受,切忌奇装异服或浓妆艳抹。

(二)行为举止

优秀的前厅工作人员,要做到行为规范,举止大方,服务动作要轻,坐、立、行都要保持正确的姿势。前厅工作人员一般提供站立式服务,也有个别酒店的总服务台采用了坐式服务。站立时,身体前倾,重心应在双脚之间,双脚自然分开,与肩同宽,双眼平视前方,挺胸收腹,双肩舒展,身体不倚不靠。前台在提供坐式服务时,要保持正确坐姿,坐在椅子三分之二部位,腰部直挺,胸前挺,双肩自然放松,双腿并拢,手自然放在沙发扶手或桌角上,不在椅子上前俯后仰,不摇腿、跷脚。此外,不要把手插入衣袋,或双手相抱。在工作场所要保持良好的仪态,应尽量克服不好的习惯动作。

(三)礼貌礼节

前厅工作人员要恰当使用称呼礼节,谈吐文雅,待人接物不卑不亢,事事处处注意表现出良好的精神风貌和较高的文化修养。

前厅工作人员要使用规范用语,声调要柔和,表达要得体。礼貌待客称呼客人时,最好能用"先生"、"太太"、"女士"等词语称呼客人,并问候客人。在与客人交流时,要把握好分寸,语气要柔和,不大声喧哗,不得与客人开玩笑、过分随意,也不得与客人过分亲热。注意保护客人的隐私,以免引起误会。前厅部员工在服务工作中要杜绝推托、敷衍、厌烦、冷漠、轻蔑、傲慢的态度。接待客人贯彻"首问负责制",首先受到询问的员工要负责指引、介绍或答疑,无论是否属于本职工作,不得有任何借口推诿或拒绝。首次接待客人来访、咨询或接待办事的工作人员,要负责指引、介绍或答疑等,使之最为迅速、简便地得到满意的服务。

## 知识活页　　一个酒店人应有的工作修养

一、知道酒店的目标、价值观、信条和自己的工作范围:酒店目标要靠全体员工的努力才能实现,只有管理层知道的目标是没有"根"的目标。

二、尽量使用客人的名字称呼客人,预见并满足客人的需求,热情亲切地送别客人:用客人的名字或姓氏称呼客人,表达了对客人的尊重和关注。满足客人的要求是服务的基本要求,但要做到宾至如归,就必须在实践中不断总结。

三、在工作时间不应使用客用设施设备,在任何时间、地点都应该以客人为先:员工应该培养酒店意识,酒店意识是指酒店员工的言行举止应该有酒店从业人员的职业礼貌,即见到客人和同事要打招呼、问好,并主动询问客人是否需要帮忙。同时,还需满足以下几点。

1. 三轻:走路轻、讲话轻、操作轻。

2. 安静:有客人在时应该停止内部的对话和工作,转而关注客人的需求。如果在和另外的客人讲话或打电话时,应该用眼神和客人打招呼。由于工作需要需乘坐电梯时,应该保持安静,不要大声和同事或其他客人讲话。

3. 回避:做客房清洁卫生时,如果住客回到房间,应主动询问是否打扰到客人并主动回避。

4. 礼让:在客人使用酒店公共设施时应该自觉礼让,让客人优先使用,如让客人优先出入电梯,在走廊、通道让客人先走等。

5. 方便:服务是为了方便客人,酒店服务员不应该因为正在为客人服务而使客人不便。如在清洁公共卫生间时,如果有客人在使用,应该先让客人使用,然后再继续清洁。

四、保证对你面距三米的客人和员工微笑致意,让电话中的客人感受到你的微笑:微笑是酒店从业人员的重要习惯,微笑不仅会给客人带来喜悦,而且可以化解客人的不满。我们不仅要求员工向客人微笑,更重要的是让微笑成为员工生活的一部分。

五、为满足顾客的需求,充分运用酒店赋予的权力,寻求上级的帮助:满足顾客的需求是酒店获取利润的源泉,只要是为了满足客人的需求,员工应该对自身的判断力充满信心,运用酒店的授权解决客人的困难。

六、不断认识酒店存在的缺点,并提出改进建议,使酒店的服务更加完美:任何一家酒店都存在很多缺点,酒店只有不断改进才能适应不断变化的竞争环境。酒店管理层应该创造一个让员工消除畏惧心理的开放环境,用对待客人投诉的态度和方式对待任何员工的意见和建议。

七、积极沟通,消除部门之间的偏见,不要把责任推给其他部门或同事:在工作场所,不要对酒店做消极的评论。当客人提意见时,将责任推给其他同事或其他部门,甚至推到领导身上的事例屡见不鲜。他们不明白客人考虑的不是酒店中哪个部门或哪个人应该负责,而是酒店要负责。员工这种推卸自身责任的态度会令客人更加不满,进一步损害酒店的整体形象。因此,酒店服务中内外有别是必要的,对内要分清责任,对外要维护酒店整体形象。

八、把客人的每一次投诉视为改善服务的机会:倾听并用最快的行动解决客人投诉,保证投诉的客人得到安抚,尽一切努力,重新赢得客人的信任。员工必须认识到,没有一个客人愿意投诉,员工应该把客人的每次投诉看成是一次留住客人的机会,必须想尽一切办法,快速回应,解决问题,再次赢得客人对酒店的信心。

九、制服要干净整洁,仪容仪表要端庄大方,上岗时要充满信心:员工在上岗时精神饱满,着装整齐,充满自信,不仅表达了对客人的重视和尊重,而且能够充分展示企业的形象和管理水平。自信来源于对工作的驾驭能力、满意度以及相关知识,自信的员工才会有工作的自豪感,自信的员工才会得到客人的尊重。

十、爱护酒店财产,发现酒店设备设施破损时必须立即报修:不爱护酒店的资产就等于增加酒店经营的成本,没有维修保养意识,不及时维修,新酒店也会很快陈旧。员工要努力创造一个让客人惊喜的居住环境。

### 三、职业能力要求

职业能力要求主要体现在知识要求和能力要求两个方面。

#### (一)知识要求

前厅服务人员要具备较宽的知识面和丰富的专业知识,在掌握岗位知识、酒店基本情况和产品知识的情况下,还需了解有关政治、经济、旅游、宗教、民俗、文学、交通、医疗等方面的知识,以备回答客人的询问。

1. 文化知识

与酒店其他部门相比,前厅工作人员需要掌握更多的知识以应对客人的各种询问和咨询,从而为客人提供更优质的服务。除了必须掌握前厅工作人员的岗位知识外,要多利用业余时间从书本上学习丰富的文化知识,包括历史、地理、语言、旅游、交通、医疗等。前厅部需要在接待客人的过程中积累经验,发现客人咨询的密集问题,从而开展有针对性的培训。

2. 岗位知识

前厅工作人员需要掌握以下岗位知识:掌握本岗位的职能、工作对象、工作标准、效率要求、质量要求及其应承担的责任和职责范围;掌握本岗位的工作流程、工作规定、奖惩措施及国家行政机关对相应行业的管理规定;掌握本岗位所涉及的酒店硬件设施"三知"、"三会",即知原理、知性能、知用途,会使用、会简单维修、会日常保养。掌握酒店流程,如相关票据、账单、表格的填写方法、填写要求和填写规定。

3. 酒店基本情况和产品知识

前厅工作人员要掌握以下酒店基本情况和产品知识:酒店公共设施、营业场所的分布及功能;酒店营业部门提供的主要产品和服务项目,特色服务及价位,相关服务时限、服务部门及联系方式;酒店所处的地理位置,酒店周边交通及营业项目,酒店所处城市的交通、旅游、娱乐、购物场所的分布及到达途径;酒店的组织结构、各部门的相关职能及相关高层管理人员的情况;酒店的文化理念和服务宗旨。

(二)能力要求

1. 语言能力

语言是前厅工作人员与客人建立良好关系的重要工具和途径,也是反映、传达酒店企业文化、员工精神状态的辅助信息。前厅工作人员的语言能力主要体现在以下几个方面。

1) 语气

前厅工作人员在说话时,语气要柔软,要做到心平气和、礼貌有加。语调要多用询问式的语言,在接待客人时,语速一般保持匀速,并根据情况调整,做到快问快答,慢问慢答。

2) 身体语言

身体语言是辅助口头语言的一种语言,包括目光、表情、手势等。在人际交往中,身体语言的重要性甚至在某种程度上超过了口头语言。前厅工作人员在与客人交流时,要恰当地使用身体语言,营造适宜的表达氛围。

3) 表达时机和表达对象

前厅工作人员应当根据客人需要的服务项目、酒店的地点、客人的身份、客人的心理状态等具体情况采用适当得体的语言进行表达。

4) 外语表达能力

前厅工作人员,特别是总台服务处的工作人员要能够用英语或其他外语对客服务,并解决服务中的一些基本问题。善于用简单明了的语言来表达服务用意,进行主宾之间的人际沟通。

2. 交际能力

良好的人际交往会使客人对前厅工作人员及酒店产生深刻的印象,也是前厅工作人员在服务中实现工作目标的重要基础。前厅工作人员在与客人交往的过程中,应把客人当作"熟悉的陌生人",摆脱过于机械的客套和被动的应付状态,使客人感觉到舒适自然,且又出自真心的礼遇,从而给客人留下美好的第一印象。而优美的仪表仪态,真诚的微笑,无微不至的礼貌,则是给客人留下美好第一印象的关键。在良好的第一印象建立后,应有始有终,持之以恒,保持与客人良好的关系。

### 3. 业务操作技能

服务人员快速敏捷、准确无误的业务操作技能也标志着酒店的管理水平。任何业务操作失误，都会破坏客人对酒店的总体印象，给酒店带来损失。前厅服务人员必须能够熟练、准确地按程序完成本职工作，为宾客提供满意周到的服务，使宾客处处感到舒适、整洁、方便、安全。要不断提高自身各方面的工作能力，如应变能力、交际能力、推销酒店产品能力、熟记客人能力等。如接待员应在3分钟内为住店客人办理完入住手续；问讯员提供访客查询服务不超过3分钟；邮件分送不超过30分钟；钥匙收发不超过15分钟；话务员转接电话遇有占线或无人接听时，应及时向客人解释，请客人等候，等候时间每次不超过45秒等。

### 4. 应变能力

应变能力是前厅工作人员应该具备的特殊素质。因为来店客人来自不同的国家和地区，其生活习惯、风俗忌讳、自身修养等都是不一样的。酒店属于人员密集的场所，虽然安保系统完善，但在经营中不免也会出现失窃、火灾以及账目失控等特殊情况。前厅工作人员应沉着冷静，根据情况随机应变，妥善处理好这些特殊问题。

### 5. 较强的记忆力

我国酒店业在培训员工的礼貌礼节时应注重服务人员要提供称呼服务，要记住客人的名字，至少是姓氏。在酒店前台的岗位规范中要求前厅工作人员在为客人办理入住登记手续时至少要称呼客人名字三次，前台员工要熟记VIP客人的名字，在再次见到VIP客人时能直称其名。这就要求前厅工作人员要用心做好工作，有较强的记忆力，从而为客人提供满意加惊喜的服务。

## 本章小结

本章主要介绍了前厅部在酒店中的地位和作用、前厅部的主要任务、前厅部组织结构模式，阐述了酒店前厅部各主要机构的工作任务、前厅部业务流程，以及前厅部工作人员的素质要求等。

## 思考与练习

1. 参观学校附近的一家中高档酒店的前厅，感受前厅部的工作气氛。
2. 前厅部的任务是什么？
3. 你认为前厅部的业务流程中哪个环节最重要？
4. 前厅部工作人员应具备哪些素质？
5. 你认为移动互联网对酒店前厅部的工作开展有哪些影响？

## 案例分析

### 杭州望湖宾馆：一丝不苟的待客之道

G20峰会虽然结束了，但杭州酒店人惊艳了全世界，其虽然没有华丽的外表，但拥有对每一位贵宾真诚的待客之心。

**一丝不苟的待客之道**

"我们很荣幸成为此次峰会的承接单位，为峰会的顺利进行，我们全力以赴，向每位贵宾呈现最高标准的待客之道，从吃、住、行到安保全方位保障。"望湖宾馆董事长、总经理胡建敏表示。

自去年五月份以来，为圆满完成接待G20峰会这项任务，宾馆就开始着手硬件设施提升的计划安排。从内到外系统梳理，大到总统套房的建设，小到草坪养护，从水、电、气、双路供应的建设，到空调、电梯的安全运行，均按"零差错、零故障"要求进行建设和调试检查。

酒店硬件设施提升主要包括：

1. 对宾馆立面、屋面进行装饰提升，完成了园林绿化整治提升以及庭院小品布置。

2. 对宾馆所有水、电、风、气和电梯等重大设施设备，进行了彻底的维护保养和频繁测试，确保运行安全、使用安全。

3. 对客房设施存在的瑕疵进行了全面、彻底的检查维护，清洗、修缮公共走道和消防楼梯，确保服务设施完好、完整。

4. 投入大量人力对各环境进行清理打扫，做到一尘不染、赏心悦目，让宾馆以崭新的姿态呈现在客人面前。

宾馆餐饮部也出了一套服务方案，根据韩方的口味制定了特别的菜单以供选择，以杭州风味特色为基础，融入韩国菜肴的精髓。与此同时，根据总统特殊喜好和习惯，对总统套房的鲜花、水果精心布置，对其他客人的房间也进行了细致布置，体现中国文化、西湖韵味，营造温馨美好的居住氛围。

**一年准备只为一周的完美**

酒店历经一年的准备，成立筹备工作小组，完善代表团接待方案，加强贴身管家培训，准备紧急预案与流程，进行峰会专业知识培训等，展开一系列前期准备工作，以确保贵宾及代表团在与会期间舒适便捷的入住体验。

4月份以来，宾馆开展了"重礼仪，强技能，提素质，服务G20"主题活动，鼓励员工"以宾客需求为出发点，以宾客满意为中心，以提高服务质量为目标"，夯实服务基础，增强企业经营活力，以良好的精神风貌和优质的服务做好G20峰会的服务接待工作，扎实推进质量，促进品牌提升。

宾馆为提高员工服务技能，增强员工服务意识，认真对照标准，查找差距，根据峰会接待预案制订全面系统的培训计划，聘请行业专家、高星级酒店资深人士从国际礼仪、员工形象、服务品质、服务技巧、英语提升到食品安全、消防安全、设备设施维护等多个方面开展了一系列的前期培训，并对峰会专业知识、紧急预案流程等进行了全方位强化提升。

与此同时，邀请国内最顶尖的贴身管家王杰先生为管家服务团队和管理人员进行为期三天的专业管家理念及实操技能培训。当得知此次接待为韩国代表团后，宾馆对韩国国家的文化习俗、礼仪禁忌以及饮食喜好进行了更加深入地了解和学习，还邀请韩语专业老师为宾馆管理层和一线服务人员培训韩语，并进行化妆、形体专业培训，提供个性化服务。

在接待期间实行无缝式对接，宾馆对外总联络人始终与中外双方对接联系人保持密切联系，提前了解韩国总统专机及主要领导人的航班信息，但由于专机是从第三国起飞，存在航班延误的可能，当天又与去机场接机的相关人员保持密切联系，最终比预计时间推迟1小时到达机场，宾馆董事长、总经理提前在大堂迎接等候，贵宾抵达宾馆后由贴身管家服务团队提供24小时全天候一对一贴身管家服务。

为做好G20接待工作，望湖宾馆与韩国代表团积极接洽，硬件设施方面做到无可挑剔。前期做了许多改进与提升，包括总统套房浴缸增加围栏，防弹玻璃的安装，化妆间的改造，家具、电器的增加；韩方先遣团入住后，又对总统套房做了改进，包括临时更换化妆间的墙纸和化妆镜，增加房间用电容量和应急用电UPS负荷。在峰会召开前夕，应韩方临时要求更换主卧室已认可的床垫。2016年8月28日宾馆领导专程赶往苏州工厂定制，由于时间紧、难度大，受到交通道路管制、商店关门、工厂停工的影响，积极想办法协调外省及省内的供应商，并亲自在全杭州城找现货，想尽办法满足韩方对总统套房的特殊需求，在主宾入住前全部按要求布置到位。

**这样的酒店员工你见过吗？**

望湖宾馆董事长、总经理胡建敏给记者讲了这样一个故事，"有一次傍晚，总统回到酒店后，车队在酒店门口待命，贴身管家陶余亮在与随行警卫沟通后得知总统晚上可能会外出，但时间不确定，要求专梯（总统专用电梯）24小时待命。于是他在电梯旁从晚上9点一直站到凌晨1点，期间忍饥挨饿、滴水未进，连洗手间都不敢上，生怕自己短暂的离开影响了整个接待活动，直到警卫告诉他总统外出计划已取消"。这样的故事还有很多，整整三天三夜的奋战，支撑着贴身管家的是对宾馆的忠诚、对品质服务的严苛和心中那份神圣的使命感和责任感！

作为宾馆接待的一大特色，此次接待启用的"贴身管家团队"夺人眼球。由于接待元首、政要的特殊性与重要性，贴身管家在元首入住期间必须做到24小时贴身服务。在整个接待过程中，贴身管家团队任务密集，三位元首的一对一服务、贵宾引领，既要打时间差又要相互补位，工作压力非常大。这对于年轻的工作人员来说不仅仅是体力上的考验，也是团队合作的考验。深夜，管家们在忙碌了一天的工作后需要与元首秘书沟通好第二天的早餐送房服务，为了将服务做到极致，一次平时看似简简单单的送餐服务往往要经过长达半小时甚至一小时的反复磋商。而第二天一大早，当贵宾还沉浸在睡梦中时，贴身管家早已在厨房来回奔波，张罗、准备着送房早餐的餐具及餐食。由于元首行程存在诸多不确定因素，随时可能外出参加拜访、会晤等活动，为此管家们必须做到随叫随到，寸步不离。

据悉，在入住的第二天，韩国总统因身体不适晚上提前回酒店，细心的贴身管家已在大厅等候多时。御厨向贴身管家求助，要求帮助制作总统的夜宵，在厨师长的积极配合下，贴身管家15分钟内为总统送上滋补汤羹及特色小点，其工作效率之高、菜肴之精美得到了总统的赞许。副总理行程较多，进出时需关注专梯及免检通道，外交部部长房内送餐及开会时需要勿扰，这些小细节都被贴身管家牢牢地记在心里。

宾馆管理人员和员工们加班加点，他们默默付出，身体虽累内心却是快乐的。据悉，8月22日宾馆领导班子带头执行24小时值班制度；韩国代表团入住后，8月28日宾馆全体管理层团队24小时驻店值守，迎接每一位入住、外出、回酒店、退房的贵宾；每位员工都是12小时以上不停歇工作，许多员工每天凌晨4、5点便起床准备，并一直工作到深夜；宾馆的实习生们每天都以最大的热情投入工作，与宾馆员工一起做好服务接待工作，他们认为能参与此次G20峰会接待十分荣幸。

杭州望湖宾馆董事长、总经理胡建敏满怀激动地对记者说："全球关注的G20杭州峰会已经圆满落下帷幕。此时此刻，我谨代表宾馆领导班子特别向全体员工表示衷心的感谢并致以崇高的敬意！从G20峰会筹备到举办的近三百个日日夜夜，宾馆上下团结协作、众志成城、携手共进、砥砺前行，以最高标准、最快速度、最实作风、最佳效果的要求，全力以赴，出色地完成了各项服务保障任务。精彩出色的背后，是望湖人多少个不眠之夜的不懈努力和艰辛付出。峰会期间所有望湖人以大气的胸怀、灿烂的笑容、文明的举止、精湛的服务，让海内外贵宾认知望湖、感受望湖、点赞望湖，充分展现了新时期望湖人的新风貌！"

**问题：**
1. 你认为杭州望湖宾馆在杭州G20峰会接待中获得圆满成功的原因是什么？
2. 杭州望湖宾馆前厅部在接待中做了哪些工作？

# 第二章

## 前厅部接待业务管理

**学习导引**

前台接待处的主要工作是负责酒店客人的接待和入住登记,前台是酒店的神经中枢,是酒店一切接待业务开展的枢纽,也是酒店客人第一次和最后一次接触的部门。通过本章的学习,可以了解酒店前厅部预订、办理入住、收银、问讯、总机、行政楼层服务等服务工作的基本内容和程序,同时熟悉对客房订房失约行为、贵重物品保管等特殊情况的处理办法。

**学习重点**

通过本章学习,重点掌握以下知识要点:
1. 客房预订的类型;
2. 办理入住登记手续的程序;
3. 客房预订的常见方式与受理细节;
4. 在订房失约行为出现时的常见做法;
5. 前厅收银与贵重物品保管的服务程序;
6. 前厅问讯服务与总机服务的要求与内容;
7. 行政楼层的相关服务流程。

## 第一节 客房预订管理

一、预订的意义和任务

(一)预订的意义

客房预订是客房商品销售的中心环节。酒店开展预订业务,可以满足顾客希望能够预先得到保证的要求;同时,酒店也能最大限度地利用客房开拓客源,为酒店争取利润最大化。因此,开展预订业务对酒店经营具有重要意义。

1. 开拓市场,稳定客源,提高客房出租率

酒店的客源可以分为两类:一类是预订客人,包括团队预订客人和预订散客;另一类是未经预订而直接抵店的散客。客房预订对酒店来说是对客房产品的意向性销售,只有预订客人达到一定的数量,酒店的正常经营活动才能得到保证。如果某家酒店预订客人很少,只能靠随机而来的零散客人,其经营必然陷入不稳定状态。特别是目前酒店业竞争加剧,各酒店为稳定客源,都开展了客房预订业务,除接受客人的订房要求外,还采取灵活的推销技巧,如酒店主动打电话、发信函等,争取更多的预订,使客房达到最佳的出租率。

2. 掌握客源动态,预测酒店未来业务

通过开展客房预订业务,酒店可以获取客人的订房信息资料,将这些资料集中起来进行分析研究,可清楚地了解旅游者的动态情况,把握市场动向,并预测未来一段时间内酒店的客源流动情况,以便及时调整营销目标,从而为酒店做好总体工作安排提供一个全面的信息。

3. 协调各部门业务,提高工作效率和服务质量

开展客房预订业务,客人的基本情况,如姓名、职业、地址、抵离店时间及其他要求等得以确认。预订处将这些信息资料传递给各有关部门,可协调各部门的经营活动,准备好人力、物力和财力,共同安排好接待工作,提高工作效率,保证服务质量。例如,接受一个团队的预订后,预订处及时通知接待处、客房部、餐饮部等有关部门。接待处可根据预订资料,事先安排房间,准备好住房卡或钥匙,从而简化了入住登记过程;客房部组织好人力及时清理客房;餐饮部为该团队准备饮食等。这样,才能保证酒店的整体对客服务质量。

4. 开展预订工作,是酒店进行推销的一个重要手段

酒店通过有效、高质量的预订工作,可以争取更多的客源,为酒店增加效益。

(二)预订的主要任务

预订的主要任务有:①根据客人的要求,提供使之满意的理想房间;②及时处理客人的订房要求;③记录、储存预订资料;④完成客人抵店前的准备工作。

二、预订的渠道、方式及类型

(一)预订的渠道

预订渠道也被视为酒店的客源销售渠道,从酒店方面来看,总是希望把自己的产品和服务直接销售给消费者,以期获得最大利润。但由于人力、财力有限,酒店必须借助中间商,并利用他们的网络、专业特长及规模等优势,来帮助推销酒店产品,扩大客源。客人在酒店预订主要通过两大渠道,一类为直接渠道,另一类为间接渠道。

1. 直接渠道

直接渠道是指客人不经过中介机构而直接与酒店预订处联系,办理订房手续。

2. 间接渠道

(1)通过旅行社预订。

(2)通过与酒店签订商务合同的公司预订。

(3) 通过航空公司预订。
(4) 通过会议组织机构预订。
(5) 通过专门的会议组织机构预订。
(6) 通过连锁酒店或合作酒店预订。
(7) 通过酒店所加入的预订网络预订。
(8) 通过政府机关或企事业单位预订。

(二) 预订的方式

客人采用何种方式进行预订,受其预订的紧急程度和客人预订设备条件的制约。因此,客房预订的方式多种多样,各有其不同的特点。通常,客人采用的预订方式主要有以下几种。

1. 电话预订

客人或其委托人使用电话进行预订。这种方式应用最广泛,其特点是迅速、简便、易于客人与预订员之间的直接沟通,可使客人能根据酒店客房的实际情况,及时调整其预订要求,订到满意的客房。电话预订有利于预订员详细了解客人对房间种类、用房数量、房价、付款方式、抵离店时间及特殊服务的要求,并适时进行电话促销。采取电话预订方式,在预订过程中,酒店方要注意以下几项内容。

(1) 使用礼貌用语,语音、语调要柔和。
(2) 准确掌握客房预订状况,以便及时查找、确认。
(3) 预订单要放置在便于取用的地方。
(4) 确保24小时安排预订人员在岗。
(5) 要清楚地记录客人订房的基本要求和预订单上的记录条款,并向客人复述订房要点。
(6) 婉拒客人订房时,应征询客人是否可以列入等候名单。
(7) 确认客人订房后,在时间允许的条件下,应向客人寄订房确认书。

2. 信函预订

信函预订是客人或其委托人在离预期抵店日期尚有较多时间的情况下采取的一种古老而正式的预约方式。此方式较正规,如同一份合约,对客人和酒店起到了一定的约束作用。在接受此方式预订时,酒店方应注意做到以下几点。

(1) 及时复信。越早让客人收到回信,越能赢得客人的好感,对客人的住宿选择影响也最大。多数酒店规定24小时内须寄出复信,并使用打时机或时间戳来控制回信速度。
(2) 避免给客人留下公函式信件的印象。复信应使收件人感到信件是专门为他写的,是一封私人信函。例如,预订员不能用"Dear Sir"作为信头称谓,而应正确使用客人的头衔与称呼,并准确拼写其姓名。
(3) 复信的格式必须正确,注意中英文书信格式的差异。
(4) 复信的内容需明确、简洁且有条理。对客人信中所提要求,一定要给予具体的答复,即使是不能应允或不能满足的要求,也须婉转地表示歉意,做到谦恭有礼,避免含糊不清,最好使用书面语。

(5) 复信的地址、日期要书写完整、准确。
(6) 注意信纸、信封的质量,邮票的选择及复信者的亲笔签名。

3. 传真预订

传真预订是当今酒店与客人进行预订联系的最理想的通信手段之一。其特点是传递迅速、即发即收、内容详尽,并可传递客人的真迹,如签名、印鉴等。此方式可将客人的预订资料原封不动地保存,不易出现预订纠纷。随着全球订房网络系统的建立,传真预订系统的设立更让订房客人直接获益。其主要在各地设立订房中心、销售办事处,通过免费电话和传真接受客人的预订。

4. 口头预订

口头预订即客人或其委托人直接来到酒店,当面预订客房。它能使酒店有机会更详尽地了解客人的需求,并当面回答客人提出的任何问题。同时,也能使预订员有机会运用销售技巧,必要时,还可以通过展示客房来帮助客人做出选择。对于客人的当面口头预订,订房员应注意下列事项。

(1) 书写清楚。客人的姓名要大写,不能拼错,必要时可请客人自己拼写。
(2) 在旺季,对于不能讲定抵达时间的客人,可以明确告诉客人,预订保留到 18:00。
(3) 如果客人不能确定逗留的确切天数,也要设法让其说出最多和最少天数。

5. 计算机网络预订

通过网络进行预订是目前国际上最先进的订房方式。随着计算机的推广使用,越来越多的散客开始采用这种方便、快捷、先进而又经济的方式进行预订。

在美国,30%的旅游产品是在网上预订出去的。为了扩大预订渠道,酒店除了在互联网上建立自己的网站以外,还应将自己的网页与国内外著名旅游酒店预订网站进行友情链接,使客人能够更方便地接触到酒店的信息和预订服务。

(三) 预订的类型

酒店在处理客人的订房时,一般分为非保证类预订和保证类预订两大类,前者又分为临时预订和确认类预订两种,后者分为预付款担保、信用卡担保和合同担保。

1. 非保证类预订

1) 临时预订

临时预订是指未经书面确认或未经客人确认的预订,通常酒店会与客人约定将客房保留至下午 6 点,如届时客人未到,该预订即被取消。

这类预订通常是客人在即将抵达酒店前很短的时间内或在到达的当天联系订房。在这种情况下,酒店一般没有足够的时间(或没有必要)给客人寄去确认函,同时也无法要求客人预付订金,所以,只能口头承诺。

2) 确认类预订

确认类预订通常是指以书面形式确认过的预订(或客人已经以口头或书面形式对预订进行过确认)。对于持有确认函来店登记住宿的客人,可以给予较高的信用,因为这些客人的地址被验证,向他们收取欠款的风险比较小。

对于确认类预订,酒店依然可以事先声明为客人保留客房至某一具体时间,过了规定时

间客人如未抵店,也未与酒店联系,则酒店有权将客房出租给其他客人。

2. 保证类预订

保证类预订指客人保证前来住宿,否则将承担经济责任,因为酒店在任何情况下都应保证落实的预订。保证类预订又分为以下三种类型。

1) 预付款担保

预付款担保即客人通过交纳预付款而获得酒店的订房保证。假如客人预订住房时间在一天以上,并且预付了一天的房租,但届时未取消预订又不来入住,那么,酒店只应收取一天的房租,把余款退还给客人,同时,取消后几天的订房,如果客人在临近住店日期时订房,酒店没有足够的时间收取订金,则可要求客人使用信用卡做担保,预订客房。

2) 信用卡担保

除了支付预付款以外,客人还可用信用卡做担保预订客房。这样,如果客人届时既未取消预订,也不来登记入住,酒店就可以通过发卡公司收取客人一夜的房租,以弥补酒店的损失。比如,按照"美国通用公司"的"订房担保计划",运通卡的持有人若要订房,则打电话到酒店提出订房要求,并告诉对方自己的姓名和信用卡号码,说明是美国运通卡担保订房即可,酒店据此为客人保留客房至第二天的入住时间,如客人届时未到,也未通知取消预订,则酒店可依据客人签寄的信用卡号码、姓名以及酒店的"担保订房—未到入住"记录向美国运通公司收取一夜房费。

3) 合同担保

这种方法虽不如预付款担保和信用卡担保那样被广泛使用,但也不失为一种行之有效的订房担保方式。酒店与经常使用酒店设施的商业公司签订合同,当公司的客户要求住宿时,公司就与酒店联系,于是酒店就为其安排客房,即使客人未入住,公司也保证支付房租,同时,房间也被保留一个晚上。

对于保证类预订,酒店无论如何要保证只要客人一到就为其提供房间或找一间条件相仿的房间。在后一种情况下,酒店要代付第一夜的房费以及其他附带费用,如出租车和打到家里或办公室的电话费等,这就是所谓的"第一夜免费制度"。

### 三、客房预订受理程序

#### (一) 散客预订受理程序

为了确保客房预订工作的高效运行,前厅部必须建立健全的客房预订程序。通常,客房预订程序可概括成以下六个阶段。

1. 通信联系

客人常以电话、面谈、传真、互联网、信函等方式向酒店前厅部预订处提出订房要求。

2. 明确客源要求

预订员应主动向客人询问,以获悉客人的住宿要求,并将其所需预订信息填入客房预订单,包括客人姓名、人数、国籍、抵离店日期、车次或航班,所需客房种类、数量、房租、付款方式、特殊要求以及预订人姓名(或单位)、地址及电话号码等信息。

3. 受理预订或婉拒预订

预订员通过查看预订总表或计算机终端,以判断客人的预订要求是否与酒店的实际提供能力相吻合。查看的信息主要包括以下五点。

（1）预期抵店日期。

（2）所需客房种类。

（3）所需客房数量。

（4）客人住店天数。

（5）客人对房价及其他特殊要求。

根据上述条件,预订员要决定是否接受客人的订房要求。若客人的上述需求与酒店的接待能力相符合,则予以接受,反之则予以婉拒。婉拒预订即因客满而婉言拒绝客人的预订要求,但并非意味着终止对客人的服务。比如可以征求客人意见调换另一类型的客房。另外也可将客人的预订要求、电话号码等记录在等候名单上,随后每天检查落实,一旦拥有客房,立即通知客人。

总之,用建议代替简单的拒绝是很重要的,它不但可以促进酒店客房的销售,而且易在顾客心中树立良好的形象。部分酒店使用规范的婉拒信函寄发给客人,以达到同样的效果。酒店常使用的婉拒预订的书信句型有:

……我店为没能满足您的要求深表歉意,希望下次能有机会为您提供服务。

顺致崇高敬礼！

### 4. 确认预订

预订员在接到客人的预订要求后,应立即将客人的预订要求与酒店未来时期客房的利用情况进行对照,决定是否能够接受客人的预订,如果可以接受,就要对客人的预订加以确认。

确认预订的方式通常有两种,即口头确认（包括电话确认）和书面确认。

口头确认是指客人在即将抵达酒店前或在抵店的当日所进行的临时预订。由于时间紧促,酒店一般只能给予口头确认,但必须把需要提醒客人的注意事项（如酒店保留客房的时间）告知客人,以免引起不必要的麻烦。

书面确认（预订确认函）是针对确认类预订和保证类预订的,书面确认书中应复述客人的订房要求、房价及付款方式,声明酒店对客人订房变更、取消预订的规定。对确认类预订的客人声明抵店的时间限制,对保证类预订的客人声明收取预订金。最后要对客人选择本酒店表示感谢。预订确认函如表2-1所示。

表2-1 预订确认函

| _____酒店 | 客房类型、数量：_____ | 房价：_____ |
|---|---|---|
| 地址：_____ | 预订日期：_____ | 抵达日期：_____ |
| 电话：_____ | 抵达时间：_____ | 逗留天数：_____ |
| 您对_____的预订已确认。 | 离店日期：_____ | |
| | 结账方式：_____ | 订金：_____ |
| | 客户地址：_____ | |

续表

| | |
|---|---|
| 客户姓名：_____ | 电话：_____ |
| 本酒店确认了您的订房。由于客人离店后，需要有一定时间整理房间，因此，下午三点以前恐不能安排入住，请谅。另外，未付订金或无担保的订房只保留到下午六时。 | |
| | 预订员：_____ |

书面确认与口头确认相比有如下优点：

（1）能复述客人的订房要求，使客人了解酒店是否已正确理解并接受了他的订房要求，使客人放心。

（2）能申明酒店对客人承担的义务及有关变更预订、取消预订以及其他有关方面的规定，以书面形式确立了酒店和客人的关系。

（3）能验证客人所提供的个人情况，如姓名、地址等。所以持预订确认函的客人比未经预订、直接抵店的客人在信用度上更可靠，大多数酒店允许其在住店期间享受短期或一定数额的赊账服务。

无论是口头确认还是书面确认，都必须向客人明确申明酒店规定的抵店时限。

5．预订的更改与取消

虽然客人已经确认了预订，但在客人抵店之前，还是可能对预订内容做出更改，甚至取消。这两种情况往往事发突然，必须分别对待。

1）预订的更改

预订的更改有两种，一种是到达日期的更改，一种是客房种类与客房房间数的更改。预订员应自己检查酒店客房预订控制记录，如果可以满足，再予以确认。同时要填写"预订更改单"来修正有关记录。如果不能满足客人要求，预订员应给客人适当的建议并与之协商解决。更改预订的处理程序与标准如表2-2所示。

表2-2　更改预订的处理程序与标准

| 程　　序 | 标　　准 |
|---|---|
| 1．接到客人更改预订的信息 | （1）询问要求，更改预订客人的姓名及原始到达日期和离店日期<br>（2）问客人需要更改的日期 |
| 2．确认更改预订 | （1）在确认新的日期之前，先要查询客房出租情况<br>（2）在有空房的情况下，可以为客人确认更改预订，并填写预订单<br>（3）需要记录更改预订的代理人姓名及联系电话 |
| 3．存档 | （1）将原始预订单找出<br>（2）将更改的预订单放置上面并订在一起<br>（3）按日期、客人姓名存档 |
| 4．未确认预订的处理 | （1）如果客人需要更改日期，而酒店客房已订满，应及时向客人解释<br>（2）告知客人预订暂时放在等候名单里<br>（3）如果酒店有空房时，及时与客人联系 |
| 5．更改预订完成 | （1）感谢客人及时通知<br>（2）感谢客人的理解与支持（未确认时） |

2）预订的取消

当客人取消预订时,预订员应做好预订资料的处理工作,在预订单上注明"取消",同时填写取消人、取消时间和取消原因等,并将其存档。取消预订的处理程序与标准如表2-3所示。

总之,在处理预订更改和取消时,预订员应耐心、高效地对客人服务。不论是更改、取消还是婉拒预订,都有客人方面或酒店方面的客观原因,预订员既要灵活地面对现实,又应表现出极大的热情并提供有效的帮助。

表2-3 取消预订的处理程序与标准

| 程 序 | 标 准 |
| --- | --- |
| 1.接到预订信息 | 询问要求取消预订客人的姓名、到达日期和离店日期 |
| 2.确认取消预订 | (1)记录取消预订代理人的姓名及联系电话<br>(2)提供取消订单号 |
| 3.处理取消预订 | (1)感谢预订人将取消要求及时通知酒店<br>(2)询问客人是否要做下一个阶段的预订<br>(3)将取消预订的信息输入计算机 |
| 4.存档 | (1)查询原始预订单<br>(2)将取消预订单放置在原始预订单之上并订在一起<br>(3)按日期将取消预订单放置在档案夹最后一页 |

6．抵店准备

客人抵店前的准备工作是前厅部服务过程中非常重要的前期工作,必须达到及时、有序、细致、无误的标准。准备工作有助于相关部门根据计划安排,对不同客源、不同身份和特点的客人提供有针对性的个性化服务,提前做好充分的准备。

1）复核预订

如果客人的预订日期离抵店日期较远,在客人抵店前预订员应通过书信或电话等方式与客人进行复核,以免客人由于多种原因取消或修改预订。

(1)第一次复核。

在客人预期抵店日期的前一个月进行,即由预订员以电话、书信或传真等方式核对下个月同一天抵店的客人名单。复核的主要对象为重要客人和重点团队,内容为抵达日期、预住天数、房间数量与类型有无变化等。如有更改或取消,则修正预订。

(2)第二次复核。

在客人预期抵店日期的前一周进行,方法与第一次复核相同。复核的重点为抵店时间、更改变动的订房及重要客人订房。对客人取消预订的房间,应将其转售给优先等待的订房客人。

(3)第三次复核。

在客人预期抵店日期的前一天进行,即由预订员通过电话方式核对次日抵店客人的名单。应仔细检查预订内容,并将准确的订房信息传达至接待处。如有取消预订的,应立即通知总台将这些取消预订的客房给不预期到达的客人。

#### 2）向其他部门提供客情预报表

预订员提前一周或数周，将酒店主要客情，如重点客人（VIP）、大型团队、会议接待、客满等信息通知各部门。其方法可采取分发各类预报表，如十天客情预报表（见表2-4）、重点客人（VIP）呈报表（见表2-5）、重点客人（VIP）接待规格呈报表（见表2-6）等，也可召开由总经理主持的协调会。

表2-4　十天客情预报表

| 日期 | 星期 | 预抵散客 | 团队 | 离店 | 团队离店 | 住宿 | 团队住宿 | 故障房 | 已满房间数 | 预计出租房数 | 预计出租单位 | 预计出租率 | 预计空房间数 | 已用房间数 | 可用房间数 |
|---|---|---|---|---|---|---|---|---|---|---|---|---|---|---|---|
|  |  |  |  |  |  |  |  |  |  |  |  |  |  |  |  |
|  |  |  |  |  |  |  |  |  |  |  |  |  |  |  |  |
|  |  |  |  |  |  |  |  |  |  |  |  |  |  |  |  |
|  |  |  |  |  |  |  |  |  |  |  |  |  |  |  |  |

表2-5　重点客人（VIP）呈报表

月　　日

| 房号 | 姓名 | 身份 | 接待单位 | 抵店日期 | 离店日期 | 客房种类 | | 房租 | | 备注 |
|---|---|---|---|---|---|---|---|---|---|---|
|  |  |  |  |  |  | T | S | T | S |  |
|  |  |  |  |  |  |  |  |  |  |  |
|  |  |  |  |  |  |  |  |  |  |  |
|  |  |  |  |  |  |  |  |  |  |  |
| 小计 |  |  |  |  |  |  |  |  |  |  |

送：总经理室、大堂经理、公关销售部、餐饮部、客房部、保安部、前厅部、大厅、总机、客房用膳部

表2-6　重点客人（VIP）接待规格呈报表

| 团队名称 贵宾情况 | |
|---|---|
| 情况简介 | |
| 审批内容 | 1. 房费：A. 全免　B. 赠送会客室一间　C. 房费按折收取　D. 按元收费 |
| | 2. 用膳：在餐厅用餐，标准　　元/人（含/不含饮料） |
| | 3. 房内要求：A. 鲜花　B. 小盆景　C. 水果　D. 果盘　E. 葡萄酒及酒杯　F. 欢迎信　G. 名片　H. 礼卡　I. 酒店宣传册 |
| | 4. 迎送规格：A. 由总经理迎送　B. 由副总经理迎送　C. 锣鼓迎送 |
| | 5. 其他 |
| 呈报部门 | 经办人　　　　　　　　部门经理 |
| 总经理批署 | |

客人抵店前夕,将客情及具体的接待安排以书面形式通知相关部门,做好准备工作。酒店在这方面常使用的表格有:次日抵店客人一览表(见表2-7)、鲜花水果篮通知单(见表2-8)、特殊要求通知单等。

表2-7 次日抵店客人一览表

年　　月　　日

| 预订号 | 序号 | 客人姓名 | 房间数 | 房间类别 | 抵达时间/航班 | 预期离店日期 | 备注 |
|---|---|---|---|---|---|---|---|
| 1 | | | | | | | |
| 2 | | | | | | | |

表2-8 鲜花水果篮通知单

姓名房号
送达日期/时间
具体要求
付款客人姓名/序号
备注

客人抵店的当天,前厅部接待员应根据客人预订的具体要求提前排房,并将有关接待细节(变更或补充)通知相关部门,共同完成客人抵店前的各项准备工作。

(二)团队预订受理程序

受理团队预订所涉及的工作面比较广,而且要与各种不同的人物进行接触、交往,如会议组织者、团队旅游组织者和旅游代表商等。因此,在处理团队预订时,工作应格外细致、认真。一般来说,当一个团队选定了一家酒店,团队代表将与酒店的销售部进行联系和接触。

1. 旅行社预订受理

旅行社预订是指我国国内旅行社和国外旅行社向酒店预订客房。通常情况下,是由酒店销售部与旅行社协商,协议书一般规定预订方式、预订数量、截止日期、优惠房价、免费房待遇、订金等。

酒店应选择客源市场大、信誉好、取消率低、更改少、客人日平均消费较高的旅行社。酒店的销售部与前厅部重点关注客户的组团能力和支付信誉。例如,酒店在短时期内将客房预订给一家旅行社,而该旅行社市场有限,最后时刻取消预订,从而造成客房无法销售出去的重大经济损失。

酒店与旅行社必须事先签订用房协议书,包括预订客房的规格、等级、数量和押金等。一旦销售部确定了团队的人数、房间数和房间价格,总服务台的预订处就可以按以下程序办理团队预订。

(1)预订部经理审阅由销售部送来的团队预订单,给该团统一编号。

(2)预订员负责在团队预订房间状况表上封锁该团的房间数,并标出该团的编号。

(3)根据团队预订单填写团队预订条。

(4) 收到团队住房名单后,预订员要核对该团预订房间数、实到人数和付费情况。

(5) 完成上述操作后,将一份团队预订单签名后退回销售部存查,将资料按程序存档。

2. 会议及其他团队预订受理

酒店受理此类预订时,要由酒店销售部与会议、展览组织者签订协议。此类预订数量大;用房集中、消费大;客人抵离时间分散;会议时间进餐人数多;预订时间不同等,都给酒店工作带来了新的问题。

为适应会议、展览的特点,酒店在受理此类预订时,应按以下操作程序进行。

1) 及时与会务方负责人进行联络

清楚了解会议性质(属于接待工作还是商务工作,是否有重要嘉宾参加等)及内容(包括时间、人数、所需房间数、场地、器材、形式、交通及其他特殊要求等)。

若属大型、重要的会议接待,在和客户商定有关接待细节后,应及时向部门主管领导汇报情况,由部门主管领导召开协调会议,统筹整个会议的接待工作。

2) 落实会议场地和房间数量

在会议洽谈协商的过程中,应和会务方具体负责人详细讨论有关的会议细节,做好记录,尤其应尽快落实是否有适合客人要求的场地和客房。当确认场地及客房可按客户要求提供后,应向餐饮部、房务部发出预留场地及房间的通知书。

3) 商谈价格

当确认场地及客房的安排没有问题后,应根据实际情况给客户提供清晰的价格。如该活动涉及多项内容,应同有关部门对某些价格进行调整及平衡。价格政策是相对固定的,若超出自己的权限,应及时向主管领导请示。

4) 签订会议协议,收取会议押金

当会务方已确认所有会议细节后,双方应根据要求及时承诺签订会议协议,并依照协议收取相应的会议押金。

5) 下发会议接待通知单

签订好会议协议后,根据双方协商的具体内容和有关细节,填写会议接待通知单,经核对无误,下发至各部门,并保存该次会议的档案。

6) 会议接待

发出会议接待通知单后,须和会务方负责人及酒店相关部门随时保持联系,协调会场的布置,跟踪会议进程。

7) 会议结账

会议结束,若客户消费挂账,其账务由销售部和财务部共同催收,餐饮部给予协助。

8) 会议送别

恭送会务方领导及办会负责人,为客人留下美好感受,同时择机赠送精美小纪念品给会务方负责人,加深友情。

9) 会议结束

会议结束,视需要召开总结会,分析会议接待的得失,并将客户意见反馈至相关部门,同时销售部应做好会议资料的存档工作,对有新闻价值的会议接待活动,可撰稿送媒体发表。

## 四、客房预订的失约行为及其处理

### (一)制定有关预订政策

预订政策的制定不仅能满足客人的要求,保护客人的利益,而且有利于酒店的经营管理工作,使预订工作有章可循;同时,也可作为处理预订中纠纷的依据和规则,保护酒店自身的合法权益。预订政策应涉及预订业务中易出现问题的环节,主要包括以下内容。

1. 酒店客房预订规程

包括客房预订操作程序,团体与散客预订比例,接受预订的数量、期限、超额预订的比例等。

2. 酒店预订确认条款

明确需确认的对象、时间、方式等。

3. 酒店预订金的收取条款

明确收预订金的对象、形式、数量、期限或分段收取的方式等。

4. 酒店预订取消条款

明确通知取消预订的期限、订金的退还手续及落实部门及方法等。

5. 酒店对预订客人应承担的责任条款

明确因工作差错、疏漏、超额预订失误等引起的预订客人无法入住的处理规定,各项条款需便于操作。

6. 酒店预订客人应承担的责任条款

明确预订客人因未能如期抵店、逾期抵店、迟缓通知取消等的处理规定。

### (二)预订的失约行为

订房契约是指在客房预订确认后,酒店与客人之间产生的一种契约关系。据此,酒店有义务和责任向客人提供预订的房间,而客人则应支付酒店规定的房租。但如同任何决策和工作一样,都有可能会出现失误。由于情况多变,往往会使人防不胜防。那么,在预订的过程中,容易产生预订失约行为的原因主要有以下两个方面。

1. 酒店方面的原因

(1)酒店未能准确掌握可售房的数量。具体表现为:与前台分房组、营销部的沟通不畅,与预订中心系统及订房代理处的沟通不畅,客房状态的显示不正确等。

(2)记录、储存的预订资料出现差错或遗失。具体有:日期错误,姓名拼写错误、遗漏,存档的顺序错误,变更及取消的处理不当。

(3)不熟悉销售政策。预订员对房价的变更及有关销售政策缺乏了解。

(4)未能满足客人的要求。主要有:因疏忽、遗忘而未能最终落实客房,对行业术语的理解不一致及业务素质不高而造成的失误。

(5)实施超额预订不当而造成的差错。表现为:过高估计了预订未到客人的房间数,过高估计了临时取消预订的房间数,过高估计了提前离店客人的房间数,过低估计了延期离店客人的房间数等。

### 2. 客人方面的原因

(1) 预订不到者。预约后失约不到又不提前通知酒店的客人。

(2) 临时取消者。临近预订抵店日期而单方面通知酒店取消到店计划的客人。

(3) 提前离店者。未住满预订天数而离店的客人。

(4) 延期住宿者。住满预订天数仍未离店者。

(5) 提前抵店者。未到预订的抵店日期而提前到达酒店住宿的客人。

### (三) 超额预订与缺额预订

前厅部管理人员应随时核对输入计算机的预订信息以及客情预报信息，力求预订准确。经验告诉我们，即使酒店的客房全部预订出去了，仍会有一小部分订房者因各种原因不能按期抵达或临时取消，使酒店出现空房，因此会延误客房出租而造成一定损失。因为客人的预订不可能都是保证性预订，酒店为追求较高的出租率，争取获得最理想的经济效益，有可能或有必要实施有效的超额预订。

所谓超额预订是指酒店在订房已满的情况下，再适当增加订房数量，以弥补少数客人因临时取消预订而出现的客房闲置。超额预订既是酒店经营管理者胆识与能力的表现，又是一种有风险的行为。关键是如何有效实施超额预订，避免或最大限度地降低由于预订失误而造成的麻烦。因此，超额预订的决策应该是有依据的，这个依据既来源于经验，又来源于对市场的预测及对客情的正确分析。

超额预订通常出现在旅游旺季，而旅游旺季是酒店经营的黄金季节，如果做好了超额预订，会使酒店在黄金季节达到最佳出租率和最大效益。但超额预订也可能出现客到无房的状况，这对酒店经营管理者来说，确实是胆识与能力的较量。因此，在超额预订的管理中要注意掌握超额预订的数量和幅度。按照国际酒店的管理经验，超额预订的百分比可控制在5%～15%。通常情况下，实施超额预订时应考虑以下因素。

#### 1. 掌握团队订房和散客订房的比例

团队订房一般由国内外旅行社、专业会议、商业机构等事先计划和组织，与酒店签订订房合同，双方愿意共同履行契约，可信度高。因此，预订不到或临时取消预订的可能性很小，即使有变化也会提前通知。而散客是由个人订房，一般支付定金的不多，随意性很强。所以，在某段时间内，若团队预订多，散客预订少，超额预订的比例不可过多；反之，若散客预订多，团队预订少，超额预订的比例不宜过少。

#### 2. 掌握预订类别之间的比例

为了维护酒店的声誉，取信于客户，酒店在具体实践中，往往把保证类预订和确认类预订视为准确订房，作"订房契约"处理，应最大限度地保证客人的住房要求，尤其是保证类预订，必须确保；酒店对其他的预订视为意向性预订，届时若发生纠纷，酒店不向客人承担经济责任，若客人不按时抵达，酒店也不向客人要求赔偿。所以，在某段时期内，如果准确订房多，而意向性订房少，超额预订的幅度不宜过大；反之亦然。

#### 3. 统计各类型失约客人的比例

根据订房资料及以往的工作实践，统计预订不到者、临时取消者、提前离店者、延期住宿者、提前抵店者数量在订房人中所占的比例。

对以上各种因素进行综合分析,并结合过去、近期的实际和对将来一段时间客人情况的估计,做出正确的判断,这样才能顺利开展超额预订工作。

超额预订数＝预计临时取消预订房数＋预订未到房数＋预订提前离店房数
－延期住店房数＝酒店应接受当日预订房数×预订取消率
＋酒店应接受当日预订房数×预订未到率＋续房数量
×提前离店率－预计离店房数×延期住店率

设 $R$＝超额预订数；$A$＝酒店客房数；$C$＝续住房数；$r_1$＝预订取消率；$r_2$＝预订未到率；$D$＝预计离店房数；$f_1$＝提前离店率；$f_2$＝延期住店率,则

$$R=(A-C+R)\times r_1+(A-C+R)\times r_2+C\times f_1-D\times f_2$$

$$R=\frac{C\times f_1-D\times f_2+(A-C)(r_1+r_2)}{1-(r_1+r_2)}$$

设超额预订率为 $X$,则

$$X=\frac{R}{A-C}\times 100\%$$

例:酒店有客房600间,10月8日续住房数为200间,预计离店房数为100间,该酒店订单取消率通常为8%,预订未到率为5%,提前离店率为4%,延期住店率为6%,试问,就10月8日而言,该酒店:(1)应该接受多少超额预订?(2)最佳超额预订率是多少?(3)一共可接受多少客房预订?

(1) 该酒店应该接受的超额预订数为

$$R=\frac{C\times f_1-D\times f_2+(A-C)(r_1+r_2)}{1-(r_1+r_2)}$$

$$=\frac{200\times 4\%-100\times 6\%+(600-200)\times(8\%+5\%)}{1-(8\%+5\%)}$$

$$\approx 62(\text{间})$$

(2) 超额预订率为

$$X=\frac{R}{A-C}\times 100\%=\frac{62}{600-200}\times 100\%=15.5\%$$

(3) 该酒店一共可接受的客房预订数为

$$A-C+R=600-200+62=462(\text{间})$$

因此,就10月8日而言,该酒店应接受62间超额预订,最佳超额预订率为15.5%,一共可接受的预订数为462间。

缺额预订是指所接受预订数少于酒店可供房数,因此,酒店应拓展客房预订渠道,健全预订程序,让客人预订更为方便。

(四) 预订失约行为的处理方法及控制

1. 预订失约行为的处理

对于在规定时间内抵店的持保证类或确认类预订证明的客人,由于各种原因产生预订失约导致客人不能入住,按照国际惯例及酒店业常规,可采取以下处理方法。

(1) 诚恳解释原因并致歉,请求客人谅解。

(2) 立即与其他同等级酒店联系,请求援助。若找不到相同等级的酒店,则安排客人入

住档次稍高一点的酒店,高出的房费由本酒店支出。

(3) 免费提供交通工具和第一夜房费。

(4) 免费提供一至两次长话费或传真费,使客人能将临时改变住处的信息告知有关方面。

(5) 临时保留客人的有关信息,便于为客人提供邮件及查询服务。

(6) 征得客人同意,并做好搬回酒店时的接待工作,如由大堂副理或客务关系主任迎接客人,或在客房内放致歉信,赠送鲜花和水果等。

(7) 向预订委托人致歉。

(8) 向提供援助的酒店致谢。

而对于其他预订的客人,届时无房提供时应礼貌地向客人说明情况,并帮助推荐其入住其他酒店,同时欢迎其第二天有空房时入住本酒店。

2. 预订失约行为的控制方法

加强对预订员及其他有关人员的培训教育,提高其工作责任心和业务素质;酒店应用订房单记录客人的订房要求,如是电话或面谈预订,应复述客人的预订内容,解释酒店专用术语的确切含义及有关规定,避免出现错误、遗漏或误解;由专人负责标注客房预订总表或将预订信息按要求输入计算机;建立和健全与开房组等保持有效沟通的制度,前台接待处应正确统计可租房数量和预订未到、提前抵店、延期离店、未经预订而直接抵店、临时取消及住店客人换房等用房变化数,每天应按时将上述统计数字通知预订处;平时加强预订工作的检查,避免错误地存放预订资料;对订房的变更及取消预订的受理工作应予以重视;加强与预订中心、订房代理处的沟通;结合本酒店实际及行业惯例,完善预订政策、预订工作程序及有关报表和规定,调整相关人员的职位,做到人尽其才。

## 第二节 前厅接待服务

### 一、办理入住登记的目的

办理入住登记主要有五个方面的目的:①遵守国家法律中有关入住管理的规定;②获得客人的个人资料;③满足客人对客房类型和房价的要求;④推销酒店服务设施,方便客人选择;⑤为客人入住后的各种表格及文件的形成提供可靠的依据。

### 二、入住登记程序

一般来讲,客人入住登记程序可以分为以下七个步骤。

1. 礼貌问候

客人到达总服务台之时,接待员应面带微笑,热情、主动、礼貌地向客人问候,给客人宾至如归的感觉。尤其是在入住高峰期,也千万不可以因繁忙而冷落客人。在给很多客人同时办理入住手续时,更要注意兼顾每一位客人。如果接待酒店常客或回头客,应尽量用姓氏或者头衔来称呼客人,使其倍感亲切与尊重。

2. 识别客人有无预订

抵店入住的客人可以分为两类：已办理预订手续的客人和未办理预订手续而直接抵店的客人。这两类客人的入住登记手续是有区别的，接待员应首先识别客人有无预订。如有则应复述客人的订房要求，然后请客人填写入住登记单。对于持有订房凭证的客人，接待员应注意检查下列内容：客人姓名、酒店名称、住宿天数、客房类型、抵店日期、预订凭证发放单位的印鉴等。接待员应向客人解释预订凭证所列的内容，解答客人疑问。对于已付预订金的客人，接待员应再次向客人确认所收到的金额。

如果客人未预订而直接抵店，接待员应首先了解清楚客人的住房要求，根据当天客情，看能否满足客人的住宿要求，如果可以，则应按照客房销售原则并结合客人的消费能力，尽量给客人提供满意的房间；如果无法接受客人的住宿要求，接待员也应向客人表示感谢，并以解决客人的住宿问题为原则，尽量设法帮助联系其他同等级或稍高级的酒店，给客人留下美好印象，提高酒店在客人心目中的美誉度。

3. 填写入住登记表

入住登记表一般包括两类：一类是户口管理所规定的登记项目，如客人完整的姓名、国籍、出生日期、永久地址、有效证件（身份证、护照等）号码、职业等；另一类是酒店对客服务和管理中所需的登记项目，如房号、房租、付款方式、抵离店日期时间、账单编号、接待员签名、有关酒店责任声明等。按照客人类型，入住登记表主要有以下几种。

1）国内客人住宿登记表（见表2-9）

表2-9　国内客人住宿登记表

房号：　　　　房租：　　　　接待员：

| 姓名 | 性别 | 年龄 | 籍贯 | 工作单位 | 职业 |
|---|---|---|---|---|---|
|  |  |  | 省市/县 |  |  |
| 户口地址 |  |  |  | 从何而来 |  |
| 身份证或其他有效证件名称 |  |  |  | 证件号码 |  |
| 抵店日期 |  |  |  | 离店日期 |  |
| 同宿人 | 姓名 | 性别 | 年龄 | 关系 | 备注 |
|  |  |  |  |  |  |
|  |  |  |  |  |  |
|  |  |  |  |  |  |

请注意：1. 退房时间是中午12:00
　　　　2. 贵重物品请放在收款处免费保险箱内
　　　　3. 来访客人请在晚上23:00前离开房间
　　　　4. 离店请交回钥匙
　　　　5. 房租不包括房间里的饮料费用

离店时我的账目结算将付：
□现金
□旅行社凭证
□信用卡
客人签名：

2) 英文临时住宿登记表(见表2-10)

表2-10 英文临时住宿登记表

DAILY RATE： ROOM NO.：

| FIRST NAME：<br>MIDDLE NAME：<br>SURNAME： | DATE OF BIRTH： | SEX： | NATIONALITY OR AREA： |
|---|---|---|---|
| OBJECT OF STAY： | DATE OF ARRIVAL： | DATE OF DEPARTURE： | COMPANY NAME OR OCCUPATION： |
| HOME ADDRESS： | | | |
| NOTE：<br>(1) CHECK OUT TIME IS 12:00 NOON.<br>(2) SAFE DEPOSIT BOXES ARE AVAILABLE AT CASHIER COUNTER AT NO CHARGE.<br>(3) VISITORS ARE REQUESTED TO LEAVE GUEST ROOMS BY 11:00PM.<br>(4) ROOM RATE NOT INCLUDING BEVERAGE IN YOUR ROOM.<br>(5) PLEASE RETURN YOUR ROOM KEY TO CASHIER COUNTER AFTER CHECK OUT. | | ON CHECKING OUT MY ACCOUNT WILL BE SETTLED BY：<br>☐ CASH<br>☐ T/A VOUCHER<br>☐ CREDIT CARD<br>☐ COMPANY SIGN： | |
| 以下由服务员填写 FOR CLARK USE | | | |
| 护照或证件名称： | 号码： | 签证种类： | 签证号码： | 签证有效期： |
| 签证签发机关： | 入境日期： | 口岸： | 接待单位： | |

3) 团体人员住宿登记表(见表2-11)

表2-11 团队人员住宿登记表(Registration Form of Temporary Residence Group)

团队名称(Name of Group)：

日期： 年 月 日至 年 月 日(Date：Year Mon. Day Till Year Mon. Day)

| 房号<br>Room No. | 姓名<br>Name in full | 性别<br>Sex | 出生年月日<br>Date of Birth | 职业<br>Occupation | 国籍<br>Nat. | 护照号码<br>Passport No. |
|---|---|---|---|---|---|---|
| | | | | | | |
| | | | | | | |
| | | | | | | |
| | | | | | | |
| 何处来何处去 ||||||||
| 留宿单位 | | | | 接待单位 | | |

接待员应在保证表格所填写的项目符合酒店有关管理单位要求的前提下,尽量减少办理手续的时间。

对于已经办理预订手续的客人,酒店已经掌握了客人的部分资料,接待员应保证在客人抵达之前准备好入住登记表,填好已知项目,等客人到达后再补其他的项目并请客人签名。接待员核对完客人的有效证件后,即可完成此项工作。

对于 VIP 客人和常客,酒店则应根据客史档案,更加灵活地简化登记程序,例如可以提前准备好登记表、房卡和客房钥匙,到达总服务台时客人即可先进入客房休息,由大堂副理到客人房间补办登记手续。

对于团队或者会议客人的入住,酒店可以按照销售部下达的具体接待要求和排房名单,提前安排好房间,并准备好团队、会议入住登记表、房卡、钥匙、餐券等,等团队到达时交给陪同或会议组织者(会务组),在酒店内指定位置办理相关手续。

有些酒店根据各自的客源市场结构,专门设立团队或会议接待处,这对于接待大型团队或会议尤其方便。陪同或会议组可以在专设的柜台和区域办理入住手续,避免出现大厅拥挤堵塞的混乱情况,以便酒店提高服务效率。

对于未经预订而直接抵店的散客,因酒店方面无法预知,所以在办理入住登记时,接待员应尽量提供帮助,缩短办理时间。客人填写入住登记表时,接待员应积极协助客人填写,礼貌地请客人出示有效证件(护照、居住证、身份证、军官证等),迅速准确地查验证件,核对客人的年龄、证件号码、签证种类及有效期等相关内容,保证登记项目的准确性。登记单一般一式三份,总台留底,收银处和客房部各一份,团队登记单还要送行李和餐饮等有关部门,以便及时掌握住客活动信息。

4. 排房定价

按照接待程序,接待员在已预订的客人抵店前,就应根据客人预订的需求,排房定价。但其中有很多方面的因素,接待员在排房间时,要予以考虑,例如房间的类型、房间状况、位置、窗外景观、房内装饰、酒店未来对用房的需求等。对未经预订直接抵店的客人,接待员要在充分了解客人愿望的基础上,根据酒店的房况,进行排房定价工作。排房定价阶段,了解并尽量满足客人的需求是最关键的。如果没有充分考虑客人的需求而匆忙安排了房间,有可能引起更大的麻烦。为客人安排房间、确定房价后,必须向客人报价,并获得客人的认可。

5. 确定付款方式

入住登记表中有明确的规定,要求客人确定付款方式。因为不同的付款方式的信用额度是不同的,掌握这一信息是为了明确客人在住店期间的信用额度,方便收银员提前做好准备,为客人提供快速结账服务。

通常,客人采用的付款方式有现金、信用卡、转账等,具体操作步骤和方法如下。

1) 现金付款方式

(1) 根据酒店制定的预付款政策,判断客人是否需要预先付款(住宿押金)。

(2) 根据客人的住宿要求,确定住宿押金的数量。

(3) 确定客人的信用额度。

2) 信用卡付款方式

(1) 确认信用卡能否受理(是否属于银行规定的可在本酒店使用的卡)。

(2) 检查信用卡的完好程度及有无破损。
(3) 确认信用卡的有效期和酒店使用的最高限额。
(4) 将信用卡签购单和账单一起交给收银处签收。

3) 转账付款方式

(1) 确认有付款单位的转账凭证,并确认转账要求已获批准。
(2) 声明属于转账款项的具体范围(如房费、餐费、长话费、传真费或全部)。
(3) 确定客人信用额度。

6. 完成入住登记的相关手续

办理完与付款有关的手续后,接待员应请客人在准备好的房卡上签字,并把客房钥匙、餐券、免费饮料券、各种促销的宣传品、为客人保留的邮件和留言单一起交给客人,并提醒客人酒店提供免费的贵重物品寄存服务。

当客人准备去客房时,应安排行李员为客人搬运行李,还应把客房所在的楼层和电梯的位置告诉客人,并祝客人住店期间愉快。

客人离开后,接待员应把客人信息输入电脑并传送给有关部门。许多酒店在客人进入房间 15 分钟内,会打电话到客房,询问客人对房间是否满意,对其光临再次表示感谢,很多客人会因此而非常感动。

7. 填写有关表格并形成电脑记录

客人办理完入住登记后,接待员在宾馆填写的入住登记表上用时间戳或打时机标上客人入住的具体时间。然后,将客人在入住登记表上所填的信息输入电脑,并将与结账有关的详细信息(折扣、信用卡号码、享受免费日期、付款方式等)输入客人账单内。对于使用转账方式结账的客人,一般需制作两份账单。第一份账单是向签约单位收款的凭证,备注内应注明所记录的款项,而且还应注明付款单位的名称。预订凭证必须随第一份账单一起交给收银组。第二份账单是记录客人在酒店居住期间的房租及其他各项花费(临时用现金结算的费用除外)。它是酒店编制各类营业报表的资料来源之一,也是客人离店结算的依据。一般情况下,酒店为散客设立个人账户,为团体客人设立团体账户。无论是个人账户还是团队账户,户头必须清楚、准确,尽可能详细,切忌混乱不清,特别是姓名、团号、房号必须与住宿登记表内容保持一致。账户要分类归档,以便取用方便。

三、未预订、贵宾(VIP)、团队等客人的入住程序与标准

(一)未预订客人的入住程序与标准

1. 接受无预订客人的入住要求

(1) 当客人办理入住手续时,首先要查清客人是否有预订;若酒店出租率较高,需根据当时情况决定酒店是否可接纳无预订客人入住。
(2) 确认客人未曾预订,酒店仍可接纳时,表示欢迎客人的到来,并检查客人在酒店是否享受特殊价或公司价。
(3) 在最短时间内为客人办理完入住手续。

2. 确认房费和付款方式

(1) 办理手续时要和客人确认房费。

(2) 确认客人付款方式。

3. 收取预付款

(1) 若客人以现金结账,酒店预先收取客人的定金。

(2) 若客人以信用卡结账,接待员影印客人信用卡,并把信用卡的卡号输入计算机,并与登记卡一起放入客人档案中。

4. 信息存储

(1) 接待客人完毕后,立即将所有相关信息输入计算机系统,包括客人姓名的正确书写、地址、付款方式、国籍、护照号码、离店日期等。

(2) 将正确的信息输入客人的档案中。

(3) 登记卡要存放至客人入住档案中,以便随时查询。

(二) 贵宾(VIP)的入住程序与标准

1. 酒店贵宾(VIP)级别

酒店 VIP 有四个等级,按级别高低依次为 VA、VB、VC 和 VD。VIP 可根据客人对酒店的影响程度分成不同的级别,对不同级别的客人,其接待标准和申请、审批人也不一样,详见表 2-12。

表 2-12 VIP 客人的资格明细表

| 等级 | 资格 | 申请人 | 批准人 |
| --- | --- | --- | --- |
| VA | 国家元首,国家部委领导,省主要负责人 | 酒店总经理,驻店经理,公关营销部经理 | 集团董事长,酒店总经理 |
| VB | 各政府部门领导、市主要领导,在当地投资的集团、企业高层管理者,同星级酒店董事长、总经理,省级中国国旅、国际旅、青旅总经理,对酒店有过重大贡献的人士,酒店邀请的宾客(酒店集团业务客户) | 驻店经理,公关营销部经理 | 酒店总经理 |
| VC | 社会名流(演艺界、体育界、文化界) | 各部门经理以上 | 驻店经理 |
| VD | 个人全价入住酒店豪华客房 3 次以上的客人,个人全价入住酒店客房 10 次以上的客人 | 前台主管以上管理人员 | 公共营销部经理 |

2. VIP 客人的入住程序和标准

1) 接待 VIP 客人的准备工作

(1) 填写 VIP 申请单,上报总经理审批签字认可。

(2) VIP 房的分配力求选择同类客房中方正、视野、景致、环境、房间保养等方面处于最佳状态的客房。

(3) VIP 客人到达酒店前,要将钥匙卡、钥匙、班车时刻表、欢迎信封及登记卡放至客务经理处。

(4) 客务经理在客人到达前检查房间,确保房间状态正常,礼品发送准确无误。

2) 办理入住手续

(1) 准确掌握当天预抵 VIP 客人的姓名。

(2) 以客人姓名及头衔称呼客人,及时通知客务经理,由客务经理亲自迎接。

(3) 客务经理向客人介绍酒店设施,并亲自将客人送至房间。

3) 信息存储

(1) 复核有关 VIP 客人资料的正确性,并准确输入计算机。

(2) 在计算机中注明 VIP 客人,以提示其他部门或人员注意。

(3) 为 VIP 客人建立档案,并标明身份,以便作为预订和日后查询的参考资料。

(三) 团队客人的入住程序与标准

1. 准备工作

(1) 在团队到达前,预先备好团队的钥匙,并与相关部门联系确保房间为可售房。

(2) 要按照团队要求提前分配好房间。

2. 接待团队入店

(1) 总台接待员与销售部团队联络员一起礼貌地把团队客人引领至团队入店登记处。

(2) 团队联络员告知领队、团队客人有关事宜,其中包括早、中、晚餐地点,酒店其他设施等。

(3) 接待员与领队确认房间数、人数及早晨唤醒时间、团队行李离店时间。

(4) 经确认后,请团队联络员在团队明细单上签字,总台接待员亦需在上面签字认可。

(5) 团队联络员和领队接洽完毕后,总台接待员需协助领队发放钥匙,并告知客人电梯的位置。

3. 信息存储

(1) 手续完毕后,总台接待员将准确的房号名单转交行李部,以便行李的发送。

(2) 修正完所有更改事项后,及时将所有相关信息输入计算机。

四、前厅接待中常见问题的处理

(一) 换房

调换房间往往有两种可能:一种是住客主动提出,另一种是酒店的要求。住客可能因客房所处位置、价格、大小、类型、噪音、舒适程度以及所处楼层、朝向、人数变化、客房设施设备出现故障等原因而要求换房;酒店可能因客房的维修保养、住客延期离店,为团队会议客人集中排房等原因,而向客人提出换房的要求。换房往往会给客人或酒店带来麻烦,故必须谨慎处理。需要注意的是,在搬运客人私人物品时,应坚持两人以上在场(大堂经理等),除非经客人授权。

换房的服务程序如下:

(1) 弄清换房的原因。

(2) 介绍准备调换的客房情况,并确定换房的具体时间。

(3) 填写换房通知单(见表 2-13),送往相关部门,部门负责人签字以确认换房信息已经收到。

表 2-13　换房通知单(ROOM CHANGE SLIP)

姓名(NAME)：

|  | 由(From) | 到(To) |
| --- | --- | --- |
| 房间号(Room No.) |  |  |
| 房费(Room Rate) |  |  |
| 日期(Date) |  |  |
| 备注(Remarks) |  |  |

（4）更改、修订其原有资料(如计算机中信息等)。

（5）将换房信息记录在客史档案卡上。

（6）若不能马上满足客人的换房要求，则应向客人说明情况，请其谅解，并做好记录，一旦有空房，则按客人提出换房的先后顺序予以满足。

（7）若属酒店过错(超额预订、设施出现故障等)，容易使客人产生抱怨情绪，因此，应向客人表示歉意，耐心做好解释工作，求得客人的谅解与合作。必要时，可让客人入住规格更高的客房。

（二）离店日期变更

客人在住店过程中，因情况变化，可能会要求提前离店或推迟离店。客人提前离店，则应通告客房预订处修改预订记录，并通知客房部尽快清扫整理客房。

客人推迟离店，要与客房预订处联系，检查能否满足其要求。若可以，接待员应开出推迟离店通知单(见表2-14)，通知结账处、客房部等；若用房紧张，无法满足客人逾期离店要求，则应主动、耐心地向客人解释并设法为其联系其他住处，征得客人谅解与合作。同时，从管理的角度看，旺季时，前厅部应采取相应有效措施，尽早掌握客人推迟离店信息，以争取主动，如在开房率高峰时期，提前一天让接待员用电话与计划离店的住客联系，确认具体的离店日期时间。此时，应注意询问的方法，例如，可以说："根据我们的记录，您计划明天离开(退房结账)，对吗？"以获取所需信息，尽早采取措施。

表 2-14　推迟离店通知单

| 姓名： |
| --- |
| 房间： |
| 可停留至： |
| 日期： |
| 前厅部经理签名： |

（三）客人不愿详实登记

有部分客人由于怕麻烦或出于保密或为了显示自己特殊身份和地位，住店时不愿登记或登记时有些项目不愿填写。此时，接待员应妥善处理。

（1）耐心向客人解释填写住宿登记表的必要性。

（2）若客人出于怕麻烦或填写有困难，则可代其填写，只要求客人签名确认即可。

（3）若客人出于某种顾虑，怕住店期间被打扰，则可以告诉客人，酒店的计算机电话系

统有DND(请勿打扰)功能,并通知有关接待人员,保证客人不被打扰。

(4) 若客人为了显示其身份地位,酒店也应努力改进服务,满足客人需求。比如充分利用已建立起的客史档案系统,提前为客人填妥登记表中有关内容,进行预先登记,客人抵店时,只需签名即可入住。对于常客、商务客人及VIP客人,可先请客人在大堂休息,为其送上一杯茶(或咖啡),然后前去为客人办理登记手续,甚至可让其在客房内办理手续,以显示对客人的重视和体贴。

(四) 客人抵店入住时,发现房间已经被占用

这一现象被称为"重房",是前厅部工作重大失误。此时,应立即向客人道歉,承认属于工作的疏忽,同时,安置客人到大堂或咖啡厅入座,为客人送上一杯茶,以消除其烦躁的情绪,等候重新安排客房。等房间分好后,应由接待员或行李员亲自带客人进房。之后,应寻找问题的根源,如房间状态显示系统出错,则应与客房部联系,共同采取措施加以纠正。

(五) 客人离店时,带走客房内物品

有些客人为了留作纪念,或是贪小便宜,常会随身带走浴巾、茶杯、电视机遥控器、书籍等客房用品,此时,接待员应巧妙地请客人提供线索帮助查找:"房间里的××东西不见了,麻烦您在房间找一找,是否忘记放在什么地方了,或是收拾行李太匆忙顺便夹在里面了。"为客人解决问题留出余地。若客人仍不承认,则应耐心解释:"这些物品为非纪念品,如果您实在喜欢,可以帮您与客房部联系购买。"切忌草率要求客人打开箱子检查,以免使客人感到尴尬,下不了台,或伤了客人的自尊心。千万不可与客人"斗气争理",只有保全客人的面子,问题才容易解决。

## 第三节 收银业务管理

收银系统(或称前台账务系统)的主要功能是为客人、团体建立账户、收取押金、日常消费、记账、收款、结账等,覆盖客人从预订、入住、在店到离店各个期间的与账务相关的工作。

位于前厅的收银处,每天负责核算和整理各业务部门收银员送来的客人消费账单,为离店客人办理结账退房手续,编制各种收银报表,及时反映酒店营业情况,从业务性质来看,前台收银一般由财务部直管,但因其又处于接待客人的第一线,所以必须接受前厅部的指挥和管理。

### 一、客账记录的要求

客账记录是前厅收银处的一项日常业务,为了避免工作中的差错,发生逃账漏账情况,前厅收银处客账记录必须有一套完备的制度来保证,并依靠各业务部门的配合及财务部的审核监督。客账记录的方法和具体要求主要有以下几个方面。

1. 账户清楚

前厅接待处给每位登记入住的客人设立一个账户(见表2-15),供收银处登录该客人在

酒店居住期间内的房租及其他各项花费(已用现金结算的费用除外)。它是编制各类营业报表的情况来源之一,也是客人离店结算的依据。通常,酒店为散客设立个人账户,为团体客人设立团体账户。团体客人如果有不愿意接受综合服务费标准的限制,准备自行消费,也可设立个人账户,但户头必须清楚、准确,切忌混乱不清,特别是姓名、房号必须与住宿登记表内容保持一致。账户要分类归档,取用方便。

表 2-15 客人分户账单

| 房号 Room No. | | 姓名 Name | | | | 备注 DEMARKS | | ×××HOTEL 地址 ADD: 电话 TEL: 传真 FAX: | |
|---|---|---|---|---|---|---|---|---|---|
| 房租 Room Rate | | 抵店日期 Date & Arr | | 离店日期 Date & Dep | | | | | |
| 日期 Date | 借方 | | | | | | | 贷方 Credit | 余额 Balance Due |
| | 房租 Room Rate | 服务费 RSC | 餐饮 R&B | 洗衣 LAU | 电话 TEL | 电传传真 TLX & FAX | 其他 Misc | 小计 Total | |
| | | | | | | | | | |
| | | | | | | | | | |
| | | | | | | | | | |
| | | | | | | | | | |
| 住客签名 Guest signature | | 地址 Address | | | 钥匙请交服务台 Have you returned your keys? | | | 最终余额 Last balance is amount due | |
| 付款单位 Charge to | | | | | | | | | |

2. 转账迅速

客人在酒店停留时间短,费用项目多,每位客人一系列的消费都在几天、甚至几小时、几分钟内发生,这就要求转账迅速。各业务部门必须按规定时间将客人账单送至前厅收银处,防止跑账、漏账发生,保证准时结账,准确无误。使用计算机操作系统,客人在酒店任何地方的消费,都会同步显示在前厅收银系统,能有效避免跑账、漏账。

3. 记账准确

前厅为客人建立客账后,立即开始记录客人住店期间的一切费用。客人的房租,采取逐日累计的方法,每天结算一次。客人离店,加上当日应付租金,即为客人应付的全部房租,一目了然。其他各项费用,如餐饮、洗衣、长途电话、娱乐等项目,除客人愿意在发生时以现金结算外,均由客人签字认可后由各有关部门将其转入前厅收银处,计入客人的账单。这就要求记账准确,客人的姓名、房号、费用项目和金额、消费时间等都必须清楚,和客人账户记录保持一致。

## 二、夜审及营业报表编制

### (一)夜间审核

夜审工作就是核查上个夜班后所收到的账单,将房租登记在客人账户上,并做好汇总和核查工作。

夜审员的具体工作步骤如下:

(1) 检查所有营业部门的账单是否都已转来。
(2) 检查所有的单据是否都已登上账户。
(3) 将所有尚未登账的单据登上账户。
(4) 按部门将单据分类,计算出各部门的收入总额。
(5) 累计现金表,检查收到现金和代付现金的总额。
(6) 检查所有现金表上的项目是否都已登录在账户上。
(7) 检查所有优惠是否都有签字批准,是否登录在账户上。
(8) 将当日房租登记在账卡上。
(9) 将每个账卡的借方和贷方金额分别相加,得出当日余额。
(10) 将当日余额计入下一日新开账页的"接上页"行内。

此外,夜审员应将账户上的信息按项目登录到有关的账册上去并求出总数,然后,做好下列核查工作:

(1) 核查每个营业部门的借方栏总数是否与相应的销售收入一致。
(2) 将现金收入栏和代付栏总数与现金表相比较,以确认两数相符。
(3) 核查折让与回扣总数是否与有关单据上的总数相符。
(4) 将开账余额栏的总和与上一天结账时的余额总和相比较,核查是否相符。

在此基础上,夜审员还应负责编制报表,进行包括客房、餐饮和综合服务收入统计以及全店收入审核统计,并上报总经理及转送相关部门,作为掌握和调整经营管理的重要依据。

### (二)编制客房营业日报表

客房营业日报表(见表2-16)是全面反映酒店当日客房营业情况的业务报表,一般由前厅收银处夜审员负责编制。该表主要是从当日出租的客房数量、接待的客人人数以及应获得的客房营业收入这三个方面,对酒店客房日销售状况进行归类和总结。设计格式因酒店而异,其编制方法和步骤大致如下。

表2-16 客房营业日报表

| 楼层 | 固定客房数 | | | | | | | | 客户收入 | 住店客人人数 | | | | | | 项目种类 | 房间数 | 人数 |
|---|---|---|---|---|---|---|---|---|---|---|---|---|---|---|---|---|---|---|
| | 出租房客 | | | 空房 | 待修房 | 职工用房 | 小计 | | | 零星 | | 团队 | | 内宾 | 小计 | | | |
| | 零星 | 团队 | 内宾 | 免费 | | | | | | 外宾 | 内宾 | 外宾 | 内宾 | | | | | |
| 1 | | | | | | | | | | | | | | | | 昨日在店 | | |
| 2 | | | | | | | | | | | | | | | | 今日离店 | | |
| 3 | | | | | | | | | | | | | | | | 今日抵店 | | |

续表

| 楼层 | 固定客房数 | | | | | | | | 客户收入 | 住店客人人数 | | | | | | 项目种类 | 房间数 | 人数 |
|---|---|---|---|---|---|---|---|---|---|---|---|---|---|---|---|---|---|---|
| | 出租房客 | | | | 空房 | 待修房 | 职工用房 | 小计 | | 零星 | | 团队 | | 内宾 | 小计 | | | |
| | 零星 | 团队 | 内宾 | 免费 | | | | | | 外宾 | 内宾 | 外宾 | 内宾 | | | | | |
| 4 | | | | | | | | | | | | | | | | 今日总数 | | |
| 5 | | | | | | | | | | | | | | | | 空房 | | |
| 6 | | | | | | | | | | | | | | | | 待修房 | | |
| 7 | | | | | | | | | | | | | | | | 职工用房 | | |
| 8 | | | | | | | | | | | | | | | | 总客房数 | | |
| 合计 | | | | | | | | | | | | | | | | | | |

| 出租套间 | 收入 | 团队收入 | ¥ | | 种类 | 房间数 | 人数 | 实际可用房数 |
|---|---|---|---|---|---|---|---|---|
| | | 房租变更 | + | ¥ | 预订客房 | | | 出租率 |
| | | | − | ¥ | | | | |
| | | | | ¥ | 明日抵店 | | | 团队用房率 |
| | | 客房总收入 | | | 明日离店 | | | 平均房价 FIT |
| | | 其中外宾收入 | | | 明日出租率 | | | |

送：
总经理　　　　服务部　　　　前厅部
副总经理　　　值班经理　　　制表人　　　复核人

1．统计出当日出租的客房数、在店客人数量及客房营业收入

（1）出租客房数、住房的零星散客数及其用房数、零星散客的用房营业收入。

（2）免费房、待修房、空房、内宾用房以及职工用房的数量。

（3）在店团体的用房数、住店团体人数及其用房营业收入。

2．统计出当日离店客人数量、用房数以及当日抵店客人的人数、用房数

上述数据来源于离店客人资料和抵店客人名单。

汇总出当日出租的客房数和在店客人数量，其计算方法为：

当日出租客房数＝昨日出租客房数－当日离店客人用房数＋当日抵店客人用房数

当日在店客人数量＝昨日在店客人数量－当日离店客人数量＋当日抵店客人数量

3．检查核对当天的客房营业收入

主要项目有：

（1）核对零星散客的租金收入。

（2）核对团体的租金收入。

（3）核对当日房价变更的统计结果。

4. 计算出当日的客房出租率和实际平均房价

$$客房出租率 = \frac{已出租客房数}{饭店可提供出租的客房总数} \times 100\%$$

$$团队用房率 = \frac{团队用房数}{已出租客房数} \times 100\%$$

$$平均房价 = \frac{客房营业收入}{已出租客房数}$$

$$散客平均房价 = \frac{散客用房的租金收入}{散客用房数}$$

此外,根据预订资料和客房状况资料,统计出明日预订抵店客人用房数和明日离店客人退房数,可计算出明日预订出租的客房数和明日客房出租率。

## 三、办理结账业务的程序

现代酒店一般采用"一次结账"的收费方式,即客人在离开酒店时将入住期间的所有消费全部结清。这样做,既能给客人带来方便,也能给客人留下良好的服务印象。

客人结账方式一般有三种:一是现金结算;二是信用卡结账;三是使用记账单。使用现金结账对酒店来说是最理想的方式,酒店在收到现金后可直接投入使用,加速资金的周转。使用信用卡结算,是目前比较常用的方式,对客人来说非常方便,对酒店来说也能保证资金及时到位。采用记账单结账的方式,可以参考酒店和接待单位签订的合同执行。

### (一)散客客人结账的基本程序

(1)结账准备。收银处夜班人员在下班前将预计当天离店客人的账户抽出,检查应收账款,做好结账准备。

(2)核对相关信息。客人离店要求结账时,收银员应面带微笑,问清客人的房号,找出客人的账户,并重复客人的姓名,以防拿错,同时收回客人的房卡;收银员在习惯上要询问客人在离店前是否接受过收费项目的服务,以免发生漏账。

(3)通知楼层查房。重点检查客人是否有遗留物品,客房设施设备是否损坏,是否有房内消费(如迷你吧食品和酒水消费)。

(4)核对账单。向客人报告其在酒店的消费总数和项目,开出账单并请客人核对。

(5)付账。如果客人使用现金付账,则在账单上盖上"收讫"戳;如果客人使用信用卡结账,按照酒店的有关规定进行处理,确认客人签名;如果客人使用记账单,有接待单位负责支付,则请客人或接待单位人员签字,按照事先约定的方式转账。

(6)致谢。收银员应向客人表示谢意,并欢迎客人再次光临,征求客人对改进服务工作的意见或建议。

(7)原始凭证归类存档。结账后,将客人的登记卡、结账单等各种原始凭证存档。归类存档的作用,一方面是为了方便夜间审核,另一方面是为了便于客人查询。

### (二)团队客人结账处理

(1)结账准备。收银处夜班人员在下班前将预计当天离店团队的账户抽出,检查应收账款,做好结账准备。

(2) 结账处理。询问退房结账的团队名称和房号,立即通知客房中心集中人力查房;查看团队预订单上付款方式以及特殊要求,做到总账户与分账户分开;打印团队账单,交与团队负责人核实后签字;为建立了分账户的客人打印账单,收款;礼貌地与客人道别,并征询客人的意见。

## 第四节　前厅部其他服务管理

### 一、电话总机服务

酒店电话总机是酒店内外沟通联络的通信枢纽和喉舌,以电话为媒介,直接为客人提供转接电话、挂拨国际或国内长途、叫醒、查询等项服务,是酒店对外联系的窗口,其工作代表着酒店形象,体现着酒店服务的水准。

(一)总机话务人员的素质要求

未见其面,早闻其声,大多数客人对酒店产生的第一印象,主要是在与话务员通话的过程中形成的。通过话务员悦耳、甜美、动听的嗓音,把酒店热情、礼貌、快捷、高效的对客服务理念传递到客人的脑海当中,从而对酒店产生了良好的第一印象。话务员在酒店的对客服务过程中扮演着重要的角色,因此,要求酒店话务员必须具有较高素质。

(1) 口齿清楚,态度和蔼,语言准确,嗓音甜美,给人以亲切感、舒适感。

(2) 听写迅速,反应灵敏。有较强的外语听说能力,能用三种以上外语提供话务服务。

(3) 工作认真,记忆力强,精通业务,热爱本职工作。熟悉总机房工作程序、工作内容和各项业务操作方法;熟悉酒店各种服务项目和有关知识。

(4) 有较强的信息沟通能力。

(5) 有良好的职业道德,能自觉遵守酒店的各项规章制度,自觉维护酒店的声誉和利益,严守话务机密。

(二)总机房的设备和环境

1. 总机房的设备

1) 程控电话交换机

程控电话交换机,全称存储程序控制电话交换机,简称 PBX,是计算机预先编制的程序控制连续的自动电话交换机。程控电话交换机由硬件和软件组成,硬件包括话路部分、控制部分和输入输出部分;软件包括程序部分和数据部分。

使用程控电话交换机可提高电话使用率,每一个房间、办公位都可以配置一个分机号码,可以直接找到相关人员;拥有电脑话务语音,可直拨分机号码,节省时间,提高办公效率;分机权限控制,进一步节省电话费用。部分机型可以在 PC(个人电脑)上对程控电话交换机进行实时控制,话单实时查询;可以自动使用经济路由,拨打国内、国际 IP 长途电话时自动使用经济 IP 电话。

2) 话务台

话务台是话务员工作的台面,为避免话务员的相互影响,通常将他们用隔板隔开。除上述设备外,总机房通常还配有长途电话自动计费器、打印机、电脑、定时钟、记事板等。

2. 总机房的环境

1) 位置便利

有些小型酒店将电话交换机安装在前台,由前台接待员或问讯员兼任话务员。中、大型酒店需要更多的外线、内线和专线,电话业务量大,必须由专职话务员提供服务,应有专门的总机房。由于话务与前台业务密切相关,因此,应考虑将总机房设置在前台附近,以便沟通联络。

2) 安全保障

总机房设备复杂,必须有良好的隔音、防潮、防尘设施以保证话务质量。此外,在安全管理上,它属于酒店保安重地,无关人员未经许可不得进入总机房。

3) 洁净舒适

总机房应配备有空调和通风设备,以保持室内的温度和空气清新度。话务员使用的工作台和椅子舒适配套,可以降低或减少话务员的工作疲劳感。在室内进行适当的装修及布置,可以保持室内光线的明亮柔和度,使话务员在值班期间能够保持良好的精神状态,集中精力为客人提供服务。

(三) 总机服务的基本要求

(1) 礼貌规范用语常不离口,坐姿端正,不得与客人过于随便。

(2) 铃声振响后,立即应答,高效率地转接电话。

①若客人指明要找某人接电话,应协助寻找受话人,而不应简单接通某分机。

②若需客人等候,在接通期间应不断地将进展情况通报给客人,线路畅通后,应事先通知客人,再接通电话。

③若接通某分机有困难,应主动征求客人意见,是否同意转接到其他分机,或请其他人接听电话,不可擅自将电话转接到其他分机上。

④若应答外部来话时,应先报酒店名称,并向客人问候:"您好!××酒店。"

⑤若应答内部来话时,应先报本岗位名称,再向客人问候:"您好!总机。"视酒店客人构成而决定先说中文还是先说英文。如酒店的接待对象以内宾为主,则先用中文,后说英文;如住客以外宾为主,则先说英文,后说中文。

(3) 对于客人的留言内容,应做好记录,不可单凭大脑记忆,复述时,应注意核对数字。

(4) 应使用婉转的话语建议客人,而不可使用命令式的语句。

(5) 若对方讲话不清,应保持耐心,要用提示法来弄清问题,切不可急躁地追问或嘲笑、模仿等。

(6) 若接到拨错号或故意烦扰的电话,也应以礼相待。

(7) 应能够辨别酒店主要管理人员的声音。

(8) 结束通话时,应主动向对方致谢,待对方挂断电话后,再切断线路,切忌因自己情绪不佳而影响服务态度与质量。

（四）总机服务的内容及工作要求

酒店总机提供的服务项目主要包括：电话转接服务、长途电话服务、"免电话打扰"服务、叫醒服务、问讯服务、留言服务、内部呼叫服务，以及紧急突发情况下充当临时指挥中心等。

1. 电话转接服务

（1）为了能准确、快捷、有效地转接电话，话务员必须熟记常用电话号码；了解本酒店的组织机构以及各部门的职责范围；熟悉酒店主要负责人和部门经理的姓名、声音；能正确掌握最新的客人资料。

（2）在转接电话时，电话铃响三声必须接听，要先报店名或工作岗位，并向对方问好，然后询问需要什么帮助。

（3）仔细聆听客人的要求，迅速准确地转接电话，并说："请稍等。"若没有听清楚，可礼貌地请客人再重复一遍。

（4）对无人接听或占线的电话，应主动向客人提议是否需要留言或再次打来。

2. 长途电话服务

现代酒店一般都采用国内、国际程控直拨电话（简称DDD和IDD），客人在挂拨长途电话时，可以不经过总机，通过拨号自动接通线路。通话结束后，计算机能自动计算出费用并打印出通话费用单。

3. "免电话打扰"（DND）服务

（1）将所有要求DND服务的客人姓名、房号、具体的DND服务时间记录在交接班本上（或注明在记事牌上），并写明接到客人通知的时间。

（2）将电话号码通过话务台锁上，并将此信息准确通知所有其他当班人员。

（3）在免打扰期间，如发话人要求与住客讲话，话务员应将有关信息礼貌、准确地通知发话人，并建议其留言或取消DND之后再来电话。

（4）客人要求取消DND后，话务员应立即通过话务台释放被锁的电话号码，同时，在交接班本上或记事牌上标明取消记号及时间。

4. 叫醒服务

电话叫醒服务是酒店对客服务的一项重要内容。它涉及客人的行程和安排，尤其是关系到客人的航班、车次或轮船。如果叫醒服务出现差错，可能会给酒店和客人带来不可弥补的损失。酒店向客人提供叫醒服务的方式有两种，即人工叫醒和自动叫醒。

1）人工叫醒服务

接到客人需要叫醒服务的电话时，要问清客人的房号、姓名、叫醒时间，并重复一遍以确保无误。填写叫醒服务记录表，内容包括叫醒时间、房号等，记录时要求字迹端正，以防止出错。在定时器上准确定时，定时器鸣响，即接通客房分机叫醒客人："早上好/下午好，现在是××点，您的叫醒时间到了。"过5分钟应再叫醒一次，以确保叫醒服务生效。如果两次拨打电话均无人应答，则应通知客房服务中心服务员或大堂经理实地查看，以防发生意外情况。

2）自动叫醒服务

接到客人需要叫醒服务的电话时，要问清客人的房号、姓名、叫醒时间，并重复一遍以确

保无误。在叫醒服务记录表上填写登记,并把叫醒服务的信息输入计算机中自动叫醒,客房电话按时响铃唤醒客人。若无人应答,话务员应使用人工叫醒的方式再叫醒一次,以确认设备是否发生故障,把每天的叫醒资料存档备查。

在提供叫醒服务时,无论是人工叫醒,还是自动叫醒,话务员在受理这项服务时,都必须认真、仔细、慎重,避免差错和责任事故的发生。如果由于话务员的一时疏忽,忘记及时地叫醒客人,其后果是非常严重的,不但会招致客人的投诉,还有可能赔偿客人因此而带来的损失。所以对具有自动叫醒功能的酒店总机而言,在打印机打印出已被叫醒的记录后,应再用人工叫醒的方法,再次检查落实,以证实客人确实已被叫醒。

另外,在提供叫醒服务时,还应注意叫醒的方式,如在叫醒客人时,尽量以姓氏称呼客人;如果是贵宾,则必须人工叫醒;若能在叫醒服务时将当天的天气变化情况通报给客人,并询问客人是否需要其他服务(如在房用膳),则会给客人留下美好而深刻的印象。

5. 问讯服务

酒店内外的客人时常会向话务员提出各种问讯,因此,话务员应向问讯处员工一样,熟练掌握店内外常用的信息资料,以便正确、快捷地为客人提供问讯服务。

6. 留言服务

客人来电找不到受话人时,话务员应主动向来电客人建议是否需要留言。

(1) 记录留言人姓名、电话号码和留言对象的姓名、房号。

(2) 准确记录留言内容,并复述一遍。

(3) 开启客人房间的留言信号灯。

(4) 当留言接受者电话查询时,将留言内容准确地告知客人。

(5) 关闭客人房间的留言指示灯,并清除留言内容。

7. 内部呼叫服务

为了加强酒店各职能部门之间的沟通联络,同时也使各级员工对有关业务问题能够及时做出反应,现代酒店内部设立了无线呼叫系统。话务员利用它提供店内呼叫服务,为此,话务员应熟悉呼机携带者的呼叫号码,并了解他们的工作区域、安排及去向。店内外客人或店内员工提出寻呼要求,询问并键入寻呼者姓名、分机或总机号码,服务时要准确及时、耐心周到。

由于酒店档次和客人需求的差异性,使得酒店总机所提供的服务项目并不完全相同,有些酒店的总机还负责背景音乐、闭路电视和收费电视的播放等工作。

8. 紧急情况下充当临时指挥中心

总机除提供以上服务外,还有一项重要职责,即酒店出现紧急情况时,应成为酒店管理人员采取应急措施的指挥协调中心。

酒店的紧急情况是指诸如发生火灾、水灾、伤亡事故、恶性刑事案件等情况,紧急情况发生时,酒店领导为迅速控制局面,必然要借助于电话系统,话务员要沉着、冷静,提供高效率的服务。

(1) 接到紧急情况报告电话,应立即问清事情发生的地点、时间及简单情况,问清报告者姓名、身份,并迅速做好记录。

(2) 即刻通报酒店领导和有关部门,并根据现场指挥人员的指令,迅速与市内有关部门(如消防、安全等)紧急联系,并向其他话务员通报情况。

(3) 严格执行现场指挥人员的命令。

(4) 在未接到撤离指示前,不得擅自离岗,并保障通信线路的畅通。

(5) 继续从事对客服务工作,并安抚客人、稳定程序。如有人打听情况(如火情),一般不予回答,转大堂副理答复。

(6) 完整记录紧急情况的电话处理情节,以备事后检查。

## 二、问讯服务

问讯服务一般由专门的问讯处提供,在中小型酒店,为了节约人力,则由接待员提供。问讯处的工作除了向客人提供问讯服务外,还要受理客人留言,处理客人邮件等。

问讯员在掌握大量信息(包括城市信息、酒店信息等)的基础上,尽量满足客人的各种需求,使酒店服务达到更完美的境界。

### (一)问讯处的业务范围

(1) 回答客人的咨询,提供准确的信息。

(2) 做好留言服务。

(3) 处理客人的邮件。

(4) 完成客人委托代办事项。

(5) 负责管理客用钥匙。

### (二)问讯员的职业要求

(1) 回答问题要准确,不能用"也许"、"可能"、"大概"等模棱两可的语言。

(2) 无论是对待住店客人还是来访者,都应一视同仁、彬彬有礼。

(3) 对于自己没有把握的问题,应虚心请教上司或同事。

(4) 严守酒店商业秘密和客人的隐私。

(5) 对客服务应主动、热情、耐心、周到。

### (三)问讯员应熟悉和掌握的信息以及问讯处信息资料的准备

(1) 本酒店的组织结构、各部门的职责范围和有关负责人的姓名及联系电话。

(2) 本酒店的服务设施结构及酒店特色。

(3) 本酒店的服务项目、营业时间及收费标准。

(4) 酒店各部门的电话号码。

(5) 酒店所在地大医院的地址及急诊电话号码。

(6) 本地主要旅游观光景点、商场、购物中心的名称、特色及距离。

(7) 酒店周边地区的距离及交通状况。

(8) 主要客源国当地的风土人情、生活习惯及主要爱好、忌讳等。

(9) 本地著名酒店、餐厅的经营特色、地址及电话号码。

(10) 本地主要活动场所,如商业步行街、文体活动场所、交易会展馆等的地址及抵达方法。

(11) 世界各主要城市的时差计算方法。
(12) 当地各使馆、领馆的地址及电话号码。
(13) 当地收音机的频率、火车车次的咨询电话。
(14) 当天的天气预报。
(15) 飞机、火车、轮船、汽车等交通工具的时刻表、价目表及里程表。
(16) 地图的准备:本地的政区图、交通图、旅游地图及全国地图乃至世界地图。
(17) 电话号码簿:本市、全省乃至全国的电话号码簿及世界各主要城市的电话区号。
(18) 各主要媒体、企业的网址。
(19) 当地著名院校、学术研究机构的名称、地址及电话。
(20) 本地主要娱乐场所的特色及其地址和电话号码等。
(21) 交通部门对购票、退票、行李重量及尺寸规格的规定。
(22) 邮资价目表。
(23) 本酒店及其所属集团的宣传册。
(24) 酒店当日活动安排,如宴会等。

### 三、查询服务

(一) 查询服务要求

(1) 资料准备要齐全。
(2) 回答查询要迅速。
(3) 答复要耐心准确。
(4) 对客人的隐私和酒店商业机密要保密。

(二) 客人查询

住店客人经常会向前厅问讯处、总机或楼层服务员询问有关酒店的情况。酒店员工应将客人的每一次询问都看作是一次产品推销,是增加酒店收入的机会,应详细耐心地解释并礼貌地回答。

(三) 查询客人情况

问讯处经常会接到打听客人是否入住、入住房号、是否外出等情况的问讯,问讯员应根据具体情况区别对待。

1. 客人是否入住本店

问讯员应如实回答(客人要求保密的除外)。可通过查阅计算机或入住资料,确定客人是否已入住;查阅欲抵达客人名单,核实该客人是否即将到店;查询当天已结账的客人名单,核实该客人是否已退房离店;查阅今后的客房订单(由订房部收存),了解该客人今后是否会入住。

如客人尚未抵店,则以"该客人暂未入住本店"答复访客;如查明客人已退房,则向对方说明情况。已退房的客人,除有特殊交代者外,一般不应该将其去向及地址告诉第三者,公安检察机关除外。

2. 客人入住的房号

为确保客人人身和财产安全,问讯员不可随便将客人的房号告诉第三者,如要告诉,则应取得客人的许可或让客人通过电话与访客预约。

3. 客人是否在房间

问讯员应先确认被查询的客人是否为住店客人,如是住店客人则应核对其房号,然后打电话给客人,如客人在房内,则应问清访客的姓名,征求客人意见;如客人已外出,则要征询访客意见,是否需要留言。

4. 客人是否有留言给访客

有些客人在外出时,可能会给访客留言或授权。授权单是客人外出时允许特定访客进入其房间的证明书。问讯员应先核查其证件,待确认后,按规定程序办理。

5. 电话查询客人情况

接到店外打来的查询住店客人的电话时,问讯员应注意以下问题。

(1) 问清客人的姓名。中文名字要问清楚每一个字的发音,英文名字的查询应更加仔细,认真区别易读错的字母,要特别注意普通话和广东拼音的区别,以及华侨、外籍华人使用英语名字、汉语拼音姓氏的情况。

(2) 如果查到了客人的房号,并且客人在房内,应先了解访客的姓名,然后征求客人意见,看其是否愿意接听电话;客人同意后,则将电话转接到其房间;如客人不同意,则告诉对方客人暂不在房间。

(3) 如果查到了客人的房号,但房间电话无人接听,可建议对方稍后再打电话来,或建议其电话留言,切忌不可将客人的房号告诉对方。

(4) 如查询团队客人的情况,应问清团号、国籍、入住日期等,其具体查询要求与散客相同。

(四) 客人要求保密的处理

有些客人在住店时,由于某种原因,会要求酒店对其房号保密。无论是接待员还是问讯员,在接受此要求后,都应按下列要求去做。

(1) 接受房号保密时,要问清楚客人的保密程度,例如,是绝对保密,还是只接听某些电话、只接待某位来访的客人等。

(2) 在值班本上做好记录,记下客人的姓名、房号及保密程度和时限。

(3) 通知总机室应做好该客人的保密工作。

(4) 当有人来访要见要求保密的客人,或来电查询该客人时,问讯员及总机均应以该客人没有入住或暂未登记入住为由予以委婉的拒绝。

(5) 在计算机上设保密标记。

(6) 如果客人要求更改保密程度或取消保密时,应认真做好记录,取消或更改计算机上的标记,并通知电话总机。

四、留言服务

留言服务是问讯处的一项主要工作,也是酒店主动为客人提供服务的一个范例。来拜访客人的来访者未见到客人,或者外出前未见到约定的来访者,都可以通过问讯处的留言服务,及时帮助他们传递信息,以确保客人活动的正常安排。

(一)访客留言

访客留言是指来访客人对住店客人的留言。问讯员在接受该留言时,应请访客填写一式三联的访客留言单(见表2-17),将被访者客房的留言灯打开,将填写好的访客留言单第一联放入钥匙邮件架内,第二联送电话总机组,第三联交信使或行李员送往客房(将留言单从房门底下塞入房间)。为此,客人可通过三种途径获知访客留言内容。当了解到客人已得到留言内容后,话务员或问讯员应及时关闭留言灯。晚班问讯员应检查钥匙邮件架,如发现仍有留言单,则应立即检查该房号的留言灯是否已经关闭,如留言灯已关闭,则可将该架内的留言单作废;如留言灯仍未关闭,则应通过电话与客人联系,将访客留言内容通知客人;如客人不在酒店,则应继续开启留言灯以及保留留言单,等候客人返回。

表2-17 访客留言单

| 女士或先生(Ms. or Mr.): | 房号(Room No.): |
|---|---|
| 当您外出时(When you were out)<br>来访客人姓名(Visitor's Name): | 来访客人电话(Visitor's Tel.): |
| □有电话找您<br>Telephoned | □将再来电话<br>Will call again |
| □请回电话<br>Please call back | |
| □来访时您不在<br>Came to see you | □将再来看您<br>Will come again |
| 留言:(Message)<br>经手人 日期 时间<br>Clerk　　　　　Date　　　　　Time | |

(二)住客留言

住客留言是住店客人给来访客人的留言。客人离开客房或酒店时,希望给来访者(含电话来访者)留言,问讯员应请客人填写住客留言单(见表2-18),一式二联,问讯处与电话总机各保存一联。若客人来访,问讯员或话务员可将留言内容转告来访者。由于住客留言单已注明了留言内容的有效时间,若错过了有效时间,仍未接到留言者新的通知,可将留言单作废。此外,为了确保留言内容的准确性,尤其在受理电话留言时,应注意掌握留言要点,做好记录,并向对方复述一遍,以得到对方确认。

表 2-18　住客留言单(Message from Guest to Visitor)

| ××HOTEL | | |
|---|---|---|
| | Message from Guest to Expected Visitor | |
| TO | | |
| expected visitor's name | | |
| From | Room No. | |
| I will be at | | |
| am | | am |
| between pm and pm. | | |
| Message： | | |
| Clerk | Date | Time |

## 五、贵重物品保管

酒店不仅应为住客提供舒适的客房、美味的佳肴、热情礼貌的优质服务，还应对住客的财产安全负责。为此，酒店应为住客设置寄存保管贵重物品的场所和设施。酒店一般为客人提供客用安全保险箱，供宾客免费寄存贵重物品。该设备是由一组小保管箱或保险盒组成，其数量通常按酒店客房数的15%～20%来配备。

通常，可将安全保险箱放置在前厅收银处后侧或旁边的一间僻静的房间内，由前厅人员负责保管工作。保险箱的每个箱子都备有两把钥匙，一把为总钥匙，可开启所有保险箱上的一个锁，由收银员负责保管；另一把为分钥匙，由宾客亲自保管，只有用这两把钥匙同时开锁，才能打开和锁上保险箱。

(一)贵重物品的保管程序

(1)弄清客人寄存的要求。

(2)填写贵重物品寄存单(见表2-19)，并向客人介绍其注意事项。

(3)依据客人需求，选择相应规格的保险箱，并将箱号记录在寄存单箱号栏内。

(4)使用总钥匙与分钥匙同时打开保险箱，取出存放盒，打开盒盖，由客人亲自将要寄存的物品存入盒内，盖上盒盖。

(5)将存放盒、寄存单第一联放入保险箱，锁上箱门，并轻轻拉放，确认是否已锁好。取下钥匙，经客人认可，将该箱分钥匙和寄存单第二联呈交客人。总钥匙则留在前厅收银处保管。

(6)告知客人，启用时须出示该箱分钥匙和寄存单，并请客人妥善保管。

(7)填写客用安全保险箱使用登记簿，以备查。

(8)注意，每开启一次，应请客人在寄存单相关栏内签名认可。

(9)客人退箱时，前厅人员应收回该箱分钥匙和寄存单，并请客人在终止栏内注明终止日期、姓名，以免出现麻烦。

(10)在客用安全保险箱使用登记簿上，做终止记录。

表 2-19 贵重物品寄存单(正背两面)

(正面)

| 服务时间 07:30—23:00<br>Service Hour 07:30—23:00 | | | 箱号<br>Box No. |
|---|---|---|---|
| 房号<br>RM NO. | 姓名<br>Name | 签名式样<br>Specimen Signature | |
| | | | 日期 Date |
| 签名 Counter Signed | 日期 Date | 签名 Counter Signed | 日期 Date |
| | | | |

请阅读背面说明 Please see conditions on reverse

(背面)

1. 如遗失此钥匙,必须更换新锁,您须照价赔偿
2. 如您退房离店时不能将此钥匙交回总台收款处,本酒店有权自行开启并移除保存物品,不负任何责任
3. 我认可已取走存放物品,以后与酒店无关

1. If this key is lost, we will not only replace a new key but a new lock, you will be charged of the cost, please take good care of the key.
2. The hotel management reserves the right to open the box and remove contents, without liability, if key is not surrendered when guest departs from hotel.
3. I hereby acknowledge that all property stored in the safe box has been safely withdrawn, and liability of hotel therefore is released.

住客签名 Guest signature
房号 RM NO.　　　　日期 Date

(二)保管箱钥匙遗失的处理

若客人遗失了保管箱分钥匙,酒店一般都有明文规定要求客人做出经济赔偿,如在寄存单正面标出或在寄存处的墙上用布告出示有关赔偿规定,以减少处理过程中有可能出现的麻烦。

若客人将保管箱钥匙遗失又要取寄存物品时,必须在客人同意赔偿后,在客人、当班收银员及酒店保安人员在场的情况下,由酒店工程部有关人员将该保管箱的锁做破坏性钻开,并做好记录,以备核查。

(三)客人贵重物品遗失的处理

客人贵重物品的保管是一项极具严肃性的工作,需要前厅人员有极强的责任心,在提供此项服务时,必须注意下列事项。

(1) 定期检查每个保管箱是否处于良好的工作状态。

(2) 坚持请客人签字前来存取,不可委托他人代办。

(3) 必须认真、严格、准确地核对客人的签名。

(4) 不得检查或好奇地欣赏客人存入或取出的物品。

(5) 当班人员要安全地保管好总钥匙,并做好交接记录。

(6) 客人退箱后的记录卡必须按规定安全存放一定时间(至少半年),以备检查。

尽管如此,酒店也不能确保客人的贵重物品万无一失。有关法律规定,如果客人及时得到报告,酒店对贵重物品的赔偿应有合理的限度。这就说明,一方面酒店对客人的贵重物品在一定条件下负有赔偿责任,但另一方面,这种赔偿应该有合理的限度。因此,酒店可规定对客人贵重物品的最高赔偿限额,并将这一限额告知客人,以免出现不必要的纠纷。

## 六、委托代办服务

酒店礼宾部在做好日常服务工作的同时,在力所能及的前提下,应尽量完成客人提交的各项委托代办业务。

### (一) 转交物品服务

转交物品服务是指客人的亲戚朋友、接待单位或其他有关人士送给客人的物品,由于客人外出而见不到客人,又不能久等,特委托酒店代为转交的服务。

#### 1. 访客转交客人

如果是来访者转交物品给客人,首先确认本店有无此客人;若有此客人,应为客人安全着想,一定要认真检查物品;最后应填写留言单并通知客人前来领取。

#### 2. 客人转交访客

如果是住店客人转交物品给来访者,客人应提供来访者的姓名,待来访者认领时,应要求其出示有效证件并签名认可。

### (二) 订票服务

订票服务是指为客人代购飞机票、船票、车票、演出票等服务。礼宾部要熟悉本地机票代理、火车站、码头、剧场、影院等的地址、电话及联系人。

#### 1. 填写订票委托单

在了解客人的订票要求后,让客人填写订票委托单,内容包括日期、起点、目的地、班次(航班及航空公司)、服务等级(如火车硬座、硬卧和软卧,飞机经济舱和和头等舱、轮船一等舱、二等舱等),客人姓名、房号及证件号码(身份证或护照)等。

#### 2. 预售订票款

根据票价预售订票款,同时向客人说明是否收取手续费,并在订票委托单上注明;如需酒店垫付,则要将收据交于前厅收款处,记入客人的账单,待客人退房时,一并结算。

#### 3. 确定购票渠道

购票渠道大致有三种:直接向航空公司售票厅购买、请旅行社代办和从酒店票务预订系统上购买。

**4. 取票**

订到票后,及时通知客人凭订票委托单前来取票。取票时,请客人当面点清。

**5. 无票**

如酒店未能买到票应向客人道歉,并尽量为客人提供其他帮助。

**6. 退票**

如果客人订了票又要退票,则应按交通部门有关规定办理。

**(三)预订出租车服务**

客人外出须预订出租车时,行李员应替客人联系预订出租车。出租车可以是酒店自有的,也可以是出租汽车公司在酒店设点服务的,还可以是由行李员及前厅部其他员工用电话从店外预约的。根据客人的需要,也可以提前预订包车。

当出租车到达酒店大门时,行李员应向司机讲清客人的姓名、目的地等,必要时充当客人的翻译,向司机解释客人的要求,为避免客人迷失方向,可填写一张"向导卡"给客人,在卡上注明客人要去的目的地。卡上印有本酒店的名称、标志及地址。

如果客人要赶往飞机场或火车站,行李员还应提醒客人(特别是外宾)留出足够的时间提前出发,以免因交通堵塞而耽误了行程。

## 第五节 行政楼层管理

行政楼层是高星级酒店(通常为四星级以上)为了接待高档商务客人等高消费客人,为他们提供特殊的优质服务而专门设立的楼层。

行政楼层被誉为"店中之店",通常隶属于前厅部,住在行政楼层的客人,不必在总台办理住宿登记手续,客人的住宿登记、结账等手续直接在行政楼层由专人负责办理,以方便客人。另外,在行政楼层通常还设有客人休息室、会客室、咖啡厅、报刊资料室、商务中心等,因此,行政楼层集酒店的前厅登记、结账、餐饮、商务中心于一身,为商务客人提供更为温馨的环境和各种便利,让客人享受更加优质的服务。

由于行政楼层为客人提供了更加周到的服务,而且很多服务项目是免费的,如免费洗衣、熨衣,免费早餐和下午的鸡尾酒会及全天免费享用咖啡和茶,还有每天两小时免费使用会客室等,所以,行政楼层的房价一般要高出普通房价的20%~50%。

### 一、行政楼层与其他楼层的区别

住行政楼层的客人一般受过较高等的教育,讲究礼仪,注意仪表,应酬活动多,因此要求该楼层的服务质量高,服务人员素质好。这类客人对下榻的酒店有诸多需求,具体表现在以下几个方面。

**(一)对设备设施的要求**

**1. 具备各种商务设备设施**

如语音信箱、信息网络、视听设备、电话答录设备以及复印、传真等设备。楼层上的商务中心服务功能要全,环境要好,服务时间要长。

2. 提供各种先进的会议设施

入住行政楼层的客人可能有各种会议,如研讨会、论坛、讲座、培训、会谈等,因此行政楼层应设置相应的、大小不同的会议场所及配备相应的设施设备。如会场有各种信源接口,具有同声翻译系统、电子投票系统、多媒体咨询系统、声像播放系统和电子白板系统等。

3. 对客房设施设备的要求

从照明来看,一间标准行政客房的光源以 5 盏为宜(不含卫生间),且应达到便于工作的足够亮度。客房内办公桌应更大更好,以便在上面放置传真机和打印机,并配有调制解调器,且安装更多的插座。条桌前有靠背椅子,写字台上有电话和国际互联网接口。

卫生间要有宽大的盥洗台,有大理石砌成的优质地面和台面,供各种用途的镜子,良好的照明和通风等。其布局分为三个区域:第一个区域是梳妆台和可容人进入的壁橱;第二个区域是封闭的沐浴、浴缸和抽水马桶;第三个区域是洗脸池,大小镜子,并配以明亮的灯光。有的酒店卫生间还把抽水马桶单独隔离,这样既照顾隐私,又提高了卫生间的利用效率。

某些酒店规定,行政楼层客房卫生间的浴巾须长 125 厘米、宽 100 厘米,至少 86% 是棉成分,至多 14% 是聚酯纤维,每打 6.15 千克。

4. 对客房面积的要求

行政楼层应尽可能为客人提供宽敞的活动空间,一般来说,标准间的面积(根据投资来确定客房架间跨度)为 20 平方米左右,如凯悦豪华间的面积在 31 平方米左右。Radisson(丽笙酒店)集团下属酒店的单人间面积为 29 平方米,双人间为 31 平方米。此外还有明显的区别,一是减少了抽屉的数量;二是取消了大壁橱,使客房面积更大。与之相协调的是,客房中装置大挂钩,供客人挂行李袋,行李架台面放大,以便客人放置轮箱。

(二)对服务的要求

入住行政楼层的客人除希望得到一般客人"家外之家"的享受外,更希望得到"公司外公司"的服务,如管理服务、经纪服务、信息服务、文秘服务、交通服务、休闲服务和保健服务。他们喜欢专门的早餐和酒吧;要求房间内提供更多的文具,有保险柜、供会客用的额外的椅子等;对传真、电话、电脑、打字、复印、秘书等商务活动有很高的要求,酒店还应具备快捷方便的通信手段。他们对价格和付款方式往往不太注重;对叫醒服务、邮件传递服务、洗熨衣服等较其他客人有更多的要求。

提供个性化服务是行政楼层客人的普遍要求,酒店应尽可能地提供针对性的服务,达到服务的高水准。对于入住行政楼层的客人,酒店应通过网上信息平台获取顾客的兴趣与偏好,针对客人的个性需求和自身能力更新整合酒店产品,全面提升对客服务和酒店管理,充分体现酒店与顾客共同设计产品的特色,客人们在自己参与"设计"的酒店里,会得到最大程度的满足。

(三)对安全的要求

入住行政楼层的客人尤其是商务客人都希望客房安装电子门锁,甚至要求电话、传真加装保密装置,以防止泄露商业机密。一些公务客人对行政楼酒廊等公共区域或会议室,也会提出安全和保密的要求。在美国和香港的一些酒店,行政楼层的电梯服务有些特别,如不是用行政楼层客房的房门钥匙,电梯则不会在行政楼层停下来。这是出于对该楼层客人的保护考虑的。

行政楼层的客房多采用电子门锁的目的也是为了提高酒店行政楼层的安全性、可靠性,因电子门锁对每次开启均有记录,可以有效地防止内部盗窃。如果发生电子锁卡丢失,只要对电子门锁重新设定就可以了。酒店还可以设置电子门锁的使用时效,提醒客人结账时间。

## 二、行政楼层客人入住的服务程序

(1) 当客人走出电梯后,GRO(客务关系主任)将微笑地迎接客人,自我介绍,此时,陪同客人的大堂副理或销售经理将回到本岗。

(2) 在行政楼层接待台前请客人坐下。

(3) 替客人填写登记卡,请客人签名认可,注意检查客人护照、付款方式、离店日期与时间、机票确认、收行李卡。

(4) 在客人办理入住登记过程中呈送欢迎茶。此时,应称呼客人姓名,并介绍自己,同时将热毛巾和茶水送到客人面前。如果客人是回头客,应该欢迎客人再次光临。要求整个过程不超过5分钟。

(5) 在送客人进房间之前应介绍行政楼层的设施与服务,包括早餐时间、下午茶时间、鸡尾酒时间、图书报刊赠阅、会议服务、免费熨衣服务、委托代办服务、擦鞋服务等。

(6) 在客人左前一步引领客人进房间,与客人交谈,看是否能给客人更多的帮助。

(7) 示范客人如何使用钥匙卡,连同欢迎卡一同给客人,介绍房间设施,并预祝客人居住愉快。

(8) 通知前厅行李员根据行李卡号和房间号在10分钟内将行李送至客人房间。

(9) 在早餐、下午茶、鸡尾酒服务时间,接待员应主动邀请新入住的客人参加。

## 三、行政楼层的日常工作流程

(1) 07:00 行政楼层接待员到前厅签到,并到信箱拿取有关邮件,与夜班交接班。

(2) 07:00至07:30。打出房间状况报表,包括当日到店客人名单、在店客人名单。在客人名单上将今日预计离店客人用彩笔标出,以便对当日离店客人做好相应服务。行政楼层当班人员按职责分工完成各自工作:A组负责接待、收银、商务中心工作;B组负责早餐、送鲜花、水果工作。

(3) 准备鲜花、水果。检查前一天夜班准备的总经理欢迎卡、行政楼层欢迎卡,根据当日到店客人名单逐一核对。鲜花、水果及两个欢迎卡要在客人到店之前送入预分好的房间内(此项工作要由专人负责)。

(4) 早餐服务从07:00至10:00。早餐后开当日例会,由主管传达酒店信息及酒店近期重要活动。

(5) 为到店客人办理入住手续及呈送欢迎茶,为离店客人办理结账并与客人道别。

(6) 检查客人是否需要熨衣、商务秘书、确认机票等服务,随时为客人提供主动的帮助,并告知哪些服务是免费的。A组、B组员工要根据当时的情况互相帮助,互相配合。

(7) 10:00至15:00。GRO查房并将鲜花、水果、欢迎卡送入每个预计到店的客人房间。

(8) 中班于13:30报到,打报表(内容同早班),检查房间卫生及维修工作。15:30与早班交接班。B组服务员负责服务下午茶和鸡尾酒。中班还要做第二天的准备工作,如打印第二天的欢迎卡、申领水果和酒水等。

(9) 夜班时前厅、客房将代理行政楼层服务工作。

## 本章小结

酒店前厅部的接待业务代表着酒店的形象,体现着酒店的档次和服务水准,是前厅部服务人员协调对客服务全过程的关键阶段,除了做好客房预订、入住接待以外,还担负着大量其他直接为客人服务的工作,包括问讯及留言服务、总机服务、电话转接服务、长途电话服务、叫醒服务、贵重物品保管服务等。此外,行政楼层的接待与服务工作也属于前厅部工作的重要内容。

## 思考与练习

1. 预订有哪些种类和方式?
2. 简述散客和团队预订的受理程序。
3. 什么是超额预订?如何调整预订比例?
4. 总机服务的工作内容有哪些?
5. 问讯处的服务项目及工作内容有哪些?
6. 行政楼层的入住服务程序是怎样的?
7. 以小组形式练习一下如何进行入住登记,包括以下几个方面:
(1) 入住登记准备工作。
(2) 问候客人,识别客人是否有预订:无预订时应如何做,有预订时又如何做?
(3) 协助客人填写入住登记表。
(4) 核对证件。
(5) 安排房间,确认房价。
(6) 确定付款方式,或收取押金。
(7) 发放房卡、钥匙。

## 案例分析

### 巧妙推销豪华套房

一天,南京某四星级酒店前厅部预订员小夏接到一位美国客人霍曼从上海打来的长途电话,想预订每天收费180美元左右的标准双人客房两间,住店时间为6天,3天以后来酒店入住。小夏马上翻阅预订记录,回答客人说3天以后酒店要接待一个大型会议的几百名代表,标准间已全部预订完,小夏用商量的口吻说道:"霍曼先生,您是否可以推迟3天来店?"霍曼先生回答说:"我们日程已安排好,南京是我们在中国的最后一个行程,还是请你想想办法。"

小夏想了想说:"霍曼先生,感谢您对我的信任,我很乐意为您效劳,我想,您可否先住3天我们酒店的豪华套房,套房是外景房,在房间可眺望紫金山的优美景色,紫金山是南京名胜古迹的集中之地,室内有我们中国传统雕刻的红木家具和古玩瓷器摆饰。套房每天收费也不过280美元,我想您和您的朋友住了一定会满意。"

小夏讲到这里,等待霍曼先生的回答,对方似乎犹豫不决,小夏又说:"霍曼先生,我想您不会单纯计较房价的高低,而是在考虑豪华套房是否物有所值吧。请告诉我您和您的朋友乘哪次航班来南京,我们将派车来机场接您,到店后,我一定先陪您参观套房,到时您再做决定好吗?我们还可以免费为您提供美式早餐,我们的服务也是上乘的。"霍曼先生听小夏这样讲,觉得还不错,想了想便欣然同意先预订3天豪华套房。

**问题:**
案例中预订员小夏的哪些做法值得我们学习?

# 第三章

## 前厅部日常服务与管理

### 学习导引

金钥匙只是酒店形象的代表之一,同时为客人提供前厅系列服务工作的还有许多员工,其服务水准对客人的满意程度都是有重要影响的。中国金钥匙,奉行先利人,后利己,用心极致,给客人提供满意加惊喜的服务,并在客人的惊喜中找到自己富有的人生,其虽不是无所不能,但永远竭尽所能。前厅部除了做好客房销售外,还担负着大量其他直接为客人服务的工作,包括礼宾服务、机场代表与车辆服务、商务中心服务、金钥匙服务等。本章将介绍前厅日常服务的主要内容、基本程序和要求。

### 学习重点

通过本章学习,重点掌握以下知识要点:
1. 门童服务和行李服务的内容和要求;
2. 电话总机与商务中心服务的内容和要求;
3. 机场代表和车辆服务的内容和要求;
4. 金钥匙服务理念。

## 第一节　门童与行李服务

门童和行李员是酒店在客人视觉范围里第一个接触到的对象,也是离店时最后一个接触的对象。门童和行李员的待客态度,往往能直接影响到客人对一个酒店的印象。

### 一、门童服务

门童,也称为迎宾员或门厅接应员,是代表酒店在大门口迎送宾客、为宾客提供相关服务的专门人员,是酒店形象的具体表现。门童的主要职责包括迎宾、指挥门前交通、做好门

前安保工作、回答客人问讯、送客等。为做好门童工作,酒店通常选择形象高大魁梧、记忆力强、目光敏锐、接待经验丰富的人担任门童。目前,有的酒店为了独树一帜,提高吸引力,也会聘用女性、长者或外国人做门童。

### (一)门童服务准备

门童上岗前应整理好个人仪容仪表,调整好工作心态,精神饱满地进入良好的工作状态,还应配备对讲机、白手套、笔、记事簿、零钱袋等物品,提前半小时到岗交接工作。

门童应站立于酒店前厅大门一侧,面朝大门前方;站立时,挺胸抬头,左手握右手手腕放于小腹区域,脚后跟并拢,两脚分开约45°,或两手背于身后,两脚张开与肩齐;眼睛平视前方,用眼角的余光注意周边动态,随时提供服务,面部表情自然。

### (二)门童服务内容

**1. 问候**

客人进出酒店时,门童应向客人表示问候。迎接客人时,通常说"您好!欢迎光临";送别客人时,通常说"谢谢光临!请慢走";若是酒店常客,则应带上客人的姓氏,如"您好,×先生(小姐/女士)!欢迎光临"。现在很多酒店在问候客人时一般没有固定的问候语言,反而强调带有个性化和针对性的问候。比如对连住的旅游者,其外出时,可问候"您好,×先生(小姐/女士)!祝您愉快";对商务客人,则可问候"您好,×先生(小姐/女士)!祝您工作顺利",或是在客人外出时给予一些温馨的提示。

对客人进行问候时,门童应声音洪亮,面带微笑,注视宾客眼眉三角区域,最好以姓氏称呼;宾客进店时,做好手臂手心斜朝上的"请"的手势。若酒店前厅大门为闭合的玻璃门,客人进出时,还应提前为客人推门。

**2. 开车门服务**

当宾客乘车抵达或离开酒店时,门童应为宾客开车门、护顶(佛教和伊斯兰教则不用,但需提醒"当心碰头")。为客人开车门时,门童应站在所开车门的铰链位置,侧身朝向车门,用远离车门的那只手拉开车门,靠近车门的手为客人护顶,并问候客人"您请"或"您好!欢迎光临"或"请慢走"。

若宾客分别在车的前后门上(下)车,两位门童需同时将车门开启、护顶;若有三位宾客要上(下)车,一位门童将同一侧的两个车门打开,不需护顶,但要提醒"当心碰头";另一位门童则需小跑到另一侧打开车门、护顶。若有两辆或以上的车到店,两位门童则一人负责一辆车,必要时呼叫礼宾部附近岗位增援。门童在一人负责一辆车时,应按照服务对象的国籍、礼仪规范要求确定服务的先后顺序及方式。当宾客乘车离店时,需向宾客行恭送礼(15°到30°的鞠躬)。

**3. 出租车服务**

若宾客需要安排出租车离店,门童有义务协助安排。门童可以通过联系出租车公司叫车,或到临近酒店的公路上为客人叫车,或用其他方式为客人预约出租车或叫车。出租车到达后,在车牌卡上记录好车牌号,然后递送给宾客,并提醒宾客物品不要落在车上,开车门护顶,行恭送礼。

若客人是乘出租车抵达酒店的,门童应为客人开车门护顶,协助行李员卸下行李,提醒客人带齐随身物品或行李,并应快速记录车牌号,备注客人信息及抵达时间,以防宾客遗落物品在车内。

4. 雨天服务

如遇雨天,门童当班时需准备好租借专用雨伞、伞套、"小心地滑"牌。宾客进店携带湿的雨伞,门童必须将雨伞套好,并且向宾客解释清楚,不寄存宾客雨伞。

向宾客提供雨伞租借服务,有以下几种情况:

(1) 对住店客人,原则上提供免费租借服务。宾客必须出示房卡,门童在雨伞租借本上做好相关记录,包括日期、房号、数量等,最后客人签名确认。还伞时只需要宾客报出房号,核对数量,检查有无损毁后,在雨伞租借本上进行注销。

(2) 对非住店客人,原则上不享受雨伞租借服务,若要借出,必须收取相应的押金。还伞后便可退还其押金,收回押金联。

(3) 对于VIP客人、常住客人、酒店行政管理层等可以免掉借伞程序,直接借出,但必须在雨伞租借本上记录。

提供借伞服务时要注意,借出的雨伞必须是完好的雨伞,有破损、使用不方便的雨伞一律不外借。每个班次交接时必须将雨伞外借总数和押金总数交接清楚。

门童雨天进行服务时,还应注意地面积水,若地面积水较多,应及时联系保洁部门进行清理,以防地滑影响到宾客的行动和自身行走。宾客未打伞到店时,要及时为宾客打伞,迎接宾客到来。

5. 问讯服务

作为酒店的形象窗口岗位,门童应随时保持热情友好、乐于助人,及时响应宾客的合理需求。这就要求门童要熟悉酒店产品知识、各营业场所的营业时间、价格等;熟悉酒店周边环境,包括高档的商场、特产店、道路信息、交通信息、餐馆、休闲娱乐场所;熟悉本地的著名旅游景点及交通线路等,做好城市的"活地图";不断丰富自己的知识,以便更好地应对客人的问讯,为客人提供个性化的服务。

二、行李服务

行李服务是前厅部向客人提供的一项重要服务。行李服务的规程分为散客行李服务和团体行李服务两类。

(一) 散客行李服务

1. 散客行李抵店服务

1) 出门迎接

散客乘车抵店时,行李员应主动上前迎接,向客人表示欢迎,帮助客人卸下行李,并请客人清点过目、准确无误后再帮客人提携;但对于易碎物品和贵重物品不必主动提携,如客人需要帮助时,行李员应特别小心,注意轻拿轻放,以防丢失或破损。

2) 引领入店

行李员提着行李走在客人的侧前方,引领客人至前台接待处办理入住登记手续,如属大件行李,则需要行李车推送。到达前台后,行李员应放下行李,手背于身后直立站在客人侧后方 1.5 米处,等待客人办理入住登记。等候时不可左顾右盼,并随时听候前台接待员及客人的召唤。

对于入住行政楼层的客人,需引导客人至行政楼层办理入店手续,并帮助客人搬开并放好登记台前的座椅,请客人入座,然后后退 1.5 米,站立等候客人办完手续。

3) 领客入房

客人办完入住手续后,应主动上前从接待员手中接过房卡,引领客人入客房。引领客人到达电梯门口时,应放下行李,按电梯按钮。当电梯门打开时,用一只手扶住电梯门,请客人先进入电梯,然后进入电梯靠右侧站立并按楼层键。电梯到达后,请客人先出,行李员随后提行李跟出,继续引领客人到所在房间。引领时走在客人侧前方两三步远,用右手指示方向,边走边向客人介绍酒店的设施和服务项目,到达楼层后介绍安全通道。

到达客房门口时,行李员先放下行李,按酒店既定程序敲门、开门,以免碰到重复卖房给客人造成的不便。房内无反应再用房卡开门。打开房门后,将房卡插入取电盒、开灯,然后请客人进入。

如果是几位客人同时入店,应在办理完手续后,请每位客人逐件确认行李,在行李牌上写清客人的房间号码,并礼貌地告诉客人在房间等候,然后迅速将行李送入房间。

4) 介绍客房

进房后,行李员将行李放在客房行李柜上,然后简要介绍房间设施、设备及使用方法。介绍时手势不能过多,时间不能太长,应控制在 2 分钟以内,以免给客人造成索取小费的误解。如果客人以前曾住过本店,则不必再介绍。房间介绍完毕,应征求客人是否还有吩咐,在客人无其他要求时,应礼貌地向客人道别,并祝客人在本店住得愉快。离开时,将房门轻轻拉上。

5) 返回登记

离开房间后,行李员应迅速从员工通道返回礼宾部,填写散客行李进店登记表(见表 3-1)。

表 3-1 散客行李进店登记表

| 日期 | 时间 | 抵店车号 | 房号 | 客人姓名 | 行李件数 | 行李员 | 备注 |
|---|---|---|---|---|---|---|---|
| | | | | | | | |
| | | | | | | | |
| | | | | | | | |
| | | | | | | | |
| | | | | | | | |
| | | | | | | | |
| | | | | | | | |
| | | | | | | | |
| | | | | | | | |

2. 散客行李离店服务

1) 接收通知

当礼宾部接到客人离店搬运行李的通知时,要问清客人的房号、姓名、行李件数及搬运行李的时间,并决定是否要带上行李车,然后指派行李员按房号收取行李。

2) 收取行李

行李员应在 3 分钟之内到达客人房间,轻敲三下,并告知客人行李服务。在征得客人同意后可进入房间,并与客人核对行李件数,检查行李是否有破损,如有易碎物品,则应贴上易碎物品标志。

3) 助客离店

弄清客人是否直接离店,若客人需要行李寄存,则填写行李寄存单,并将其中的一联交给客人作为取物凭证,向客人道别,将行李送回行李房寄存保管。待客人来取行李时,核对并收回行李寄存单。

若客人需直接离店,装上行李后,应礼貌地请客人离开客房,主动为客人叫电梯,为客人提供电梯服务,引领客人到前厅收银处办理退房结账手续。客人离店时协助行李装车,向客人道别,并祝客人旅途愉快。

4) 返回登记

完成行李运送工作后,将行李车放回原处,填写散客行李离店登记表(见表 3-2)。

表 3-2 散客行李离店登记表

| 日 期 | 取出时间 | 房 号 | 行李件数 | 行李员 | 上车时间 | 车 号 | 备 注 |
|---|---|---|---|---|---|---|---|
| | | | | | | | |
| | | | | | | | |
| | | | | | | | |
| | | | | | | | |
| | | | | | | | |
| | | | | | | | |
| | | | | | | | |
| | | | | | | | |
| | | | | | | | |

(二) 团队行李服务

1. 团队行李抵店服务

团队客人的行李一般由单位从车站、码头、机场等地装车运抵酒店,而酒店行李员的工作是按团队清点行李件数,检查行李有无破损,做好交接手续,负责店内行李的运送与收取。

1) 接收行李

团队行李到达时,行李员推出行李车(见图 3-1),与行李押运员交接行李,清点行李件数,检查行李有无破损,然后双方按各项规定程序履行签收手续。如发现行李有破损或短缺,应由行李押运单位负责,请行李押运人员签字证明,并通知全陪领队。如行李随团到达,则还应请领队或客人签字确认。

图 3-1　酒店行李车

2)分拣行李

清点无误后,立即在每件行李上贴上行李标签或系上行李牌。如果该团队行李不能及时分送,应在适当地点摆放整齐,用行李网将该团队所有的行李罩在一起,妥善保管。要注意将入店行李与出店行李,或是几个同时到店的团队行李分开摆放,避免出错。

3)行李送房

在装运行李之前,应再清点检查一次,无误后才能装车,走行李通道送行李上楼层。装运行李时应遵循"同团同车、同层同车、同侧同车"的原则。行李到达楼层后,按房号分送行李。

4)记录存档

送完行李后,将每间客房的行李件数准确地登记在团队行李进店登记表(见表 3-3)上,并按团队入住单上的时间存档。

表 3-3　团队行李进店登记表

团队号:　　　领队:　　　团队名:　　　日期:

| 房　号 | 行李件数 | 行李员 | 房　号 | 行李件数 | 行李员 | 备　注 |
| --- | --- | --- | --- | --- | --- | --- |
|  |  |  |  |  |  |  |
|  |  |  |  |  |  |  |
|  |  |  |  |  |  |  |
|  |  |  |  |  |  |  |
|  |  |  |  |  |  | 行李领班签名: |
|  |  |  |  |  |  |  |
|  |  |  |  |  |  |  |

续表

| 房 号 | 行李件数 | 行李员 | 房 号 | 行李件数 | 行李员 | 备 注 |
|---|---|---|---|---|---|---|
|  |  |  |  |  |  | 前台签名： |
|  |  |  |  |  |  |  |
|  |  |  |  |  |  |  |
|  |  |  |  |  |  | 领队签名： |
|  |  |  |  |  |  |  |
|  |  |  |  |  |  |  |
|  |  |  |  |  |  | 司机签名： |
|  |  |  |  |  |  |  |
|  |  |  |  |  |  |  |

2.团队行李离店服务

1）服务准备

根据团队客人入住登记表上的离店时间，做好收取行李的工作安排，带上该团队订单和已核对登机行李件数的记录表，领取行李车，上楼层搬运行李。

2）收取行李

在规定的时间内依照团号、团名及房间号码到楼层收取客人放在房门口的行李，并做好相关记录。收取行李时，要为行李挂上标签内容一致的行李牌，以免同其他团队或其他客人的行李混淆。行李员收取行李时，应从走廊的尽头开始，以避免漏收和走回头路。如有客人的行李未放在门口，应通知该团陪同，并协助陪同通知客人将行李拿出房间，以免耽误时间。对置于房间内的其他行李则不予运送。

3）交接行李

将团队行李汇总到前厅，再次核对并严加看管，以防丢失；核对实数与记录是否相符，领队或陪同一起过目，并签字确认；与团队的行李押运员一起检查、清点行李，将行李罩好，并贴上表格；做好行李移交手续，特别要和领队核实该行李总件数是否包含领队的行李。

4）记录存档

行李完成交接后，由领班填写团队行李离店登记表（见表3-4）并存档。

表3-4 团队行李离店登记表

团队号： 领队： 团队名： 日期：

| 房 号 | 行李件数 | 行李员 | 房 号 | 行李件数 | 行李员 | 备 注 |
|---|---|---|---|---|---|---|
|  |  |  |  |  |  |  |
|  |  |  |  |  |  |  |
|  |  |  |  |  |  |  |
|  |  |  |  |  |  |  |

续表

| 房　号 | 行李件数 | 行　李　员 | 房　号 | 行李件数 | 行　李　员 | 备　　注 |
|---|---|---|---|---|---|---|
|  |  |  |  |  |  | 行李领班签名： |
|  |  |  |  |  |  |  |
|  |  |  |  |  |  | 前台签名： |
|  |  |  |  |  |  |  |
|  |  |  |  |  |  |  |
|  |  |  |  |  |  | 领队签名： |
|  |  |  |  |  |  |  |
|  |  |  |  |  |  | 司机签名： |
|  |  |  |  |  |  |  |
|  |  |  |  |  |  |  |

### （三）行李寄存服务

由于各种原因,有的客人希望将一些行李暂时存放在礼宾部。礼宾部为了方便客人存放行李,保证行李安全,应开辟专门的行李房,建立相应的制度,并规定必要的手续。行李寄存服务主要服务于酒店的住客或是即将入住的客人,或是在酒店用餐的客人。

1. 寄存行李的要求

（1）行李房不寄存现金、珠宝、玉器、金银首饰等贵重物品以及护照、身份证等重要证件。上述物品应礼貌地请客人自行保管,或放到前厅收款处的保险箱内免费保管。已办理退房手续的客人如想使用保险箱,须经大堂经理批准。

（2）酒店及行李房不得寄存易燃、易爆、易腐烂、易碎及具有腐蚀性的物品,不得寄存违禁物品。

（3）不接受宠物寄存,一般酒店不接受带宠物的客人入住。

（4）提示客人行李上锁,对未上锁的小件行李须在客人面前用封条将行李封好。

2. 行李寄存的流程

（1）礼貌接待。

（2）确认行李是否符合寄存要求。行李员应向客人询问所寄存行李的物品内容,确定是否符合寄存要求。还要询问客人是否有贵重物品在行李内,如果有,应提醒客人取出自行保管;若客人坚持存放,应告诉客人酒店对于贵重物品的丢失和损失不负任何责任,如果客人同意,请他在寄存单上签字确认。

（3）填写行李寄存单（见表3-5）,并请客人签名,上联（酒店联）附挂在行李上,下联（顾客联）交给客人留存,并告知客人下联是领取行李的凭证。

表 3-5　行李寄存单

No：

| 姓名： |
| --- |
| 日期：　　　　　　　　　　房号： |
| 行李件数： |
| 提取日期： |
| 宾客签名： |
| 经手人： |

No：

| 寄存日期：　　　　　　　　　房号： |
| --- |
| 姓名： |
| 行李件数： |
| 经手人： |

（4）存放行李，记录存档。将短期存放的行李，如半天或一天的行李放置于方便搬运的地方。若一位客人有多件行李，应用绳索系在一起，以免遗漏或拿错。事后，经办人须在行李寄存记录本（见表3-6）上进行登记，并注明行李存放的件数、位置及存取日期等情况。

表 3-6　行李寄存记录本

| 存放登记栏 | | | | | | | 领取登记栏 | | | | |
| --- | --- | --- | --- | --- | --- | --- | --- | --- | --- | --- | --- |
| 日期 | 房号 | 宾客姓名 | 联系电话 | 物品名称 | 是否填写物品寄存单 | 经手人 | 日期 | 领取时间 | 宾客签领 | 联系电话 | 经手人 |
|  |  |  |  |  |  |  |  |  |  |  |  |
|  |  |  |  |  |  |  |  |  |  |  |  |
|  |  |  |  |  |  |  |  |  |  |  |  |
|  |  |  |  |  |  |  |  |  |  |  |  |
|  |  |  |  |  |  |  |  |  |  |  |  |
|  |  |  |  |  |  |  |  |  |  |  |  |
|  |  |  |  |  |  |  |  |  |  |  |  |
|  |  |  |  |  |  |  |  |  |  |  |  |
|  |  |  |  |  |  |  |  |  |  |  |  |
|  |  |  |  |  |  |  |  |  |  |  |  |

3．行李领取服务

1）凭单领取

客人前来领取行李时，须收回行李寄存单的下联，请客人当场在下联单上签名。将上下

联进行核对,看二者的各项信息是否符合,核实无误后将行李交给客人,最后在行李寄存记录本上做好记录。

2) 他人代取

如果是客人寄存,他人来领取,须请客人提前把代领人的姓名、联系方式写清楚,并请客人告知代领人须凭行李寄存单的下联及有效身份证件前来领取行李。行李员须在行李寄存记录本的备注栏内做好记录。

3) 凭证丢失

如果客人遗忘了行李寄存单,须请客人出示有效身份证件,核查签名后,请客人报出寄存行李的件数、形状特征、房号等信息进行核对。在确定是该客人的行李后,须请客人写一张领取行李的说明、签名并复印其有效身份证件。

客人领取行李后,应帮助客人把行李送到指定地方,并礼貌地向客人道别。

(四) 报刊/邮件服务

酒店的各种报刊、邮件、住客的传真文件等,通常由行李员分送到客人房间或相应的部门。有些酒店则专设信使员完成此类服务工作。

1. 报刊/邮件递送规程

1) 分拣邮件

把到店报刊/邮件按酒店客人、驻店相关服务部门、酒店各部门进行分拣。酒店客人的报刊/邮件要按照住店客人、预抵店客人、要求转投(转寄)客人、长住公司客人、已离店客人、无此收件人进行再分拣,使用时间戳加盖收到日期和时间。对于驻店相关服务部门的报刊/邮件要按分送区域划分,并用铅笔标明单位名称。对于酒店内部各部门的报刊/邮件要按区域和部门划分,并用铅笔标注部门名称。

2) 按序递送

报刊/邮件递送通常按照以下顺序进行:先客人,后酒店;先贵宾、常客,后普通客人;先急件、快件,后普通件;先传真、电报、挂号信、特快专递,后一般平信;通常情况下,乘坐员工专梯自楼层高层向低层递送。

3) 递送规程

夜班行李员按当日客房状况显示的住客情况,派送客房报纸,并填写住客报纸/邮件递送记录表(见表3-7)。

乘员工电梯,走员工通道。

递送住客邮件、传真时,应先按门铃,主动问候,然后再请客人当面确认并在住客报纸/邮件递送登记表(见表3-7)上签收。

表 3-7 住客报纸/邮件递送登记表

| 姓名 | 房号/部门 | 收到时间 | 报纸类别 | 邮件(编号) | 发放时间 | 行李员签字 | 接收人签字 |
|---|---|---|---|---|---|---|---|
| | | | | | | | |
| | | | | | | | |
| | | | | | | | |

续表

| 姓名 | 房号/部门 | 收到时间 | 报纸类别 | 邮件(编号) | 发放时间 | 行李员签字 | 接收人签字 |
|---|---|---|---|---|---|---|---|
|  |  |  |  |  |  |  |  |
|  |  |  |  |  |  |  |  |
|  |  |  |  |  |  |  |  |
|  |  |  |  |  |  |  |  |
|  |  |  |  |  |  |  |  |
|  |  |  |  |  |  |  |  |
|  |  |  |  |  |  |  |  |
|  |  |  |  |  |  |  |  |

递送留言时，可以从门缝下塞进去，以免打扰客人。

客人暂时不在房间时，应做留言提示。

对无此收件人的邮件，经反复核准后予以退回邮局。

2. 邮寄代理规程

在为客人办理邮寄代理服务时应注意，掌握国内、国际邮件邮资标准；根据客人信件重点、目的迅速准确地计算所需邮资；当面为客人粘贴符合标准的邮资；按时将信件送往邮局寄送，相关回执单据要保留备查；每班结束前，清点邮票数量、周转金金额，并填写邮票、现金平衡表。

（五）其他服务

前厅行李服务的服务范围较广，各酒店还可根据自身实际情况向客人提供其他服务。

1. 电梯服务

现代酒店大多使用电梯，不需要有人看管和服务。但酒店为了对某些重要客人显示礼宾的规格或为了尽快疏散客人，酒店行李服务处派行李员专门为客人操纵电梯或在电梯口照顾引导客人。

2. 呼唤寻人服务

应住客和访客的要求，行李服务处的服务人员可协助客人在酒店规定的公共区域内呼唤寻人。服务人员使用装有柔和灯光及清脆、低音量铃铛或蜂鸣器的寻人牌。在寻人过程中，服务人员要注意自己的步伐节奏和音量控制，以免破坏大厅的气氛。

3. 出租服务

为了增设服务项目，满足客人的需要，提高服务质量，很多酒店为客人提供出租自行车、雨伞和酒店专用车服务。服务人员向客人说明租用的方法，请客人填好租用单，预交订金，办好手续即可提供。对租用车辆的客人，应提醒其注意安全。

**4. 预订出租车服务**

大厅行李服务员应该将客人的订车要求准确及时地填写在出租车预约记录表上,书面通知本酒店车队或出租汽车公司的预约服务台,并留意落实情况。

**5. 代客泊车服务**

有些酒店在前厅行李服务处专设泊车员来负责车辆的停放工作。客人驾车抵达酒店,泊车员将车辆钥匙寄存牌交给客人,并将客人的车开往停车场。此时,应注意检查车内有无遗留的贵重物品、车辆有无损坏之处、车门是否关上。车辆停妥之后,将停车的地点、车位、经办人等内容填写在记录本上。客人需要用车时,须出示寄存牌,核对无误后,泊车员应迅速去停车场将客人的汽车开到酒店大门口,交给客人。

泊车服务对泊车员素质要求较高,除应受过严格的专业训练并具有优秀的驾驶技术及很强的安全意识以外,更应具有高度的责任心。

**6. 委托代办服务**

1)衣物寄存

酒店有宴会、舞会、文娱演出及大型会议等较大规模的活动时,一般由礼宾部安排人员承担客人的衣物寄存服务。

礼宾部接到提供衣物寄存服务的通知后,提前将存衣处(衣帽间)内的挂衣架、存包架、存衣牌等准备充足。

客人存衣物时,服务人员要主动向客人说明贵重物品等谢绝寄存。

将存衣牌取下交给客人,并提醒客人妥善保管存衣牌,然后将衣物上架按顺序放好。

客人凭存衣牌取衣物时,首先核对号码,然后将衣物交给客人,并请客人当面确认衣物是否完好无缺。

认真保管客人的所有衣物,闲杂、无关人员不得进入存衣处。

2)外修购物

当客人提出修理箱包、手表、照相机等此类要求时,礼宾部值班员应仔细问清楚所修物品的规格、型号、时限、故障及房号、姓名等情况,并填写工作记录。

外出为客人修理物品的行李员应迅速完成送修、取送任务,手续清楚,各项费用、单据齐全,符合规定。

每次外出维修、购物等任务完成情况均应填写工作记录。

3)票务

住店客人提出预订机票、火车票,或提出修改航班、车次等要求时,礼宾部值班员应询问清楚客人的要求,按酒店规定的受理票务规程办理。

填写订票委托单时,应当面向客人说明,如果不能预订到指定日期的票,可否购买其他日期航班或车次,并请客人登记确认。

预售订票款,并在订票委托单上注明"已收订票款"。

必要时请客人出示或留下身份证件、护照。

按时取票、送票,并当面将客人身份证件、票款余额及有关收据等如数交给客人。

填写工作记录。

## 第二节 商务中心

为满足现代客人的需要,越来越多的现代酒店都设立了商务中心。通常,商务中心应设在前厅公共区域内客人便于前往的地方,并有明显的指示标记牌。它是商务客人常到之处,其服务的好与坏,会直接影响到客人的商务活动和酒店(特别是商务型酒店)客人的光临。商务中心是现代酒店的重要标志之一,是客人"办公室外的办公室"。商务中心的环境一般以房间为单位进行设计,具有安静、隔音、舒适、优雅、整洁等特点。

### 一、商务中心服务认知

(一)商务中心的主要职能

(1)提供各种高效的秘书性服务。
(2)为客人提供、传递各种信息。
(3)直接或间接为酒店争取客源(特别是商务客人)。

(二)商务中心的设备及用品

商务中心拥有的设备及用品主要包括复印机、传真机、电传机、多功能打字机、程控直拨电话机、录音机、装订机、碎纸机及其他办公用品,同时还配备一定数量的办公桌椅、沙发以及相关的商务刊物、报纸、指南、资料等。提供24小时的服务,以显现出它在酒店中的特殊地位。

(三)商务中心员工素质的要求

由于商务中心工作的特殊性,商务中心服务要求其工作人员要热情礼貌、业务熟练、耐心专注、服务敏捷、严守秘密,并主动与酒店各部门、常住商务机构及客人协商配合,为客人提供满意的服务。

(四)商务中心的服务项目

商务中心提供的服务项目主要包括复印、打字、电传、传真、电报、翻译(多种语言)、听写/会议记录、抄写、文件核对、代办邮件、会议室出租、文件整理及装订、信息咨询、会务安排等。

### 二、商务中心服务的内容及基本要求

商务中心的服务主要包括会议室出租服务、复印服务、打印服务、传真发送与接收服务、票据受理服务等。

(一)会议室出租服务

1. 会议室预订

(1)接到预订,要简明扼要地向客人了解以下内容,并做好记录:预订人姓名或公司名称、酒店房间号码或联系电话、会议的起始时间及结束时间、人数及要求。

（2）告知租用该室的费用（包括免费的服务种类，如茶、咖啡、文具、麦克、投影机、音响、录放机等），并请客人参观会场，介绍服务设施设备。

（3）确认付款方式，并要求对方预付50%的定金。预订以收到定金时开始生效。

（4）填写会议室出租预订单，并在交班本上做好记录。

2. 会议前准备工作

（1）按参加会议人数准备好各类饮具、文具用品及会议必需品。

（2）按参加会议人数摆放椅子并摆设饮具及各类文具。

（3）主管或领班要亲临现场指挥和督导员工按要求布置会场，发现问题及时纠正。检查的内容包括照明、卫生、各类饮品存量及其使用期限、热水器、空调系统、音响设备、文具用品、会议物品的摆放位置等。

3. 接待服务要求

（1）站立门口，微笑恭候客人。引位，帮客人拉椅子。

（2）茶或咖啡要以七成满为标准，上饮品时要提醒客人。

（3）添茶水时应从客人右侧服务，服务过程要用礼貌用语，茶要以七成满为标准，添茶水的时间间隔一般第一次不超过10分钟，第二次与第一次相隔不超过15分钟。

4. 送客离场

（1）会议结束时，服务人员应在门口站立，微笑向客人告别，目送其离去。

（2）仔细检查会场，如发现宾客遗忘的物品，须立即设法送还。

（3）如果客人已经离店，按要求交主管或大堂副理。

（4）收拾会场。

（二）复印服务

复印服务的工作程序如下：

（1）主动问候客人是否要求受理此项业务。

（2）问明客人要复印的数量及其规格，并做好记录。

（3）告诉客人所能达到的最快交文件时间。

（4）告诉客人复印价格。

（5）复印后清点，按规定价格计算费用，办理结账手续。

（6）复印完毕，取出复印件和原件如数交给客人，询问客人是否需装订或放入文件袋。

（7）礼貌道谢。

（8）在复印登记表中登记。

（三）打印服务

打印服务的工作程序如下：

（1）了解并记录客人的相关要求。

（2）说明收费标准，征询付款方式。

（3）告诉客人所能达到的最快交文件时间。

（4）浏览原稿件，不明之处向客人提出。

（5）记录客人的姓名、联系电话、房号。

(6) 打字完毕后认真核对一遍,并按照客人的要求予以修改、补充,确保无误。

(7) 客人确认文件定稿后,询问文件是否存盘及保留的时间,或按客人要求删除。

(8) 通知客人取件,送到客人房间或指定地点。

(9) 收费,礼貌道谢。

### (四)传真发送与接收服务

传真发送与接收服务的工作程序如下:

(1) 礼貌问候客人,了解发往地区。

(2) 查看客人提供的地区号码,并进行校对。

(3) 向客人说明收费具体标准,如按时间或页数计算。

(4) 输入传真号码后,先与稿件上号码核对,确认无误后,按发送键。

(5) 传真发出后,应将发送成功报告单连同原件一起交给宾客。

(6) 办理结账手续,账单上注明传真号码以及发送所用时间。

(7) 填写商务中心日发送传真报表。

(8) 如果接收传真,到问讯处确认收件人姓名及房号,并将接收报单与来件存放在一起。

(9) 填写商务中心日传真来件报表。

(10) 电话通知客人。按酒店服务标准,请客人来取,或派行李员送到房间。客人不在,可留言。开出的账单交前厅收银处,以备结算。

### (五)票务受理服务

票务受理服务的工作程序如下:

(1) 礼貌询问宾客的订票需求,如航班、线路、日期、车次、座位选择及其他特殊要求等。

(2) 通过电脑快捷查询票源。如遇客人所期望的航班、车次已无票时,应向宾客致歉,并耐心解释,同时主动征询客人意见,是否延期或更改航班、车次等。

(3) 请客人出示有效证件或证明,办理订票手续,注意与登记单内容进行核对。

(4) 出票,确认。

(5) 向客人微笑致谢,目送客人。

## 第三节 机场代表与车辆服务

### 一、机场代表服务

机场代表主要负责店外接送服务,即负责在机场、车站、码头迎接客人。机场代表人员应特别注意自己的仪表、仪容,举止言谈要温和得体,动作要快而准确,充分体现本岗位的工作特点。

#### (一)机场代表的岗位职责

(1) 代表酒店到机场、车站、码头迎接客人。

(2) 每日上班前查阅预订报告,了解每天接送客人情况预测表,掌握客人的特殊需求。

(3) 向车队发接送通知单,准时抵达机场、火车站、码头等地欢迎、接待客人,并在沿途适当介绍本城景观及酒店情况。

(4) 负责处理客人行李问题。

(5) 在机场宣传、介绍酒店产品及服务,争取未预订散客入住酒店,在淡季积极争取客源。

(6) 向酒店提供贵宾到达时间及交通方面的信息。

(7) 回答客人的各种问讯,灵活处理客人提出的各种问讯。

(8) 注意与车队司机协调配合好,顺利完成迎接任务,及时与前台和机场联系,获取航班抵离情况,避免误接或未接到的现象发生。

(9) 搞好与酒店其他机场代表的关系及协调酒店有关部门联系机场业务。

(二)机场代表的素质要求

为了做好机场代表工作,管理人员可选用具有下列素质的员工担任机场代表工作。

(1) 较高的外语交流水平。

(2) 熟悉酒店客情。

(3) 掌握主要客源国旅游者的生活习俗和礼仪。

(4) 有较强的应变能力。

(5) 有较强的人际交往能力。

二、车辆服务

为方便宾客,帮助客人提前联系和安排交通服务,同时增加酒店收入,酒店会为客人提供车辆服务。车辆服务所用车辆包括酒店自有车辆、在酒店外定点服务的出租车辆、由行李员联系的店外车辆。

(一)租用酒店车辆的服务程序

(1) 接到客人租车的要求时,首先向客人查询清楚用车时间、前往地点、人数、行李、要求车型、付款方式、是否回程及特别要求等。

(2) 把有关内容写在出租车预订单上。

(3) 由礼宾主管与车队值班人员联系,询问是否有符合客人要求的车辆可做安排。

(4) 如果可以安排,回复客人,并向客人报告价钱。

(5) 如客人要求的车辆已出租,询问客人是否改选其他车型,并报告价钱。

(6) 如客人要求的车辆已安排给内部用车,应及时与该用车部门负责人联系,尽量以客人为先,并另安排其他车辆或另外安排时间给用车部门。

(7) 确认安排后,填写车辆出租车单给客人签名确认后交车队,并提醒司机准时等待客人,账单交前台收银入账。

(8) 通知前台接待处/商务楼层接待处和大堂副理有关客人用车的资料。

(9) 如果客人要乘坐飞机或火车时,应该提醒客人特别是外宾提前足够的时间出发,以免因为交通或其他问题耽误了客人的行程。

## （二）租用店外车辆的服务程序

（1）当酒店的所有车辆已出租,应及时回复客人,并询问客人是否需要外租车服务,但要向客人解释清楚该车非酒店所有及付款方式。

（2）如果客人愿意使用外部车辆及付现金,安排行李员联系店外的等候出租车。

（3）如客人愿意使用店外出租车但坚持以信用卡结账,可根据财务部有关规定操作,并向客人讲明收取相关手续费。

（4）行李员要告诉司机客人的目的地,向司机解释客人的要求,待客人上车时,行李员要把记录车牌号码的出车单交给客人。

（5）做好一切出租车辆的车牌号码、出车时间及目的地的登记。

## （三）车辆服务的注意事项

（1）为了保证酒店的财产安全,酒店车辆不能随便租给店外客人,给客人租用长途时,一定要经过领班以上管理层认可。

（2）行李员及门童不得私自为客人叫长途出租车,一定要领班和主管同意,以尽量保证酒店车队的收入。

（3）无论是租用酒店或店外的车辆,行李员均有责任负责到底,并做好客人和司机之间的沟通工作。

（4）当旺季用车量较大时,礼宾主管要及时与其他出租车服务点联系,以保证为客人提供完善的车辆服务。

# 第四节　金钥匙服务理念

## 一、金钥匙的概念

金钥匙起源于法语单词Concierge,原意为"钥匙的保管者",指古代酒店的守门人,负责迎来送往和酒店钥匙的保管。随着酒店业的发展,其工作范围不断扩大,在现代酒店业中,金钥匙已成为为客人提供全方位一条龙服务的岗位,只要不违反道德和法律,任何事情金钥匙都会尽力办到,以满足客人的要求。金钥匙见多识广、经验丰富、谦虚热情、彬彬有礼、善解人意。

金钥匙服务的内容涉及面很广,包括向客人提供市内最新的流行信息、时事信息和举办各种活动的信息,并为客人代购歌剧院和足球赛的入场券;为城外举行的团体会议做计划;满足客人的各种个性化需求,如计划安排在国外城市举办的正式晚宴;为一些大公司做旅程安排;照顾好那些外出旅行客人和在国外受训的客人的子女等,甚至可以为客人把金鱼送到地球另一边的朋友手中。

金钥匙通常身着燕尾服,上面别着十字形金钥匙,这是国际金钥匙组织的标志,它象征着Concierge就如同万能的金钥匙一般,可以为客人解决一切难题。金钥匙尽管不是无所不能,但一定会竭尽所能,这就是金钥匙的服务哲学。

## 二、国际金钥匙组织

1800年,随着铁路和游轮的增加并初具规模,旅游业欣欣向荣,现代酒店的Concierge诞生了。

1929年10月6日,来自法国巴黎Grand Hotel酒店的11个委托代办建立了金钥匙协会,协会章程允许金钥匙通过提供服务而得到相应的小费,他们发现那样可以提高对客服务效率,随之还建立了城市内的联系网络。欧洲其他国家也相继开始建立类似的协会。

1952年4月25日,来自9个欧洲国家的代表在法国东南部的夏纳(Cannes)举行了首届年会并创办了"欧洲金钥匙大酒店组织"(Union Europeene des Portiers des Grand Hotel),简称UEPGH。

1970年,UEPGH成为"国际金钥匙大酒店组织"(Union International Portiers Grand Hotel),简称UIPGH。这一联盟的成立象征着不只在欧洲,而且来自全球的不同国家都在争取加入金钥匙组织。

1994年,UIPGH又变成UICO,在1997年又变成了今天的名称——UICH(Union Internationale des Concierges D'hotels)。国际金钥匙组织的标志为垂直交叉的两把金钥匙,代表两种职能,一把金钥匙用于开启酒店综合服务的大门;另一把金钥匙用于开启城市综合服务的大门。也就是说,酒店金钥匙成为酒店内外综合服务的总代理。

国际酒店金钥匙组织为拥有34个成员国或地区而自豪。1997年1月,在意大利首都罗马举行的国际金钥匙年会上,中国被接纳为国际酒店金钥匙组织的第31个成员国。

### 知识活页 5C品质评估系统简介

5C品质评估系统是由金钥匙国际联盟按照国际豪华酒店的服务标准提出的,结合中国的国情,经过8年的实践,5C品质评估系统的检查标准不断修改完善,目前执行的是2012年修订过的最新标准。

金钥匙国际联盟的5C品质评估系统的检查标准包括《5C酒店服务品质评估标准》和《5C物业服务品质评估标准》,其中5C酒店服务评估标准分为25个模块,合计1600多条检查标准。该标准设计的特点是以客人的消费习惯和消费体验关键环节为核心而设计,体现了人性化和专业化。注重标准的可操作性和与时俱进,是一套侧重于服务品质提升和改进的操作和检查标准。和国家星评标准相比各有侧重,优势互补。

执行该标准的近9年来,联盟内的不少酒店通过执行该标准,在服务品质和管理品质的提升方面得到了长足的进步,随着每年检查分值的提升,经营管理和顾客的满意度也在不断提升,经营业绩也随之提升,达到了业主、管理团队、员工和顾客的多赢效应。

5C品质暗访和明察系统

金钥匙国际联盟的成员酒店每年都会接受联盟总部一次严格的质检,包括暗访和明察。5C品质检查的区域从前台到后台,从服务表现到管理系统,从观念意识到行动的改进方法,检查的方法、细致程度以及检查的实用性多年来得到了联盟成员酒店的赞赏。越来越多的酒店直接采用联盟的5C标准作为酒店服务标准的主要内容,和酒店本身的标准相结合,成为一套可落地、可执行、可检查的实战标准。联盟每年的检查有暗访和明察、提交书面检查报告、召开服务品质评估培训大会等形式,全面而细致地为联盟酒店提供周到、细致、实用的服务。以第三方的客观性和严谨性,赢得了联盟成员企业的支持和尊敬。

### 三、中国酒店金钥匙的服务理念

中国酒店金钥匙的服务理念是在不违反当地法律和道德观的前提下,使客人获得"满意加惊喜"的服务,让客人自踏入酒店到离开酒店,自始至终都感受到一种无微不至的关怀和照料。

特别是目前中国的旅游服务必须要考虑客人的吃、住、行、娱、游、购等内容。酒店金钥匙的一条龙服务正是围绕着宾客的需要而开展的。例如安排车到机场、车站、码头接客人;根据客人的要求介绍各特色餐厅,并为其预订座位;联系旅行社为客人安排好导游;当客人需要购买礼品时帮客人在地图上标明各购物点等。最后当客人要离开时,在酒店里帮助客人买好车、船、机票,并帮客人托运行李物品;如果客人需要的话,还可以订好下一站的酒店并与下一城市酒店的金钥匙落实好客人所需的相应服务。让客人从接触酒店开始,一直到离开酒店,自始至终,都感受到一种无微不至的关怀。人们不难想象酒店金钥匙对城市旅游服务体系、酒店本身和旅游者带来的影响。

中国酒店金钥匙服务理念的核心,是实现社会利益和团体利益最大化的同时使个人利益的最大化成为现实,追求社会、企业、个人三者利益的统一。"满意加惊喜"是中国酒店金钥匙的服务目标;用心极致是中国酒店金钥匙的服务精神;快乐工作是中国酒店金钥匙的人生追求。由此可见,中国酒店金钥匙的服务观是建立在肯定人性作用的基础上,把服务他人作为快乐之源,是中国酒店服务人员的职业最高境界。

**知识活页　　国际金钥匙组织中国区会员申请入会条件**

申请人必须年满23岁,品貌端正,在中国服务行业(含高星级酒店、高档物业及将开展金钥匙服务的领域)工作的委托代办负责人(或称首席礼宾司、庶务部主管、服务总管等),有五年以上服务管理工作经验(含三年以上委托代办工作的经验),至少掌握一门以上的外语,参加过国际金钥匙组织中国区的会员资格培训班并获得证书。

### 四、金钥匙的素质要求

一名优秀的金钥匙具有非凡的才能和素质,具有强健的体魄,具有心甘情愿、竭尽全力的献身精神。具体来讲,应具备以下基本素质。

#### (一)思想素质

(1) 拥护中国共产党和社会主义制度,热爱祖国。

(2) 遵守国家的法律、法规,遵守酒店的规章制度,有高度的组织纪律性。

(3) 敬业爱业,热爱本职工作,有高度的工作责任心。

(4) 有很强的顾客意识、服务意识,乐于助人。

(5) 忠诚于企业,忠诚于顾客,真诚待人,不弄虚作假,有良好的职业操守。

(6) 有协作精神和奉献精神,个人利益服从国家利益、集体利益。

(7) 谦虚、宽容、积极、进取。

#### (二)能力要求

(1) 交际能力:乐于和善于与人沟通。

(2) 语言表达能力:表达清晰、准确。

(3) 协调能力:能正确处理好与相关部门的合作关系。

(4) 应变能力:能把握原则,以灵活的方式解决问题。

(5) 身体健康,精力充沛,能适应长时间站立工作和户外工作。

#### (三)业务知识和技能

(1) 熟练掌握本职工作的操作流程。

(2) 会说普通话和至少掌握一门外语。

(3) 掌握中英文打字、电脑文字处理等技能。

(4) 熟练掌握所在酒店的详细信息资料,包括酒店历史、服务时间、价格等。

(5) 熟悉本地区三星级以上酒店的基本情况,包括地点、主要服务设施、价格水平。

(6) 熟悉本市主要旅游景点,包括地点、特色、开放时间和价格。

(7) 掌握本市高、中、低档的餐厅各5个(小城市3个),娱乐场所,包括地点、特色、服务时间、价格水平、联系人。

(8) 能帮助客人安排市内旅游,掌握其线路、花费时间、价格、联系人。

(9) 能帮助客人修补物品,包括手表、眼镜、小电器、行李箱、鞋等,掌握这些维修处的地点、服务时间。

(10) 能帮助客人邮寄信件、包裹、快件,熟悉邮寄事项的要求和手续。

(11) 熟悉本市的交通情况,掌握从本酒店到车站、机场、码头、旅游点、主要商业街的路线、路程和出租车价格。

(12) 能帮助外籍客人解决办理签证延期等问题,掌握有关单位的地点、工作时间、联系电话和手续。

(13) 能帮助客人查找航班托运行李的去向,掌握相关部门的联系电话和领取行李的手续。

### 五、金钥匙的服务项目

"金钥匙就应无所不能,在合法的基础上,客人的任何要求都能满足"。这意味着金钥匙服务是无边界和无止境的。中国酒店金钥匙服务项目包括:

(1) 行李及通信服务,如运送行李、电报、传真、电子邮件及人工传递。
(2) 问讯服务,如指路等。
(3) 快递服务,如国际托运、国际邮政托运、空运、紧急包裹、国内包裹。
(4) 接送服务,如汽车服务、租车服务、接机服务。
(5) 旅游服务,如个性化旅游服务线路介绍。
(6) 订房服务,如房价、房类、折扣、取消预订。
(7) 订餐服务,如推荐餐馆。
(8) 订车服务,如汽车及轿车等租赁代理。
(9) 订票服务,如飞机票、火车票、戏票。
(10) 订花服务,如鲜花预订、异地送花。
(11) 其他,如美容、按摩、跑腿、看孩子、邮寄等。

## 本章小结

本章讲述了门童及行李服务、电话总机及商务中心服务、机场代表及车辆服务的基本内容、服务程序及标准,同时介绍了金钥匙及其服务理念、素质要求和服务内容等。通过本章的学习,可以掌握前厅系列服务的内容、要求和服务技能,同时对前厅部的工作任务及其在现代酒店中的重要地位有进一步的认识。

## 思考与练习

1. 简述门童的素质要求。
2. 行李服务应注意哪些事项?
3. 简述总机话务员的素质要求。
4. 酒店金钥匙服务理念的核心是什么?

### 案例一:早晨叫醒服务不周

住在某酒店1102房间的周先生在某日晚上九时临睡前从客房内打电话给店内客房服务中心。

周先生在电话中说："请在明早六时叫醒我，我要赶乘八时起飞的班机离开本城。"

服务中心的值班员当晚将所有要求叫醒的客人名单及房号（包括周先生在内）通知了电话总机接线员，并由接线员记录在叫醒服务一览表之中。

第二天清晨快要六点钟时，接线员依次打电话给五间客房的客人，他们都已起床了，当叫到周先生时，电话响了一阵，周先生才从床头柜上摘下话筒。接线员照常规说："早晨好，现在是早晨六点钟的叫醒服务。"接着传出周先生的声音（似乎有些微弱不清）："谢谢。"

谁知周先生回答以后，马上又睡着了。等他醒来时已是六点五十五分了。等赶到机场时，飞机已经起飞了，只好折回酒店等待下班飞机。

客人事后向酒店大堂值班经理提出飞机退票费及等待下班飞机期间的误餐费的承担问题。值班经理了解情况之后，向周先生解释说："您今天误机，我们同样感到遗憾，不过接线员已按您的要求履行了叫醒服务的职责，这事就很难办了！"

客人周先生并不否认自己接到过叫醒服务的电话，但仍旧提出意见说："你们酒店在是否弥补我的损失这一点上，可以再商量，但你们的叫醒服务大有改进的必要！"

（资料来源：职业餐饮网，www.canyin168.com.）

问题：
如何更好地做好叫醒服务？

### 案例二：请换个说法

S大酒店是一座按照四星级标准兴建的商务型酒店，它方便的地理位置、良好的环境、优良的设施设备吸引了大量商务、公务散客。邱女士今天上午进店，入住1212房间不久后，接到了老朋友陈太太打来的电话，说马上来酒店探望她。想着马上就要见到阔别多年的老朋友，邱女士显得有些激动，匆忙更衣，便直奔大堂等候陈太太的光临。10分钟过去了，未见陈太太的身影，邱女士按捺不住了，不由得向大厅外的雨棚走去，门童适时而礼貌的一句"请走好，欢迎下次光临"，使她不由一怔，看着门童微笑的表情，她明白门童误解了她走出大厅的目的，这句不合时宜的问候并未使她感到反感。正值深秋时节，雨棚下不能久停，出于盼友心切，邱女士只好一会儿在厅内等候，一会儿又到厅外盼迎。这样往返多次，而每次她都能听到门童"请走好，欢迎下次光临"的问候，这语不达意的"礼貌"听一次尚能接受，听多了让人生厌，为了少听到这样的"问候"，邱女士只好收住脚步，耐心地在大厅内等候她的客人。

（资料来源：南京廖华网，www.njliaohua.com.）

问题：
1. 门童错在什么地方？
2. 门童在服务进出大门的客人时，应该如何问候？

**案例三:宁波南苑环球酒店金钥匙卢威先生(Mr. Allen)**

2015年4月22日14点左右,南苑环球酒店的金钥匙Allen接到宁波开元名都酒店李贵的委托,协助将他们酒店常客的结婚纪念日活动安排在南苑环球酒店举行。

事情源于:一天,住在开元名都的常客杨先生致电给李贵,说今天是他和妻子的结婚十五年纪念日——水晶婚,需要在酒店用餐,特别希望这个结婚纪念日意义非凡。但当时开元名都酒店正好举行GXG订货会,客房全满且餐厅也没有位置了,怎么办才好呢?这时金钥匙的服务精神让李贵没有拒绝杨先生的求助,他先向杨先生解释酒店情况后,并答应会帮助他完成这个纪念日活动。李贵首先想到并立马联系了邻居酒店——宁波南苑环球酒店的Allen,询问是否有场地,能否帮助杨先生夫妇安排一场特殊而有意义的结婚纪念日。当Allen了解后,立马确认场地,将其安排在环球酒店意大利餐厅SABATINI用餐,做完预订后回复了李贵,就这样,一场金钥匙之间的友谊与协作正悄然进行。

Allen为了能如约完成约定,给杨先生夫妇满意加惊喜的服务。他事先与李贵沟通后,了解到杨先生对纪念日有着自己的想法与安排。今年是他与妻子结婚的第十五年——水晶婚,要求提供一束99朵红色玫瑰,代表着二人相亲相爱,彼此携手长长久久。杨先生还希望餐厅的驻唱乐队能唱一首《最浪漫的事》送给他的妻子。Allen与餐厅经理沟通后,餐厅经理也很乐意提供帮助,但驻唱乐队是菲律宾歌手,不会唱中文歌曲,Allen心想这可如何是好?他事先已经答应了杨先生,并承诺包在他身上。因为这首歌是杨先生妻子最喜欢的一首歌曲,而歌词正好讲述婚后的幸福生活,寓意两人携手到白头。此时作为金钥匙的Allen,深知肩负着服务的使命,希望看到每位寻求帮助的宾客脸上洋溢着笑容、内心充满着对服务的肯定。

Allen提前预留好餐位并进行布置,主动向杨先生要了其与妻子的合影照片、联系鲜花供应商。为了确保鲜花的新鲜,要求当天下午18:00将鲜花准时送到酒店。他和餐厅经理一起找了5名会唱此歌曲的同事进行排练,临时改成由酒店同事唱《最浪漫的事》献给杨先生夫妇。

下午18:30,杨先生带着妻子徐女士来到意大利餐厅,Allen和餐厅经理早已等候在餐厅门前,引领到预先准备好的餐位并帮助二位点餐。Allen拿出提前准备好的鲜花递给杨先生,由杨先生送给妻子后,Allen随即把红酒倒上。杨先生的妻子脸上洋溢着满满的幸福和喜悦,与老公碰杯表示感谢之时,惊讶地发现并指着红酒让老公看,瓶身前后贴着杨先生与妻子的合影照片。Allen告诉夫妇二人:"这是属于你们二人的甜蜜之酒,请享用。"待用餐接近尾声时,根据杨先生的示意,Allen同餐厅几名同事手推蛋糕车,唱着徐女士最喜欢的《最浪漫的事》出现,一并送上酒店祝福。一次又一次的惊喜不断地出现在二位面前,徐女士流下了幸福的泪水,杨先生立马与妻子相拥,这一幕感动了在场的每一位。

结婚纪念日晚宴结束后,杨先生同妻子向Allen及酒店同事表示感谢:"太惊讶了!太不可思议了!太感动了!"杨先生拿出一沓厚厚的人民币表示谢意,Allen委婉

地谢绝了杨先生的现金,并感谢他对酒店服务的肯定。

(资料来源:中国金钥匙官方网站,www.lesclefsdorchina.com.)

**问题:**
1. 如何更好地理解金钥匙的服务理念?
2. 金钥匙应具备怎样的品质?

# 第四章

## 前厅部销售管理

**学习导引**

销售酒店产品是前厅部的主要职能,也是酒店经营的重点和主要任务。前厅工作人员必须有全员营销意识,熟悉酒店产品和销售计划,掌握客房销售艺术和技巧,迎合不同顾客的消费心理,掌握客房分配艺术,才能逐步提高酒店客房销售效果,最终达到提高酒店经济效益的目的。

**学习重点**

通过本章学习,重点掌握以下知识要点:
1. 前厅客房销售计划的制订;
2. 前厅销售产品分析;
3. 客房分配的顺序和艺术;
4. 前厅销售的程序;
5. 前厅销售的艺术和技巧。

## 第一节 前厅客房销售计划

前厅销售酒店产品是酒店各项服务开展的前提,也是酒店生存的基础。客房作为酒店的主要产品,其出租率直接决定酒店的效益,那么如何制订客房销售计划就显得尤为重要。

酒店客房销售计划是一份用来指导酒店前厅部在一定时期内(通常为一年)各种客房销售活动的书面文件。酒店前厅管理人员要注重销售计划的制订,确保销售目标的实现,提高酒店的经济效益。

### 一、前厅客房销售计划的作用

酒店前厅客房销售计划有利于前厅部管理人员预测未来,减少不确定因素;有助于管理人员选择更加有效的销售管理方案,防止浪费,提高收入与利润;有利于管理控制,客观评价前厅人员销售状况与客房销售实绩等。它在前厅实际销售管理中发挥的作用表现为以下9个方面:

(1) 使酒店的销售活动更加适应各个目标市场。
(2) 使酒店的销售目标与目标市场的开发相一致,并与酒店营销目标相协调。
(3) 为酒店管理人员提供参考信息,以起到指导作用。
(4) 有利于酒店长远规划和战略的实施。
(5) 有利于前厅销售工作有条不紊地开展。
(6) 有助于酒店更有效地应对各种销售市场环境因素的变化。
(7) 有助于酒店实现或改进已确定的销售目标。
(8) 有助于减少酒店部门之间的冲突和误解。
(9) 有利于酒店(前厅部)的客房销售控制和评估。

## 二、前厅客房销售计划的分类

### (一) 按时间长短划分

前厅客房销售计划按照时间长短可分为长期销售计划、近期销售计划、短期销售计划。长期销售计划时间相对较长,一般为3年以上。近期销售计划,一般为1~3年。短期销售计划时间相对较短,一般为一年以下,包括半年、一个季度等。

### (二) 按性质划分

前厅客房销售计划按照性质可分为正式销售计划和非正式销售计划。正式销售计划是需要组织人、财、物等资源去实施的明确销售目标,结果是可以预测的。非正式销售计划是一个尚未成熟的、初步试探性的目标,结果还不能预先把握,一旦能把握结果时,可以转化为正式计划。

客房销售计划的完成不仅受酒店内部影响,同时还受社会环境的影响,因此,不管什么类型的客房销售计划,在制订时应考虑以下具体问题:

(1) 酒店房价的平均价位,在本地区所处的位置。
(2) 酒店的客房出租率或潜在的客房收益率,以及其发展趋势。
(3) 酒店客房及其他产品的优势和劣势。
(4) 酒店去年的客源市场的变化趋势。
(5) 去年酒店促销的最佳方法。
(6) 在用房淡季,酒店应采取的最佳促销活动方案。
(7) 酒店计划选择的客房促销广告行动。
(8) 酒店应采取的内部促销活动方案。

## 三、酒店客房销售计划的内容与编制

酒店客房销售计划对于销售任务具有指导性、全局性、规范性作用,是酒店完成销售目标的主要依据。客房是酒店经济收入的主要方面,而客房销售计划的合理性和科学性是完成销售任务的关键,因此客房销售计划的制订就显得尤为重要。编制酒店客房销售计划应有序进行,具体步骤和内容如下。

(一)概述销售计划

前厅客房销售计划概述主要阐述正文中的销售目标和建议等,以便大家了解销售计划的主要内容。一般在销售计划概述后面会附销售计划的目录。

(二)分析销售环境

分析销售环境是客房销售计划制订的前提,计划要分析近几年来的客源市场状况、竞争对手的销售状况、政府的政策导向、近期客房经营状况等。对销售环境的分析有助于管理人员分析酒店的优势和劣势,抓住有利机遇,规避风险,制定销售战略。

(三)制定客房销售目标

制定客房销售目标是为了实现客房销售的利润最大化。前厅客房销售目标由一系列数量指标和效益指标组成。数量指标包括接到人数、客房出租率、营业额、人均消费额和消费成本等。效益指标指前厅客房销售所达到的效益指数,如最佳接待量、最佳房价和最佳收益等。因此,在制订客房销售计划时客房的销售目标是重点内容,并通过数量指标和效益指标分配到各岗位。

(四)制定销售行动方案

合理的销售行动方案是客房销售目标完成的主要条件,结合销售目标对各岗位的数量指标和效益指标制定行动方案,指定专人进行按期实施、分步实施并总结,为实现和超越销售目标奠定基础。

(五)执行和检查销售计划

我国前厅客房销售计划处于纸上规划的现象较多,究其原因是没有很好地执行和检查,在销售目标和方案制定的基础上如何有效地执行计划是销售工作的核心环节,因此在每一阶段都要在各岗位的配合下认真执行、检查,并根据环境的变化不断做出调整。

(六)评估销售计划执行结果

对客房销售计划执行结果进行评估是销售计划实施的最后阶段,是对销售计划的总结,也是销售计划完成的重要环节。对销售计划执行结果进行评估有助于发现计划的优缺点,对下次计划的制订具有指导和借鉴作用。

## 第二节 前厅销售产品分析

前厅部的主要功能是销售酒店产品,前厅部的服务人员要通过热情、礼貌、周到的服务高效地推荐合适的产品给顾客,促进酒店经济效益的提升。但在完成销售前要对酒店产品进行分析,前厅销售不仅包括客房本身,还包括酒店的地理位置、酒店的设施设备、酒店的服务、酒店的形象和酒店的气氛。酒店产品的任何一方面或者组合都可能是顾客的需求点,都可能满足顾客物质或精神的需求,并提高酒店的综合收入。

## 一、前厅部销售的内容

### （一）酒店的地理位置

酒店的地理位置是指酒店距离机场、购物商场、旅游景区等场所的距离及周边的环境等。酒店的地理位置是前厅服务人员进行销售时需要描述的主要方面，也是顾客选择酒店的主要影响因素。如便利的交通、优美的环境、距离旅游景点较近等都是顾客选择酒店的主要因素，也是前厅人员推销的主要素材。

### （二）酒店的设施设备

酒店的设施设备主要指酒店的有形产品，如酒店的建筑规模、建筑风格、特色餐厅、茶舍、康乐中心、内部设施设备等。在对酒店产品进行推销时，奇特的建筑风格、个性的内部装潢、舒适的客房、便利的会议设施设备、特色的家具等都会成为吸引顾客的重要条件，因此，前厅服务人员要掌握酒店产品的特点和吸引力，向潜在顾客进行重点推销。

### （三）酒店的服务

酒店的服务是酒店的无形和无价商品，随时随地向客人出售。服务也可以说是为了满足顾客的需要而付出的必要的劳动。酒店的服务内容主要指服务人员的仪容、仪表、仪态、服务态度、服务技能、交际能力、知识视野、应变能力、服务的效率及效果等。酒店的服务是前厅销售的主要产品，前厅服务人员应掌握酒店的服务标准，给顾客提供周到、热情、细致的规范化服务。

### （四）酒店的形象

酒店的形象是指酒店在顾客和公众心中留下的印象，如酒店的名称、知名度、美誉度，酒店的环境、建筑风格、优质服务等。

### （五）酒店的气氛

顾客在酒店消费，不仅要获得物质享受，同时也要注重精神享受，让其有"宾至如归"的感受，因此，要从酒店装潢、人员服务等方面来营造酒店"家外之家"的气氛。让顾客每次居住或停留时留下较愉快的感受和经历，并对酒店进行口碑宣传。

## 二、前厅部销售存在的问题

随着市场竞争的加剧，顾客选择酒店的余地增多，对酒店从业人员的素质要求也越来越高。如何在对客服务中把握机会，从客人心理、客人要求、推销技巧、细微服务等方面下功夫，去赢得客人的好感和满足客人的要求，最后成功地留住客人，给酒店带来经济效益，是酒店销售的主要难题，但是目前我国酒店前厅部销售仍存在一系列问题，主要体现在如下几个方面。

### （一）员工普遍缺乏主动销售意识

前厅员工对客服务过程中，往往按照操作流程和规范接待顾客，缺少通过销售、沟通去满足、帮助、捕捉客人信息和需要的意识，给人以公事公办的感觉，对客人一时流露的怨言或其他需求不能准确地捕捉并及时反馈，造成最终失去客人。

## （二）注重客房销售，但不注重酒店其他产品的推荐

目前，多数员工向顾客介绍酒店产品时只注重客房的推荐，而对酒店其他产品的推广不够，造成酒店过多地依赖客房收入，商务、康乐等设备设施利用率不高，并且会让顾客有酒店产品与服务单一、价格太贵、不方便的感觉。

## （三）员工在向客人销售时强调价格而非价值

目前，许多酒店前厅服务员在向顾客介绍客房时，报了价格后就问客人要不要，忽视了向顾客介绍房间的价值，即该价格房型的环境、设施设备、服务等。因此，前厅员工在向顾客介绍酒店产品时，要详细介绍价格所包含的内容，以及该价格的优惠措施，让客人感到物有所值，乐意接受产品。

# 第三节 客房分配的艺术

前厅服务人员为顾客迅速、准确地安排客房是体现前厅服务水平的重要方面，也是顾客衡量酒店服务质量的主要依据。客房分配要根据酒店的使用情况和顾客的需求来进行，对于团体客人和VIP客人要先进行安排，散客可以将分房和入住手续同时办理。不管对于哪种顾客，前厅服务人员都要有一定的技巧，提高顾客满意度。

## 一、客房分配的顺序

客房分配应按一定的顺序进行，优先安排贵宾和团体客人等，通常可按下列顺序进行。

（1）团体客人。由于团体客人存在用房量大，抵达、离店时间集中等现象，因此，前厅服务人员在分配房间时应优先安排团体客人，避免团队和散客等其他顾客之间互相干扰，并且也有助于行李安排。

（2）重要客人（VIP）。VIP顾客是酒店客房收入的主要来源，并且对酒店的其他产品消费力也强，因此在团体客人安排之后应优先安排此类客人，保证酒店的综合收入。

（3）已付定金保证类预订客人。已付定金保证类预订客人的房型需求已经确定，可以快速进行办理，因此此类客人可以尽快进行客房分配。

（4）要求延期的预期离店客人。要求延期的预期离店客人已经在客房入住，因此可以更加迅速办理。

（5）普通预订客人。

（6）常客。

（7）无预订的散客。

（8）不可靠的预订客人。

## 二、客房分配的艺术

（1）尽量将团队客人安排在同一楼层或相近楼层，采取相对集中的排房原则，并尽可能和散客分开，避免互相打扰。

(2) 内宾和外宾有着不同的语言和生活习惯,应将内宾和外宾分别安排在不同的楼层,避免生活习惯的冲突。

(3) 将残疾人、老年人和带小孩的顾客尽量安排在离电梯较近的房间,方便他们出行。

(4) 对于常客和有特殊要求的顾客应予以照顾,满足其要求。

(5) 尽量不要将敌对国家的宾客安排在同一楼层或相近的房间。

(6) 应注意房号和房间装饰的忌讳。

## 第四节　前厅销售的艺术和技巧

为了增加客房销售的收入,前厅前台服务人员不仅要接受客人的预订、排房、办理入住手续,更应该做好酒店产品的销售工作,最大限度地提高酒店客房出租率,提高酒店综合效益。在激烈的行业竞争中,前台销售工作的成功与否,直接影响到客人对酒店的感知、评价和忠诚度,最终影响到酒店的经营效益,并决定酒店的生存和发展。为了做好酒店销售工作,前厅前台服务人员不仅要熟悉酒店所销售的产品和服务,更应该了解销售对象的心理特点。因此,掌握对客销售的艺术和技巧就显得尤为重要,同时也是前厅管理工作的重要环节。

### 一、前厅销售的一般工作要求

(一) 销售准备

(1) 仪表、仪态要端正,要表现高雅的风度和姿态。
(2) 前台工作环境要有条理,服务台区域干净整齐,不凌乱。
(3) 熟悉酒店各种类型的客房及其服务质量,以便向潜在客人介绍。
(4) 了解酒店餐厅、酒吧、娱乐场所等各营业场所及公共区域的营业时间与地点。

(二) 服务态度

(1) 要善于用眼神和客人交流,要表现出热情和真挚。
(2) 面部要常带微笑,对客人表示:"欢迎,见到您很高兴!"
(3) 要用礼貌用语问候每位客人。
(4) 举止行为要恰当、自然、诚恳。
(5) 回答问题要简单、明了、恰当,不要夸张宣传住宿条件。
(6) 不要贬低客人,要耐心向客人解释问题。

(三) 销售工作

(1) 要善于用描述性语言向顾客介绍客房优势,强调每种房型的价值,以供客人选择,但不要做令人不快的比较。
(2) 不要直接询问客人需要哪种房间,应在介绍客房价格的过程中揣摩客人的心理。
(3) 要善于观察,尽量弄清客人的需求和愿望,有目地地销售客人需要的客房。
(4) 不要放弃对潜在客人推销客房。必要时,可派人员陪同客人参观几种不同类型的客房,增进与客人之间的关系,将有助于对犹豫不决的客人促成销售。

## 二、前厅销售的工作要求

### (一)熟悉和掌握本酒店的情况

作为酒店的销售人员要熟悉和掌握酒店情况,具体包括酒店的地理位置、周围环境、交通状况;酒店建筑和装饰的风格;酒店的星级与主要接待顾客类型;酒店设施设备和服务项目;酒店产品的价格和销售优惠政策等。同时,对各类房间的面积、风格、色调、朝向、功能、楼层、价格、设施设备等都要了如指掌,只有这样才能针对不同的顾客推荐合适的客房和产品。

### (二)了解竞争对手酒店的情况

作为销售人员只有知己知彼,才能百战不殆,对于前厅销售人员同样如此。前厅销售人员在熟悉和掌握本酒店产品和服务的基础上,也要了解竞争对手产品,熟知酒店产品和竞争对手产品相比在内容、质量、功能、特点、价格等方面的优劣势,扬长避短,做好宣传,吸引客人注意。

### (三)熟悉本地区的城市情况

前厅的服务人员也是城市的形象员和宣传员。接待人员要适时宣传本地区的城市功能和旅游项目与服务设施,以及在此地举行的相关活动,使客人对当地产生兴趣,延长在本地逗留的时间和增加再次来访的机会,加深酒店在客人心中的印象,增加客人的回头率,进而增加酒店的经济效益。

### (四)掌握客人的心理需求

前厅的接待人员应根据客人的年龄、职业、身份、国籍等来判断客人的支付能力及消费需求等,通过沟通了解顾客的消费心理。针对"求干净"的顾客,服务员要告知其酒店的清洁卫生服务规程,对直接与客人接触的水杯、洗脸盆、抽水马桶等都经过严格消毒等;针对"求舒适"的顾客,服务员要告知其酒店的舒适环境、设施设备、服务等;针对"求方便"的顾客,服务员要告知酒店周到的服务,房间配备的生活日用品、文具用品等,使他们感到在酒店一切都很方便、顺心;针对"求安全"的顾客,服务员要告知其酒店配备、保安人员、安全制度等,让客人感到在酒店的财产和人身安全;针对"求尊重"的顾客,服务员应做到对客人使用尊称和礼貌用语、记住客人的名字、尊重客人的习俗习惯、尊重有生理缺陷的客人、尊重有过失的客人、尊重来访客人等。针对不同心理的顾客推荐最合适的客房和其他产品,让客人感受到酒店客房服务的温馨、舒适,酒店所出售的产品是有形的设施和无形的服务,最大化满足客人的心理需求。

### (五)使用创造性的语言

前台员工在接受预订和接待入住客人时应以积极的态度描述酒店的设施和服务。例如,"您运气真好,我们还有一间漂亮的单人房",而不要说"就剩这间了,你要不要?",当客人听到前者的描述时不但会因为幸运而高兴,而且还会接受产品。因此,前台人员在进行产品销售时要讲究艺术,使用创造性语言,促使销售完成。

### (六) 具有优良的职业素养

前厅人员是酒店的形象窗口,不仅影响顾客对酒店的印象,同时也直接影响销售的完成,因此前厅人员要有良好的职业素养。不管是从声音还是面容上,以微笑迎接客人,保持愉悦,并注意与客人保持眼神的接触,记住客人名字,对话中至少三次称呼客人,并经常使用礼貌用语,推荐客人需要的客房,感谢客人,祝愿他们居住愉快。

## 三、前厅客房的销售程序

### (一) 把握客人需求特点

不同的客人有不同的特点,对酒店也有不同的要求。前厅服务人员在接待顾客时,要注意从客人的衣着打扮、言谈举止以及随行人数等方面把握客人的特点,进而根据其需求的特点和心理,进行有针对性的销售。

(1) 家庭型顾客讲求经济实惠,可推荐普通经济、实用型客房,附带赠送些小礼品或者早餐,客人会很感兴趣。

(2) 情侣型顾客追求时尚与浪漫,可推荐相对比较温馨、安静的特色房间,时尚大床房。

(3) 团体型顾客喜欢房间安排在一起,可推荐套房或者角落里的房间,不会过多地影响其他客人,并提供相应的设备。

(4) 商务型顾客关心商务设施以及周边的交通及辅助设施,可以重点推荐商务套房,并向顾客详细说明周边的环境、餐饮、娱乐设施、购物、交通路线等。

(5) 年老和残疾顾客喜欢入住方便的客房,可推荐靠近电梯或餐厅的房间。

### (二) 介绍推销酒店产品

前厅服务员需要站在客人的立场上,根据客人的不同特点、实际承受能力,设身处地地为顾客介绍酒店客房,同时应注意察言观色,生动地描述房间的特色,给予客人便利条件以及各种附加服务,以减弱客房价格的分量,真诚地帮助客人,使客人接受建议。当顾客接受客房产品时可向其推荐酒店特色餐饮、休闲娱乐、康乐等服务和设施,最大限度地提高酒店的经济效益。

### (三) 策略洽谈产品价格

前厅服务员在对酒店客房进行推荐时,要针对不同的顾客群体采用不同的报价策略。对客房进行描述时给予恰当的形容和优势强调,并采用最合适的报价方法进行报价,让顾客认同酒店所销售客房的价值,并解答客人希望了解的关键问题,最终让顾客接受推荐的产品。

### (四) 主动展示客房商品

若客人有疑虑,前厅服务员应将事先准备好的客房宣传册、图片展示等直观资料展示给客人,让顾客加深对产品的了解,并做出合适的选择。必要时,可带顾客参观几种不同类型的客房,由高档逐步向低档展示,在此过程中前厅服务员要自信、热情、礼貌地进行客房介绍,并提出中肯的建议,顾客大都会选择入住并做出合理、明智的选择。

### (五) 直接促成交易达成

前厅服务员在察觉到客人对推销的客房产生兴趣时,应加倍努力采取有策略的语言和行为,促成客人做出最终的选择。一旦顾客做出选择,立即表示感谢和赞赏,尽快为顾客办理入住手续,缩短等候时间,可趁机推荐酒店其他产品,提高酒店的综合效益。

### 四、前厅客房销售的艺术与技巧

**(一)努力识别客人的需要**

首先要礼貌称呼客人,了解顾客有入住的需求后,可进一步问清客人的住宿时间、住宿天数和数量等对住宿的基本要求,针对不同的顾客群体推荐合适的房间,并根据酒店政策对老顾客、VIP、团队等群体给予不同程度的优惠。

**(二)重点突出客房商品的价值**

前厅服务人员在销售客房时要对客房做适当的描述,以减弱客房价格在顾客心中的分量。在了解顾客和客房特点的基础上,要运用灵活的语言准确地描述各种房型的设施优点,体现客房能够满足顾客的需要。如酒店的装潢风格、窗外的景色、实木的家具、优质的床垫、卫生间热带雨林式的喷洒、便捷的设施设备等,让客人在疲劳的旅途中变得更加舒畅和便利。同时给客人提供选择的价格范围,时刻强调客房的使用价值,让客人感到物超所值,打动客人,当然在介绍时应避免任何不切实际的夸张和错误。

**(三)坚持正面介绍以引导顾客**

前厅服务人员要在对房价、房型、房态熟悉的基础上,正面介绍和引导顾客,着重介绍各类客房的特点和优势,以及给客人带来的舒适和方便,比较各种房间的自然特征、优惠条件、方便和价值等,并站在顾客的角度真心实意地为其推荐合适的客房。如向度蜜月或度假的客人说明蜜月、度假的机会宝贵,强调现在优惠促销的力度和房间的浪漫温馨等,促使客人愿意住下来。

顾客可能会对喜欢的客房讨价还价,这时可在权利范围之内适当降价,若不能降价要给予适当的说法或做法,比如向经理请示,或送一份欢迎果盘,或表示会尽力给他安排一间较好的房间或位置等,让客人感受到你的努力和诚意,让客人形成好感,愿意住下来。

**(四)提供选择菜单,给顾客比较机会**

前厅服务人员在对顾客进行房间推荐时,应该给顾客提供选择菜单,给顾客选择比较的机会,最大限度地提高客房的利润率和客房的经济效益。根据消费心理学,客人常常会接受首先推荐的房间,因此,服务人员可以根据客人特点确定一个可以接受的范围,在此范围内从高到低进行报价,介绍每种房型的特点和优势,对最适合顾客的房间进行推荐,让顾客在系列菜单中进行比较,并结合自己的接受程度选择最佳的房间,这样既可以将较高房价的客房销售给顾客,提高酒店的经济效益,同时也可以提高顾客的满意度,增加回头率。

**(五)讲究销售的语言艺术**

前厅服务人员在推销客房、接待客人时,说话不仅要有礼貌,而且要讲究艺术性。同样一间客房采用不同的描述方式,就会产生不同的效果。例如,可以说"您运气真好,我们恰好还有一间房,特别适合您",而不能说"只剩下这间房了,你要不要?"前者会让顾客顿时感觉自己很幸运,住到了最后一间客房,并且还特别适合自己,这种惊喜可能会一直持续下去,用

发现美的眼睛发现酒店的惊喜之处，下次入住时会首选本酒店，后者可能会造成顾客放弃而选择竞争对手的酒店，即使选择入住也可能会带着挑剔的眼光审视酒店的设施和服务，降低对酒店满意度和回头率。

（六）对犹豫不决的客人多给予建议

前厅服务人员要正确分析客人的心理活动，耐心、千方百计地去消除他们的疑虑，当顾客犹豫不决时可根据顾客的特点和酒店房型多提中肯建议，将最合适的客房推荐给顾客，或者可带领顾客对客房进行参观。作为前厅服务人员不要轻易放过任何一位可能住店的顾客，如果有任何忽视、冷淡与不耐烦的表现，都会导致销售的失败。因此，当顾客犹豫不决时，服务人员积极、热情的态度，设身处地的建议是销售成功的关键因素。

（七）采用适当的报价方式

酒店前台对客报价是酒店为扩大自身产品的销售，运用口头描述技艺，引起客人的购买欲望，借以扩大销售的一种推销方法。在实际推销工作中，针对不同顾客采用有针对性、合适的报价方法，才能达到销售的最佳效果。以下是酒店业常见的几种报价方法。

1. 高低趋向报价法

高低趋向报价法是针对讲究身份、地位的顾客设计的。这种报价法首先向顾客报明酒店的最高房价，突出客房的使用价值，用描述性语言介绍适合顾客的高价房的高档设备、舒适环境、优质服务带给顾客的高级享受等，诱使客人做出购买决策。在客人对此不感兴趣时，再转向销售较低价格的客房。例如，"靠近湖边，新装修的客房是500元；进出方便，别墅式的是400元；环境优美，带楼台的是300元，请问您喜欢哪一种呢？"当然，根据顾客的身份、职业等特点，所报价格应相对合理，不宜过高。

2. 低高趋向报价法

这是为对价格敏感的顾客设计的客房报价法，即先报最低价格，然后逐渐报高价格。很多人认为此种方法会使酒店失去很多获取利润的机会。但不可否认的是，在客源市场中不乏寻找低价客房的顾客，它也能给酒店带来广阔的客源市场。这些客人在比较其他酒店的价格后，一旦发现本酒店报价较低，就可能转向本酒店购买客房产品。同时用低高趋向报价法有利于稳定酒店的竞争优势。

3. 交叉排列报价法

这种报价法是将酒店所有现行价格按一定排列顺序提供给客人，即先报最低价格，再报最高价格，最后报中间价格，给顾客提供比较和自由选择的机会。既增加了顾客对酒店整个房价体系的了解，又增加了酒店出租高价客房、获取更多收益的机会。

4. 选择性报价法

选择性报价法，是将客人定位在酒店房价体系中的某个范围，进行有针对性的选择推荐。例如，"您是需要标单、标双还是套房？"采用此类报价法要求前台操作人员善于辨别抵店客人的支付能力，能客观地按照客人的兴趣和需要，选择提供适当的房价范围。但报价不能过多，以体现估量报价的准确性，避免选择报价时犹豫不决。

5. 利益引诱报价法

利益引诱报价法，是对已预订到店的客人，采取给予一定附加利益的方法，使他们放弃原预订客房,转向购买高一档次价格的客房。例如,"您只要多付 50 元,就可以享受包价优惠,除房费外,还包括早餐和午餐,此房间床垫、枕头有保健功能,让您充分休息的同时,还能预防疾病。"此类报价要强调给予客人的附加利益,同时在原预订房价和改换房的价格之间不做令人不愉快的比较。

6. "三明治"式报价法

此类报价方法是将价格置于所提供的服务项目中,以减弱直观价格的分量,增加客人购买的可能性。例如,"我们的豪华套房是朝向花园的,景色很好,房间设施十分舒适、齐全,很适合你们,价格不过 580 元,而且每天都有鲜花和水果赠送,还有下午茶,并随时熨烫衣服。"此类报价强调所提供的服务项目是适合客人的,同时要注意报价不宜过多,要恰如其分。

7. "冲击式"报价法

此类报价方法是先报出房间价格,然后再介绍客房所提供的服务设施和服务项目等。这种报价方式适合推销价格比较低的房间,以低价打动客人。

8. "鱼尾式"报价法

此类报价方法是先介绍客房所提供的服务设施和服务项目及特点,最后报出房价,突出客房物有所值,以减弱价格对客人的影响。这种报价方式适合推销中档客房。例如,"我们的商务行政套房是朝向花园的,景色很好,房间设施十分舒适齐全,很适合你们,价格也就580 元,给您安排在 16 楼怎么样?"

9. 灵活报价法

灵活报价法是根据酒店的现行价格和规定价格浮动幅度,将价格灵活地报给客人的一种方法。此类报价一般是按照物价部门和酒店主管部门的规定,根据酒店的具体情况,在一定价格范围内适当浮动,灵活报价,以调节需求,使客房出租率和经济效益达到理想水平。

10. 价格分解法

价格分解法是前厅服务员推销时要将价格进行分解,促进顾客选择的一种方法。例如,某类房间的价格是 580 元,报价时可将 80 元免费双早分解出来,告诉客人房价实际是 500元。假如房费内包含免费洗衣或免费健身等其他免费项目,同样也可以分解出来,以此方式打动客人。

(八)注重推销酒店其他产品

前厅服务人员在销售酒店客房的同时,要不失时机地推销酒店其他产品,如餐饮、健身、休闲娱乐等。既能提高酒店的设施设备利用率,提高酒店的经济效益,同时也可为顾客提供便利服务。当然,前厅服务人员在向顾客推荐服务时,应注意时间和场合,若顾客傍晚抵达酒店时,可以向顾客介绍酒店的特色餐饮、休闲娱乐、健身服务等;若顾客深夜抵达酒店则可以推荐 24 小时咖啡厅服务、酒吧服务、房内用膳服务等;若顾客通宵旅行、清晨抵达酒店则可以向其介绍早餐服务、洗衣或熨烫服务等。

(九)避免把客房置于销售剩余或定价很高的不利位置

当顾客在高峰期抵达酒店时,经常会出现剩余价格最高或者条件最不好的客房,如没有窗户的房间,靠近电梯的房间,在酒吧、餐厅、茶舍等休闲场所上层的房间等。这时前厅服务人员就要使用语言艺术，不能将客房置于销售剩余或者价格很高的不利位置。若告诉顾客"今晚我们就剩下一间套房"、"今晚我们剩下的客房是没有窗户的标间"，这样顾客会感觉酒店的房价过高或者房间没有达到应有的标准。但若介绍"您真幸运，我们酒店还有一间最豪华的套房，你们几个人住最合适"，"哇，太好了，今晚我们还有一间适合您的标间保留着"，会让顾客在庆幸自己幸运时，产生酒店客房供不应求的感觉。

## 本章小结

前厅客房销售计划是酒店完成销售目标的前提，前厅客房销售计划作用显著，酒店可以根据实际情况制订不同种类的客房销售计划。酒店客房销售计划的内容与编制主要包括概述销售计划、分析销售环境、制定客房销售目标、制定销售行动方案、执行和检查销售计划、评估销售计划执行结果六个方面。

前厅部销售的内容主要包括酒店的地理位置、酒店的设施设备、酒店的服务、酒店的形象、酒店的气氛。目前前厅在客房销售中体现的问题主要有：员工普遍缺乏主动销售意识；只注重客房销售，不注重酒店其他产品的推荐；员工在向客人销售中强调价格而非价值。

客房分配的顺序为：团体客人、重要客人（VIP）、已付定金保证类预订客人、要求延期的预期离店客人、普通预订客人、常客、无预订的散客、不可靠的预订客人。客房分配的艺术主要体现在，尽量将团队客人安排在同一楼层或相近楼层，将内宾和外宾分别安排在不同的楼层，将残疾人、老年人和带小孩的顾客尽量安排在离电梯较近的房间，对于常客和有特殊要求的顾客应予以照顾，尽量不要将敌对国家的宾客安排在同一楼层或相近的房间，应注意房号和房间装饰的忌讳。

客房的销售要求做好销售准备工作。前厅客房销售的程序主要包括把握客人需求特点、介绍推销酒店产品、策略洽谈产品价格、主动展示客房商品、直接促成交易达成。前厅客房销售的艺术与技巧包括努力识别客人的需要、重点突出客房商品的价值、坚持正面介绍以引导顾客、提供选择菜单并给顾客比较机会、讲究销售的语言艺术、对犹豫不决的客人多给予建议、采用适当的报价方式、注重推销酒店其他产品、避免把客房置于销售剩余或定价很高的不利位置。

## 思考与练习

1. 试述前厅客房销售计划的作用。
2. 试述酒店客房销售计划的内容与编制。
3. 试述前厅部销售的内容。
4. 试述客房分配的顺序。

5. 试述客房分配的艺术。
6. 试述前厅客房销售的程序。
7. 试述前厅客房销售的艺术与技巧。

## 案例分析

### 案例一：巧妙推销留住客人

某酒店前台来了两位客人提出要开特价房。接待员礼貌地告知客人："对不起，先生，今天的特价房已售完，您看其他的房间可以吗？"话未说完，客人就不高兴了："怎么这么快就卖完了呢，特价房只是个幌子还是有却不卖给我们？"前厅接待员耐心地解释道："先生，我们的特价房数量有限，每天只推出十几间答谢客人。今天刚好周末，特价房销售特别火爆，早早就售完了。下次您需要的话提前打个电话，我们一定帮您预留出来。我们刚好还有一间非常舒适的贵宾房，要是您住的话我帮您申请个优惠折扣价，比特价房贵不了多少，但您能享受到一流的服务，还提供免费双早，您意下如何？"客人正在犹豫时，前厅接待员紧接着问道："请问两位是住一天还是两天？"客人随口答道："两天。"接下来便顺利地办理了入住登记。

问题：
1. 接待员为什么会销售成功？
2. 此案例对你有哪些启示？

### 案例二：给客人留足面子

一位客人来到前台，在办理入住手续时向服务员提出房价七折的要求。按照酒店规定，只向住房六次以上的常住客提供七折优惠。这位客人声称自己也曾多次住店，服务员马上在电脑上查找核对，结果没有发现这位先生的名字，当服务员把调查结果当众道出时，这位先生顿时恼怒起来。此时正值前台入住登记高峰期，由于他的恼怒、叫喊，引来了许多好奇的目光。

问题：
1. 服务员的失误之处是什么？
2. 如果是你，你会如何处理呢？

# 第五章

## 前厅部客房价格管理

### 学习导引

在酒店行业里，各国际知名酒店品牌都在世界范围内经营着豪华酒店、优质酒店、长租酒店、度假酒店及经济型酒店等不同品牌、不同档次的酒店。他们在进行酒店客房价格管理时，其客房价格管理目标是什么？制定的客房价格具有什么样的特点？客房价格会受到哪些因素的影响，是按照何种方法制定出来的？在经营过程中又当如何对客房价格进行有效地控制与调整？这些都是本章要学习的主要内容。

### 学习重点

通过本章学习，重点掌握以下知识要点：
1. 掌握客房价格管理的目标；
2. 了解客房价格的特点、构成及影响因素；
3. 掌握客房定价的方法；
4. 了解客房价格的控制与调整。

## 第一节 客房价格管理的原则与目标

房价是指客人住宿一夜所应支付的住宿费用，它是客房商品价值的货币表现。客房收入作为酒店经济收入的主要组成部分，它取决于有限时间内的客房出租率和单位客房的日出租收入两个因素。房价合理与否，直接影响到酒店的市场竞争能力、经济收入及利润水平。因此，房价管理是酒店经营管理的关键工作。

## 一、客房价格管理的原则

### (一)基础收益原则

基础收益是指客房价格必须能够满足客房成本与计划投资回收率的要求。酒店制定出的客房价格除了能收回其成本之外,还应包括最基本的回报。

### (二)实现最佳收益原则

实现最佳收益原则是指酒店在市场竞争非常激烈的情况下,只要其在客房销售中执行的价格高于出售这个房间的变动成本就可接受的原则。此时亏损的价格称之为减亏价格,其底线是客房出售的变动成本。

### (三)形象战略原则

形象战略原则即品牌战略原则,指的是酒店坚信自己的客房产品在客人心中的地位,在客房销售的过程中始终保持优质优价。

### (四)价后增效原则

价后增效指的是在既定的客房价格下,为客人添加其他附加利益,多体现在酒店的优惠措施方面。从本质上讲,价后增效是相对公开降价而言的隐形降价,这种方式在维护酒店企业形象的同时,对客人来说比公开降低价格更具有吸引力。

### (五)投资未来原则

投资未来原则实际上是通过联络感情来争取客户的一种方法。如通过在房价上予以优惠等吸引更多的潜在客户,使其成为酒店的现实客户。

## 二、客房价格管理的目标

### (一)追求利润最大化

追求利润最大化是客房价格管理的最基本目标,但利润最大化分为短期利润最大化和长期利润最大化,追求短期利润最大化和长期利润最大化会使酒店管理者在不同的时期,确定不同的价格水平。酒店管理者应以长期利润最大化为追求目标,而不应鼠目寸光,采用杀鸡取卵的定价方法。

以利润最大化为目标进行客房价格管理,需要确定需求函数和成本函数,这在理论上可行,但在实践中比较困难,因为对客房商品的需求量受除价格以外的其他很多不确定(或很难确定)因素的影响,在实践中很难说清需求量的变化是由哪一个因素引起的,或每一个因素对其影响程度是多少。但有一点需要明确,那就是高房价并不能保证实现利润最大化,而低房价也不一定意味着客房利润的减少。因为高房价尽管会使单位客房的利润率提高,但却会导致客人对客房需求量的减少;而低房价尽管会降低单位客房的利润率,但却会使客人对客房的需求量增加,从而使利润增加。因此,客房价格不能过高,也不能过低,只有适当的价格,才能实现客房利润的最大化。而这一适当的价格的确定,需要做大量的市场调研,分析酒店在不同历史时期房价的变化对客房需求量影响的程度,掌握价格弹性和市场需求规律。

## （二）提高市场占有率

提高市场占有率意味着客房销售量的增加，酒店客房及其他设备的利用率的提高，经营成本的降低，以及酒店市场竞争力的提高，因此，是很多企业追求的目标。就价格因素而言，要提高市场占有率就意味着要采取低价策略，而采用低价策略，酒店决策者就要考虑到以下事实。

（1）有时，降低价格不一定能够增加客源，提高市场占有率。因为客源的增加，除了受价格因素的影响以外，还受包括酒店所在地旅游资源、交通、季节、政治、经济等其他诸多因素的影响，从而导致价格对客源地影响微乎其微，出现"价格降了一大截，而客源没增加几个"的现象。

（2）低价可能有损酒店形象，影响服务质量。

（3）低价促销可能引来同行竞争者的报复，导致价格战，结果两败俱伤，也使提高市场占有率的计划落空。

一般而言，酒店以低价争取客源，提高市场占有份额，只有在以下情况下才适用。

（1）客房出租率不高。

（2）客房商品的需求弹性很大，旅游者对客房价格很敏感，低价会刺激客源的急速增加。

（3）低价不会导致酒店形象严重受损。

（4）酒店有雄厚的实力，可以应付可能出现的来自竞争对手的报复行为，即价格战。

## （三）应付或防止竞争

价格无疑是竞争的手段，但有竞争力的价格绝不仅仅意味着低水平价格，有竞争力的价格可以有以下三种不同的形式。

### 1. 与竞争者客房同价

在少数卖主控制市场的情况下，当企业的产品与竞争者的类似产品之间没有明显差别，消费者对产品的市场价格水平非常清楚时，偏偏采取与竞争者同价的办法，实际上是跟随行业带头人定价的办法。一些档次相同的酒店，在其客房等方面如果没有明显的特色，市场格局又比较稳定，顾客也比较成熟时，宜采取这种定价策略。

### 2. 高于竞争者的客房价格

如果酒店的客房在硬件设施和软件服务方面，明显高于竞争对手，则应确定较高的房价，以体现优质优价的原则，强调客房商品的优良品质。

### 3. 低于竞争对手的价格

如前所述，在一定条件下，采用低价竞争，可以扩大市场份额，提高市场占有率，同时，也可以排挤竞争者进入自己占据已久的市场或进入自己尚未进入的市场。

## （四）实现预期投资收益率

投资收益率是酒店投资者所关心的一项重要指标，因此，实现预期的投资收益率也是酒店经营者的定价目标之一。

## 知识活页　　酒店客房价格种类及计价方式

### 一、酒店客房价格种类

酒店的房价依其接待对象、时间等的不同,分为多种类型,它们一起构成酒店客房的价格体系。

1. 标准价

又称为"客房牌价"、"门市价"、"散客价",即在酒店价目表上明码公布的各类客房的现行价格。该价格不含任何服务费或折扣。

2. 商务合同价

酒店与有关公司或机构签订房价合同,并按合同规定向对方客人以优惠价格出租客房,以求双方长期合作。

3. 团队价

主要是针对旅行社的团队客人的折扣价格,其目的是与旅行社建立长期良好的业务关系,确保酒店长期、稳定的客源,提高客房利用率。团队价格可根据旅行社的重要性和所能组织客源的多少以及酒店淡、旺季客房利用率的不同加以确定。

4. 小包价

是酒店为客人提供的一揽子报价,除了房费以外,还可能包括餐费、交通费、游览费(或其中的某几个项目)等,以方便客人。

5. 折扣价

酒店向常客、长住客或其他有特殊身份的客人提供的优惠房价。

6. 淡季价

在营业淡季,为了刺激需求、提高客房利用率,而为普通客人提供的折扣价。

7. 旺季价

在营业旺季,为了最大限度地提高酒店的经济效益,将房价在标准价的基础上,上浮一定的百分比。

8. 白天租用价

白天租用价,大部分酒店按半天房费收取,也有些酒店按小时收取。当客人凌晨抵店入住、客人离店超过了酒店规定的时间、入住与退房发生在同一天时酒店可按白天租用价向客人收取房费。

9. 免费

由于各种原因,酒店有时需要为某些特殊客人提供免费房。免费房的使用,通常只有总经理才有权批准。

### 二、酒店常用的计价方式

1. 欧洲式(european plan,简称 EP)

只包括房费,而不包含任何餐费的收费方式,为世界上大多数酒店所采用。

2. 美式(american plan,简称 AP)

不但包括房费,而且还包括一日三餐的费用,又被称为"全费用计价方式",多为远离城市的度假型酒店或团队客人所采用。

3. 修正美式(modified american plan,简称 MP)

包括房费和早餐及一顿正餐。

4. 欧洲大陆式(continental plan,简称 CP)

包括房费及欧陆式早餐。欧陆式早餐主要包括冷冻果汁、烤面包、咖啡或茶。

5. 百慕大式(bermuda plan,简称 BP)

包括房费及美式早餐。美式早餐除了包含有欧陆式早餐的内容以外,通常还包括鸡蛋、火腿、香肠或咸肉等。

## 第二节　客房价格的特点、构成与影响因素

制定房价是酒店的自主经营活动,其可以自由地选择定价目标。但是由于市场环境和酒店内部条件的制约,使得客房价格的制定受到一定的限制。前厅工作人员要充分了解酒店客房价格的特点并综合考虑各种影响因素,才能为酒店制定合理的客房价格提供合理的建议。

### 一、客房价格的特点

(一) 客房价值补偿的区间性

客房作为一种特殊商品,不同于一般商品,其使用价值是通过客房商品销售为旅游者提供住宿环境,满足旅游者物质和精神享受的需要,在一个期间内出租客房的使用权来实现的。因此客房价格的有限性就体现在它既不可能重复消费,也不可能在超区间范围内消费。

(二) 客房价值的不可储存性

客房商品的价值会随着时间而流逝。客房在规定的时间内不出售,当天的效用就自然失去,并永远也收不回来,客房当天的价值也就永远不能实现。客房作为综合性商品,其基本内涵就是服务,客房商品价值的实现就是服务过程与消费过程的统一,在时间上是不可分离的,即客房服务人员利用客房各种设备用品为住客服务的过程,也是客人消费的过程。这又决定了客房商品价格需要从服务的角度来确定。

(三) 客房商品价值集生存、享受和发展三个因素于一体

客房是人们旅游投宿活动的物质承担者,又是一种高级消费品,它具有同时满足客人生存需要、享受需要和发展需要的三种功能。只要旅游者出门旅游就要投宿,就要购买客房商品,因为这是其生存的基本条件;如果客人要求有舒适感或豪华感,以满足精神上的享受,就可购买更高价格的高档次客房。这一特点决定了商品价格的多样性。

### （四）客房商品价格的季节波动性

客房出租受季节、气候及节假日等因素影响较大，出租率在时间上常呈明显的淡旺季差别。特别是观光型酒店和度假型酒店，其出租率的季节波动更为明显，即使是商务旅游者或会议旅游者，也会在旅游时机上有所选择。再如，由于双休日的原因，在周末，商务客人会明显减少。这一特点决定了客房商品价格应更具有灵活性。

### （五）客房经营费用中不变费用较大，可变费用较小

现代酒店客房商品的一次性投入很大，而经营过程中的劳动耗费很小。在客房经营费用中，不变费用占绝大比重。因此，鉴于不变费用的负担，在确定客房价格时，必须考虑所定房价能够实现保本点的最低出租率。这又决定了客房定价要有一个最低限度。

## 二、客房价格的构成及制定基本原理

### （一）客房价格的构成

客房商品的价值是确定客房商品价格的基础，主要由以下三部分构成：一是物化劳动的转移价值，即房屋建造过程中所消耗的原材料、辅助材料以及投入使用以后所消耗的物资设备的价值，如家具、水暖电器设备和各种生活用品的价值；二是活劳动消耗中的生活资料的价值，即房屋建造者和客房职工为满足其个人生活需要所消耗的生活资料的价值，表现为以工资和福利形式所支付的劳动报酬；三是劳动过程中新创造的价值超过劳动者在这一劳动过程中所消耗的生活资料的价值的余额，即房屋建造者和客房职工为社会所创造的价值，表现为以利润和税金形式向国家提供的公共积累。

具体来说，同一般商品一样，客房商品的价格构成也是由其成本和利润构成的。其中，客房商品的成本项目包括建筑投资及由此产生的利息、客房设备、修缮费、物资用品、土地资源使用费、客房人员工资福利、经营管理费、保险费以及营业税等，利润包括所得税和客房利润。

### （二）客房价格制定的基本原理

酒店商品价格不仅取决于酒店商品经营者对酒店商品价值的评价，以货币量来表现称为供给价格，而且还取决于酒店消费者对酒店商品价值的评价，以货币量来表现称为需求价格。只有当酒店经营者和酒店消费者对酒店商品价值的评价一致时，即当供给价格与需求价格相等时，酒店商品的销售才能获得成功。这种销售价格可称为市场成交价格。

一般来说，酒店商品的市场成交价格有一个变动区间，其下限是酒店经营者为了保本盈利或亏损最小所能接受的最低价格，其上限是对该酒店商品效用评价最高的消费者愿意出的价格。

实际成交价格确定在这一变动区间内的一个点上，这一点的位置取决于酒店商品供应者的卖方竞争与酒店商品需求者的买方竞争状况，当酒店商品的供给大于需求时，卖方竞争激烈，价格下跌，趋向于区间的下限，当酒店商品的需求大于供给时买方竞争激烈，价格上升，趋向于区间的上限（见图5-1）。

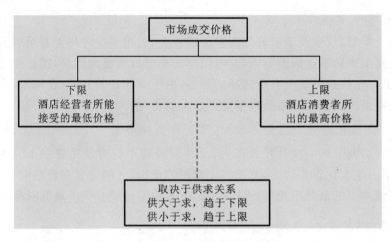

图 5-1 酒店客房价格制定原理

### 三、影响客房定价的因素

制定房价是企业的自主经营活动，可以自由地选择定价目标。但是由于市场环境和企业内部条件的制约，使得定价自由度受到一定的限制，合理制定房价，必须综合考虑影响客房定价的各种内在因素和外在因素。

#### （一）影响客房定价的内在因素

1. 投资成本

投资成本是影响客房定价的基本要素。筹建一家酒店首先需要大量投资，这项投资的回收期长，对企业有长期影响。酒店必须在一定时期内，用营业收入抵偿投资成本，并获得较好的收益。尽管酒店的营业项目很多，如餐饮、娱乐、商场等，但是客房收入通常要占到酒店总收入的一半以上，投资成本的抵偿也主要依靠客房收入。因此，客房价格的制定要考虑对投资成本的偿付问题。

2. 非营业部门费用分摊

非营业部门主要包括酒店的财务部、人事部、工程部、保安部及其他行政管理和后勤保障部门。这些部门在正常的运转中要耗费一定的资金费用，这部分费用支出也要分摊到包括客房在内的各创利部门的产品价值中去。因此，客房价格要能够抵偿非营业部门的部分费用支出。

3. 非营利性服务支出

酒店的一些服务项目并不是直接营利的，例如楼层卫生、客房设备维修等。但这些服务是酒店经营活动顺利进行必不可少的，要投入一定的人力、物力，这些也需要客房收入予以偿付。所以，制定房价时需予以考虑。

另外，酒店要为一些特殊客人提供优惠价甚至免费住宿，由此产生的客房服务成本也要以正常房价来补偿。

4. 酒店的等级标准

酒店的等级标准不同，其产品价格水平也明显不同。一般来讲，高星级酒店高档豪华、建筑造价高、设备先进、服务项目齐全、服务质量高,这样,酒店的客房价格也要高些,而中低星级酒店,相对来说,条件差些、造价低些,价格也应低些。

5. 酒店的服务水准

服务是酒店向客人提供的产品,是客人最直接的利益所得,它的质量水平的高低,直接影响客人的购买。客人对服务质量的看法往往和价格有一定联系,客人愿意支付的价格是根据他们对某项服务价值的看法而定的。对一定质量水准的服务,客人愿意支付的价格是有限度的。如果价格过高,客人就不会购买;如果价格过低,酒店就无收益,而且会使客人产生低价劣质的印象。高质量的服务水准不仅需要先进的设施、设备做保证,更需要有高素质的服务人员和管理人员,这些人员需要经过专门的训练,需要更多的投入。因此,从成本角度看,成本价格也高。

除以上因素外,客房的位置、朝向、外景等也会对房价的制定产生一定的影响。

(二)影响客房定价的外在因素

1. 酒店所在地区和位置

酒店的地理位置不同,交通条件不同,满足旅游者精神和物质需要以及实现其旅游目的的程度不同,对旅游者的吸引力也不一样。"商业饭店之父"斯塔特勒说过:"对任何饭店来说,取得成功的三个根本要素是地点、地点、地点。"可见,酒店的地理位置对酒店经营非常重要。一般来说,旅游业发达城市比一般城市酒店客房价格高,处在市中心、风景区的酒店要比处在一般地区、偏远地区的酒店客房价格高。这种差价是合理的,它体现了价值规律的要求。

2. 供求关系

当供过于求时,就不得不考虑降低房价;当供不应求时,则可以考虑提高房价;当供求平衡时,当前的市场价格即为合理价格。供求关系是不断变化的,平衡是暂时的,因此,客房价格应随供求关系的变化不断地进行调整。

3. 市场竞争

在制定房价时,除了要考虑其本身的价值形成和市场供求关系外,竞争者的价格也是必不可少的因素。如果本地相同类型档次的酒店少,竞争对手少,那么这家酒店在制定房价时就有较大的自由度和灵活性;相反,如果本地有多家类似的酒店,那么每个酒店的市场占有率是有限的,房价的制定要受到竞争对手的制约,缺乏自由度和灵活度。因此,在制定房价时,一定要对本地区酒店的数量、等级、类型、客房价格水平及其策略做好调查,制定出既切合本酒店实际情况又有竞争力的房价。

在市场竞争中,酒店要根据自身的优势,尽量选择能体现特色的目标市场,这样可以提高酒店的竞争能力,减少其他因素的影响。如果本地区酒店较多,但本酒店有自己的经营特色,有自己特定的比较稳定的客源,那么,本酒店制定房价的自由度就相对大些,在一定范围内提高或降低房价不会引起其他酒店的强烈反应。但如果没有经营特色,即使本地区只有数量较少的酒店,也会因目标市场的选择相同,导致竞争加剧,房价制定自由度较小。

4. 政府政策与形势

制定房价是酒店企业自主的经营活动,但是必须服从国家对价格的控制和协调。没有任何国家允许百分之百的自由定价和自由竞争,政府总是要以各种方式来干预企业价格的制定,以维护国家利益,保护本地市场。国家为保护旅游业的正常发展,防止不正当竞争,对各等级酒店制定了关于最高房价和最低房价的限制。

国际、国内形势对制定房价也有一定影响,如世界政局动荡、经济发展速度缓慢、国家或地区间的战争等,都会导致旅游业大幅度滑坡,从而引起酒店房价的波动。

5. 汇率变动

汇率是指两国货币之间的比价,即用一国货币单位来表示另一国货币单位的价格。我国的汇率变动,主要指人民币对美元、日元等的比价变动趋势,这一变动直接影响酒店房费的外汇收入水平。在其他因素不变时,人民币汇率的趋势是升值的,则房价不宜定得过高;人民币汇率的趋势是贬值时,如贬值幅度较大,则应相应提高房价水平。因此,要注意了解有关国际汇率的变动趋势,以便合理制定房价。目前,我国旅游酒店对外报价一般使用美元报价,以减少汇率变动所带来的损失。

此外,诸如通货膨胀、客人的消费心理、需求弹性、季节变动以及其他自然因素(如地震、洪灾等)都是制定房价时需要考虑的客观因素。

总而言之,制定房价要综合考虑各种影响因素,并根据这些因素的变化及时进行调整。而房价的制定与调整应该有一个区间范围,其下限是酒店为了保本盈利或亏损最小所能接受的最低价格,其上限是对酒店产品价值评价最高的消费者愿意接受的最高价格。最优化的房价应该在这个变动区间内,既能使酒店收入最大化,又能最大限度地吸引客人。

## 第三节 客房定价的方法

因酒店有多种房价类型及计价方式,所以,酒店管理者会与营销部、前厅部、客房部等有关部门及人员认真研究,以制定出合理的房价。在上节中已提到影响酒店产品定价的因素,在这些因素中,最主要的是成本、供求与市场竞争。酒店在制定房价时,通常要考虑其中至少一个因素。因此,酒店客房常用的定价方法通常包括以成本为中心的定价法、以需求为中心的定价法和以竞争为中心的定价法三种类型。

### 一、以成本为中心的定价法

以成本为中心的定价法,是以酒店经营成本为基础制定客房产品价格的一种方法,以产品成本加企业盈利就是产品的价格。从酒店财务管理的角度看,客房产品价格的确定应以成本为基础,如果价格不能保证成本的回收,则酒店的经营活动将无法长期维持。具体方法有以下几种。

(一)经验定价法

经验定价法又称千分之一法,它是以酒店总建造成本为基础计算的。具体的方法是将每个房间所占用的建造成本除以1000,得出客房的平均价格。其计算公式为:

$$平均房价 = \frac{酒店建造总成本}{饭店客房数} \times 1‰$$

例如,某酒店的建造成本为1亿美元,客房总数为800间,其平均房价用千分之一法计算为:

$$平均房价 = \frac{100000000}{800} \times 1‰$$

酒店的建造总成本包括建筑材料费用、各种设施设备费用、内部装修及各种用具费用、所需的各种技术费用、人员培训费用及建造中的资金利息费用等。

千分之一法是人们在长期的酒店经营管理实践中总结出来的一般规律。人们认为酒店的造价与房价之间有直接的关系,因此,通过3年左右的经营,酒店的建造总成本应通过客房的销售收入收回来。这种方法计算简单,管理人员可迅速地做出价格决策。

但是,这种方法也存在一些问题。首先,这个方法有一定的假设条件:酒店有一定百分比的举债投资和产权投资;计划期内债务数额不变;其他营业部门能提供一定份额的部门利润;在扣除资本费用前,酒店需达到一定百分比的利润等。如果这些方面的假设与实际情况不符,那么,运用千分之一法就不能制定出合理的房价。其次,千分之一法只考虑了投资成本的因素,而没有考虑酒店的实际经营费用、供求关系和市场状况等因素。因此,千分之一法仅可作为制定房价的出发点,还要综合分析其他各种因素,这样确定的房价才具有合理性、科学性和竞争性。

(二) 盈亏平衡定价法

盈亏平衡定价法是指酒店在既定的固定成本、变动成本和产品估计销量的条件下,实现销售收入与总成本相等的客房价格,也就是酒店不赔不赚时的客房价格。其计算公式为:

$$客房价格 = \frac{每间客房日费用额}{(1-税率)}$$

其中,每间客房日费用额包括客房固定费用日分摊额和客房变动费用。客房固定费用日分摊额可依据不同类型的客房使用面积进行分摊,客房变动费用总额可以按照客房间数进行分摊。即:

$$每间客房日变动费用额 = \frac{全年客房变动费用总额}{客房数 \times 年日历天数 \times 出租率}$$

$$每间客房日费用额 = 客房使用面积 \times 每平方米使用面积固定费用 + 每间客房日变动费用额$$

$$每平方米使用面积固定费用 = \frac{全年客房固定费用总额}{客房使用面积 \times 年日历天数 \times 出租率}$$

(三) 成本加成定价法

酒店经营的实质就是经营酒店的资金以获取利润。在正常的经营情况下,酒店的资金必须获取正常利润。这样,酒店经营者首先要运用成本加成法来制定出保证酒店客房商品取得合理利润的基本价格。

成本加成定价法也称"成本基数法"。其定价方法是按客房产品成本加上若干百分比的加成额进行定价。其计算公式为:

$$客房价格 = \frac{每间客房总成本 \times (1+加成率)}{1-税率}$$

按照这种定价方法,酒店客房价格可分三步来确定:

(1) 估算单位客房产品每天的变动成本。
(2) 估算单位客房产品每天的固定成本。
(3) 单位变动成本加上单位固定成本就可获得单位产品的全部成本,全部成本加上成本加成额,就可计算得到客房价格。

### (四) 目标收益定价法

目标收益定价法是另一种以成本为中心的定价法,它的出发点是通过定价来达到一定的目标利润,以期在一定时期内全部收回投资。其基本步骤如下:
(1) 确定目标收益额(或投资报酬表)。
(2) 确定目标利润额,其计算公式为

$$目标利润额 = 总投资额 \times 目标收益率$$

(3) 预测总成本,包括固定成本和变动成本。
(4) 确定预期销售量。
(5) 确定客房价格,其计算公式为

$$客房单价 = \frac{总成本 + 目标利润 \div (1 - 利率)}{预期销售量}$$

美国饭店和汽车饭店协会主席罗伊·赫伯特主持发明了一种类似于目标收益定价法的客房定价法,称之为赫伯特公式法,它以目标回收率作为定价法的出发点,在客房成本计算的基础上,在保证实现目标利润的前提下,根据计划的销售量、固定费用和需达到的合理的投资收益率来测算客房的平均单价。

## 二、以需求为中心的定价法

以需求为中心的定价法是以市场导向观念为指导,从客人的需要出发,认为商品的价格主要应根据客人对商品的需求程度和对商品价值的认同程度来决定。以成本为中心的定价方法忽视了市场需求和竞争因素,完全站在企业角度去考虑问题。

### (一) 理解价值定价法

理解价值定价法就是根据客人理解的某种价值即买主的价值观念来制定价格。这就要求企业运用营销组合中的非价格因素影响客人,使其对酒店客房产品形成一种价值观念,并根据这种价值观念制定相应的价格。

采用理解价值定价法的酒店,其经营管理人员必须善于识别和创造本酒店所能给予客人的区别于竞争对手的独特利益,并把这种利益恰如其分又别出心裁地宣传给客人。在这里,客人对酒店所能给予他们的这种独特利益的认识和判定,是他们选择酒店的关键。

### (二) 需求差异定价法

需求差异定价法就是根据酒店不同细分市场的需求差异确定客房价格。酒店在使用需求差异定价法时,要充分考虑顾客的需求心理、产品的差异、地区和时间的差别等因素。例如,对顾客群体进行细分,针对不同职业、阶层和收入的顾客,制定不同的价格;对季节性强的产品和服务规定不同的季节差价。

### 三、以竞争为中心的定价法

以竞争为中心的定价法就是以酒店面临的竞争环境作为制定房价的主要依据。处于激烈竞争中的酒店,往往会把对抗竞争或谋求一定的市场占有率作为定价的出发点。

#### (一)随行就市定价法

随行就市定价法是一种在竞争激烈、价格之间存在差别时期,酒店普遍采用的方法。它以竞争对手客房产品的平均价格水平作为定价依据,而对本酒店的成本和市场需求考虑较少。价格制定者认为市价在一定程度上反映了行业的集体智慧,随行就市定价能使本酒店获得稳妥的收益率,减少定价的风险。

#### (二)率先定价法

率先定价法就是酒店根据市场竞争环境,率先制定出符合市场行情的客房价格,以吸引客人而争取主动的定价方法。有些酒店经营者认为应有率先定价的魄力,为当地其他酒店树立榜样。率先定价酒店所制定的价格若能符合市场的实际需要,即使是在激烈的竞争环境中,也可获得较大的收益。

## 第四节 客房价格的控制与调整

客房价格制定之后,还要有各种政策和规定与客房价格的制定相适应,并要认真贯彻执行这些政策和规定,使房价具有连续性、一致性和相对稳定性。但是,房价又不是一成不变的,如果情况发生变化,酒店就需要对房价进行及时调整,以使房价更适应客观实际。

### 一、房价的控制

酒店房价的控制,是由前厅部和营销部负责的,在贯彻执行的过程中,涉及前台销售、房价限制和团队房价的可行性研究三个方面的工作。

#### (一)前台销售

对于酒店制定的各类房价,前台服务人员要严格遵守。同时,酒店还需制定一系列的规章制度,以便于前台工作人员操作执行。这些规章制度要明确规定以下内容的细则。

(1)对优惠房使用的报批制度。
(2)各类特殊用房留用数量的规定。
(3)与客人签订房价合同的责任规定。
(4)有关管理人员对浮动价格所拥有的决定权的规定。
(5)对优惠价格的享有者应具备的条件的规定。
(6)对一些优惠种类和程度的规定。

#### (二)限制房价

限制房价的目的是为了提高实际平均房价。如果根据预测,将来某个时期的客房出租率很高,这时总经理或前厅部经理就会对房价进行限制。例如,限制出租低价客房或特殊高

价客房；不接待或少接待团队客人；房价不打折；不接受住一天的客人等。

前厅部管理人员必须熟知本酒店客房出租率的动态，善于分析近期客房出租率的变化趋势，准确预测未来的各种客人对客房的需求量，及时做出限制某种房价的决定。

（三）团队房价的可行性研究

团队房价的可行性研究，即进行团队房价的限制，是前厅部与营销部的共同职责。营销部应逐日预测团队客人数量与客房需求数，并将预测结果通知有关人员。如果根据预测，某一时期的客房出租率可能会接近100%，这时，酒店就只应该接待支付较高房价甚至最高房价的团队客人。

但是，酒店使用团队房价限制时，要谨慎行事。任意地限制团队房价，会产生消极的影响，甚至破坏房价的完整性。有关人员必须对未来的客房出租情况做出正确的预测，并制订可行性计划，提出正确的团队和散客接待比例，以保证营业收入和经营利润目标的实现。

## 二、房价的调整

房价的调整有两种情况：一是调低房价；二是调高房价。

（一）调低房价

调低房价是酒店在经营过程中，为了适应市场环境或酒店内部条件的变化，而降低原有的房价。酒店降低房价的主要原因有：

（1）酒店业市场供大于求。在这种情况下，应通过加强促销活动、改进服务质量等途径来促进客房的销售。如果成效不大，就可考虑调低房价。

（2）在激烈的竞争中，酒店的市场份额日趋减少。尤其是在竞争对手调低价格时，为了保持和提高本酒店的市场占有率，有时也要采取调低房价的方法，使房价与竞争对手的价格处于同一水平线上，从而提高竞争力。

（3）采用率先定价策略的酒店，希望通过降低房价来增加客房销售量。这些酒店希望通过低价销售，增加市场份额，以巩固在市场的地位。

但是，调低房价也会引起一些问题。例如，房价降低了，客房销售量不一定就会增加，即使销售量有所增加，但营业收入的增加往往无法抵消价格下降的影响；房价降低了，客人会对酒店产品质量产生怀疑，从而影响酒店自身在市场上的声誉，同时还会打乱酒店客源的类型。尤其需要注意的是，靠降价竞争将会导致酒店之间的价格大战，当大家都竞相降价时，酒店会面临无法控制房价的局面，最终将导致酒店业的全行业亏损，这种竞争就会变得毫无意义。因此，酒店在降低房价的问题上，应采取慎重的态度，进行周密的分析和研究，只有在调低房价之后，酒店仍能实现所预期的销售量，并提高酒店的利润水平时，降价才是有意义的。

（二）调高房价

一般来讲，调高房价往往会引起客人和代理商的不满，但是如果成功，就会极大地增加酒店的利润，对酒店而言是有利的。酒店调高房价的主要原因有：

（1）客房供不应求。当客房需求量大于现有客房数量时，可以通过调高房价来限制需求量，实现供求平衡。

（2）市场物价上涨。由于物价上涨，酒店的成本费用不断增加，这时酒店需调高房价，并使调价幅度不低于市场物价上涨幅度，以保持或增加酒店的利润。

（3）酒店服务质量或档次有明显提高。服务质量、服务档次与价格有直接的联系，所以，如果其他因素不变，酒店的服务质量或服务档次提高，就可以考虑适当提高房价。

无论是提价还是降价，都会对客房销售造成一定的影响，引起客人和竞争者的各种反应。因此，酒店应充分考虑各种可能，做好准备工作，使房价的调整真正能够达到预期目标。

## 知识活页　　客房主要经营指标分析

### 一、客房出租率

客房出租率是反映酒店经营状况的一项重要指标，它是指已出租的客房数与酒店可供出租客房总数的百分比。其计算公式为：

$$客房出租率 = \frac{已出租客房数}{可供出租客房数} \times 100\%$$

客房出租率数值越大，说明实际出租客房数与可供出租客房数之间的差额越小，也就说明酒店的客源市场越充足，在一定程度上表明了酒店经营管理的成功。

显而易见，酒店要获得更多的收益，必须扩大客房销售，提高客房出租率。但是，这一数值也不能过高，一些专家提出了较为理想的年平均客房出租率是在80%左右，最高不能超过85%。

### 二、客房销售效率

客房销售效率是指实际客房出租销售额占全部可出租客房的全价出租销售总额的百分比。其计算公式为：

$$客房销售效率 = \frac{客房实际销售额}{全部客房牌价出租的销售总额} \times 100\%$$

客房销售效率实际是以价值量表示的客房出租率，在客房经营统计分析中，它比单纯以数量变化得出的客房出租率更完善、更准确。为了更好地确定销售目标，准确分析并预测销售状况，可以将客房销售效率与客房出租率结合运用。

### 三、双开率

双开率是指两位客人同住一个房间的房数占所出租房间总数的百分比。其计算公式为：

$$双开率 = \frac{双人使用的房间数}{已出租客房数} \times 100\% = \frac{客人总额 - 已出租客房数}{已出租客房数} \times 100\%$$

双开率还有一种表示方法，是以房间为单位，表示平均每一间已出租的房间所住的客人数，其计算公式为：

$$双开率 = \frac{客人总数}{已出租客房数} \times 100\%$$

### 四、实际平均房价

实际平均房价是酒店经营活动分析中仅次于客房出租率的第二个重要指标，它是客房总收入与实际出租客房数的比值。其计算公式为：

$$实际平均房价 = \frac{客房总收入}{实际出租客房数}$$

影响实际平均房价变动的主要因素有实际出租房价、客房出租率和销售客房类型结构。

### 五、理想平均房价

理想平均房价是指酒店各类客房以现行牌价按不同的客人结构出租时可达到的理想的平均房价，是一定时间内，从最低价出租客房和最高价出租客房价格得出的平均水平。计算理想平均房价时，要结合客房出租率、双开率及客房牌价进行。

## 本章小结

房价是指客人住宿一夜所应支付的住宿费用，它是客房商品价值的货币表现。客房价格管理的原则包括基础收益原则、实现最佳收益原则、形象战略原则、价后增效原则、投资未来原则等。客房价格管理的目标指的是追求利润最大化、提高市场占有率、应付或防止竞争、实现预期投资收益率等。

客房价格具有客房价值补偿的区间性、客房价值的不可储存性、客房商品价值集生存、享受和发展三个因素于一体、客房商品价格的季节波动性、客房经营费用中不变费用较大、可变费用较小等特点。影响客房定价的因素包括内在因素和外在因素两部分。在制定客房价格时要充分考虑这两部分因素。

酒店客房定价的基本方法主要包括以成本为中心的定价法、以需求为中心的定价法和以竞争为中心的定价法三类。客房价格不是一成不变的，酒店要针对各种变化情况对房价进行及时调整，以使房价更适应客观实际。

## 思考与练习

1. 试述客房价格管理的目标。
2. 试述客房价格的主要影响因素。
3. 试述客房价格确定的方法。

## 案例分析

### 案例一：杀价竞争结苦果

由于市场竞争激烈，某著名旅游城市的各家酒店为了争抢客源展开了一系列的竞争手段。某四星级酒店率先推出了"淡季五折酬宾"活动，同时又通过降低团队价的方式进一步将价格下拉，由此掀开了该市酒店业价格大战的序幕。在不到半年的时间里，该市酒店行业的价格水平下降了2/3。由于价格下滑，导致成本上升，各家酒店纷纷采取措施降低成本，其中包括大量使用临时工、降低客用品和食品原材料质量等，导致客人投诉激增，致使旅行社不得不在设计其旅游行程时放弃该市而选择其他城市。由于团队客源的不足，该酒店便在散客上做文章，他们向出租汽车司机推出"拉客费"，这笔费用由最初每位20元攀升到客房价格的一半，致使酒店苦不堪言，其他酒店也叫苦不迭。

**问题：**
1. 这种杀价竞争将导致怎样的结果？
2. 酒店怎样才能摆脱价格竞争？

### 案例二：美国酒店业多种分销渠道的房价比较

互联网的诞生对酒店的客房销售产生了革命性的影响。消费者的网上预订，无论是通过酒店自办网站还是通过旅游网站（即所谓的第三方供应商），在酒店客房销售中的比例逐年增加。很多专家认为，2004年，酒店客房销售量中有30%来自网上预订。

对消费者而言，他们的预订渠道增加了，至少在价格上选择余地更大了。对酒店业而言，互联网的兴盛虽然增加了新的销售渠道，但同时也使其定价策略变得更加复杂和繁琐。况且，同样的客房在不同分销渠道上的价格不同，甚至还常常出现旅游网站上"有报价、无空房"的情况，给消费者带来困扰，对酒店的信誉也会造成不利影响。因此，酒店对旅游网站的态度多少有些"既爱又恨"的尴尬和无奈。

前几年，受全球经济不景气和2001年美国"9·11"恐怖袭击事件的影响，旅游需求，特别是商务旅行需求趋淡，欧美国家的酒店业普遍陷入出租率和盈利能力下降的困局。此时，他们非常欢迎来自第三方网站的客房预订，也愿意向这些网站批发客房。但酒店业者很快发现，第三方供应商虽然可以为酒店带来一定的人气，但超低的房价却严重拖累了酒店的盈利水平，大量的佣金被旅游网站拿去了。从2003年开始，不甘心"为他人做嫁衣"的酒店业开始反击，本着夺回网上预订主动权、拉回顾客的目的，各大酒店集团纷纷推出"最低承诺价"，即保证在本酒店自办网站上提供的房价是最低的。一项调查表明，这一举措获得了一定的效果。

**谁的房价最低**

为了了解不同分销渠道中房价和客房供应的情况，美国康奈尔大学饭店管理学院

于2004年秋天在美国排名前18的大都市做了一项专题调查。研究人员把所要调查的酒店分成4类——豪华型、高档型、中档型及经济型,每个类型的酒店都在各都市中随机挑选两家,共144家酒店,然后再随机挑选一个入住日期,使用5个预订渠道分别向各家酒店进行预订。这5个渠道有4个使用互联网,即该酒店自办网站和Expedia、Orbitz、Travelocity等三家美国主要旅游网站,另外一个渠道是打电话向酒店直接预订。

调查结果显示,没有任何一个渠道在每次预订时都能提供最低价。酒店自营网站提供最低价的次数最多,其次是Travelocity,再次是电话预订。从单一渠道预订所需的平均额外成本来看,Travelocity最低,酒店自办网站次之,电话预订最高。这个预订额外成本指的是顾客在某单一渠道拿到的房价与从多个渠道搜寻后拿到的最低房价相比所多付出的房费。例如,如果顾客通过电话预订,他付出的房费比在其他渠道可能得到的最低房价平均要多出16.2%。

调查的另一项重要内容是某个分销渠道能否正确显示有无空房的信息。要知道,如果在酒店有空房时,某一分销渠道却告诉顾客无空房,酒店就会损失一笔收入。综合考察的结果是,通过电话预订得到的"有房"回答最多,酒店自办网站其次,Travelocity是三家旅游网站中"有房"次数最多的。

研究者认为,从总体上来看,酒店朝着实现自办网站提供最低价的目标迈进了一大步,但第三方供应商(以Travelocity为典型)仍有能力提供最低房价。通过电话预订最不容易获得最低房价,但房间却是最有保证的。

**调查结果的启示**

根据调查结果,研究者对消费者和酒店分别提出了一些建议。

报告对想预订客房的消费者提供的建议是:"货比三家",多渠道搜索最低房价。对那些时间有限或是想预订某家特定酒店的消费者来说,自然应从该酒店公司的自营网站入手。而时间充裕的消费者则可以通过不同渠道进行搜索比较,不妨先从第三方网站(如前所述,Travelocity提供的房价较低,而且经常有房可订)开始,然后再查一下酒店的自营网站,最后再给酒店打电话。与单一使用Travelocity(其单一渠道预订额外成本最少)相比较,采用"货比三家"预订法的消费者可以省下5%以上的费用。

另一个重要的发现是,消费者经常碰到网上订房时被告知无房,其实并不一定是那么回事。研究者发现,在某一个渠道吃了"无房"的闭门羹时,你可能在另一个渠道得到不一样的答案,或许当你给酒店打电话时,会得到你想要的房间和价钱。如果你想入住某一家酒店而且不在乎多付一点房费的话(或者嫌"货比三家"太麻烦),你可以直接给酒店打电话订房,要么就上该公司的网站订房。

研究者认为,各个销售渠道在房价和客房供应上的差异将刺激集多种渠道信息于一身,提供最低房价的旅行搜索引擎(即综合引擎)的开发和应用。这种搜索引擎毫无疑问将非常有用,但却无法把"电话预订"也综合进去,因此消费者有时还不得不给酒店打电话,以确保得到最低价。

对酒店业来说,这项研究证实了酒店在自办网站提供最低保证价、以便把潜在顾客吸引过来的初衷获得了一定成效。研究者还表示,虽然低价策略非常有效(如酒店网站在多数情况下提供的房价都是最低的),但它并没有被所有酒店采用。无论从何种角度看,研究者都认为 Travelocity 是成本最低的预订渠道。

调查表明,酒店自办网站上提供的房价与电话预订得到的房价(电话预订的房价通常较高)之间明显存在差别,这一点应该引起酒店经营者的思考。研究者认为,虽然酒店经营者可能觉得电话预订提供的房价较高是对酒店有利的一件事,但长此以往便会对酒店的美誉度造成伤害,因为顾客终将发觉这种价差的存在。如果不想让消费者心生反感,也为了酒店服务质量着想,电话预订人员最好告诉顾客,在酒店的网站上预订房价会更低一些。最重要的是,酒店客房提供者应该尽可能在所有的销售渠道上保持同一房价。这样做对酒店的好处是,消费者可以节省各处搜索的时间,建立起在任一渠道下订单都能拿到最低房价的自信心。研究者认为,对销售渠道实行这样的合理管理将提高顾客的满意度,同时引导顾客从订房时只考虑房价这一个因素转向考虑其他因素。当各个渠道的房价都一样时,酒店利用自身优势提供的附加特色就会对消费者的决策产生影响。例如,通过酒店自办网站订房可以增加常住客积分的吸引力就会凸现出来。

最后一点,研究者建议酒店业者应该谨慎选择客房分销渠道。这里有一个对消费者进行教育的问题。例如,当第三方供应商网站上显示某酒店无房时,消费者是否知道可以去该酒店自办网站上搜寻?如果他们不知道这样做,有必要问一下第三方分销渠道在满足该酒店需要的方面做得如何。

**问题:**
根据上面的材料阐述互联网给房价的制定和实施带来了什么影响。

# 第六章

## 前厅部宾客关系管理

**学习导引**

使每一位客人满意,是每家酒店努力的方向和工作目标,建立良好的宾客关系则是实现这一目标的重要途径之一。本章重点讨论的主题是前厅宾客关系管理。通过学习,使学生认识到大堂副理、与客人的沟通技巧、客史档案的管理、宾客投诉的处理在前厅宾客关系管理中的重要作用,了解酒店主宾之间明晰互动的特殊关系,认真领会,准确把握,以便将来能找准自己的角色定位,成就自己,贡献社会。

**学习重点**

通过本章学习,重点掌握以下知识要点:
1. 客史档案的用途;
2. 客史档案的内容;
3. 客史档案的管理;
4. 与客人沟通的技巧;
5. 投诉的类型;
6. 客人投诉的心理分析;
7. 处理投诉的原则;
8. 处理投诉的基本程序。

## 第一节 大堂副理的岗位职责及素质要求

酒店通常通过设立大堂副理(assistant manager)和宾客关系主任等岗位来建立、维持酒店与顾客之间的良好关系,降低客人投诉率,提高客人满意度,树立酒店的良好形象。要建立良好的宾客关系,还要求酒店各级员工要正确认识客人,掌握客人对酒店产品的心理需求、对客沟通的技巧、处理客人投诉的方法和艺术等。

## 一、大堂副理的角色定位

大堂副理,也称大堂值班经理,其工作岗位设在前厅。在我国三星级以上的酒店一般都设有大堂副理。大堂副理通常是主管或是部门副经理级别。大堂副理的设置模式通常有两种:一是大堂副理隶属前厅部,直属上级为前厅部经理,属主管级;二是大堂副理由总经理办公室直接管理,大堂副理直属上级为驻店总经理,属部门副经理级。在酒店管理人员中,大堂副理被称为"一家之长",具有其他管理者不可替代的作用,是酒店专门负责协调酒店对客服务,维护酒店应有的水准,处理宾客投诉、宾客生命安全及财产安全等复杂事项的角色。

(1) 当客人与店方发生纠纷时,大堂副理扮演一个仲裁者的角色。
(2) 当客人与店外的联系发生困难时,大堂副理扮演一个传递者的角色。
(3) 当客人自身遇到困难时,大堂副理扮演一个帮助者的角色。
(4) 当酒店内部各部门之间发生冲突时,大堂副理扮演一个协调者的角色。

## 二、大堂副理的岗位职责

在不设客务关系部的酒店,大堂副理负责协调酒店对客服务,维护酒店应有的水准,代表总经理全权处理宾客投诉、工作中的突发性问题等。具体职责有如下几个方面。

(1) 督导检查酒店重要接待任务和重大活动的安排,协助前厅经理对与大堂有关的各种事宜进行管理,并协调与大堂有关的各部门工作。
(2) 代表酒店迎送 VIP 客人,处理贵宾、值得注意的客人的有关事项,落实 VIP 客人的接待细节。
(3) 与酒店相关部门合作,沟通解决客人的投诉问题,并采取措施,逐步减少客人投诉。
(4) 负责巡视和检查酒店大堂和公共区域设施设备、环境卫生、服务秩序等情况,维护酒店的正常运转秩序。
(5) 处理酒店突发问题和事件,如火灾、伤亡、治安事故等。
(6) 针对酒店内部管理问题,向总经理报告并提出合理化的建议。
(7) 回答客人的咨询,帮助客人解决疑难问题,与客人建立良好的关系。
(8) 定期探访酒店的重要客人,收集客人意见并及时向有关部门反映。
(9) 协助解决酒店服务中的疑难问题,负责因客人原因造成的酒店设施设备丢失的索赔工作;与财务部门配合,追收客人的欠账。
(10) 参加每周前厅部的工作例会,完成上传下达工作。
(11) 将各部门反馈的信息、客人意见、投诉处理情况等向有关领导及相关部门报告。

## 三、大堂经理的素质要求

### (一) 知识要求

大堂副理要见识广,知识面宽。掌握酒店管理知识,特别是餐饮、客房、前台等营业部门的管理知识,掌握较好的心理学知识,熟悉宗教、民俗、礼仪等方面的知识,熟悉酒店的

运转情况及各项政策与管理规定,了解酒店安全、消防方面的规章制度、处理程序及应急措施。

(二)能力要求

1. 良好的沟通协调能力

酒店对客服务的整体性需要酒店各部门之间的工作联系、信息沟通和团结协作。部门之间沟通的效果,将直接影响酒店的运行与管理,影响对客服务的质量。大堂副理作为各部门信息联系的重要环节之一,要擅长以口头、书面或网络的形式进行信息反馈,协调处理酒店运营和对客服务中出现的问题。

2. 较强的团队意识

大堂副理作为前厅部管理人员,应了解自己岗位的特殊性,要有强烈的整体意识和团队精神。前厅部是酒店的"神经中枢",只有前厅部与酒店其他部门进行有效沟通,才能确保酒店能够为客人提供干净的客房、良好的设备、安全的环境、美味的佳肴、快捷的服务等。

3. 善于倾听

倾听是对客服务中不可缺少的重要环节,也是一项非常重要的沟通技能。前厅作为客人来往酒店的重要场所,每天都有大量的人和事在这里交集,而大堂副理的岗位设置于前厅显眼的位置,势必会经常接收到客人的问讯、交谈、建议和投诉等。大堂副理要善于倾听,掌握倾听的技巧。通过倾听客人的问讯、交谈、建议和投诉,了解客户信息,了解客人对酒店产品和服务的满意程度,为酒店运营反馈相关意见,并有效解决客人的投诉。

4. 有较好的外语能力

大堂副理至少要熟练掌握一门外语,要有良好的外语口头表达能力,能流利、准确地与外宾进行交流。

5. 分析处理问题的能力

前厅部是对客服务的重要场所、酒店信息的集散地。大堂副理要协助前厅部经理解决前厅业务问题和酒店突发事件,当出现问题时能正确判断,并进行有效分析,提出行之有效的解决措施。

(三)其他要求

1. 工作年限要求

大堂副理工作岗位要求具有从事酒店工作经验5年以上,有一至两个前台运转部门(特别是前厅)基层管理工作的经历。

2. 形象要求

大堂副理要有良好的外部形象,举止文明,风度优雅,能代表酒店对外服务的形象。

## 四、宾客关系主任

宾客关系主任(guest relation officer)是一些大型豪华酒店设立的专门用来建立和维护良好的宾客关系的岗位。宾客关系主任直接由大堂副理或值班经理(duty manager)负责。他要与客人建立良好的关系,协助大堂副理欢迎贵宾以及安排团体临时性的特别要求。

## 第二节 客史档案的建立及其内容

客史档案又称宾客档案,是酒店在对客服务过程中对客人的自然情况、消费行为、信用状况、癖好和期望等做的历史记录。建立客史档案是酒店经营管理的重要环节,也是酒店改善经营管理和提高服务质量的必要资料。

### 一、客史档案的用途

客史档案是酒店在接待客人的过程中形成的一种专业性档案。它主要记录客人在住店期间的资料情况,形成了一个潜力极大的资料库,以便对客人进行市场分析。通过建立和保持客史档案,能够更好地了解客人需求,进行有效的需求预测,为客人提供有针对性的个性化服务。客史档案对于建立良好的宾客关系、制定经营销售决策、提高对客服务质量、改善管理水平、增强竞争力等方面,都起着重要的作用。

(一)便于酒店为客人提供个性化服务

标准化、规范化的服务是保障酒店服务质量的基础,而个性化服务则是酒店提供优质服务的关键。酒店要提高服务质量,为客人提供更富有人情味的个性化服务,以此来赢得客人良好的评价,增加酒店的竞争优势。客人在入住酒店时就以填写登记卡等形式预留他们的自然情况、消费行为、信用状况和特殊要求等信息,建立客史档案。酒店要有效利用客史档案,了解客人并掌握客人的需求特点,为客人提供"满意+惊喜"的优质服务。

(二)便于酒店经营策略的制定

酒店通过最大限度地满足目标市场的需要来获取利润,提高经济效益,达到"双赢"的目的。客史档案的建立,能给酒店为客人提供针对性的个性化服务提供依据,还有助于酒店了解"谁是我们的客人"、"客人的需求是什么"和"如何满足客人的需求",有助于酒店提供针对性的酒店产品和服务,调整经营策略,提高酒店经营决策的科学性。例如,通过客史档案了解客人的出生年月、通信地址等基本信息,与客人保持联系,并向客人寄发生日贺卡、邀请来信和酒店促销宣传资料等。

(三)便于良好宾客关系的建立

客史档案详细记录了客人的消费偏好、禁忌、购买行为、住店行为等特征。当客人再次惠顾时,酒店就能够根据客史档案的记载为客人提供更有针对性的个体关注,从而进一步增加客人的满意度,提高客人的忠诚度。世界大型酒店集团大多注重客史档案的记录,注重客人的忠诚度。例如,香格里拉集团于2000年提出了"通向成功之路"的战略计划,其中就把建立客人的忠诚放在核心地位,并制订了旨在酬谢回头客的金环计划。万豪集团十分重视客史档案的管理工作,认为了解客人是维持酒店生命的血液,其经营者通过信息的投放、计划的实施,使客人记下了这个酒店区别于其他酒店的友善、方便和特殊,利用自己的品牌战略赢得了回头客,良好的宾客关系很自然地建立并稳固了。

## 知识关联

2016年9月20日中华人民共和国商务部批准了万豪国际酒店集团收购喜达屋国际酒店集团的交易,全球规模最大的连锁酒店集团横空出世。为留住客人,万豪、喜达屋各自常客计划下的会员均已实现跨计划联合,全球最大酒店集团忠诚度计划即将诞生。三大常客计划的所有会员,包括万豪礼赏、丽思·卡尔顿礼赏以及喜达屋的优先顾客计划均已实现跨计划联合。万豪或喜达屋的会员,只要完成账户联合,即可享受更丰富的礼遇。任何一个计划的会员都将在另外两个计划中获得同等级别的会籍,亦可跨计划转移积分,通过积分兑换,获得探索更多目的地的旅行体验。在联合账户后,会员可按3∶1的比例转换积分(万豪礼赏3积分＝SPG俱乐部1个Star point),积分可用来兑换住宿,或在"万豪礼赏瞬时开启"和SPG俱乐部的"SPG Moments专属时刻"平台上兑换参与精彩活动的资格。根据万豪方面的估计,合并交易每年将带来2.5亿美元的成本节约效应。

### 二、客史档案的内容

客史档案要注重客人信息的收集,主要包括以下几个方面的内容。

（一）常规档案

包括客人的姓名、性别、年龄、出生日期、婚姻状况、职业、联系方式等。这些信息能使酒店更好地了解目标市场的基本情况,明确自己的客源目标,有利于最大限度地满足目标市场的需要。

（二）预订档案

包括客人的订房方式、订房渠道、付费方式、住宿时间(住宿的天数、季节和月份)等。整理掌握这些资料,有利于酒店更好地了解客源市场的情况,明确客源渠道,更有针对性地开展淡旺季的促销活动。

（三）消费档案

包括客人的订房类别、支付的房价、用餐餐费以及酒店内的购物娱乐等消费情况,客人的信用卡及账号,喜欢的房间类型和酒店设施等。这些信息能了解客人的支付能力和消费水平,以此来确定客人的信用度。

（四）个性化信息

包括客人旅行的目的、爱好、生活习惯、宗教信仰和禁忌等,注意收集特殊事件如生日、结婚纪念日、蜜月等。这些信息有利于为客人提供针对性的个性服务,并且有助于改进服务中的某些薄弱环节。

### （五）反馈信息

包括客人住店期间的意见和建议、对住店期间额外服务的意见和建议、对酒店的赞誉、对酒店的投诉及处理结果等。这些信息有利于改善服务质量，提高服务水平。

## 三、客史档案的收集途径

酒店要有切实可行的信息收集方法，及时、准确地收集和整理客史档案资料。酒店前台和其他对客服务部门的员工要用心服务，善于捕捉有用信息，不断完善和补充客史档案信息。

### （一）散客档案的收集途径

（1）总服务台通过客人预订单、入住登记、退房结账等业务渠道收集姓名、家庭住址、出生年月、性别、民族、身份证号、入住房型、消费情况的信息，从客人的名片收集工作名称、单位地址、职务、联系电话、e-mail 和传真号码等信息，与客人交谈、意见征询等收集客人满意度等信息。

（2）大堂副理通过拜访宾客，了解并记录客人的服务需求和对酒店的评价，通过接受并处理客人的投诉，获得客人对投诉处理结果的满意程度信息。

（3）客房、餐饮、康乐、营销等酒店营业部门通过员工主动与客人交流，收集客人反映的意见、建议和特殊需求，并及时反馈。

（4）酒店信息部门及时收集客人媒体上发表的有关酒店服务与管理、声誉与形象等方面的评价信息。

（5）酒店还可以通过会员俱乐部申请登记表、贵宾卡等方式，进行散客信息的收集。

### （二）团队档案的收集途径

酒店通过团队接待登记表、团队意见征询表了解接待团队的名称、人数、在店时间、消费情况、具体要求、价格情况、联络人对酒店的评价和建议等信息。通过团队来店记录表了解团队的来店消费规律，通过团队公司的宣传册、公司网站等载体了解团队组织单位的基本情况。

## 四、客史档案的管理

### （一）客史档案的建立

酒店对住店一次以上的客人，采取"一客一档"、"一团一档"的方法，按要求制作出客史档案。客史档案要针对性强、准确率高，便于保存和查阅。客史档案的建立应体现出连续性、应时性的特点，并随时进行更新和补充，使之真正起到促进酒店经营管理的作用。常见的客史档案主要有手工客史档案和计算机客史档案两种形式。

#### 1. 手工的客史档案

手工的客史档案主要以登记单和档案卡的形式出现。登记单形式是将客人住宿登记单的最后一联作为客史档案卡。登记单最后一联通常是硬纸卡，反面应有每次客史记载的项目。登记单形式比较简单易行，但保存较困难，记载的信息量小。过去一些中、小型手工操

作的酒店多采用这一方式。客史档案卡是用专门印上各项须填写的客史内容,并按字母顺序编目的正规档案卡。档案卡片有正反两面,内容各不相同。客史档案卡记录了住店至少一次以上的客人信息。根据酒店管理规定,卡片印制成各种颜色,卡片可以用不同的颜色或标注区分,查找起来比较方便,能识别重要客人与散客之间的区别。客史档案卡可以相对长久地保存,但作业量大。酒店可以选择性地为贵宾、常客、重要团队、某些特殊会议等设立客史档案卡,不一定每客必建卡。

2. 计算机客史档案

计算机客史档案是指使用计算机管理系统的酒店,将客人的各种信息输入贮存,以供随时查阅。当客人入住酒店时,接待员把客人的各种资料输入酒店计算机系统的客史档案记录模块,为客人建立客史档案。客人在店消费期间,工作人员使用计算机不断录入客人在店的特殊要求、消费金额、住宿次数与时间、信用情况等有效信息,不断完善客史档案内容,为客人提供针对性的个性化服务。一方面,酒店可以依据客史档案,根据客人来店入住次数、消费金额等给予客人不同的优惠政策;另一方面,酒店针对客史档案中记录有不守信用的客人予以适当处理或追回不必要的损失。计算机客史档案相对于手工客史档案,具有存量大、保存时间长、使用整理方便快捷等优点。目前,这一方式成为建立客史档案的最主要的方式,但计算机只是一种工具,不可能代替工作人员的全部劳动。计算机客史档案效能正常发挥要靠工作人员正确使用及输入准确的信息,这也是前厅电脑管理的基础。

(二) 客史档案的使用与管理

客史档案的使用与管理主要涉及四个方面的内容,即分类存档、运行管理、定期清理和细节管理。

1. 分类存档

客史档案通常是在客人离店后,由接待处输入建档,由预订处分类保管。为了避免客史档案的丢失,使其便于管理和使用,应该将其分类存放。客史档案可以按客人的客源地分为国外客人、国内客人和港澳台客人三大类,也可以有更详细的分类。每一类可使用英文字母或汉语拼音等方法逐项排列。对于手工客史档案要添置档案柜,在存放时有序地排放于固定的抽屉内,并标注出识别字符,以便查阅。另外,应各按所需,编制必要的检索工具,迅速、准确地查找客史档案,提高工作效率。经过归类整理和妥善存放的客史档案是客史档案有效运行的基础和保证。

2. 运行管理

客史档案要有效发挥其在接待服务中的作用,不能封闭和闲置。当客人再次预订酒店客房时,预订员在传递给总台接待员客人的订房资料时,可直接调用、打印以往客史档案,一同存放在其订房资料中。接待员根据接收到的订房资料和客史档案卡提供的需求信息做好接待服务工作。客人离店后,将客人的客史档案更新输入,重新存放起来。

3. 定期清理

为了保证客史档案作用的充分发挥,酒店每年应系统地将客史档案进行一到两次的检查和整理,检查其存放顺序,整理和删除过期档案。在对客史档案卡的检查整理中,可剔除那些长期没露过面的客史,以确保工作的高效与精确。值得借鉴的是,有些酒店在删除过期档案前,会给客人寄一份"优惠住房卡",做最后一次促销努力。

4. 细节管理

在客史档案的具体管理业务中,应注意一些管理问题:

第一,首张客史档案卡打印满后,应打印续页,注意两张卡片应装订在一起。

第二,根据酒店管理规定,应使用不同颜色的档案卡区分鉴别客人身份。

第三,对于过期档案要彻底删除,防止客人信息泄露。

酒店客史档案管理工作一般由前厅部负责,而客史信息的收集工作要依赖于全酒店的各个服务部门。所以,做好这项工作必须依靠前厅部员工的努力和酒店其他部门的大力支持与密切配合。客史档案是酒店的珍贵资料,酒店只有善于收集客人的有效信息,并妥善利用好这些信息,才能为酒店的经营管理发挥最大作用。

## 第三节 掌握与客人沟通的技能

客人在选择酒店时,很难保持对某一酒店的忠诚,稍有不满就可能转向其他酒店。提高客人的满意度和忠诚度必然会赢得更多的利润和更大的市场。酒店除了要注重自身产品和服务的品质,还应与顾客有效沟通,保持良好的关系,以获得较好的顾客评价。

### 一、正确认识客人

客人是酒店产品和服务的购买者和最终消费者。正确认识客人是前厅部员工与客人良好沟通的前提。

(一)客人扮演的第一角色——人

在工作中,酒店服务人员要注意辨清客人的这个角色。

1. 客人是具有优越感的人

服务业奉行"顾客就是上帝"的至理名言。同样,对于酒店来说,客人就是酒店的"衣食父母",是酒店经济利益的直接带来者。客人在与酒店的交往中,往往具有较高姿态,带有优越感。在酒店接待服务中,我们必须满足客人的优越感。首先,要关注客人,对客人表现出尊重,主动向客人打招呼,主动礼让。其次,对客人的要求表现出服从,绝不忽视怠慢客人。因为忽视怠慢客人就等于忽视自己的收入,忽视企业的利润。最后,在接待客人时要注重策略。对客人提出的不合理要求采取委婉和含蓄的拒绝方法,采取引导和感化的方法,让客人自己做出更改的决策,使他们感受到正确使用权力的快乐。这样既不损客人颜面,也不损酒店利益。

2. 客人是情绪化的自由人

客人不是一种工作角色,是一位自由人,拥有喜怒哀乐的自由情绪。酒店要懂得宽容和设身处地地为客着想。首先,酒店必须充分理解客人的需求。由于客人性格、爱好、地域、职业、教育背景等不同,对产品和服务的需求也不尽相同。酒店只有充分预见和准确把握客人的需求,才有可能提供全面、贴心的服务,才能使客人有好的情绪。其次,酒店必须充分理解

客人的心态。客人在酒店消费时不受各种职业规范的制约,显得放松且比较情绪化。对此,酒店应意识到客人是需要帮助、关爱的朋友,应努力以自己的真诚和优良的服务去感化客人,培养客人良好的情绪,以保持同客人的有效沟通。最后,酒店必须充分包容客人的误会与过错。客人有时对酒店规则或服务不理解而拒绝合作,或采取过激行为。这时,酒店应向客人做出真诚、耐心的解释。只要客人不是有意挑衅,或其行为没有损害到其他客人的利益和酒店的形象,酒店均应给予足够的宽容和谅解,做出必要的礼让。

3. 客人是来寻求享受的人

酒店服务对于客人来说属于一种享受。客人在消费过程中一般都注重维护自身的权益,酒店不能存在任何侥幸心理提供"打折服务"。无论客人出于何种原因来酒店,都希望得到舒适的享受。所以,酒店服务必须环环扣紧,步步到位,保证向客人提供舒适和舒心的服务。首先,酒店必须向客人提供标准化的服务。满足客人在产品质量、环境氛围、员工技能和态度等方面的共性需求。其次,酒店必须向客人提供差异化的服务。酒店在为客人提供标准化服务的同时应根据客人的需求,投其所好,满足客人的个性化需求。最后,酒店要努力为客人提供超常化的服务。如果说标准化和个性化的服务使客人满意,那么超常化的服务则使客人惊喜。特别是针对重要客人和VIP客人,酒店要收集客人的信息资料,为客人提供"满意+惊喜"的服务。

4. 客人是最爱讲面子的人

爱面子,喜欢听好话,是大众普遍存在的心理现象。作为酒店的客人,尤其如此。对此,酒店必须给客人搭建一个"舞台",让客人在酒店多一份优越和自豪。首先,酒店必须给客人营造一种高雅的环境气氛和浓厚的服务氛围,以显示其身份和地位。酒店豪华的装饰装潢,适宜的环境氛围,热情友好的服务人员态度,都在一定程度上满足了客人的需求。其次,酒店员工必须懂得欣赏和适度恭维客人的艺术,要善于发现客人的闪光点。比如,当客人不看菜单而迅速点出某一道菜时,你应当对他投以赞美的目光,或者说上一句:"的确,这道菜的味道不错,您确实很有眼光。"最后,酒店员工必须体现一种真诚的人文关怀精神,为每位客人献上一份特别的关爱,让他体会到"我是最重要"的感觉。

(二)客人扮演的第二角色——服务对象

在酒店与客人的沟通交往中,双方扮演着不同的"社会角色",服务人员是"服务的提供者",而客人则是"服务的接受者"。前厅部员工在工作中始终都不能忘记这一点,尤其要注意以下几个方面。

1. 客人不是评头论足的对象

酒店接待的客人来自不同的地区和社会层次,在衣着外表、言谈举止、消费购买等方面都存在差异。但是,不管酒店接待的是什么样的客人,任何时候都不要对客人评头论足,因为这是极不礼貌的行为。

2. 客人不是比高低、争输赢的对象

在与客人的沟通交流中,不要与客人比高低、争输赢。从来没有赢了的企业和输了的客人。口头之争,只会使客人对酒店更加不满。

3. 客人不是说理的对象

当客人对酒店的产品、服务、规章制度、环境设施等感到不满时,不要辩解,而是立即向客人道歉,并尽快帮客人解决问题。不要尝试对客人说理,其结果肯定是出力不讨好。

4. 客人不是教训和改造的对象

酒店的客人中,思想境界低、虚荣心强、举止不文雅的也大有人在。但服务人员的职责是为客人提供服务,而不是教训或改造客人。服务人员一定要掌握客人来店消费的心理,不要尝试教训和改造客人,而是要根据客人的需要提供相应的服务。

在对客交往中,服务人员一定要有礼、有理、有节。这要求对客人要有礼貌、有礼节、有气节。服务人员要以礼待人,当客人错了时,要"理明则让",不与客人争高低。在与客人沟通交往中要明白自己和客人的平等地位,不谄媚,有气节。

## 二、掌握与客人沟通的技巧

酒店对客人要有深刻而全面的认识,正确理解酒店员工与客人的关系,还要掌握与客人沟通的方式和技巧,这样才有可能为客人提供完美的服务。

(一)沟通方式

酒店除了与客人面对面进行交流外,还通过顾客意见调查表、电话、传真、电子邮件、小组座谈、常客拜访等渠道与客人进行沟通交流,使信息流动顺畅无阻。

1. 对客服务

对客服务的过程就是前厅部员工与客户沟通的最基础、最重要的方式。前厅部员工在对客服务过程中,面对面与客人交流,其沟通效果直接影响到客人对酒店服务工作的评价。

2. 顾客意见调查表

顾客意见调查表也是一种常见的与顾客沟通的方式。酒店将设计好的顾客意见调查表放置于客房内或易于被客人取到的营业场所,由客人自行填写并放入意见收集箱内或交至大堂处。客人根据对酒店的观察、在店消费的经历填写顾客意见调查表,没有任何酒店工作人员的在场干预,评价信息也较为客观。

3. 电话、传真、电子邮件等

酒店利用电话、传真、电子邮件等方式与客人沟通,也可以结合销售电话同时使用,比较自由和随意。如酒店总经理或公关部经理给老顾客的拜访电话。

4. 小组座谈

小组座谈是指酒店邀请一定数量的有代表性的顾客,采用一种聚会的形式,就有关酒店服务质量方面的问题进行意见征询、探讨与座谈。酒店在进行小组座谈时,一般会结合其他公关活动同时进行,如酒店重要会员的定期聚会、节日聚餐等。在进行小组座谈时,参会的店方人员应尽可能与被邀请的顾客相互熟悉,这样有利于信息的收集,同时也不要忘记向被邀请的顾客赠送礼物或纪念品。

5. 常客拜访

常客拜访是一种一对一、面对面的且最明朗、最直接的联系和交流方式。《哈佛商业评论》的调查显示,20%的常客可以产生150%的利润,商家向常客推销产品的成功率高达50%。可见,常客的购买频率高、购买数量大,对酒店的利润贡献率也最大。因此,酒店管理者也应把常客作为主要目标顾客和服务重点,对常客进行专程拜访以显示酒店对常客的重

视与关心。

(二) 沟通技巧

有效的沟通包括信息传递,和信息接受者准确、充分地获取全部信息并在必要时反馈信息。酒店的管理人员和工作人员要掌握一定的沟通技巧,使所要沟通的信息能够得到高效的传达和交流。

1. 用心理服务生产优质的经历产品

酒店对客服务交流中提供有功能服务和心理服务。功能服务是指酒店人员的服务满足客人的实际需要。如开一瓶红酒、提供一次客房送餐服务等。心理服务是指除了满足消费者的实际需要以外,还要能使消费者得到一次愉悦经历。客人在酒店经历的一个重要的组成部分,就是在酒店经历的人际交往,特别是与酒店服务人员之间的交往。这种交往,决定了客人能否产生轻松愉快的心情,能否带走美好的回忆。从某种意义上讲,客人就是花钱买经历的消费者。酒店为客人提供了优质的心理服务,就是生产了优质的经历产品。"喜达屋关爱"对客服务计划中就提出喜达屋明星服务四大标准,注重客人的心理服务和经历产品。

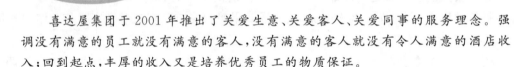

**知识活页** "喜达屋关爱"及"STAR 服务四大标准"

喜达屋集团于 2001 年推出了关爱生意、关爱客人、关爱同事的服务理念。强调没有满意的员工就没有满意的客人,没有满意的客人就没有令人满意的酒店收入;回到起点,丰厚的收入又是培养优秀员工的物质保证。

喜达屋关爱对客服务计划,即喜达屋明星服务四大标准为:

微笑与问候(Smile & Greeting);

交谈与倾听(Talk & Listen);

回答与预计(Answer & Anticipate);

圆满地解决客人的问题(Resolve)。

这四条标准的第一个英文字母连起来刚好就是 STAR,即"明星"的意思,它言简意赅地反映了酒店行业服务的精髓。

(资料来源:http://blog.sina.com.cn/s/blog_66570adf0100heni.html。)

2. 察言观色,善解人意

酒店服务人员要能够通过察言观色,正确地判断客人的处境和心情,并做出适当的语言和行为反应,从而达到有效的沟通交流。酒店服务人员要提供热情周到的服务,给客人以亲切感,除了要做"感情上的富有者"以外,还必须善解人意。

3. 掌握说"不"的艺术

服务人员的说话要讲究语言艺术,特别是掌握说"不"的艺术。酒店服务人员在与客人交流的过程中要注意了解客人的心理,要尽可能用肯定的语气,去表示否定的意思。著名国际酒店品牌希尔顿教育员工,当客人来订房却无房时,除了说:"对不起,我们最后的两间房已经卖出去了,很抱歉。"还应该说:"我给您推荐两家酒店,档次跟我们差不多,而且价格还低20元,要不要帮您看看?"酒店服务人员应避免说"不",在必须说"不"时,也要多向客人解释,避免用生硬冰冷的"不"字一口回绝客人。

4. 巧妙地否定自己

在与客人的沟通出现障碍时,要善于首先否定自己,而不要去否定客人。应该把错留给自己,而不是留给客人。比如,应该说:"如果我有什么地方没有说清楚,我可以再说一遍。"而不应该说:"如果您有什么地方没有听清楚,我可以再说一遍。"

5. 帮助客人

客人在酒店消费的过程中经常会有很强的表现欲,服务人员要帮他表现出他的长处。比如,客人在与服务人员沟通时会不时地流露出自己的见多识广、阅历丰富,服务人员应马上给予肯定与赞美,并向客人请教一些相关问题,为客人搭建一个更广阔的表演舞台。如果客人有什么不愿意让别人知道的短处,则要帮他遮盖或隐藏。比如,当客人进餐时错把洗手盅当作喝水茶杯时,要尽量帮客人遮盖或淡化,绝不能嘲笑客人。

## 第四节　正确处理客人的投诉

投诉是客人对酒店提供的服务、设施设备等表示不满而提出的批评、抱怨或控告。客人投诉的实质是购买酒店产品和服务所花费的成本与所获得的价值相比过高,或没有达到预期的享受价值。由于酒店产品和服务的综合性以及客人需求的多样性,无论酒店经营得再好,都无法百分之百地让客人满意,因此,客人的投诉是无法避免的。酒店投诉管理的主要目的在于减少客人的投诉率,使客人投诉对酒店造成的危害降到最低,最终使客人对投诉处理结果感到满意。酒店经营者只有正确地认识客人投诉,恰当地处理投诉,使客人得到满意的答复,才能够变消极因素为积极因素,提高酒店的经营效益。

### 一、投诉造成的影响

任何事物都是一把双刃剑,有利有弊,客人投诉对酒店发展有负面和正面两方面的影响,酒店管理者要积极应对客人投诉带来的负面影响,正确认识并对待客人投诉的正面影响,妥善解决客人投诉的问题。

(一)负面影响

1. 投诉使酒店的声誉受损

酒店经营者通常以舒适、宜人、安全、豪华的酒店环境和热情周到的服务来吸引客人产生购买行为,由此赢得经营效益。一般来讲,由于酒店本身经营管理不善、服务人员的服务技能不熟练、服务态度不友好、服务程序出错等都会遭到客人的不满导致客人投诉。不论是什么原因造成客人的投诉,都会在一定程度上损害酒店在客人心目中的形象,影响酒店的声誉。

2. 投诉造成酒店的客源流失

酒店对客人的投诉无法妥善处理或处理不当时,在客人心目中的形象将不再完美,

并且会把对酒店的负面情绪和评价带给周边的人,从而导致酒店失去部分潜在客源。

3. 投诉影响了酒店的效益

客人投诉对酒店效益的影响包括经济效益和社会效益两个方面的影响。获取最大的投资回报是任何一家酒店都在追求的经济目标。客人投诉酒店,说明客人对酒店不满,有可能不再重复购买酒店的产品和服务,这表示酒店在客人身上的投资回报将降低,影响了酒店经济效益最大化的目标。酒店的社会效益是指酒店在经营管理过程中对社会带来的影响和贡献、社会对酒店的认可程度、酒店的公众形象等。而客人投诉,会使酒店的社会效益得不到充分发挥,甚至影响了酒店建立的公众形象。

(二)正面影响

1. 投诉是提高基层管理质量的推动力

酒店的部门分为对客营业部门和后台服务部门。对客营业部门基层管理的主要对象是工作人员在服务现场的工作质量,后台服务部门基层管理的对象为协同营业部门,确保酒店产品的整体质量符合要求。由于酒店的产品和服务由服务人员通过工作与客人产生直接或间接的沟通,是客人心目中的酒店代表。酒店基层工作人员的工作态度、工作效率、服务质量和效果直接影响到客人投诉行为的产生。

所以客人投诉也体现了酒店基层管理者的工作质量,是酒店基层管理质量的晴雨表。通过投诉,酒店可以及时发现工作漏洞,鞭策酒店管理者对症下药,解决问题。即使是客人的有意挑剔、无理取闹,酒店也可以从中吸取教训,为提高经营管理质量积累经验,使酒店制度不断完善、服务接待工作日臻完美。

2. 宾客直接向酒店投诉,给酒店提供了挽回声誉的机会

并不是每位客人对酒店产生不满时都会投诉,大多数心怀不满的顾客并没有投诉。顾客不投诉的理由有没有时间投诉、不想卷入麻烦之中;认为即使投诉,也没人会认真为自己处理;不知道到底应该向谁投诉、如何投诉;担心如果投诉了,会受到恶意报复。不管是何种原因这些客人没有投诉,但他们会通过其他途径宣泄,如以后不再到该酒店消费、向亲朋好友诉说不快的消费经历等。这意味着酒店连向客人道歉的机会都没有,就将永远失去这位客人。当客人向酒店投诉,表达不满和谴责时,表明客人仍对酒店抱有期望,期望酒店能改善服务。客人对酒店投诉,给酒店提供了及时补救、保全声誉、改善宾客关系的机会。如果酒店能妥善处理客人投诉,使客人对处理结果满意,酒店就能挽回失去的声誉。

3. 处理好投诉,可以改善宾客关系

根据顾客不满影响公式显示,如果有 1 个客人投诉,其实已经有 26 个客人对酒店不满意但保持了沉默。这些对酒店不满的客人,每人会告诉 10 位亲朋好友他的不满经历。而在这些获知朋友不满经历的人中会有约 33% 的人告诉另外 20 人。通过公式计算,如果有 1 个客人对酒店投诉,其实已经有 326 人对酒店不满意。如果这位客人不投诉或投诉没有得到妥善的解决,客人将不再入住该酒店,对酒店是个巨大的损失,酒店要力求使每一位客人都满意。如果酒店及时、妥善地处理客人的投诉,能使投诉危机转化为满意影响,从而能改善宾客关系,形成更好的口碑。

4. 处理好投诉有助于酒店发现问题,积累经验

酒店的问题是客观存在的,但酒店管理者长期在同一个环境工作中,对酒店经营管理出

现的某些问题很难发现,而客人的投诉,可以帮助酒店管理者发现酒店经营管理中存在的问题。客人来店销售时,会以期待的态度、挑剔的眼光来看待酒店的产品和服务。因此,投诉可以帮助酒店发现不足,积累酒店处理投诉的经验。

5. 处理好投诉有利于酒店改善服务质量,提高管理水平

酒店可以通过客人的投诉不断地发现问题、解决问题,进而改善服务质量,提高管理水平。酒店要正确对待和处理客人投诉,要善于从客人的投诉中发现有价值的信息,不断提高产品质量,优化服务流程,规范服务管理,赢得客人的满意和酒店的美誉。

## 二、投诉的类型

常见的客人投诉可分为以下五种类型。

### (一)设施设备投诉

设施设备投诉是因为酒店设施设备不能正常运转造成的客人投诉。它包括客人对空调、照明、供暖、供水、电器等的投诉。设施设备投诉属于酒店客人投诉的常见问题之一。在一些老式酒店中,客人对此类的投诉更多。在我国比较突出的问题是设施设备保养不当,而造成客人投诉。酒店应采取全方位的措施,重视对设施设备的维护与保养,杜绝运转中的设施设备出现故障。酒店工作人员在接收到此类投诉时,应协同有关部门进行实地查证,根据实际情况,与相关部门一起采取措施解决问题。

### (二)服务质量投诉

酒店属于服务性行业,产品具有生产与消费的同时性特点。客人在消费实物产品的同时也在接受酒店服务人员提供的服务。在服务过程中,客人等待时间过长,服务人员不热情、不周到等都会引起客人的投诉。在我国酒店业中普遍存在"硬件较硬,软件太软"的情况,酒店经营管理者要重视酒店的服务质量,在抓好硬件管理的基础上,注重服务人员的服务态度、服务效率、服务技能等方面的培训,提高服务人员的技能水平,树立服务人员"宾客至上"的服务意识,减少客人投诉。

### (三)食品及饮料投诉

酒店提供的食品及饮料不干净、过期变质、口味不佳等都容易引起客人的投诉。在酒店售出的产品中,除客房外,食品和饮料在整个经营收入中所占比重也较大。酒店要重视食品及饮料安全,加强管理食品及饮料的采购、储存、加工等环节,避免因此类问题为酒店的经营和声誉带来负面影响。

### (四)酒店安全投诉

酒店安全投诉是指客人在酒店因人身安全、财产安全、心理安全等受到侵犯而引发的投诉。酒店应采取相关措施,确保客人的人身、财产和心理安全,避免出现酒店内伤亡、偷盗、骚扰等事件,为客人营造安全、良好的环境。

### (五)规定及制度投诉

规定及制度投诉是指客人在酒店消费过程中对接触到的店内政策规定及制度等不满而引发的投诉。如对酒店预订、入住登记、会客等方面的相关规定表示不满等,接受投诉的人

员要向客人道歉,对于客人提出的合理的建议给予反馈,提高酒店的管理水平。

不管是何种原因的投诉,都会造成客人的不满。酒店要妥善解决客人投诉,消除客人的不满。酒店管理者要对客人投诉的类型进行整理分析,找出酒店经营管理中出现的问题和纰漏,采取相应的措施解决,逐步提高酒店的经营管理水平,降低客人投诉率。

### 三、客人投诉的心理分析

由于客人的性格、气质各不相同,在投诉时的心理也是不一样的。心理学家根据人们典型而稳定的个性心理特征把人的气质分为胆汁质、多血质、黏液质和抑郁质四种。经研究表明,胆汁质和多血质气质类型的客人易产生投诉。但不管是何种气质类型的客人,其投诉的心理一般有以下三种。

#### (一)求发泄的心理

当客人在酒店消费,由于各种原因产生投诉时,一般带有情绪。客人通过投诉来宣泄自己的不满情绪,从而使不悦的心情得到释放和缓解,以维持心理的平衡。

#### (二)求尊重的心理

客人在接受酒店产品和服务过程中产生挫折和不快时,希望他的投诉是被重视的、不满的经历是值得被同情的。

#### (三)求补偿的心理

客人求补偿的心理包括精神补偿和物质补偿两种。客人在投诉时都带有求补偿的心理,有些客人只是希望得到酒店相关人员的道歉,有些客人希望酒店既能道歉,还能给自己一些物质实惠。

酒店在处理宾客投诉时要善于分析客人的投诉心理,根据客人投诉心理需要,有侧重地解决客人的投诉,使客人满意。

### 四、处理投诉的原则

酒店处理客人投诉时都应遵循以下六个原则,认真做好投诉和处理工作。

#### (一)认真倾听

酒店的服务人员要善于倾听,特别是在接待客人投诉时,善于倾听能很好地了解客人提出的问题和事情发生的经过。客人在进行投诉时一般情绪较为激动,来宣泄自己的不满。酒店管理人员在处理投诉时要认真倾听,让客人把话讲完,使客人的情绪得到宣泄。认真倾听客人诉说,能使客人感到酒店管理者对他的重视。在倾听的同时,要目视客人,不时地点头示意,要认真记录,缓解客人的情绪,使客人能理智地叙述事情经过。认真倾听也是针对客人求发泄心理的正确应对。

#### (二)对客人表示同情和歉意

客人在投诉时一定要先让客人把话说完,绝对不能与客人争辩或急于解释,这样只能使事情变得更糟糕,造成客人更大的不满。酒店管理者在接待投诉时要对客人的遭遇表示同情和歉意,对客人提出的意见要表示感谢。酒店必须要清楚客人不是争论斗智的对象,也不要企图说服客人。因为任何解释都隐含"客人错了"的意思。酒店在处理客人投诉时要明白客人求尊重的心理,态度鲜明地承认客人是对的,稳定客人情绪,有助于投诉的解决。

### (三)征求客人同意并决定采取处理措施

酒店在处理客人投诉时要真诚为客人服务,保护客人的利益。在了解事情发生的经过时,不仅要尊重客人的陈述,还应找相关工作人员了解情况。根据了解的情况,向客人提出解决的措施,并征求客人的同意。酒店管理人员在处理客人投诉时切忌一味地讨好客人、轻易表态,这样会造成酒店不必要的损失,影响酒店员工的工作情绪。

### (四)感谢客人的批评指教

酒店经营者应感谢为酒店的产品和服务提出批评指导意见的客人,因为这些意见或投诉会帮助酒店提高管理水平和服务质量。如果客人有什么不满,不告诉酒店,而是告诉自己的亲戚朋友,反而会极大地影响酒店的客源市场与声誉。

### (五)快速采取行动,补偿客人损失

当客人同意酒店要采取的措施时,酒店要立即行动。因为时间和效率是对客人的最大尊重,也是客人最大的需求,否则就是对客人的漠视,会引起客人更大的不满。

### (六)落实、监督、检查投诉的处理

酒店在接待完投诉后,要落实、监督、检查已经采取的具体措施,确保改进措施的实施。在处理完客人投诉后,要以电话、邮件、面谈等形式与客人确认酒店处理投诉的事宜,询问客人对投诉结果处理的满意程度,检查、监督投诉的处理情况。

## 五、处理投诉的基本程序

各个酒店有关投诉处理的规定各有不同,但综合起来,处理投诉的程序可归纳为以下几个步骤。

(1) 承认客人投诉的事实。
(2) 表示同情和歉意。
(3) 接受客人的要求并采取措施。
(4) 感谢客人的投诉。
(5) 尽快采取措施解决客人投诉。
(6) 落实、监督、检查投诉的处理。
(7) 总结提高。

处理投诉的具体程序为:

### (一)认真聆听客人的投诉内容

聆听客人投诉能帮助酒店管理者了解事情经过,弄清症结,节约对话时间。在聆听中可采用提问的方式了解关键问题。

#### 1. 保持冷静

客人投诉时,不能反驳客人的意见,不要与客人争辩。客人在进行投诉时,一般情绪较

为激动。酒店在接受客人投诉时,不便于在公共场合处理,应请客人到办公室或其房间,这样容易使客人平静,也不影响酒店经营业务的开展。

2. 表示同情

设身处地地为客人考虑,对客人的感受表示理解,用适当的语言和行为给予客人安慰,从而将其不满情绪转化为感谢的心情,如"谢谢您,告诉我这件事"、"对不起,发生这类事,我感到很遗憾"、"我完全理解您的心情"等。因为此时尚未核对客人投诉的真实与否,所以只能对客人表示理解与同情,不能肯定是酒店的过错。

3. 充分关心

对客人的投诉不应该采取"大事化小,小事化了"的态度,应该用"这件事情发生在您身上,我感到十分抱歉"诸如此类的语言来表示对客人投诉的关心,并把注意力集中在客人提出的问题上,不随便引申,扩大态势,也不能推卸责任。

(二) 认真做好记录

在聆听客人投诉时要认真做好投诉记录。记录内容为酒店解决问题提供的根据,也反映出酒店对其投诉问题的重视。认真做好记录能缓和客人的情绪,使客人讲话的速度放慢,较为理智地陈述事实。

(三) 把将要采取的措施和所需时间告诉客人,并征得客人的同意

酒店管理人员在调查完客人投诉事件、了解投诉经历后应该采取行动解决问题。如果事情牵扯到其他部门或超出自己的职责范围,应协调相关部门采取措施,不能对客人表示由于权力有限,无能为力,也千万不能向客人做出不切实际的许诺。如有可能,酒店管理者可提供解决问题的方案或补救措施让客人选择。要充分估计问题解决所需要的时间,并告知客人。不能含糊其辞,要留有一定的余地。

(四) 采取行动,为客人解决问题

这是处理投诉最关键的一个环节,也是落实解决具体问题的环节。酒店必须认真做好这一环节的工作,以表示诚意,避免事情影响进一步扩大。如果客人投诉的问题是接待者能够解决的,应迅速回复客人,告诉客人处理意见。经了解事实经过后,若投诉是由于酒店服务工作的失误造成的,应立即向客人致歉,在征得客人同意后,做出补偿性处理。如果客人投诉的问题超出接待者的权限,须及时向上级报告。对于暂时不能解决的投诉,要耐心向客人解释,取得谅解,并请客人留下地址和姓名,等事情解决后告诉客人最终处理的结果。

(五) 检查落实并记录存档

在处理完客人的投诉后,还要及时与客人取得联系,检查、核实客人的投诉是否已圆满得到解决,并将整个过程写成报告,记录存档。在处理客人投诉的全过程中,要坚持做到三个不放过,即事实不清不放过,处理不当、客人不满意不放过,责任人员未接受教训不放过。对于出现投诉的问题,酒店要采取相应的措施尽量避免此类投诉的再次发生,举一反三,逐步提高酒店的服务质量。

### 本章小结

本章介绍了大堂副理的岗位职责及素质要求、客史档案的建立及其内容、与客人沟通的技巧、投诉处理的基本程序等。要求前厅工作人员不仅能够较好地完成本职工作,更要了解客人的需求,善于与客人沟通交流,注重对客服务中客史信息的收集与管理,妥善处理客人投诉,协调沟通其他部门,共同为客人提供优质服务。

### 思考与练习

1. 大堂副理的角色定位是什么,他在前厅部的工作开展中起着什么样的作用?
2. 为什么要建立客史档案?客史档案的内容有哪些?
3. 我们如何看待客人的投诉?
4. 投诉处理的基本程序是什么?
5. 与客人沟通的技巧有哪些?

### 案例分析

#### 案例一:客人留下了

坐落在杭州笕桥机场出口处不远的天地酒店,是一家三星级酒店,酒店内常会遇到因飞机晚点而没有被接走的客人。这天,正下着滂沱大雨,从北京飞来杭州的班机比预定时间晚到了整整一个小时。有6位客人预订了市中心四星级酒店A酒店的客房,但是在机场出口处并未见到该酒店的接客车。因为下雨,6位客人就来到了天地酒店大堂避雨等候。天地酒店的大堂副理看到后上前询问客人情况,得知客人在等已预订酒店的接客车时,帮助客人联系到了A酒店,告知对方客人的情况。联系好后把情况告诉客人,请客人安心等待。可是等了一会儿接客车还未到,大堂副理再次上前请客人安心等待,并适时、恰当地介绍本酒店的设施设备和服务,使客人对本酒店有所了解。过了一会儿,接客车仍不来,大堂副理帮客人打电话再度联系,联系后得知对方车辆来不了了,大堂副理说明可替客人叫出租车。这时,6位客人被天地酒店热情耐心的服务感动了,再加上天还下着大雨,路上出租车较少,于是客人说:"不用再找车了,我们今天就住你们酒店啦。"

问题：
1. 客人留下的原因是什么？
2. 大堂副理的做法有哪些可取之处？

### 案例二：手提包寄存

任何酒店都拥有一批老客户，他们都十分偏爱自己常住的酒店且与酒店上上下下的工作人员都很亲热友好，C先生就是这样一位老客户。一天，他和往常一样，因商务出差，来到了某酒店，C先生预计到达时间是下午四点。如果是平时，C先生很快就能住进客房，但是，由于酒店正在召开一个大型会议，C先生不能马上进房，服务员告诉他，到晚上九点可将房间安排好。C先生只好到店外的一家餐厅去用餐。由于携带手提包不方便，于是他来到前台，没有指定哪一位服务员，和往常一样，随随便便地把手提包放在前台，并交代十点以前来取，请前台人员予以关照。当然，没有拿收条或牌号之类的凭证。当C先生在十点前回到酒店并吩咐服务员到大堂帮他取回手提包时，大堂经理却说找不到了，并问C先生的存牌号是多少？C先生说他和平时一样，没拿存牌号。尽管酒店竭尽全力，却仍未找到C先生的手提包。于是C先生突然翻脸，声称包内有重要文件和很多现金，要求酒店处理有关人员，并赔偿他的损失。

问题：
1. C先生的手提包丢失的原因是什么？该酒店前厅工作人员在接待老顾客时存在哪些问题？
2. 大堂副理该如何处理C先生的投诉？

# 第七章

## 客房部概述

### 学习导引

客房是酒店的基本设施,是酒店向宾客提供住宿服务的部门,也是宾客在酒店逗留时间最长的地方。客房服务管理水平的高低,直接影响宾客对酒店的满意程度。通过本章的学习,应了解客房部在酒店经营管理中的地位、作用及基本任务,熟悉客房部的组织机构设置及各部门的职能,并掌握客房部与其他部门的沟通技巧。

### 学习重点

通过本章学习,重点掌握以下知识要点:
1. 客房的基本类型;
2. 客房部的地位及任务;
3. 客房部组织机构;
4. 客房部的岗位职责及素质要求;
5. 客房部与其他部门的沟通。

## 第一节 客房的基本类型

客房部又称为房务部、管家部,在我国北方也称为房口部。客房是宾客在旅游途中的"家外之家",而如何让宾客满意、感觉到家的温馨,就要靠客房部去完成。

### 一、按结构和床划分

按结构和床划分,客房可以分为单人间、大床间、双床间、三人床间、套房五种类型。

(一) 单人间(single room)

单人间是较早出现的一种客房类型,目前在我国高星级酒店中这种类型的客房比较少。

房间配置:一张单人床,一份客用物品。

消费群体:从事商务旅游的单身客人。

客房特点:舒适度有所欠缺,但不受其他客人的影响。

### (二)大床间(queen room)

这种类型的客房越来越受客人的欢迎,成为酒店客房类型中增长速度最快的一种房型。

房间配置:一张双人床,两份客用物品。

消费群体:夫妇、单身商务客人。

客房特点:舒适度较高。

### (三)双床间(twin room)

双床间是在我国大多数酒店客房类型中所占比例最高的房型,也称为标准间。

房间配置:两张单人床,两份客用物品。

消费群体:旅游团队、会议团队。

客房特点:价格比较公道,但会受同房其他客人的影响。

### (四)三人床间(triple room)

三人床间也是出现较早的一种房型,这种房型发展呈下降趋势,一般只有经济型酒店才有。

房间配置:三张单人床,三份客用物品。

消费群体:较低档次的旅游团队、会议团队。

客房特点:价格便宜,但会受同房其他客人的影响。

### (五)套房(suite)

套房是由两间或两间以上的客房构成的"客房出租单元"。根据使用功能和室内装饰标准的不同,套房又可细分为以下几种。

#### 1. 普通套房(junior suite)

普通套房一般为两套间,一间为卧室,配有一张大床,并与卫生间相连;另一间为起居室,设有不带沐浴设备的盥洗室。

房间配置:一张双人床,两份客用物品。

消费群体:夫妇、消费能力相对较低的商务客人。

客房特点:具有休息和会客功能。

#### 2. 商务套房(business suite)

随着商务活动的日益频繁,商务套房应运而生。这是一种专门为高级商务客人设计的房型,房间内配备实用的商务设备和办公用品。

房间配置:一间为办公室,另一间为卧室,一张双人床,两份客用物品。

消费群体:消费能力较高的商务客人。

客房特点:具有休息和商务功能。

#### 3. 双层套房(duplex suite)

双层套房也称立体套间,其布置为起居室在下,卧室在上,两者用室内楼梯连接。

### 4. 连接套房(connecting suite)

连接套房也称组合套间,是一种根据经营需要专门设计的房间形式,为两间相连的客房,用隔音性能好、均安装门锁的两扇门连接,并都配有卫生间。需要时,既可作为两间独立的单间客房出租,也可作为套间出租,灵活性较大。

### 5. 豪华套房(deluxe suite)

豪华套房的特点在于重视客房的装饰布置、房间氛围及用品配备,以呈现豪华气派。该套房可以为两套间布置,也可以为三套间布置。三套间卧室中配备大号双人床,除起居室、卧室外,还有一间餐室或会议室兼书房。

消费群体:高级客人。

客房特点:装饰豪华,配备用品高档,体现客人身份地位。

### 6. 总统套房(presidential suite)

总统套房一般由七八个房间组成。套房内总统与夫人的卧室分开,男女卫生间分用。总统套房拥有客厅、写字室、娱乐室、会议室、随员室、警卫室、餐室或酒吧间以及厨房等,有的还有室内花园。整个房间装饰布置极为讲究,设备用品豪华,常有名贵的字画、古董、珍玩装点其间。

一般三星级以上的酒店才设有总统套房,它标志着该酒店已具备了接待总统的条件和档次,但总统套房并非只有国家元首才能住。

## 二、按客房档次划分

按客房档次划分,客房可分为普通房、行政房、高级房、豪华房、普通套房、豪华套房、总统套房七种类型。由于部分房型已做介绍,在此不赘述。

## 三、按客房位置划分

按客房位置划分,客房可分为外景房、内景房和角房三种。

### (一)外景房

外景房是窗户朝向大海、湖泊、公园或景区景点的客房。

### (二)内景房

内景房是窗户朝向酒店内的房间。

### (三)角房

角房是位于走廊过道尽头的客房。角房因形状比较特殊,装饰无法循规蹈矩而不太受客人喜欢,但因其打破了标准间的呆板,反而受到某些客人的青睐。

## 四、特殊客房楼层的配置

旅游酒店客人的多元化需求使酒店除拥有各种基本房间类型以外,还必须配置各种特殊房间或楼层。而现代酒店各种特殊房型的出现,满足了客人的特殊要求,是酒店客房产品适应市场需求的体现。

### (一)行政楼层

行政楼层又称为商务楼层,近年来,国内越来越多的三星级以上的酒店相继改建并增设行政楼层,这既增加了酒店的经济收入,又提高了酒店的档次,改善了酒店的硬件设施,同时方便了商务客人,为客人提供了更快捷、更优质的服务。住在行政楼层的客人,不必在前台办理入住登记手续,其住宿登记、结账等手续直接在行政楼层由专人负责办理,以方便客人。另外,在行政楼层通常还设有客人休息室、会客室、咖啡厅、报刊资料室、商务中心等。因此,行政楼层集酒店的前厅登记、结账、餐饮、商务中心于一身,为商务客人提供更加温馨的环境和各种便利,让客人享受更加优质的服务。行政楼层有如下特点。

1. 提供特殊、快捷、方便的服务

1)直接在行政楼层办理入住手续

凡是准备入住行政楼层的客人,都由酒店人员直接在大厅迎送到行政楼层办理相关手续。这项服务缩短了客人办理入住和离店手续的时间,并使其享受贵宾待遇。

2)免费早餐及下午茶服务

凡是住在行政楼层的客人,可在行政楼层的小餐厅享受酒店提供的免费早餐和下午茶服务。

3)商务中心服务

凡是住在行政楼层的客人,可在行政楼层设立的商务中心享受酒店为他们提供的打字、复印、翻译等多种商务服务。

4)优雅安逸的会客休息空间

酒店在行政楼层为客人设立休息厅,客人可以在那里会客、读报、看电视。该休息空间还可为客人社交提供极好的场所。

5)其他服务

各酒店视自身情况提供不同的特殊服务,有些酒店提供免费熨衣服务,还有些酒店,凡是住在行政楼层的客人都可享受贵宾待遇,如客房摆放鲜花,送水果,在火柴盒、信纸、信封上印有客人的姓氏或为客人准备小礼物等。

2. 房价高

行政楼层的客房设施同普通楼层的客房设施原则上没有什么区别,但在商务设施上比普通客房齐全,例如增加传真机、直拨电话、留言电话、电脑等,所以房价要比普通楼层的房价高出10%~15%。行政楼层一般都选择酒店的最高几层,这些高楼层视野开阔,房间采光比较好,也比较容易与普通楼层分隔开。

### (二)女士客房

所谓女士客房,是指根据女性的生理、心理、审美观等专门为女性设计的客房。它有别于传统的客房,主要体现在使用者的性别限制上。女士客房产生的原因有很多,但最主要的是女性在现代社会中的地位越来越突出,而且经济地位也开始提升,导致价值观念的转变,甚至有的女性从家庭角色和社会角色中解脱出来,成为新新人类的重要组成部分。传统客房的设计是从大众化角度考虑的,尤其是为酒店的主要住宿者男性考虑的。所以突破传统思想、建设完全满足女性客人要求的女士客房,就必须充分考虑女性的审美观、爱好等多方面因素。女士客房需要特别注意以下几点。

（1）尊重女性客人的隐私权。

（2）提供与女性感性相符的室内装饰、设计以及适宜女性需求的家具、日用品等。

（3）提供女性必需的化妆品。

（4）提供安全警卫服务。

### （三）无烟楼层

无烟楼层专供非吸烟客人入住，并为客人提供严格的无烟环境。在无烟楼层的客房不仅房间里没有烟灰缸，楼层有明显的无烟标志，而且进入该楼层的工作人员和其他客人均是非吸烟者。对吸烟的房客而言，其在进入该楼层或房间时将被礼貌地劝阻吸烟，因为非吸烟人士对烟味的敏感程度是非常高的。可以预见，未来酒店将朝着全店禁烟的方向发展，这已成为国际趋势。

喜达屋饭店集团的威斯汀品牌是首个实施无烟政策的饭店品牌，其推出的"呼吸威斯汀"产品力求"让客人自由畅快地呼吸清新洁净的纯净空气"。

### （四）残疾人客房

设置残疾人客房是酒店人文精神的体现。残疾人客房应布置在便于轮椅进出、交通路线方便的地方，一般设在低层酒店的一层或高层酒店客房层的最低一层，可采用连通房的形式，便于陪护。我国的《旅游涉外饭店星级的划分及评定》中，对残疾人客房的设施设备配置与安装提供了参考指标。

在酒店的发展过程中，酒店管理者越来越重视客人的需要，应该说市场上有多少客房类型的需求，酒店就有多少类型的特殊客房。这是现代酒店在经营过程中提供个性化服务的一个重要手段，也是市场发展的必然规律。

## 第二节　客房部的地位及任务

客房部是现代酒店的一个重要职能部门，它的主要职责是组织生产客房产品，为客人提供优质服务。客人投宿于酒店，客房成为客人暂时的"家"。客房部要通过一系列管理手段和技巧，组织客房员工管理好这个"家"，使客人真切地感受到家的温馨。因此，客房是客人的"家外之家"，是酒店重要的经济来源。

### 一、客房部的地位

客房部是酒店的主要营利部门，它不但在酒店纷繁的日常工作中担任重要的角色，而且在酒店的经营管理中起着重要的作用。客房是酒店的主体，是酒店的主要组成部门，是酒店存在的基础，在酒店中占有重要地位。

#### （一）客房是酒店存在的基础

酒店是向旅客提供生活需要的综合服务设施，它必须能向旅客提供住宿服务，而住宿必须要有客房，从这个意义上来讲，有客房便能成为酒店，所以说客房是酒店存在的基础。

### (二)客房是酒店组成的主体

客房在酒店建筑面积中占70%~80%,酒店的固定资产,绝大部分在客房,酒店经营活动所必需的各种物资设备和物料用品,也大部分在客房,所以说客房是酒店的主要组成部分。

#### 1. 客房空间规格

客房空间是客房作为商品的基础。我国酒店星级评定标准规定,标准间客房净面积(不含卫生间)不能小于12平方米,标准高度不能低于2.7米。

#### 2. 建筑标准

给客人创造一个清洁、美观、舒适、安全的理想住宿环境。

### (三)酒店的等级水平主要是由客房水平决定的

因为人们衡量酒店的等级水平,主要依据酒店的设备和服务。设备无论从外观、数量或使用来说,都主要体现在客房,因为旅客在客房呆的时间较长,较易于感受,因而客房水平常常被人用来衡量酒店等级水平的标准。客房水平包括两个方面:一是客房设备,包括房间、家具、墙壁和地面的装饰、客房布置、客房电器设备和卫生间设备等;二是服务水平,即服务员的工作态度、服务技巧和方法等。

### (四)客房是酒店经济收入和利润的重要来源

酒店的经济收入主要来源于三部分——客房收入、饮食收入和综合服务收入。其中,客房收入是酒店收入的主要来源,而且客房收入较其他部门收入稳定。客房收入一般占酒店总收入的50%左右。从利润来分析,因客房经营成本比饮食部、商场部等都小,所以其利润是酒店利润的主要来源。

### (五)客房是带动酒店一切经济活动的枢纽

酒店作为一种现代化食宿购物场所,只有在客房入住率高的情况下,酒店的一切设施才能发挥作用,酒店的一切组织机构才能运转,才能带动整个酒店的经营管理。客人入住客房,要到前台办手续、交房费,要到饮食部用餐、宴请,要到商务中心进行商务活动,还要健身、购物、娱乐,因而客房服务带动了酒店的各种综合服务。

### (六)客房服务质量是酒店服务质量的重要标志

客房是客人在酒店逗留时间最长的地方,客人对客房更有"家"的感觉。因此,客房的卫生是否清洁,服务人员的服务态度是否热情、周到,服务项目是否周全、丰富等,对客人有着直接影响,是客人衡量"价"与"值"是否相符的主要依据,所以客房服务质量是衡量整个酒店服务质量、维护酒店声誉的重要标志。

### (七)客房部的管理直接影响酒店的运行和管理

客房部的工作内容涉及整个酒店的各个方面,为其他各个部门的正常运转提供了良好的环境和物质条件。另外,客房部员工数量占整个酒店员工数量的比例很大,其管理水平直接影响酒店员工队伍整体素质的提高和服务质量的改善。

## 二、客房部的主要任务

客房商品是由房间、设备设施、日用品等硬件设备和客房清扫、物品配备、设备设施的维护保养及满足宾客多方面的要求等综合服务组成的。因此,客房布置要美观,设备设施要完备、舒适、实用,日用品要方便、齐全,服务项目要全面、周到,宾客财物和人身安全要有保障,才能使宾客有"家"的感觉,而这些就是客房部的主要任务。客房部的任务主要包括以下几个方面。

### (一) 科学组织好接待任务

在客房产品的营销过程中,前厅始终处于营销活动的起点,负责客房产品的销售,而客房部始终处于营销活动的中间环节,负责客房投宿期间的大部分工作。客人住店期间在客房逗留的时间最长,设备和物资消耗最大。如何科学合理地组织接待工作,满足客人需求,提高客房出租率,降低物资消耗,加强成本控制,是客房管理的重要内容。客房部要根据酒店计划,制订部门计划和劳动定额,落实各项规章制度,保证服务质量。

### (二) 认真管理好设备用品

客房设备用品是开展客房服务工作的物质基础,管理好客房的设备用品,是客房管理的重要内容之一。客房内的各种设备用品应保持齐全、完好的状态,客房部要制订设备用品计划,明确各级管理人员的职责,合理使用设备用品,在满足客人使用、保证服务质量的前提下,提倡节约、减少浪费、堵塞漏洞,努力降低成本,力求经济效益最大化。

### (三) 精心设计好客房布置

客房环境的布置和装修,是搞好客房服务的前提。客房装饰布置的好坏、物资用品配备的数量和合理程度,不仅直接影响客房服务质量和酒店声誉,而且决定了客房的等级标准,是客房产品价值的重要组成部分。客房产品是商品化的高级消耗品,室内环境艺术设计和布置装潢都必须根据客房等级和客人的需要,遵循一定的原则和方法来进行。因此,必须根据客人的需求特点和酒店等级标准,装修布置好客房,使礼遇规格和陈设布置保持协调一致,使客房等级和客房价格相匹配。

### (四) 严格整理好客房卫生

客房卫生清洁工作是保证客房服务质量的重要组成部分。现代酒店对客房卫生的标准越来越高,因此,客房管理必须制定卫生操作标准规程,落实检查制度,指挥监督楼层班组的工作情况,切实保证客房的清洁卫生质量。

### (五) 监督保证好客房服务质量

对客房服务过程的管理,是保证客房服务质量的一个重要环节。要加强对楼面班组的组织和领导,严格按规章制度办事;加强同有关部门的联系,及时传递信息;分析客人的类型,研究客人的心理,随时掌握客人的心态和要求,从中发现普遍性的问题和客人的需求变化规律,抓住客房服务过程中的内在联系和基本环节,不断提高服务质量,提供最佳服务。

### (六) 管理好员工队伍建设

客房部所属的人员较多,加强对员工队伍的管理和建设,是确保客房服务工作顺利开展和不断提高服务质量的关键。员工队伍建设的主要内容包括提高员工的政治素质,提高员工的业务素质,认真执行奖惩制度。

(七)抓好安全保卫工作

从整个酒店来讲,酒店的安全保卫工作由保安部负责,但客房工作比较复杂,容易出现各种安全问题,客房部的安全工作应由客房部和保安部积极配合,共同负责。

## 第三节 客房部组织机构

各酒店客房部的机构设置不尽相同,考虑到酒店的性质、档次、规模、客源结构和层次、服务模式、建筑设计、内部功能布局、员工素质水平等因素,常常没有统一和固定的机构模式。但是,一般而言,客房组织机构的设置必须从整体观念出发,使客房管理各个方面的分工协作有机结合。

### 一、客房组织机构的设置原则

客房组织机构是完成酒店客房管理任务的有机整体,要把客房管理的各相关环节有机联系起来,其组织机构的设置应遵循以下几个基本原则。

(一)统一领导的原则

杜绝多头指挥,避免指令重复或冲突。一个人只能对一个上级负责,避免混乱和推诿扯皮。上级对工作的完成与否有最终的责任,避免重叠和空白。

(二)责权一致的原则

责任是运用权力过程中所产生的一种义务。直接上级在给其直接下级制定岗位职责时,应明确界定直接下级的权力及相应的责任,直接下级对所承担的任务或工作负有责任,管理人员则始终对其下级完成任务的成效有领导责任。职位、责任、权利、义务、利益五位一体,必须结合起来,职责规范制度化,才能保证客户系统各级、各部门领导工作的连续性和稳定性。

(三)机构精简的原则

机构设置要"因事设岗",而不能"因人设岗"、"因人设事",以防止机构臃肿、人浮于事的现象。近年来,许多酒店客房部的组织机构都有扁平化的趋势,扁平化最大的特点就是在职能不缩减的前提下减少机构的层次,从而减少沟通环节,提高沟通效率。由于房态管理信息系统的升级,管理人员和服务人员的素质也在逐步提高,客房部的组织机构设置完全可以做到扁平化。

### 二、客房管理组织机构一般模式

(一)大中型酒店客房部组织机构

大中型酒店客房部分支机构多,职责分工细,机构规模较大,如图7-1所示。

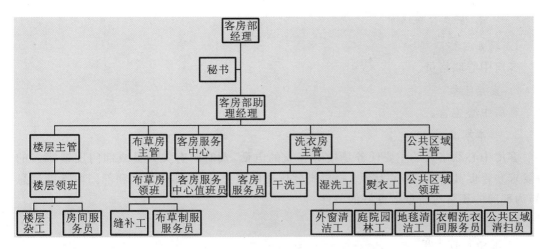

图 7-1 大中型酒店客房部组织机构图

(二)小型酒店客房部组织机构

在小型酒店里,客房部的管理范围较小,其组织机构层次比较少。随着社会化程度的加深,客房部的某些业务,如布草的洗烫、公共区域的外墙清洁等,都由外部的专业公司来承担,如图 7-2 所示。

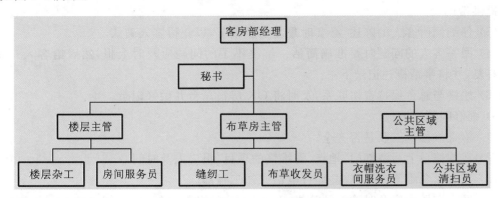

图 7-2 小型酒店客房部组织机构图

## 第四节 客房部的岗位职责及素质要求

一、客房部的岗位职责

岗位职责是用来规定某一具体岗位承担者必须完成的任务及胜任这一岗位所需要的能力。不同规模和类型的酒店,各工种的岗位职责差异较大。制定岗位职责要做到量体裁衣,适合本酒店工作的具体需要,岗位职责应随着工作任务的改变得到及时修订。

(一)客房中心联络员

1. 职务名称

客房中心联络员。

2. 直接上级

客房中心主管。

3. 基本职责

客房中心联络员的主要任务是接听客人的电话,及时向有关人员或部门反馈客人的服务要求并督促其落实,确保为客人提供高效优质的服务,做好部门之间和部门内部的信息传递,为部门的正常运行创造良好的条件。

4. 具体工作

1) 准备各种表单

每天早上准备好客房的房况表、住店客人表、预期走客表、领班查房表、员工清洁房间日报表、员工签到表及领钥匙表。

2) 接听电话

(1) 铃响三声之内,拿起电话。

(2) 用清晰、热情、礼貌的语调问候客人,报自己所在的部门、岗位,并告诉客人,乐意为客人提供帮助。

(3) 仔细倾听客人的陈述,必要时重复主要细节,以获得客人确认。

(4) 回答客人的问题时要准确简洁。解决不了的问题应及时上报,然后给客人一个满意的答复,并将事情概述记录下来。

(5) 始终与总台保持密切联系,及时将 OK 房报总台并做好记录。

3) 维修问题的填报

(1) 检查维修单三联是否齐全。

(2) 在维修单上写清部门、地点、需维修的项目、报告人及时间。

(3) 遇有紧急维修项目,应立即打电话通知工程部。

(4) 发现空置房应及时输入计算机,在记录本上随时记录维修的解决情况。下班前,尚未解决的问题在记录本上注明,交接下一班跟办。

4) 客人遗失物品的登记、临时保管、发放

(1) 将客人遗失物品在遗失物品记录本上详细、清晰地记录备案。

(2) 客房中心领班使用专柜对客人遗失物品进行管理。

(3) 贵重物品存入贵重物品保险箱。

(4) 在确认客人遗失物品无误时,检查客人有效证件,并请客人在遗失物品记录本上签字。

(5) 根据酒店的规定,一般物品保留 3~6 个月,贵重物品保存 1~2 年。

(6) 如客人遗失物品无人认领,超过酒店规定的期限,按酒店政策处理。

5) 钥匙及钥匙卡的保管与控制

(1) 钥匙及钥匙卡平时应锁在钥匙(卡)柜内。

(2) 领取钥匙时,先在领钥匙表上签字。

(3) 客房中心文员发放钥匙时要仔细认真核对无误后,方可发给员工。

(4) 员工领取钥匙(卡)后,立即扣在皮带上,钥匙任何时候不得离身,要按规定保管好,不得丢失。

(5) 只能为维修工、送餐员、送衣员开门。开门时,服务员要守候在一旁直至他们离开,再锁好门。

(6) 员工下班后,将所领钥匙还回客房中心,并在钥匙领取表上签字、注明时间,得到确认后,方可下班。

6) 租借物品的管理

(1) 租借物品放置在专用柜内,租借时应做好登记工作。

(2) 接到客人租借电话后,应立即通知楼层服务员到客房中心签字领取物品,并提醒服务员做好客人签字借物工作。

(3) 送还物品时,应认真检查物品有无坏损现象,如有坏损应视情况进行维修或要求客人赔偿,并做好记录。

(4) 因物品种类少,无法满足客人要求时,应及时向上级汇报,以便及时将物品补充至客房中心。

7) 派送报纸

(1) 行李员将当天报纸送到客房中心后,客房中心文员应做好签收工作。

(2) 将报纸按楼层房态分派并摆放好。

(3) 通知楼层领班到客房中心领取报纸。

5. 任职条件

(1) 具有中专毕业以上学历或同等文化程度。

(2) 口头表达能力强,语言流畅、清晰、准确,具有两种以上外语的听说能力,能说比较标准的普通话,能听懂国内的一些主要方言。

(3) 熟悉酒店的设施设备、服务项目、营业时间、电话号码等,能快速准确地回答客人的询问。

(4) 工作认真,反应敏捷。

(5) 具有一定的客房部工作经验,熟悉客房服务的程序和标准。

(6) 能适应客房服务中心的排班要求。

(7) 身体健康,仪表端庄。

(二) 客房服务员

1. 职务名称

客房服务员。

2. 直接上级

客房楼层主管。

3. 基本职责

负责客房及楼层公共区域的清洁保养和对客服务工作,为住客提供安全、卫生、舒适、美观的住宿环境。

4. 具体工作

1) 早班

(1) 领取楼层钥匙及夜班主管工作日志,了解上一班次工作状况,完成交办事宜。

(2) 掌握当日客房房态,召开领班例会通报当日工作情况,分发客房房态资料。

(3) 检查当日所有预抵 VIP 房间,并抽查一定数量的客房。

(4) 与前厅部保持联系,随时确认客房房态,保证房态准确,保证客房能被及时出售。

(5) 与楼层领班保持密切联系,核对房间状况,保证所有客房资料准确无误。

(6) 负责处理客房一般维修工作。

(7) 监督 DND(请勿打扰)房间,做好该房态的管理工作。

(8) 处理当班时间的各种问题,凡重要事宜应及时向上级汇报。

(9) 加强日常巡视检查工作,随时解决工作中出现的问题,抽查领班检查过的房间。

(10) 负责客人遗留物品的处理工作,满足客人的特殊服务要求。

(11) 完成上级交办的各项任务。

2) 中班及夜班

(1) 领取楼层钥匙,负责钥匙的管理工作。

(2) 交接早班主管工作日志,了解上一班次的工作状况,完成日志中交办的事宜。

(3) 掌握当日客房房态,召开领班例会通报早班工作情况,分发客房房态资料。

(4) 安排晚到客人的服务接待工作。

(5) 与前厅部保持联系,随时确认客房房态,保证房态准确,保证客房及时被出售。

(6) 与楼层领班保持密切联系,核对房间状况,保证所有客房资料准确无误。

(7) 负责客房紧急维修工作及突发事件的处理工作。

(8) 检查所有待修房间的状态,并将修理好的房间及时恢复到可出租状态。

(9) 监督 DND 房间,做好该房态的恢复工作。

(10) 做好开夜床服务,保证客房服务质量。

(11) 加强日常巡视检查工作,随时解决客人的服务要求,保证客人的安全。

(12) 负责客人遗留物品的处理工作,满足客人的特殊服务要求。

(13) 检查预抵客人和已入住重要客人的房间。

(14) 完成上级交办的各项任务。

5. 任职条件

(1) 具有高中毕业以上学历或同等文化程度。

(2) 能用外语进行对客服务。

(3) 熟悉客房楼层业务。

(4) 熟悉酒店的营业设施和服务项目。

(5) 乐观开朗,热情好客,具有较强的应变能力。

(6) 自律守纪,能吃苦耐劳。

(7) 身体健康,仪表端庄。

（三）楼层服务员

1. 职务名称

楼层服务员。

2. 直接上级

楼层领班。

3. 基本职责

按照客房的工作程序、工作标准和质量要求进行客房的清洁保养和服务工作，并保质、保量、按时完成所承担的工作。

4. 具体工作

1）早班

（1）按时到岗，按程序领取万能钥匙并签字。

（2）负责接受客人的服务要求，并及时为客人提供服务。

（3）检查房间状态，并按检查程序和标准报告客房房态，保证房态准确无误。

（4）按照工作程序和标准完成清扫房间的任务。

（5）负责楼道、防火梯和工作间的清洁与维护。

（6）注意客人的动态，发现问题及时向领班汇报。

（7）及时填写有关工作报告和消费单据。

（8）正确处理客人遗失的物品。

（9）做好安全防火工作，确保工作区域内的客人、财产安全。

（10）协助餐饮部及时收回送餐餐具。

（11）及时收取客人送洗的衣物并按程序进行检查。

（12）保持各种服务工具处于良好状态。

（13）检查房间内各种设备是否处于正常工作状态，发现工程问题时应及时填报维修单。

（14）每天早、晚两次清洁责任区的非客房区域，保证责任区清洁卫生。

（15）完成楼层领班分派的其他任务。

2）中班

（1）为所有预抵客人的房间和住人的房间提供开床服务。

（2）清扫早班未打扫的住人房间和离店房间。

（3）清洁楼道、电梯间，将放在楼道内的餐车、餐盘撤到指定地点。

（4）负责解决客人提出的一般要求。

（5）为早班准备好工作车。

（6）保持工作间清洁，并将所有垃圾倒掉。

（7）负责收发酒店为客人提供的免费物品。

（8）清点洗衣房送回的客衣，并及时送入客房。

（9）发现维修问题并按程序处理。

（10）负责本楼层的安全消防工作。

(11) 当班结束后,做好交班工作。
(12) 完成上级安排的其他工作。
3) 夜班
(1) 检查楼道,并收取客人挂在门外的送洗衣物。
(2) 按照工作程序和标准对工作区域进行定期清洁。
(3) 为客人提供叫早服务。
(4) 检查早离店客人的小酒吧及房间设施。
(5) 按规定的时间巡视楼层,发现问题及时报告。
(6) 满足客人提出的一般服务要求。
(7) 完成领班分派的其他工作。

5. 任职条件
(1) 具有高中毕业以上学历或同等文化程度。
(2) 能用外语进行对客服务。
(3) 熟悉客房楼层业务。
(4) 熟悉酒店的营业设施和服务项目。
(5) 有较扎实的客房工作经验,掌握清洁客房的程序、标准和要求,能熟练操作各种清洁设备和工具,并能正确使用各种清洁剂。
(6) 自律守纪,能吃苦耐劳。
(7) 身体健康,仪表端庄。
(8) 了解消防安全知识、急救知识和卫生防疫知识。

(四) 仓库管理员

1. 职务名称
仓库管理员。

2. 直接上级
客房部主管。

3. 基本职责
负责客房物品的领用、分发和管理工作。合理控制库存量,有效控制客房成本并保证满足客房服务需要。

4. 具体工作
(1) 定期为楼层分发客用品和清洁用品,做好成本控制。
(2) 及时掌握酒店总仓库存放的部门所需物品的库存情况,保证客用品使用量合理、使用周期合理。
(3) 按照酒店要求,做好账目的管理工作。
(4) 定期盘点物品,根据客用品及清洁用品的用量,及时补充库存。
(5) 保持仓库整洁、所存物品的码放符合安全标准。
(6) 对入库物品及出库物品有详细的档案和领用记录,确保库存物品准确无误。
(7) 掌握新型物品的使用及保养管理方法,并对使用员工进行培训。

(8) 完成上级交办的其他工作。

5. 任职条件

(1) 具有高中毕业以上学历或同等文化程度。

(2) 有较强的口头和文字表达能力。

(3) 有较好的沟通协调能力和应变能力。

(4) 熟悉酒店的营业设施和服务项目。

(5) 有2年以上客房服务岗位的工作经验,掌握客房、前台服务的程序、标准和要求;有一定的财务管理及统计学知识,能独立处理当班中的各项事务;能熟练应用酒店电脑管理软件。

(6) 自律守纪,能吃苦耐劳。

(7) 身体健康,仪表端庄。

(8) 熟悉酒店规章制度,了解消防安全管理条例和紧急情况处理程序。

(五) 迷你吧管理员

1. 职务名称

迷你吧管理员。

2. 直接上级

客房部主管。

3. 基本职责

负责客房迷你吧酒水的管理工作,保证客房酒水饮料及小食品的质量。

4. 具体工作

(1) 定期检查楼层和服务员的酒水储存柜,确保楼层储存柜内的酒水存储量符合规定。

(2) 填写每日楼层酒水消费总表,根据日消耗量填写酒水申领单。

(3) 抽查客人消费单中的各项是否按规定填写。

(4) 每月盘点客房迷你吧,完成每月迷你吧消费及丢失报损统计,并对丢失及报损原因进行分析然后上报主管。

(5) 确保迷你吧设备工作正常。

(6) 及时与主仓库沟通,做好酒水的储备及临近过期酒水的调换工作。

(7) 协助客房部仓库管理员及办公室文员工作。

(8) 完成主管交办的其他工作。

5. 任职条件

(1) 具有高中毕业以上学历或同等文化程度。

(2) 有较强的口头和文字表达能力。

(3) 有较好的沟通协调能力和应变能力。

(4) 有一定的统计学基础知识和计算机应用技能。

(5) 有2年以上客房或餐饮服务岗位工作经验,有一定的酒水和饮料知识,能独立处理当班中的各项事务。

(6) 自律守纪,能吃苦耐劳。

(7) 身体健康,仪表端庄。

(8) 熟悉酒店规章制度,了解消防安全管理条例和紧急情况处理程序。

### (六) 公共区域主管

**1. 职务名称**

公共区域主管。

**2. 直接上下级**

直接上级:客房部副经理。

直接下级:保洁公司主管。

**3. 基本职责**

负责酒店公共区域的清洁保养工作及清洁质量的检查和监督工作,代表酒店与清洁公司进行日常沟通和协调。

**4. 具体工作**

(1) 巡查所有公共区域,确保责任区工作达到规定的标准。

(2) 检查保洁员仪表仪容及行为规范。

(3) 督导保洁公司按照工作标准和程序进行操作。

(4) 控制公共卫生间客用品消耗,做好成本控制。

(5) 做好重要会议的准备服务工作。

(6) 制订楼道地毯清洗计划。

(7) 定期与酒店相关部门沟通,及时把清洁信息反馈给保洁公司,做好相关区域的清洁保养工作。

(8) 负责对保洁员进行培训。

(9) 负责楼层设备的维护、保养及调剂工作。

(10) 填写交班记录,并检查交班事宜的落实情况。

(11) 每周检查一次楼层工作车及吸尘器,发现问题及时通报。

(12) 完成上级交办的其他任务。

**5. 任职条件**

(1) 具有高中毕业以上学历或同等文化程度。

(2) 有较强的口头和文字表达能力,能用一门外语与客人进行简单的交谈。

(3) 有较强的沟通协调能力和实施培训的能力。

(4) 有一定的统计学基础知识和计算机应用技能。

(5) 有 2 年以上酒店公共区域工作及管理经验,熟悉公共区域各岗位职责、工作程序和标准;掌握各种清洁剂的使用知识,能熟练使用客房清洁设备、清洁工具;掌握安全操作和劳动保护知识,具有娴熟的待客技巧和应变能力。

(6) 自律守纪,能吃苦耐劳。

(7) 身体健康,仪表端庄。

(8) 熟悉酒店规章制度,了解餐饮、前厅、财务、工程等相关部门的工作程序。

## （七）楼层勤杂工

1. 职务名称

客房楼层勤杂工。

2. 直接上级

客房楼层主管。

3. 基本职责

主要负责客房楼层的辅助工作，协助客房服务员做好清洁保养和对客服务工作，提高客房楼层工作的效率。

4. 具体工作

（1）搬运垃圾、布件以及家具设备。

（2）补充楼层用品。

（3）协助客房服务员做好重、难、险的清洁保养等工作。

（4）完成主管安排的其他工作。

5. 任职条件

（1）男性，身体强壮。

（2）具有初中毕业以上文化程度。

（3）能吃苦耐劳，工作认真，责任心强。

（4）熟悉客房楼层工作，能从事客房清扫整理和一般的对客服务工作。

## （八）区域清洁工

1. 职务名称

区域清洁工。

2. 直接上级

公共区域主管。

3. 基本职责

负责指定区域的日常清洁保养工作，确保清洁保养的质量标准。

4. 具体工作

（1）按规定的程序和要求对所管区域进行常规性的清洁保养，并达到标准。具体工作内容包括以下几点：①扫地、拖地和吸尘；②擦拭家具、护墙板、踢脚线、装饰物、玻璃和镜子；③大理石和花岗岩地面的起蜡、上蜡；④不锈钢、铜器的除迹、上光；⑤地毯、沙发的清洁保养；⑥清理垃圾桶及烟灰缸。

（2）检查所管区域的设施设备是否正常完好，发现问题及时报告。

（3）正确使用和妥善保管器具用品。

（4）回答客人的询问，并积极地向客人介绍酒店的服务设施设备和服务项目。

（5）服从上级的调配，完成上级安排的其他工作。

5. 任职条件

（1）具有初中毕业以上学历或同等文化程度。

（2）掌握有关公共区域清洁保养的知识和技能。

（3）熟悉客房清洁保养和对客服务业务。

（4）工作认真自觉，能吃苦耐劳。

（5）熟悉酒店的服务设施和服务项目。

（6）略懂外语。

（7）身体健康，仪表端庄。

（九）打理工

1. 职务名称

公共区域打理工。

2. 直接上级

公共区域主管。

3. 基本职责

负责清洗地毯及软面家具、洗地打蜡等酒店内专项清洁保养工作和对外协作性与经营性清洁保养业务。

4. 具体工作

（1）负责酒店地毯和软面家具的清洗。

（2）负责酒店花岗岩、大理石等地面的清洗打蜡。

（3）负责酒店的除虫灭害工作。

（4）负责酒店外墙、外窗的清洁。

（5）负责酒店公共区域大型吊灯的清洁。

（6）负责酒店公共区域天花板、出风口、回风口及装饰物物件的清洁。

（7）承担店外的协作性或经营性清洁保养工作。

（8）正确使用和妥善保管公共区域的各种器具用品。

（9）完成上级安排的其他工作。

5. 任职条件

（1）男性。

（2）具有高中毕业以上学历或同等文化程度。

（3）精通酒店面层材料的清洁保养业务。

（4）熟练掌握有关清洁器具和清洁用品的操作及使用方法。

（5）工作认真负责，能吃苦耐劳。

（6）身体健康。

（十）客衣服务员

1. 职务名称

洗衣房客衣服务员。

2. 直接上级

洗衣房主管。

3. 基本职责

负责与客人及相关部门之间的联络,收送客衣、打码并协助经理处理日常事务。

4. 具体工作

(1) 负责接听电话并处理一般事务,如遇解决不了的问题,应及时向上级汇报。

(2) 负责客衣的取、送、检查、打码、核对工作。

(3) 负责处理有关客衣洗烫的异常情况,详细记录并及时上报。

(4) 负责将客衣口袋里查出的物品登记并返还。

(5) 督促完成快洗等特别服务。

(6) 准确、及时开出洗衣账单,做好每日客衣收入统计与入账工作。

(7) 负责处理各类表格,协助洗衣房经理做好各类统计工作。

(8) 负责各类物品的领用、分发和消耗量控制。

(9) 完成上级交办的其他任务。

5. 任职条件

(1) 中专以上学历或同等文化程度。

(2) 具有1年以上的洗衣房工作经验。

(3) 能熟练掌握洗衣房对客服务专业英语对话,口头表达能力强。

(4) 身体健康,精力充沛。

(十一) 布草房服务员、缝纫工

1. 职务名称

布草房服务员、缝纫工。

2. 直接上级

洗衣房主管。

3. 基本职责

负责布草和员工制服的发放和保管以及织补工作,保证客房、前厅等部门的布草供应以及发出的布草和制服符合质量标准。

4. 具体工作

(1) 负责接收、发放、分类、检查、清点布草和制服。

(2) 负责检查洗烫好的各类制服和布草,以保证其洗涤质量。

(3) 负责员工制服、布草的缝补、制作及改制工作。

(4) 做好客房、餐厅等部门布草的收发工作,确保其正常供应。

(5) 负责保管好布草和员工制服,循环地使用棉织品,防止腐烂、虫蛀等情况发生。

(6) 定期进行盘点工作,并详细记录。

(7) 定期申报因报损而减少的棉织品补充数。

(8) 保证布草房、货架的干净、整洁。

(9) 负责布草房的安全、防火工作,下班前检查、关闭所有电源开关。

(10) 按时按质地完成缝纫工作。

(11) 本着精打细算、节约成本的目的,尽力做好酒店员工制服及棉织品的缝补改制工作。

(12) 随时做好领班交予的应急工作。

(13) 负责缝纫机的清洁保养工作,保持工作场所的整洁。

(14) 对工作中出现的问题应及时向领班汇报。

(15) 完成上级布置的其他工作。

5. 任职条件

(1) 具有高中以上的学历或同等文化程度。

(2) 熟悉酒店制服、布草洗烫标准及管理方法。

(3) 懂得基本缝纫技术,吃苦耐劳,责任心强。

(4) 身体健康,精力充沛。

(5) 精通裁剪和成衣制作,有10年以上的裁剪、缝纫制作经验。

(6) 工作认真负责、细致踏实。

(7) 最佳年龄40~60周岁。

(十二) 干洗、小烫、手烫工

1. 职务名称

干洗、小烫、手烫工。

2. 直接上级

洗衣房领班。

3. 基本职责

负责酒店客衣及制服的干洗和熨烫,确保客衣及制服的洗熨质量,以满足客人和酒店的需要。

4. 具体工作

(1) 确保提供优质、高效的客衣、制服干洗及熨烫服务。

(2) 按规定程序与标准做好客衣干洗及制服的检查分类工作,洗前、洗后去污、干洗、熨烫等各项工作。

(3) 确保熨烫衣物平整、挺括、完好无损,符合酒店标准。

(4) 负责洗烫设备的维护保养工作,妥善保管洗烫用品和洗涤剂。

(5) 负责各项交接工作,确保工作记录准确无误。

(6) 负责日常工作区域的卫生清洁工作,物品摆放整齐。

(7) 完成上级布置的其他任务。

5. 任职条件

(1) 具有初中以上学历或同等文化程度,接受过干洗、熨烫专业培训。

(2) 有较好的手工熨烫技术。

(3) 熟悉酒店的洗烫质量标准,掌握一定的织物及洗涤剂知识。

(4) 热爱本职工作,能吃苦耐劳,身体健康。

### (十三)湿洗、烘干、大烫工

1. 职务名称

湿洗、烘干、大烫工。

2. 直接上级

洗衣房领班。

3. 基本职责

负责棉织品的洗涤、熨烫工作,确保为酒店提供合格的棉织品、制服、客衣和高效优质的服务。

4. 具体工作

(1) 负责客衣、制服及棉织品的水洗和烘干。

(2) 负责各类棉织品及布件的平烫、折叠及清点。

(3) 严格按规定程序安全操作洗涤、烘干及熨烫设备,并做好日常检查和保养工作,保证机器正常运转。

(4) 负责工作区域的日常卫生工作,确保其清洁,物品摆放整齐。

(5) 负责各项交接工作,确保工作记录和棉织品数据准确无误。

(6) 完成上级布置的其他任务。

5. 任职条件

(1) 具有初中以上学历或同等文化程度。

(2) 熟悉酒店棉织品的种类和洗烫质量标准,掌握一定的织物与洗涤剂知识。

(3) 熟练掌握洗涤、烘干、平烫的操作程序。

(4) 热爱本职工作,能吃苦耐劳,身体健康。

### (十四)地毯工

1. 职务名称

地毯工。

2. 直接上级

楼层主管或公共区域主管。

3. 基本职责

负责地毯的洗涤、更换工作,确保为酒店提供合格的地毯和高效优质的服务。

4. 具体工作

(1) 按照工作程序和标准,随时对客房地毯、沙发、床头板、床垫、床屉进行清洗。

(2) 每日巡查餐厅、多功能厅、楼层、房间地毯,及时修补各种开胶、破损地毯,清除各种污迹。

(3) 负责酒店区域内的铺地毯工作。

(4) 协助楼层定期进行清洁工作。

(5) 保证相关设备的正常运行。

(6) 完成上级交办的其他任务。

#### 5. 任职条件

（1）具有初中以上学历或同等文化程度。

（2）有扎实的地毯修理与清洁工作经验，熟悉各种地毯的质地、规格和性能；掌握各类地毯的清洁、洗涤、保养、修补、铺设等技术；掌握洗涤剂的配置方法，能熟练操作地毯清洗设备。

（3）有较好的口头表达能力。

（4）热爱本职工作，能吃苦耐劳，身体健康。

（5）熟悉酒店管理制度，受过地毯操作专业培训，掌握安全消防常识。

### 二、客房部从业人员的素质要求

#### （一）客房部管理者的素质要求

酒店客房只有现代化的服务设施而无高质量的服务是不能令客人满意的。高质量的服务有赖于高质量的管理和高水平的服务。也就是说，没有高素质的客房员工队伍就谈不上客房优质服务。客房部管理者应有的基本素质与前厅部并无不同，只是在应掌握的专业知识方面有明显区别。

##### 1. 掌握清洁方面的知识

懂得清洁卫生原理，掌握清洁剂、清洁用品的种类、使用范围和使用须知，能够指导清洁员正确使用，既达到清洁目的，又不会腐蚀损坏设备或对使用者造成伤害。

##### 2. 掌握物资设备管理方面的知识

懂得客房或其他空间应配备何种设备用品，能督导服务员正确使用和存放设备物品。

##### 3. 掌握室内环境艺术方面的知识

具有一定的审美素养，对客房陈设、装修材料以及色彩的选用、室内绿化美化能提出改进意见。

##### 4. 掌握防治虫害方面的知识

了解酒店内可能滋生的害虫种类、习性和滋生的诱因，掌握多种杀虫剂的作用和使用方法，懂得如何控制环境卫生，防止虫害的发生。

##### 5. 掌握客房劳动管理方面的知识

懂得如何制定劳动定额和编制定员，能合理组织劳动班组，合理配备和调节劳动力，恰当安排班次和轮休，合理利用人力资源。

##### 6. 掌握财务方面的知识

能制定和有效执行房务预算，制定和控制客房成本费用的开支标准，以最少的开支获得最大的经济效益。

##### 7. 掌握布件、制服面料质地方面的知识

能对员工制服面料和布件的选购提出建议，并在贮存等环节进行有效管理。

客房部工作范围广，涉及知识多，每位管理者应结合自身工作至少成为某一方向的专家。经理则应对上述业务有全面的了解，以便做好房务工作。

### (二)客房部服务员的素质要求

酒店能否提供高水平的客房服务,关键取决于服务人员的素质和服务能力。客房部服务员大多与客人接触较少,只有楼层服务台值台员和客房服务中心值班员承担对客服务工作。小型酒店楼层服务和客房清扫服务统一由客房部服务员承担。这里所谈的客房部服务员应具备的素质主要是指以下几个部分。

1. 政治思想素质

(1)树立正确的世界观与人生观。能全心全意为客人服务,自觉抵制腐朽思想的影响和侵蚀,维护国家和民族的荣誉和尊严。

(2)具有敬业精神。热爱本职工作,努力学习专业知识,能向客人提供标准化服务。

(3)具有高尚的职业道德。服务中一视同仁,不卑不亢,尊老爱幼,乐于助人,一切为客人着想,不损害消费者利益,廉洁奉公,忠于职守,顾全大局,团结互助。

(4)具有良好的组织纪律观念。遵纪守法,严守机密,遵守酒店的规章制度和员工守则。

2. 业务素质

(1)具有较好的语言表达能力。客房部服务员要讲好普通话,懂得地方方言,熟记本部门的专业用语、常用的酒店服务用语和礼貌用语,还要掌握一门外语,达到能与客人对话、相互沟通的程度。

(2)具有一定的文化知识和社会知识。高水平的文化修养必然会对服务员的气质性格产生良好的影响,有利于做好服务工作。合格的客房部服务员不仅应具有一定的文学、史学、服务心理学、民俗学、法律、各国风俗礼节等方面的知识,还要懂得旅行、购物、医药保健等生活小常识,熟悉本地的旅游景点、交通路线和气候特点,在必要时能给客人提示。

(3)有较强的服务技能技巧。熟悉本职业务工作和各项工作制度,懂得客房服务程序、操作规程和要求,做到服务标准化、程序化、规范化。

(4)具有较强的应变能力。善于观察,遇事沉着冷静,能应付各种突发事件,特别是在夜间值班时,要有独立处理问题的能力。

(5)具有良好的仪容仪表。仪容仪表关系到服务员的精神面貌、影响到客人对酒店的整体印象。

3. 身体素质

身体健康,能承担劳动量较大的客房清洁工作。客房部的工作量相当大,消耗体能多,因此要具有健康的体魄才能适应客房部的工作。

## 第五节 客房部与其他部门的沟通

酒店是由多个部门组成的一个有机整体,其运行与管理的整体性、系统性和协作性很强。各个部门彼此联系,甚至有些部门生产的产品是其他部门正常运转的依据。酒店经营管理目标的实现,有赖于所有部门及全体员工的通力协作和共同努力,各个部门都是酒店不

可分割的部分。对于各个部门而言,它们都是酒店的一部分,虽然各有任务和目标,但都不是独立的。要完成其任务、实现其目标,部门之间就必须相互支持、密切配合。因此,客房部在运行管理中,必须高度重视与其他兄弟部门的关系与沟通。一方面,要利用自身条件,像对待宾客一样为其他部门提供优质服务;另一方面,要与其他部门保持良好的沟通,争取他们的理解、支持和协助。在处理酒店内部部门关系的过程中,要有全局观念和服务意识,发扬团队精神,加强沟通、互相理解、主动配合,共同为酒店的发展做出贡献。

一、客房部与前厅部的协调与沟通

客房部与前厅部的协调沟通十分重要。客房部应不断、及时地得到前厅部提供的最新住客信息,随时清扫离店客房,及时满足前厅部销售客房的需要。客房部与前厅部的协调与沟通工作主要包括下列内容。

(1) 及时得到前厅部提供的有关客人的各种信息,包括客情预报表、重要客人接待通知单、团队会议接待通知单、次日抵店客人名单、预计离店客人名单、住店客人名单等。

(2) 客房部应及时得到前厅部提供的客人特殊要求通知单,以保证客房部提前做好准备,满足客人的需求。

(3) 客房部应及时与前厅部交换客房房态报告及客房房态差异报告,协调好客房销售和客房管理的关系。

(4) 及时得到前厅部提供的客人换房和房价变更通知单,以便准确掌握客房房态,做好客房服务工作。

(5) 离店房内发现客人遗留物品时,客房部应及时通报前厅部进行处理。

(6) 客房部应配合前厅部对提供叫醒服务而无应答的客人进行探视,保证叫醒服务准时落实。

(7) 客房部应及时向前厅部通报客房异常情况,如客房紧急维修、客人生病、重锁房、跑账房等,保证随时满足客房接待服务的需要。

(8) 客房部应积极协助前厅部做好大型团队、会议客人行李的运送工作,保证客人的行李安全。

(9) 客房部与前厅部员工应经常进行交叉培训,互相了解工作程序,更好地配合工作。

二、客房部与工程部的协调与沟通

客房部的设备设施、工具等由于种种原因经常会发生故障,需要工程部的全力配合和支持,并保证及时派出相应的技术人员进行维修或抢修,保证客房部对客服务的需要。客房部与工程部的协调沟通主要有以下几个方面的工作。

(一) 建立客房设备检查制度

工程部负责酒店所有设施设备的维修保养工作,任务量很大,为了保证客房设备能够得到正常维护,客房部与工程部应建立客房设备巡检制度(相关内容见表7-1),根据客房设备状况,合理确定检查频率,做到客房部自查、工程部检查、双方共查,并及时沟通检查情况,据此由工程部制订客房设备维修保养计划。

表 7-1 客房设备巡检表

| 序号 | 检查项目 | 检查日期 | 备注 |
|---|---|---|---|
| 1 | 检查门铃及铃座的牢固性 | | |
| 2 | 检查防盗链的牢固性 | | |
| 3 | 检查壁柜门及滑道的灵活性、挂衣架的紧固性 | | |
| 4 | 检查水压力是否正常及冷热水管是否流畅 | | |
| 5 | 检查浴缸、洗面盆、马桶的排水设施是否正常 | | |
| 6 | 检查马桶水箱是否渗水,如有,应及时修复 | | |
| 7 | 检查并加固马桶坐垫 | | |
| 8 | 检查洗面台的防水胶是否需要补胶 | | |
| 9 | 检查室内电源是否正常 | | |
| 10 | 检查淋浴喷头是否完好、牢固 | | |
| 11 | 紧固毛巾架、防滑扶手、浴巾架 | | |
| 12 | 检查晾衣架、浴帘杆是否完好、牢固 | | |
| 13 | 检查家具拉手、轨道是否正常、牢固 | | |
| 14 | 检查冰箱运转是否正常、有无噪声 | | |
| 15 | 检查床架是否牢固、有无脱漆或损坏 | | |
| 16 | 加固窗帘轨道 | | |
| 17 | 修补脱落墙纸及墙壁 | | |
| 18 | 检查照明、动力插座是否牢固、正常 | | |
| 19 | 清洗空调水管及滤芯 | | |
| 20 | 检查房内灯饰,更换灯泡 | | |
| 21 | 检查门锁、门镜、闭门器 | | |
| 22 | 检查控制板,保证旋钮齐全、工作正常 | | |
| 23 | 检查空调温度调节器 | | |
| …… | | | |

检查人签字：

（二）建立客房工程维修报告制度

客房工程维修报告制度分为一般报修制度和紧急报修制度。

1. 一般报修制度

根据酒店实际情况,制定一般报修程序,明确接到此类报修项目应到达现场的时间以及不同维修项目所需的维修时间和维修质量等。

2. 紧急报修制度

接到紧急报修要求,值班工程师及工程部经理应立即到达现场,采取紧急措施进行抢

修,及时控制局面。事后按一般报修程序补填维修单。

(三)制定待修房标准

酒店对待修房要加强管理,特别是旺季,凡是在当日内无法修好的客房就应转为待修房房态,不能出租,但酒店要制定每天允许产生待修房的正常比例,酒店主管领导每天要进行检查,并对待修房产生的原因进行分析并及时解决,将待修房的及时修复作为考核工程部工作的重要条件之一。待修房房态的转换应授权客房部经理负责。

(四)建立客房维修保养制度

(1)客房部成立维修小组对简单的项目进行随时修理,如更换灯泡、紧螺丝等。

(2)工程部定期对客房服务员进行培训,让其了解客房设备的结构与性能,掌握设备操作方法和维护常识,如紧急停电后电器重新启动的安全操作方法等,并能熟练地向客人介绍设备的使用方法和安全注意事项。

(3)客房部应积极配合工程部对客房进行维修。

### 三、客房部与保卫部的协调与沟通

危及客人人身安全、财物安全的案件绝大多数发生在客房,客房部员工又直接接触客人,会及时发现一些可疑人员、可疑物品以及有可能引发重大事故的前兆,因此,保持客房部与保卫部的密切联系非常重要。

(1)客房部在保卫部指导下制定客房安全管理制度,并随时接受保卫部的检查监督。

(2)客房部应积极协助保卫部对酒店公共区域及客房楼层进行检查,做好防火、防盗等安全工作。

(3)客房部及时向保卫部提供必要的住客资料和信息。如住客是单身女性,客房有大笔现金、贵重首饰,房间内有枪支、暴力迹象及其他可疑事件等。

(4)客房部与保卫部经理每月应至少一次共同研究客房安全保卫空白点,做好客房安全的预防工作。

(5)客房部应协助保卫部做好客人遗失物品的调查工作,督导员工严格执行酒店及部门管理制度。

### 四、客房部与营销部的协调与沟通

(1)客房部应配合营销部销售客房,保证客房产品符合销售需求,能吸引回头客。

(2)客房部应积极协助营销部在客房内放置广告、宣传册、通知书、敬启信、电视频报单等,并保证这些物品整齐干净、完好无损。

(3)营销部应定期对客房进行检查,及时了解客房产品的质量,对发现的问题及客人反映的问题及时向客房部反馈,讨论解决的办法。

### 五、客房部与餐饮部的协调与沟通

(1)客房部应密切关注餐饮部各营业场所的清洁状况及陈设状况,根据营业现状及时进行清洁整理工作。

(2)客房部应掌握餐饮部宴会安排情况,及时修订清洁计划,做好宴会客衣的保管工作。

(3)客房部应及时与送餐部沟通,做好送餐餐具的回收工作。

(4)客房部应根据餐饮部的经营状况,保证纺织品的周转和使用。

## 六、客房部与采购部的协调与沟通

(1)客房部应依据采购程序及时提出客房物品采购计划。

(2)采购部应确保客房部提出的采购计划在规格、质量、价格、数量、时间等方面得到保证。

(3)客房部应及时将得到的供货商及新产品信息推荐给采购部。

## 七、客房部与人力资源部的协调与沟通

(1)客房部应定期向人力资源部提出用工计划及要求,保证员工及时到位,并能满足培训需要。

(2)人力资源部依据酒店的经营情况与客房部协调用工标准及人员配置比例,合理控制人力成本。

(3)客房部按用人力资源部或培训部的培训计划要求,拟订部门培训计划并按要求保证培训质量。

## 八、客房部与财务部的协调与沟通

(1)客房部与财务部共同做好客房年度费用预算,严格控制成本。

(2)双方互相配合,做好固定资产的登记和管理工作。

(3)客房部应接受财务部的监督,做好客房物品的清理和盘点工作。

总之,为了做好对客服务工作,客房部与其他部门进行沟通与协调是非常必要的,而要做好协调工作,客房部与其他部门员工之间的互谅互让则十分重要。因此,客房部员工应该多了解其他部门的工作,多与其进行沟通,在工作中多理解对方,多支持对方,要明白客房部与其他部门之间是合作关系,而非竞争关系。

## 本章小结

客房部是酒店的一个重要部门,客房的收入是酒店经济收入的重要来源,客房服务项目的设置、服务质量的高低,在很大程度上体现了酒店的水准。客房部组织建设的发展趋势是机构精简、高效、科学化和合理化。对于客房的布置,应按照客房的分类与客房的结构展开工作,特殊楼层特殊布置,确保为不同客人提供相应的舒适环境。

除了客房的管理,还需对公共区域、洗衣房等进行协调与管理。客房部的服务人员,应严格按照酒店的岗位职责和素质要求进行招聘、落实。学会与其他部门进行沟通与协调,是客房部工作得以实现的重要保证。

## 思考与练习

1. 试述客房服务员对中外客人的准备服务有什么区别。
2. 试述客房部与其他各部门之间有哪些关系,与这些部门在日常工作中最有可能出现哪些矛盾,如何协调解决。
3. 客房服务模式的确立应考虑哪些方面的因素?
4. 举例说明客房部的组织机构怎样设计才能适应酒店现代化管理的需要。
5. 试述客房服务管理的特点和目标。

## 案例分析

### 吵闹与安静

搞美术设计的王先生出差入住到 A 酒店,对他来说,这次经历简直就是一种非人的折磨。由于他习惯将设计工作安排在晚上进行,因此直至天明后才就寝。可是,天明后,走廊里电话铃声、服务员相互之间的叫嚷声(她们叫嚷的都是工作上的琐碎之事,如浴巾差几条、某某房退房了等),此起彼落,不绝于耳,并夹杂着服务车被推动时轮子发出的"咯吱"声,这让王先生根本无法就寝。到了下午,服务员又去敲他的房间,并隔着房门大声询问是否需要打扫,要不就是打电话进来询问,让王先生很是头疼。

回忆起他上次出差入住的 B 酒店,感觉真是天壤之别。入住酒店后的第一感受就是安静舒适,当他离开酒店后回来,房间已被收拾得干干净净。有时候刚离开酒店后不久中途回来取物品时,当他刚进房间,就感觉到房间是已收拾了一半后被迫停下来的状态。他后来才知道,当他的前脚刚踏进酒店的大堂,前台接待员便马上通知客房服务员,客房服务员立刻停下手中的活,从房间内退出来。所以,他住了一个星期也没有和客房服务员在房间内打过照面。酒店走廊 24 小时总是静悄悄的,听不见服务员的喧哗之声。他也见过客房用的服务车,小巧玲珑,推起来声音很小。即使他一天不出房间,服务员也不会用打电话或是敲门的方式询问是否需要打扫。

问题:
1. 案例中的两个酒店在服务过程中的差异在哪里?哪一家酒店服务质量更高?
2. 为了提高酒店的服务质量,给客人提供一个舒服、安静、整洁的环境,客房服务应该从哪些方面入手?

# 第八章

## 客房部清洁卫生管理

**学习导引**

"宾至如归"是酒店重要的服务理念,也是酒店服务质量的重要体现。科学选择客房清洁剂和清洁用具是酒店清洁卫生质量的前提,通过对酒店客房、卫生间及公共区域进行规范化、程序化和标准化的清扫,并做好客房部清洁卫生管理控制,才能为顾客提供干净、整洁、舒适的住店体验,为酒店创造"终生客人"。

**学习重点**

通过本章学习,重点掌握以下知识要点:
1. 清洁剂与清洁用具的种类及使用方法;
2. 客房清扫的原则与顺序;
3. 客房、卫生间清扫的基本流程;
4. 公共区域清洁保养的业务范围和内容;
5. 客房清洁卫生质量的标准和控制方法;
6. 酒店客房和公共区域计划卫生。

## 第一节 客房清洁剂与清洁用具

为了做好清洁保养工作,必须借助安全高效的清洁剂和现代化清洁器具。不同的清洁剂和设备有着不同的用途,只有正确使用清洁剂和设备,才能够达到清洁的效果。反之,不但效果达不到,还会破坏被清洁的物品,损坏清洁机械和工具,造成人力和物力的浪费,特别是会破坏整个酒店的外观形象。所以,酒店客房部工作人员在上岗前要进行清洁剂和设备使用的培训,要了解设备的使用性能,要懂得如何使用各类清洁剂和设备,以便在日常的清洁保养工作中正确选择、使用不同的清洁剂和设备,做好清洁保养工作。

## 一、常用清洁剂及其使用注意事项

### （一）常用清洁剂的种类

**1. 酸性清洁剂**

（1）盐酸（pH=1）。盐酸主要用于清除基建时留下的污垢，效果明显。

（2）硫酸钠（pH=5）。硫酸钠能与尿碱起中和反应，可用于卫生间马桶的清洁，但不能常用且必须少量，以防腐蚀物体表面。

（3）草酸（pH=2）。草酸的用途与盐酸、硫酸钠相同，只是清洁效果更强于硫酸钠，使用时要特别注意。

客房部可少量配备以上三种酸性清洁剂，主要用于清除顽固尘垢或计划卫生，但需妥善管理和使用。使用前必须将清洁剂稀释，不可将浓缩液直接倒在瓷器表面，否则会损伤被清洁物和使用者的皮肤。

（4）马桶清洁剂（1<pH<5）。马桶清洁剂呈酸性，但含合成抗酸剂，以增加安全系数，有除臭和杀菌功效，主要用于清洁卫生间马桶、洗手盆等用具。使用时应先按说明书稀释，且注意必须倒在马桶和便池内的清水中，不能直接倒在被清洁物表面，刷洗后须用清水冲净。在具体安排时，住客房应使用弱酸性清洁剂，如多功能清洁剂；走客房使用较强酸性马桶清洁剂。这样既能保证清洁卫生质量，又可缓解强酸对用具表面的腐蚀。

（5）清毒剂（5<pH<9）。清毒剂主要呈酸性，可作为卫生间的消毒剂，又可用于消毒杯具，但用后一定要用水漂净。84消毒液即为其中比较好的一种。

**2. 中性清洁剂**

（1）多功能清洁剂（7<pH<8）。多功能清洁剂略呈碱性，含有表面活性剂。由于性质温和，对物体表面损伤较小，且有防止家具生霉的功效，因此宜用于日常卫生，但不能用于洗涤地毯。

（2）洗地毯剂。这是一种专门用于洗涤地毯的中性清洁剂，因含泡沫稳定剂的量有区别，可分为高泡和低泡两种。高泡用于干洗地毯，低泡一般用于湿洗地毯。用低泡洗地毯时宜用温水稀释，去污效果更好。

**3. 碱性清洁剂**

（1）玻璃清洁剂（7<pH<10）。玻璃清洁剂一般呈中性或碱性，有桶装和高压喷罐装两种。前者类似多功能清洁剂，主要功能是除污斑，使用时不可用抹布沾清洁剂直接擦拭，以免造成玻璃面发花。正确的使用方法是装在罐壶内对准脏迹喷一下，然后用干布立即擦拭。后者内含挥发性溶剂、芳香剂等，可去除油垢，用后留有芳香味，同时在玻璃表面留下透明保护膜，更方便以后的清洁工作，省时省力，效果好，但价格较高。

（2）家具蜡（8<pH<9）。在日常客房清扫中，服务员只是用抹布对家具进行除尘，或用经稀释的多功能清洁剂去除家具表面的油污等。但长期使用多功能清洁剂会使家具表面失去光泽，因此还应定期使用家具蜡。家具蜡有乳液、喷雾、膏状等几种，它具有清洁和上光双重功能，既可去除家具表面动物性和植物性油污，又可形成透明保护膜，防静电、防霉。使用方法为倒适量家具蜡在干布或家具表面，擦拭一遍，这一遍是清洁家具；15分钟后再用同样

方法擦拭一遍,这一遍是上光。通常两次擦拭之后效果较好。

(3) 起蜡水($10 < pH < 14$)。用于需要再次打蜡的大理石和花岗岩等石质地面。起蜡水碱性强,可将陈蜡及脏垢浮起而达到去蜡功效。使用时应注意,需反复漂清地面后才能再次上蜡。

4. 上光剂

(1) 擦铜水(省铜剂)。擦铜水多呈糊状,主要原理是氧化掉铜制品表面的铜锈而达到使铜制品清洁光亮的目的。但它只能用于纯铜制品,不能用于镀铜的制品,否则会将镀层氧化。

(2) 金属上光剂。金属上光剂含轻微腐蚀剂、脂肪酸、溶剂和水,主要用于纯金属制品,如水龙头、卷纸架、浴帘杆、毛巾架、门锁把手、扶手等,可起到除锈、除污、上光的功效。

(3) 地面蜡。地面蜡有封蜡和面蜡之分。封蜡主要用于第一层底蜡,内含填充物,可堵塞地面表层的细孔,起光滑作用;面蜡主要是打磨上光,增加地面光洁度和反光强度,使地面更为美观。地面蜡有水基和油基两种,水基蜡一般用于大理石等石质地面,其主要成分是高分子聚合物,干燥后形成一层薄薄的保护膜;油基蜡主要成分是矿物石蜡,常用于木板地面。使用时,两者不能弄错。蜡的形态有固体、膏状、液体三种,比较常用的是后两种。

5. 溶剂类

溶剂为挥发性液体,主要用于去除怕水的被清洁物体的污渍。

(1) 地毯除渍剂。专门用于清除地毯上的特殊污渍,对怕水的羊毛地毯尤为合适。地毯除渍剂种类很多,如有清除果汁色斑的,有清除油脂类脏斑的,还有清除口香糖的。地毯上有脏斑应及时擦除,否则除渍效果不明显。

(2) 牵尘剂(静电水)。用于浸泡尘推,增强其吸附灰尘的能力,增强地面清洁保养的效果。

(3) 杀虫剂。这里指喷罐装高效杀虫剂,如"必扑"、"雷达"等。使用杀虫剂非常方便,只需将杀虫剂均匀喷洒于虫类经过或藏匿之地,或直接射向目标,然后将房间密闭片刻,即可杀死蚊、蝇、蟑螂等爬虫和飞虫。喷洒时,切勿喷向食物。通常喷洒一次有一定的有效期,期满后再次喷射,即能彻底消灭各种虫类。但对老鼠则应购买专门的灭鼠药,或请专业公司或配合社区的灭鼠活动进行灭鼠。

(4) 酒精(无水乙醇)。这里指的是药用酒精,主要用于电话的消毒。

(5) 空气清洁剂。空气清洁剂一般为高压罐装,含有杀菌的化学成分和香料,具有杀菌、去异味、使空气芳香的作用。其品种很多,产品质量的差别很大。辨别质量优劣的最简单的方法就是看留香时间的长短,留香时间长则质量较好。

(二) 清洁剂使用的注意事项

为了有效地使用清洁剂,充分发挥其效能,减少浪费,提高清洁保养工作的安全性,应对酒店常用清洁剂进行严格的管理与控制。在使用过程中,应注意以下几点。

(1) 一般清洁剂皆为浓缩液,使用前必须严格按照使用说明进行稀释。若清洁剂溶液浓度过高,既浪费清洁剂,又对被清洁物体有一定的损伤;浓度过低,则达不到清洁效果,不符合酒店清洁保养的要求,影响酒店服务质量。

（2）不能使用粉状清洁剂。因粉状清洁剂多由非常细小的颗粒组成，对被清洁物表面尤其是卫生洁具表面有一定摩擦作用，会损伤物体的表层。同时粉状清洁剂在溶解过程中易于沉淀，往往难以达到最佳的清洁效果。

（3）应根据被清洁物体不同的化学性质、用途及清洁保养要求选择合适的清洁剂，以达到酒店清洁保养的标准。

（4）清洁剂在首次使用前，应先在小范围内进行试用，效果良好的才可以大范围使用。

（5）应做好清洁剂的分配控制工作，减少不必要的浪费。

（6）高压罐装清洁剂、挥发溶剂清洁剂以及强酸、强碱清洁剂在使用中都应特别注意安全问题。前两者属易燃易爆物品，后两者对人体肌肤易造成伤害。在日常工作中服务员应掌握正确的使用方法，配备并使用相应的防护工具，严禁在工作区域吸烟等。

（7）任何清洁剂一次使用过多都会对被清洁物体产生不同程度的副作用，甚至是损伤。因此，不能养成平时不清洁，万不得已时再用大量清洁剂清洗的坏习惯。这种方法既费时费力，效果也不好。同时，也不能指望好的清洁剂对任何陈年脏垢都非常有效。

（8）酒店应根据各自的资金状况选择合适的清洁剂。

（9）各酒店选择清洁剂时应以实际有效成分含量及质量为标准，不能以颜色深浅、泡沫多寡来衡量，最好要求卖方做示范，并且应考虑到环保要求。在资金允许的情况下，尽量选择对环境污染较小的清洁剂，如无磷清洁剂等。

## 二、常用清洁用具及其使用注意事项

### （一）常用清洁用具的种类

1. 扫帚

扫帚是最常见、最实用的清洁工具之一。扫帚的作用就是扫走大颗粒的脏物，主要用于清扫酒店室外或后台区域的地面。

2. 簸箕

簸箕可以撮起集中的垃圾，然后再将其倒入垃圾容器，一般和扫帚同用。簸箕用金属或塑料制成，用后要及时倒净，并定时刷洗。有的簸箕附有长的把手和盖子，以防止垃圾洒掉。在前台公共区域清扫时，最好使用提合式簸箕，较为美观和方便。

3. 拖把

在清洁工作中，拖把仍然被普遍地使用。酒店所用的拖把有圆头型和扁平型两种，主要用于清洁干燥平滑地面，其尺寸可大可小，取决于使用的场所和部位。拖把头应可以拆卸，以便换洗，最好能用机洗。使用过后要洗净晾干，挂放起来，以防霉、防滋生细菌。拖把有损坏迹象时就要更新。

拖把亦称水拖把，与之相配套的器具有挤水器（拧拖布器）、地拖桶和地拖车。

（1）挤水器。其作用是拧干拖布，通常有滚轴式、下压式和边压式三种，其中以下压式较好，滚轴式容易损伤棉质拖布的纤维，所以较少使用。

（2）地拖桶。一般由金属、不锈钢或塑料制成。地拖桶可分为两个部分，一部分用于存放清洁剂，另一部分存放冲洗拖布用水。

(3) 地拖车。由清洁桶、挤水器和车架组合而成,有单桶式和双桶式。通常挤水器可架在清洁桶沿上,清洁桶则安装在带有轮子的车上,也可将轮子直接安装于桶底。清洁桶内壁往往有定量刻度标志,以便配制清洁剂溶液时使用。

4. 尘推

尘推亦称尘拖、万向地推,主要用于光滑地面的清洁保养工作。尘推由尘推头、尘推架两个部分构成。尘推头有棉类和纸类两种。棉质尘推头价格稍贵,但可以洗涤且较耐用;纸类价格稍低,使用方便,但不耐用。

尘推架多为金属制成,长度可分为 45 cm、60 cm、90 cm 及 120 cm 四种,宽度有 7.5 cm、12.5 cm 两种。一个尘推架可以配备多个尘推头,尘推应根据所使用地面的情况选用相应的规格。

5. 抹布

抹布是清洁家具设备及其他物品表面的主要用具。根据清洁用途的不同,抹布应制成不同的尺寸,并选用不同质地和颜色的布料。这样既可防止抹布的交叉使用,又便于操作和提高清洁质量。清洁不同卫生洁具的抹布应严格加以区别,擦拭玻璃、镜子不能用毛巾类的抹布,应用平纹布;擦拭电视机屏幕应选择柔软的干布,如绒布等。

6. 玻璃清洁器

擦玻璃是服务员清洁卫生工作中比较费时费力的一项,使用玻璃清洁器则可提高工作效率,而且安全可靠、简便易行。玻璃清洁器主要由伸缩杆、T形手柄、橡皮滚轴和其他配件构成。

7. 油灰刀

用于去除黏固在地面上或其他地方的口香糖胶等难以清洁的污垢。

8. 吸尘设备

酒店的吸尘设备主要是指吸尘器,全称为电动真空吸尘器,它是酒店日常清扫中不可缺少的清洁工具。吸尘器不但可以吸除其他清洁工具难以清除的灰尘,如缝隙、凹凸不平处、墙角及形状各异的各种摆设上的尘埃,而且不会使灰尘扩散和飞扬,清洁程度和效果也比较理想。因此,其应用范围很广,如地板、家具、帘帐、垫套和地毯等处都可使用吸尘器进行除尘。酒店中常用的吸尘器有直立式、筒式、混合式、两用式和背式等几种。

9. 洗地毯机

洗地毯机机身结构及配件用塑钢和不锈钢制成,一般采用泡沫清洗法和喷汽抽吸法。洗地毯机工作效率高、省时省力、节水节电,可清洗纯羊毛、化纤、混纺以及植物纤维等地毯。洗地毯机的种类很多,但常用的有两种,即喷汽抽吸式洗地毯机和干泡洗地毯机。喷汽抽吸式洗地毯机在操作时将喷液、擦地、吸水三个动作同步进行,洗涤力特别强,去污效果也好,但操作起来较笨重,而且对地毯破坏性较大,所以不宜多用。干泡洗地毯机主要有滚刷式和转刷式两种,清洗方法比较简便,对不脏的地毯和纯羊毛地毯清洗效果较佳,而且对地毯损伤较小,但需要注意的是,洗地毯前要将地毯彻底吸尘和去渍,才能达到良好的效果。配套洗地毯机使用的还有吸水机、吹风机等。

10. 洗地机

洗地机又称擦地吸水机,具有擦洗机和吸水机的功能。这种洗地机装有双电动机,可集

喷、擦、吸于一身,将擦洗地面的工作一步完成。适用于酒店的大厅、走廊、停车场等大面积的地方,是提高酒店清洁卫生质量必不可少的工具之一。

11. 打蜡机

打蜡机有单刷、双刷及三刷机,流行最广的是单刷机。单刷机按速度分为四种,即低速机(120～175转/分)、中速机(175～300转/分)、高速机(300～500转/分)和超高速机(1000转/分)。其中,前两种较适用于洗擦地板,后两种多用于打蜡及喷磨工作。为节约资金及储存空间,有的酒店选用多用途的单盘式地板机。单盘式地板机既可用来擦洗地板、去地板蜡层、清洗地毯,又可喷磨地板、抛光地板,但这种机器对保养维护要求较高。这种机器可配备不同的擦垫以适应不同的工作任务。通常洗地时,要求转速较低,底刷(刷盘)较硬;打蜡抛光时,要求转速高,底刷(刷盘)细软。

12. 高压喷水机

这种机器往往有冷水、热水两种设计,给水压力可高达 2～7 MPa。一般用于垃圾房、外墙、停车场、游泳池等处冲洗,也可加入清洁剂使用。附有加热器的喷水机水温可高达沸点,故更适用于清除有油污的场所。

13. 房务工作车

房务工作车是客房服务员清扫客房时用来运载物品的工具车,多为三层,其大小应以能够存放一名服务员一天或一个班次所负责打扫客房的全部所需用品和有关工具为宜。房务工作车配有用来存放客房替换下来的待洗布件的布件袋,以及用来存放垃圾的袋子,顶部的许多小格可装客房日耗品。这样可省去工作中送取用品的时间,从而减轻劳动强度,提高工作效率。工作车通常安装两只定向轮、两只万向轮,便于转向移动。为防止房务工作车行进时碰伤墙纸、门面或留下痕迹,边框应有泡沫或包有橡胶条。另外,当房务工作车停在客房门口时,也可以成为"正在清扫房间"的标志。

(二)清洁用具使用的注意事项

1. 抹布的使用

抹布在使用时,要将抹布折叠起来,可多面使用,以提高工作效率,保证清洁质量。抹布最好由洗衣房负责洗涤、消毒,以确保抹布的清洁质量。若酒店不设洗衣房,所使用的抹布最好由专人进行集中洗涤。抹布应多准备一些,以保证员工都能使用符合标准的各类抹布。

2. 吸尘器的使用

(1) 首次使用前,应阅读使用说明书,按说明书叙述的方法将吸尘器安装好备用。

(2) 每次使用前必须检查电线有无破损,插头有无破裂或松动,以免引起触电事故。

(3) 检查吸尘器能否正常运转。

(4) 拉吸尘器时要一手拿吸尘器吸管,一手拉着吸尘器的抓手。这样方便拉动,避免碰撞其他物体。

(5) 吸尘时发现地毯上有体积较大的和尖利物体如纸团、针尖、图钉等,应及时捡起,以免损坏内部机件和造成吸管堵塞。吸尘器堵塞时,不能继续使用,以免增加吸尘器的真空负荷。

(6) 如果不是干湿两用的吸尘器,不能用来吸液体、黏性物、金属粉末等。

(7) 有集尘指示器的吸尘器,不能在满点上工作。若发现指示游标接近满点,应立即停机清理。

(8) 吸尘器在使用过程中应随时将刷子上的毛发及绒线头清理干净。若发现刷头磨损较严重,应及时更换,否则影响吸尘效果。

(9) 吸尘器若漏电或电动机温度过高以及有异常声响时,应立即停机检查。

3. 洗地毯机、洗地机的使用

(1) 使用前先检查各个部件是否完好。

(2) 打开机器时,应注意水箱是否保持密封,以防污水、清洁液外流。

(3) 清洗工作完毕,要将剩余清洁液抽至污水箱内,然后倾倒干净。

(4) 使用完毕后,应擦净机身,并把各种配件清洗干净,晾干后妥善保存。

4. 房务工作车的使用

房务工作车的布置应按酒店的规定进行,不能在车上随便堆放杂物。推拉工作车时应注意万向轮在前,定向轮靠后,避免因硬拉而损坏工作车。房务工作车应装有缓冲器或其他弹性防护装置,推拉时应掌握行进方向,以免撞伤墙面或撞坏其他物件。房务工作车应经常擦拭,保持清洁,定期对房务工作车车轮加油,进行润滑和消声。

## 第二节 客房清洁卫生服务

为酒店宾客提供一个干净、舒适的睡眠环境是酒店客房服务管理的一个重要目标。这就需要对客房卫生清洁服务工作制定标准和流程,以确保销售给宾客的房间都能达到预定的目标要求。

一、客房清扫的原则与顺序

(一) 客房清扫的基本原则

1. 从上到下原则

例如,抹衣柜时应从衣柜上部抹起;擦洗卫生间和用抹布擦拭物品的灰尘时要从上到下。

2. 从里到外原则

地毯吸尘,必须从里面吸起,后到外面;擦拭卫生间地面时也要从里到外。

3. 先铺后抹原则

房间清扫应先铺床,后抹家具物品,如果先抹尘,后铺床,铺床扬起的灰尘就会重新落在家具上。

4. 环形清理原则

家具物品的摆设是沿房间四壁环形布置的,因此,在清洁房间时,应按顺时针或逆时针方向进行环形清扫,以求时效和避免遗漏。比如擦拭和检查卫生间及卧室的设备用品的线路时,应按照顺时针或者逆时针进行,以免遗漏死角,更重要的是可以节省体力。

5. 干湿分开原则

在擦拭家具物品时,干布和湿布要交替使用,针对不同性质的家具,使用不同的抹布。例如,房间的镜、灯罩、电视机屏幕、床头板、卫生间的金属电镀器具等只能用干抹布擦拭,以免污染墙纸和发生危险。

6. 特殊情况优先原则

(1) 住客房应先房间后卫生间,这是因为住客有可能回来,甚至带访客回来,先将客人的卧室整理好以便客人归来有安身之处,卧室外观整洁,客人当着访客面也不会尴尬。此时,服务员留下来做卫生间也不会有干扰之嫌。

(2) 走客房应先卫生间后房间,一方面可以让弹簧床垫和毛毯透气,达到保养的目的,另一方面又不用担心客人会突然闯进来。

(二) 不同客房清扫的先后顺序

1. 淡季时的清扫顺序

(1) 总台指示要尽快打扫的房间。

(2) 门上挂有"请速打扫"牌的房间。

(3) 走客房间。

(4) VIP 房。

(5) 其他住客房间。

(6) 空房。

2. 旺季时的清扫顺序

(1) 空房。空房可以在几分钟内打扫完毕,以便尽快交由总台出租。

(2) 总台指示要尽快打扫的房间。

(3) 走客房间。

(4) 门上挂有"请速打扫"牌的房间。

(5) VIP 房。

(6) 其他住客房间。

二、客房清洁卫生服务程序

(一) 客房清洁的准备工作

为了保证客房清洁整理的质量,提高工作效率,必须做好客房清洁整理前的准备工作。

1. 了解房态、决定清洁顺序

为提高客房利用率和服务质量,客房清洁整理应根据客房的不同状况,按一定的先后顺序进行。

2. 准备工作车、清洁工具

工作车是客房服务员整理、清扫房间的主要工具,准备是否妥当直接影响清扫的效率。一般可在每一班次结束前做好准备工作,但在每班工作前应做一次检查。准备工作的基本内容包括将车擦拭干净,将干净的垃圾袋和布草袋挂在挂钩上,再把棉织品、水杯、烟缸、文具用品及其他各种客用消耗品备好,整齐摆放,备齐各种清洁剂、干湿抹布、不同刷子、清洁手套等各种清洁工具。

检查清扫工具和各部件是否完好,有无漏电现象,检查蓄尘袋的灰尘是否倒掉。

(二)住客房与退房的清洁程序

1. 停放工作车

工作车应挡住房门1/3靠墙停放,这样既便于观察工作车上的物品,又不使住客房的客人出入房间时遇到障碍。

2. 敲门进入房间

敲门前要先观察门上是否挂有"请勿打扰"牌或门上有双锁标志(锁中露出红色标志等),避免打扰客人。敲门要先轻轻敲三下,然后报称客房服务员,待客人允许后方可启门进入。如果三四秒钟后客房内没有回答,再轻敲三下并报名。重复三次仍没有回答时,可用钥匙慢慢把门打开。

进房时,无论客人是否在房间,都不得将门关严。如果客人在房间,要立即礼貌地向客人讲明身份,征询是否可以进房清扫。如进房后发现客人在卫生间,或正在睡觉,正在更衣,应立即道歉退出房间,并关好房门。需要注意的是,敲门时不得从门缝或门视镜向内窥视,不得耳贴房门倾听。

3. 房内整理

(1)拉开窗帘,开窗通风(不能开窗的要调大空调通风量)。

(2)打开所有照明灯具,并检查是否完好有效,然后关闭客房内的电器和照明灯。

(3)巡视门、窗、窗帘、墙面、天花板、地毯以及各种家具是否完好。若有损伤,及时报告领班报修,并在客房清洁报表状况栏内做好记录。

(4)清洁离店客人的房间时,必须仔细检查有无遗留物品,若有发现,应立即上报并做好记录。

(5)检查小酒吧。

①若发现客人已使用过小酒吧的酒水和食品,并已填写了账单,应及时将账单第一、二联交服务中心,并由服务中心将第二联交前台收银处,前台填写杂项支出单给库房保管员,库房保管员对照杂项支出单领出酒水。

②若客人使用了小酒吧的酒水和食品却未填账单,应代客人填写,并签上自己的姓名,然后将账单第一、二联交服务中心,按①的顺序进行。

③随手把小酒吧的冰箱和物品清洁干净。

4. 清理垃圾杂物

(1)将房间和卫生间的垃圾、烟灰缸的烟头、纸篓废弃物等收集倒入工作车的垃圾袋内,注意烟头是否熄灭。

(2)将用过的烟缸、杯子放入卫生间准备刷洗或放回工作车准备调换。

(3)不经客人同意,不得擅自将客人的剩余食品、饮料、自带用品等撤出房间。尤其是女性化妆品,即使是用完的空瓶、空盒也不得扔掉。

(4)客房内可能有保留价值的东西不可随意丢掉。

### 5. 清理脏布草

(1) 将客人放在床上的衣物用衣架挂起,放入衣橱内。

(2) 将换下的床单、被套、枕套,连同卫生间更换的毛巾、浴巾、地巾一起分类放入工作车的布草袋。

(3) 如发现有破损的布草应该分开保存。

(4) 被芯、枕芯不得放在地面。

(5) 客人若没有特别要求,住客房的床单、被套、枕套等床上布草可3天更换一次。

### 6. 铺床

将干净的床单、枕袋按所需要数量拿取放于床上或靠床的椅子上,然后按照以下顺序开始铺床:

(1) 将床拉离床头板。

①弯腰下蹲,双手将床稍抬高。

②将床拉离床头板约30厘米,拉床时用力均匀,注意保护身体。

③整理床褥,将床垫拉正对齐。

④检查和整理好床垫和保护垫,如发现保护垫有损坏或弄脏的应及时撤换清洗。

(2) 铺床单。

①站在床尾中间铺床,床单正面朝上,折线居中,两边匀贴,床单四角拉平包严。

②内角45度,外角90度。

③铺床时不要梳理头发,防止头发掉入床单。

(3) 将床复位。

①弯腰下蹲,缓缓将床推入床头板下。

②切忌用力过猛。

(4) 铺棉被。

①打开被套,检查质量。

②将被子套入被套,折线与床单中线对齐,上端铺到床头顶端,两侧下垂部分均匀。

③将床头棉被回折25厘米,作为被横头。

④除床头外,棉被其余三侧下摆匀称,下摆不超过地面,转角整理平整。

⑤棉被与床头相距30厘米。

(5) 套枕头。

①将枕芯抖松平放在床上。

②拿住枕芯的前面两头塞进枕套,商标朝内。

③两手抓住袋口,边提边抖,使枕芯全部进入枕套。

④将枕芯掖进枕袋双边内,把袋口整理好,四角对齐,整平、拍松。

⑤枕芯必须四角饱满,外形平整、挺括,枕芯不外露。

(6) 放枕头。

①将两只枕头放在床头正中,三线对齐。

②棉枕头放在下面,抱枕斜立在棉枕头上。

③枕头开口全部背离床头柜,单人床开口背离大门,大床房开口相对,中间留出约15

厘米。

（7）结束。

全面整理、调整，保持床面挺括美观。

7. 抹尘

（1）按顺序使用规定的抹布从上到下、从里到外环型擦拭（顺序为抹尘的路线从门开始从左至右，从上到下，依次为衣柜、行李柜、电视机、地灯、电话、床头柜、床头灯、床头板、空调调节器、迷你吧柜、洗手间房门）。

（2）用规定抹布擦拭各类电器、灯具。

（3）清洁灯具、电器必须在断电的情况下进行。

（4）检查设施的使用情况并将有问题的设备记录上报给领班。

（5）按规定设置空调温度、调试核对电视频道（中央台—本地台—地方台）。

（6）检查、擦拭墙面污渍。

所有地方包括边角均应做到无尘、无污渍、无杂物、无水迹，抹尘过程中需将所有物品按标准摆放好。

8. 清洁卫生间

（1）准备工作。

①清洁用具箱，分格摆放，马桶刷、浴缸刷、多功能清洁剂、洁厕剂、百洁布、分色抹布4块。

②进入卫生间，打开灯（住客房卫生间如门关闭，必须敲门确认是否有人）。

③抹布只能在淋浴区清洗，不得在面盆清洗。

（2）撤除脏布草和垃圾。

①撤掉用过的脏布草，放入布草袋。

②住客房若毛巾放置在毛巾架上或未使用，可以不更换。

③废弃物收集到垃圾袋中。

④清洁垃圾桶。

⑤将可以利用的物品如肥皂头等放入工具箱中。

（3）清洁面盆、台面及两侧墙面。

①用清洁毛球或百洁布清洗洗手盆、台面、水龙头、杯具，然后用水冲洗干净。

②用不同的清洁剂，喷洒卫生间不同的区域。

③在对马桶喷洒清洁剂前，先放水冲洗。

④用专用工具擦洗面盆、两侧墙面、台面和洁具并擦干。

⑤注意面盆塞和溢水口也要清洁。

（4）清洁镜面和玻璃。

①将玻璃清洁剂均匀地喷洒在镜面上。

②用干抹布从上至下将镜面擦干、擦净、擦亮。

③用干抹布将金属件擦干、擦亮（注意不要使用酸性清洁剂，以免使其腐蚀生锈）。

（5）清洗淋浴区。

①用专用工具清洁玻璃墙面、水龙头、淋浴蓬头、防滑垫等。

②清洗完毕后用清水清洗、擦干。
③做到无水迹、无皂垢、无毛发。
(6) 清洁马桶。
①使用专用的马桶清洁剂。
②使用专用的刷子从上至下对马桶内壁、出水孔、底部进行清洁。
③将马桶外部刷洗干净并擦干,座侧底部内壁不能有污迹。
(7) 清洁地面。
①在地面喷洒少量万能清洁剂。
②从里至外,沿墙角平行,边退边擦净地面(注意对卫生间地漏的清洁及除味)。
(8) 抹干。
用干净抹布将镜面、洗手盆、洗手台、杯具、冲凉房、马桶、地板擦干净。
(9) 补充客用品。
①按酒店要求补充、摆放客用品。
②补充客用品应遵循离店更新、住客补缺不撤的原则。
③加床房必须增加一套客用品。
④注意检查房间,用过的火柴必须换掉,文具用品皱、烂、有污渍的也要换掉。
(10) 注意事项。
①所有地方须保证洁净、无尘、无水印、无污渍、无毛发、不锈钢品洁亮,保证无异味。
②清洁过程中应检查设备是否完好,水质有无异样,冷热水是否正常。

9. 清洁地面

(1) 先将大垃圾清理,然后用地擦从里到外、从左到右,依次清洁地板。
(2) 地面清洁标准为干净、无污渍、无毛发。
(3) 吸尘时注意不要碰伤墙面和家具。

10. 环视检查房间

(1) 检查房间是否全部打扫干净,有无清洁用具留在房中。
(2) 所有物品是否已补充,物品是否摆放整齐、是否符合标准。
(3) 灯、空调是否关闭。
(4) 房间整体效果。

11. 离开房间

(1) 清洁用品放回工作车内。
(2) 门灯为开启状态,其余电器都处于关闭状态。
(3) 关门后回推房门,确保房门已关闭。
(4) 退出时对房门做安全检查,锁门。

12. 结束工作

完整填写客房清洁报表(见表8-1)和客用品每日消耗情况表(见表8-2),注明房态、进出时间、客用品补充数量、更换布草数量、维修项目及特别事项等。

13. 住客房清洁注意事项

(1) 原住房客人的物品要放回原处,不能翻阅客人的资料及其他东西,更不能拉开抽屉或行李箱。

（2）不能自作主张地丢掉原住房客人的东西。

（3）原住房客人的私人物品要摆放整齐，如衣服、鞋子等。

（4）客人中途归来时，一定要和客人打招呼，征求客人意见后再清理。

（5）离开时要和客人打招呼，并表示抱歉。

表 8-1　客房清洁报表

日期：

| 房间号 | 人数 | 房间状况 | 设备情况 | 打扫时间 | 备注 |
|---|---|---|---|---|---|
| | | | | | |
| | | | | | |
| | | | | | |
| | | | | | |
| | | | | | |
| | | | | | |
| | | | | | |
| | | | | | |
| | | | | | |
| | | | | | |
| | | | | | |
| | | | | | |
| | | | | | |
| | | | | | |

清洁员：

表 8-2　客用品每日消耗情况表

日期：

| 物品＼房号 | | | | | | | | | | | | |
|---|---|---|---|---|---|---|---|---|---|---|---|---|
| 圆珠笔 | | | | | | | | | | | | |
| 铅笔 | | | | | | | | | | | | |
| 针线包 | | | | | | | | | | | | |
| 信纸 | | | | | | | | | | | | |
| 信封 | | | | | | | | | | | | |
| 火柴 | | | | | | | | | | | | |
| 便条纸 | | | | | | | | | | | | |

续表

| 房号<br>物品 | | | | | | | | | |
|---|---|---|---|---|---|---|---|---|---|
| 垃圾袋 | | | | | | | | | |
| 拖鞋 | | | | | | | | | |
| 擦鞋纸 | | | | | | | | | |
| 洗衣袋 | | | | | | | | | |
| 卫生纸 | | | | | | | | | |
| 沐浴帽 | | | | | | | | | |
| 香皂 | | | | | | | | | |
| 牙刷 | | | | | | | | | |
| 梳子 | | | | | | | | | |
| 洗发液 | | | | | | | | | |
| 沐浴液 | | | | | | | | | |
| 护肤霜 | | | | | | | | | |
| 绿（红）茶 | | | | | | | | | |
| 面巾纸 | | | | | | | | | |
| …… | | | | | | | | | |

清洁员：

## 知识活页　　酒店的房态表示及内涵

常见的客房状态有以下几种。

1. 住客房（occupied，简写 OCC）

住客房又称实房，指住客正在使用的客房。由于宾客的使用情况、要求等不同，住客房又有以下几种状态。

（1）请勿打扰房（do not disturb，简写 DND），表示该客房的客人不愿意被服务人员或其他人员打扰。

（2）请即清扫房（make up room，简写 MUR），表示该客房的客人因会客或其他原因需要服务员立即清扫客房。

（3）外宿房（sleep out room，简写 S/O），表示该客房已被租用，但住客昨夜未归。为了防止逃账等情况的发生，应将此种客房状况及时通知总台。

（4）无行李房（no baggage，简写 N/B），表示该客房的住客无行李。应及时把这一情况通知总台，以防逃账的发生。

(5) 轻便行李房(light baggage room,简写 L/B),表示该客房的住客行李数量很少。为了防止逃账,应及时通知总台。

(6) 贵宾房(very important person,简写 VIP),表示该客房的住客是酒店的重要客人,在酒店的接待服务过程中应优先于其他客人,给予特别的关照。

(7) 长住房(long staying guest,简写 LSG),即长期由客人包租的客房。

(8) 加床房(extra bed,简写 E),表示该客房有加床服务。

2. 走客房(check out,简写 C/O)

根据情况的不同,走客房又有以下几种状态。

(1) 准备退房(expected departure,简写 E/D),表示该房客人应在当天中午12:00以前退房,但现在还未退房。

(2) 未清扫房(vacant dirty,简写 VD),表示该房客人已结账并离开客房,但还未经过清扫,服务员可以按规定进房整理。

(3) 已清扫房(vacant clean,简写 VC),表示该客房已清扫完毕,并经过检查可以重新出租,许多酒店也称 OK 房。

3. 空房(vacant,简写 V)

空房即指昨日暂时无人租用的 OK 房。

4. 维修房(out of order,简写 OOO)

维修房又称待修房或故障房,表示该客房设施设备发生故障,或正处于更新改造之中,客房暂时不能出租。

5. 保留房(blocked room,简写 BR)

保留房指为预订的散客或团队客人预留的客房。

(资料来源:作者根据相关资料整理。)

## 三、客房计划卫生

(一) 客房计划卫生的意义与内容

1. 客房计划卫生的意义

客房计划卫生是指在搞好客房日常清洁工作的基础上,拟定一个周期性清洁计划,采取定期循环的方式,对清洁卫生的死角或容易忽视的部位,以及家具设备进行彻底的清扫和维护保养,以进一步保证客房的清洁保养质量,维持客房设施设备的良好状态。

客房服务员每天的清洁整理工作的工作量一般都比较大。一个服务员平均每天的工作量是 12～14 间,旺季会更多,所以对客房的某些部位,如通风口、天花板、门窗玻璃、窗帘、床罩等,不可能每天清洁(有些项目也没有必要每天清洁,如地毯)。

为了保证清洁卫生的质量标准,使宾客不仅对客房容易接触部位的卫生感到满意,而且对其他每处卫生都能放心,同时又不致造成酒店人力资源的浪费和紧张,客房部应有计划地对一些特殊项目进行周期性清洁保养。

2. 客房计划卫生的内容

客房计划卫生保养的内容主要有家具除尘、家具打蜡、地毯清洗、纱窗床罩等的清洗、通风口清洁、金属器具的擦拭等。针对不同的项目,应按不同的周期进行清洁保养(见表8-3)。

表8-3 客房周期性清洁计划表

| 每天 | 3天 | 5天 |
| --- | --- | --- |
| 1. 清洁地毯、墙纸污迹<br>2. 清洁水箱,扫灯罩尘<br>3.(空房)防水 | 1. 地漏喷药(长住逢五)<br>2. 用玻璃清洁剂清洁阳台和卫生间镜子<br>3. 用鸡毛掸清洁壁画 | 1. 清洁卫生间抽风机机罩<br>2. 清洁(水洗)吸尘机真空器保护罩<br>3. 清洁卫生间水箱、磨洗地面 |
| 10天 | 15天 | 20天 |
| 1. 清洁空房马桶虹吸水箱<br>2. 清洁走廊出风口<br>3. 清洁卫生间抽风主机网 | 1. 清洁热水器、洗杯机<br>2. 冰箱除霜<br>3. 酒精球清洁电话<br>4. 清洁空调出风口、百叶窗 | 1. 清洁房间回风过滤网<br>2. 用消毒液擦铜家具、烟灰缸、房间指示牌 |
| 25天 | 30天 | 一季度 |
| 1. 清洁制冰机<br>2. 清洁阳台地板和阳台内侧喷塑面<br>3. 墙纸吸尘、遮光帘吸尘 | 1. 翻床垫<br>2. 抹拭消防水龙带、喷水枪及胶管 | 1. 干洗地毯、沙发、床头板<br>2. 干(湿)洗毛毯<br>3. 吸尘机加油(保养班负责完成) |
| 半年 | 一年 | 备注 |
| 清洁窗纱、灯罩、床罩、△保护△ | 1. 清洁遮光布、△<br>2. 红木家具打蜡<br>3. 湿洗地毯(2、3项由保养班负责完成) | 注:△项目由财产主管具体计划,组织财管班完成,注意与楼层主管在实际工作中协调 |

### (二)客房卫生工作计划的组织方式

各酒店根据自己的设施设备,针对不同的项目和淡旺季,合理地安排卫生工作计划的内容、周期和时间。客房的卫生工作计划通常有以下三种组织方式。

(1)除日常的清扫整理外,规定每天大扫除一间客房或某个区域。例如,客房服务员负责10间客房的清扫,每天彻底大扫除一间,10天即可完成所负责客房的全部卫生工作。

(2)要求每天对几个房间的某一部分进行彻底清扫。例如,对日常清扫不到的地方,通过计划日程,每天或隔天彻底清扫一部分,经过若干天后,也可以完成全部房间的大扫除。

(3)季节性大扫除或年度性大扫除。季节性大扫除指在宾客较少的淡季进行客房分楼层全面大扫除,清扫的内容不仅包括家具及各项设备,必要时还可请前厅部对某一楼层实行封房,以便维修人员利用此时对设备进行检查和维修保养。

### (三)实施卫生工作计划应注意的问题

(1)客房管理人员应制作清洁卫生计划表,并贴在告示栏上以督促服务员有计划地完成卫生计划。

(2)领班应根据服务员在客房周期清洁表上所填写的完成项目对客房进行检查,以保证计划的落实和卫生质量。

（3）注意安全问题。在实施卫生计划时，一定要提醒服务员注意安全，清扫天花板、墙角、通风口、窗帘盒或其他高处物体时，要注意所用脚手架或椅子的稳固性，在窗台上擦外窗玻璃时要系好安全带，以防出现事故。

## 第三节 公共区域的清洁保养

在酒店中，凡是公众共享的活动区域都可以称为公共区域，即 PA(public area)。一般客人在公共区域的活动比在客房内的活动更频繁，许多客人来酒店开会、就餐、会客、健身时，往往会停留在公共区域，对酒店服务质量的评价就可能来自于他们在公共区域的体验。在酒店中，公共区域分布面广、人员流动性大，其清洁卫生情况至关重要。

### 一、公共区域保养工作的业务范围和特点

#### （一）公共区域保养工作的业务范围

酒店的公共区域可以分为室外区域和室内区域。室外区域包括外墙、停车场、花园、门前及门后广场等区域。室内区域可分为前台区域和后台区域两部分。前台区域主要包括酒店大堂、公共洗手间、餐厅、宴会厅、舞厅、会议室、楼梯、走廊等；后台区域主要包括员工电梯和通道、更衣室、员工休息娱乐室、倒班宿舍等。

#### （二）公共区域保养工作的特点

无论对于室外或室内区域，还是前台或后台区域，公共区域的清洁卫生工作都有着下列共同特点。

1. 涉及范围广

公共区域的卫生工作涉及酒店内外的每一个角落，从门厅大堂到后台员工食堂，其清洁卫生的质量对酒店影响非常大。

2. 项目繁杂

卫生项目既包括除尘、洗涤，又包括绿化、保养等，清洁保养的方法区别大，技术要求各有不同。

3. 客流量大

客人在公共区域活动频繁，给公共区域的清洁卫生工作带来了不便和困难。一般为了尽可能不打扰客人以及打扫方便，清扫工作应安排在客人较少或客人不在的时间段进行。

4. 质量控制难度大

由于公共区域范围广，工作人员分散，管理难度相对增加。卫生项目繁多，技术要求差异大，部分工作不是一般人能胜任的，也使质量难以控制。所以公共区域的工作要求每位员工不畏辛苦、任劳任怨、一丝不苟、手脚勤快，以主人翁的工作态度尽职尽责，做到地面无杂物、家具无浮尘、卫生无死角、虫害被控制、环境绿化好。

## 二、公共区域清洁保养工作的主要内容

### (一) 大堂的清洁保养

大堂是酒店的门面,每一位客人来到或经过大堂,都会对大堂留下印象,同时带来灰尘、足印、垃圾等,所以要求大堂的清洁要一天 24 小时始终保持。

**1. 大堂地面的清洁保养**

大堂的大理石等石材地面,在客人活动频繁的白天,需不断地进行除尘工作,维护地面清洁,保持光亮。遇到雨雪天,要在门口放上存伞架,树立防滑告示牌,并同时在入口处注意擦洗地面的泥尘和水迹,还应在大门内外铺上踏垫和小地毯,必要时进行更换。

每天晚上应对大堂地面进行彻底清洁保养。一般在每天夜间 12 点以后打薄蜡一次,并用磨光机磨光,使之光亮如镜。大厅内有地毯处每天要注意吸尘,定期清洗。

**2. 大堂设备物品的清洁保养**

公共区域服务员应该不断地巡视大厅各处,对大厅的墙面、台面、栏杆、灯具、座椅、沙发、玻璃门、指示牌等,不间断地擦拭,使各处达到光亮、无浮尘。还要对公用电话进行消毒,使其保持干净无异味。晚上要给家具上蜡,给铜器上光,进行必要的保养。

**3. 大堂垃圾的清理**

公共区域服务员应该随时注意茶几、台面、地面的纸屑杂物,一旦发现,立刻清理。还要注意大堂休息处的烟缸,保证烟缸内不能积三个以上的烟头,随时清理或更换烟缸。还应经常检查立式烟缸的卫生,及时平整上面的沙石,定时倾倒垃圾,并保养烟缸的表面。

### (二) 公共洗手间的清洁工作

公共洗手间如果有异味或不整洁,会给酒店带来不良影响,所以酒店必须保证公共洗手间清洁卫生,设备完好,用品齐全。有些高星级酒店中,还设有专职的服务员随时为客人提供服务。

公共洗手间的清洁工作可分为小清理工作和全面清理工作两部分。小清理工作主要包括及时做好洗手间的清洁消毒工作,做到干净、无异味;将卫生间的洗手液、小方巾、鲜花等摆放整齐,并及时补充更换;擦亮玻璃镜面和金属器具,使之光亮、无水迹、无污迹;为客人递送方巾和提供其他必要的服务。酒店可以根据自己的档次、客流量的大小和设备状况确定清扫的频率,以保证最基本的卫生质量。

全面的清洁工作主要是清倒垃圾桶、消毒面盆与马桶、清洗地面及地面打蜡、清除水箱水垢、洗刷墙壁等。为了不影响客人使用洗手间,此项工作通常安排在夜间或在白天客人较少的时候进行。

### (三) 电梯的清洁保养工作

酒店的电梯一般有客用电梯、员工电梯、行李电梯及货运电梯等几种。其中,以客用电梯的清洁最为重要,因为客用电梯也是客人使用频繁的地方,会影响到酒店的形象。

客用电梯的清洁一般分中午、晚上、深夜三次进行。电梯内的烟头、纸屑、杂物等,要随时清理干净,厢壁、镜面、按钮、电话机、栏杆及地面等需要经常不断地进行清洁和保养。电梯的地毯特别容易脏,一般酒店采取每天更换"星期地毯"的办法来保持其干净无尘迹。也有很多酒店用石材铺电梯地面,既容易保持清洁又可以降低劳动成本。

### (四)店外公共区域的清洁

酒店外部公共区域除每天多次清扫外,还应该定期用水冲洗,以保证酒店环境的清洁优美,给客人和公众留下好印象。

(1)一般对酒店门厅、庭院、停车场等区域每天进行清扫,及时清除地面垃圾、树叶等杂物,每周用水冲洗至少一次。

(2)每天清理沟渠、花槽等处,及时清倒垃圾桶。

(3)定时对草地、花木、盆景进行浇水、施肥、修枝、除草、灭虫。

(4)定期清洁保养外墙。酒店可以根据自己的实际设备、资金情况来确定自行清洁,还是委托专业的清洁公司。

### (五)其他公共区域的清洁卫生

其他公共区域主要指包括餐厅、会议室、酒吧、商场等在内的前台对客营业区域和包括员工通道、员工休息娱乐室等在内的后台公共区域。通常情况下,日常清洁工作一般由各部门自行承担,客房部的公共区域组则负责彻底的清洁保养。这些清洁保养工作包括地毯清洗、吊灯清洁保养、通风口除尘、灭蝇除虫、空气消毒等。

## 三、公共区域清洁保养制度

### (一)公共区域日常清洁保养制度

根据不同区域的使用周期和卫生要求,列出所有的公共区域日常清洁项目和卫生标准,以便进行工作安排和检查对照。例如,大堂随时保持整齐清洁,客用洗手间高峰时间1小时至少清扫一次,餐厅每天营业后清扫一次,行政区每天下班后清扫一次等。

### (二)公共区域计划清洁保养制度

与客房的计划卫生工作相似,公共区域的很多部位和卫生项目也不容易或不必要每天都进行清洁,可以有计划地以定期循环的方式开展卫生和保养工作,这样既可以节约劳动力,又可以提高日常清洁的工作效率,能更好地保持酒店的服务质量水平。表8-4、表8-5为某酒店公共区域计划卫生安排表。

表8-4 公共区域计划卫生安排表(一)

| 名称 | 保养周期 | 使用工具 | 质量要求 | 注意事项 |
| --- | --- | --- | --- | --- |
| 大理石墙壁 | 一年上蜡一次,平时一星期清洁表面一次 | 手提式抛光机、中性清洁剂、蜡水 | 大理石表面要保持清洁、光亮 | 表面的水渍、污渍、油渍及时处理 |
| 大理石地面 | 半年打蜡一次,平时三天左右喷蜡抛光保养一次 | 单擦机、吸水机、抛光机、中性清洁剂、蜡水 | 大理石表面要保持清洁、光亮 | 不用湿布抹地面,水渍、污渍及时处理 |

续表

| 名　称 | 保养周期 | 使用工具 | 质量要求 | 注意事项 |
|---|---|---|---|---|
| 地毯 | 平均一个月清洗一次 | 单擦机、抽洗机、打松机及101、103地毯清洁剂 | 保持地毯无污渍、无任何杂物 | 发现有口香糖、茶渍、饮料汁等及时清理 |
| 玻璃 | 大堂玻璃三天清洗一次，其他玻璃一个月清洗一次 | 伸缩杆、涂水器毛套、玻璃清洁剂、刮刀 | 保持无手指印、无污渍、无灰尘 | 发现有污渍及时清理 |
| 黄铜 | 一星期保养一次 | 擦铜水 | 铜器保持光亮 | 污渍、指印及时处理 |
| 电梯门 | 一星期保养一次 | 不锈钢保养、清洁剂 | 保持清洁、无锈渍 | 污渍、油渍及时处理 |
| 电梯内墙板 | 三天保养一次 | 不锈钢保养、清洁剂 | 保持清洁、无锈渍 | 污渍、油渍及时处理 |
| 不锈钢管 | 一星期保养一次 | 不锈钢保养、清洁剂 | 保持清洁、无锈渍 | 污渍、油渍及时处理 |
| 铝合金 | 一星期保养一次 | 不锈钢保养、清洁剂 | 保持清洁、无锈渍 | 污渍、油渍及时处理 |
| 木器家具 | 半年保养一次 | 家私蜡 | 保持表面清洁 | 污渍、油渍及时处理 |

表8-5　公共区域计划卫生安排表（二）

| 星　期 | 项　目 | 工作内容 | 要　求 |
|---|---|---|---|
| 一 | 工作间、吸尘器、消毒柜 | 工作间大清洁，吸尘器对吸 | 工作间无卫生死角、无积灰，吸尘器内外要擦拭干净 |
| 二 | 大理石 | 客梯口所有大理石岩、墙面、琴桌抹尘去污渍，包括客梯口烟灰缸侧面 | 大理石沿上下及侧面、烟灰缸后侧面及下部不得有污渍、碎粒、积灰 |
| 三 | 绿色植物、通风口 | 客梯口两侧的绿色植物叶子抹尘，走廊各通风口抹尘 | 叶子上无积灰，通风口叶片上无积灰、无蜘蛛网 |
| 四 | 木质板块、壁灯 | 走廊上下所有的木质板块（包括外门框、壁灯、墨炭线）抹尘及去污 | 壁灯无积灰，外门框上无积灰，侧面的木板无污渍 |
| 五 | 走廊、通道墙壁及地脚线 | 走廊两边安全出口处、墙壁（用涂料涂过的地方）及地脚线去污抹尘 | 墙壁及地脚线无积灰、无污渍 |
| 六 | 墙纸、消防器械 | 走廊所有墙纸去污、抹尘，各消防器械检查、抹尘 | 墙体无污渍，消防器械完好无损、无污渍、无积灰 |
| 日 | 通道门、门框 | 走廊所有通道的门及门框去污、抹尘，门开关如有噪音要及时维修 | 门无噪音、无污渍，门框凹凸面无积灰 |

### 四、公共区域清洁保养的管理

**(一) 强化卫生意识,提高清洁保养技术**

要做好公共区域的卫生工作,首先要求管理人员和服务人员要有卫生意识,对卫生的重要性有足够的认识,了解酒店的卫生标准。其次,公共区域清洁保养技术的掌握和运用是公共区域服务人员确保工作质量的根本。所以,客房部应该加强对服务人员的卫生意识和清洁保养技术的培训。

**(二) 合理分工,责任到人**

酒店公共区域范围广,工作繁杂,其卫生工作必须科学合理地分工,实行包干负责、责任到人的方法,才能有效地保证清洁卫生的质量。可以先将服务人员根据卫生区域和工作量的大小分成几个小组,再把服务人员定岗,让每个服务人员有独立的工作任务,各负其责。

**(三) 加强监督检查**

与客房卫生工作一样,检查是保证清洁质量的必要手段,只有严格按照质量标准进行监督检查,才可能使酒店公共区域的服务质量保持一定的水准。公共区域的管理人员在检查卫生质量的同时,可以及时了解服务人员的工作状态,对他们的工作进行现场指导,有利于酒店工作质量的提高。

## 第四节 客房清洁卫生质量控制

高质量、高效率的客房清洁业务,对满足宾客的需要十分重要。为了保证客房清洁工作的质量,服务员要做到尽职尽责,而管理者更应实行科学的管理,深入现场,加强督导检查,搞好客房清洁工作质量的控制。

### 一、客房清洁卫生质量的标准

客房清洁的总体要求为,眼看到的地方无污迹;手摸到的地方无灰尘;房间安静无噪音;设备用品无病毒;空气清新无异味。其质量标准分为视觉标准与生化标准。

**(一) 视觉标准**

视觉标准是指客人和员工、管理者凭借视觉或嗅觉能感受到的标准,如眼见的灰尘、污迹、嗅到的异味等,但个体感受不同,标准只是表面现象。视觉标准可概括为"十无"、"六净"。

1. 十无

四壁无灰尘、蜘蛛网;地面无杂物、纸屑、果皮;床单、被套、枕套表面无污迹和破损;卫生间清洁,无异味;金属把手无污锈;家具无污渍;灯具无灰尘、破损;茶具、冷水具无污痕;楼面整洁,无"六害"(指老鼠、蚊子、苍蝇、蟑螂、臭虫、蚂蚁的危害);房间无卫生死角。

2. 六净

四壁净;地面净;家具净;床上净;卫生洁具净;物品净。

#### （二）生化标准

生化标准是由专业防疫人员进行专业仪器采样与检测的标准，所包含的内容有洗涤消毒标准、空气卫生质量标准、微小气候质量标准、采光照明质量标准及环境噪声允许值标准等。生化标准是客房清洁卫生质量更深层次的衡量标准，客房管理者和清洁卫生工作人员应熟悉本店卫生操作程序和标准，不断对照改进，体现服务质量和管理水平。

### 二、客房清洁卫生质量的控制

#### （一）教育员工树立质量意识和卫生意识

清扫客房是一项乏味的工作，周而复始，十分枯燥，要想让员工做到尽职尽责，就应让其从内心深处愿意为宾客提供服务，真正为宾客的方便舒适着想，热爱服务工作。要求员工具有服务意识，就是要求员工树立"顾客就是上帝"的思想，并能在实际工作中积极地贯彻这一思想，用其指导自己的实际工作，处理与宾客的关系，还应有全心全意为宾客服务的精神，积极主动地为宾客考虑。只有树立了服务意识，服务人员才能够因为宾客服务而感到伟大，热爱并做好自己的工作。

客房保洁的主要任务就是卫生，在树立服务意识的基础上，搞好卫生管理工作显得尤为重要。这要求服务人员以及管理人员要有卫生意识，对于卫生工作的重要性要有足够的认识，为此必须经常强调、严格考核。除了对房内卫生有一定的要求之外，管理人员还要以身作则，处理好个人卫生，并要求服务人员也达到规定的标准。如果宾客身处洁净的房间里面，却看到为其服务的人员衣领是黑的，那么宾客一定会对这个房间以及整个酒店的服务质量表示怀疑。所以，管理人员与服务人员要兼顾个人与客房两个方面的卫生，树立卫生意识。另外，强化员工的卫生意识，还要求客房员工对涉外星级酒店的卫生标准有足够的认识，不能以自己日常的卫生标准作为酒店的卫生标准。

#### （二）建立逐级检查制度

要保证客房清洁卫生的质量，客房部必须根据宾客的要求，从中总结出规律性的东西，并根据酒店的档次以及科学的原则制定出一定的服务规程和具体的客房卫生质量标准，再由管理人员依据这些标准对服务质量进行检查、监督并合理控制，这是搞好客房卫生、确保客房质量的关键。所以酒店应建立客房的逐级检查制度。

所谓的逐级检查，就是从服务员自查，到领班、主管及部门经理各级的检查。实行严格的逐级检查制度，是确保客房清洁卫生质量的有效方法。

1. 服务员自查

服务员自查分为两个方面，一方面，要求服务员边擦拭灰尘边检查客房设施是否正常、有无损坏；另一方面，要求服务员每整理完一间房间，对客房的卫生清洁状况、物品的摆放等进行回顾式检查。这些工作完成得好不好取决于服务员的工作责任心与上级的管理控制。服务员如果能够真正地树立好服务与卫生意识，认真负责地按规定进行自查，不仅可以提高客房的合格率，还可以减轻领班查房的工作量。

2. 领班普查

领班普查，即要求领班对服务员清洁的每一间客房进行全面的检查，以保证客房的清洁质量。领班负责空房(OK 房)的报告,总台据此就可以将该客房向宾客出租。客房部必须加强领班监督职能,让其从事专职的某楼层客房的检查和协调工作。

领班查房可以拾遗补漏,控制客房卫生质量,确保每间客房都属于可供出租的合格产品,同时尤其要起到现场监督作用和对服务员的在职培训作用。

领班查房数量取决于酒店的建筑结构、客房检查项目的多少以及酒店规定的领班职责。一般而言,日领班应负责约 80 个房间的工作区域的检查工作,而夜领班的查房数量一般为日领班的 2 倍。日领班原则上应对其所负责的全部房间进行普查,但对优秀员工负责清扫的房间可以只进行抽查,甚至免检,以示鞭策、鼓励和信任。

一般情况下,领班查房时应按环形路线进行检查,发现问题及时记录并解决。一般的顺序为,已列入预订出租的房间—整理完毕的走客房—空房和 VIP 房—维修房—外宿房。

领班查房时,对服务员清扫客房的漏项、错误和卫生不达标的情况,应出返工单,令其返工。

3. 上级抽查

上级抽查主要是主管抽查、客房部经理抽查和总经理抽查。

1) 主管抽查

楼层主管是客房清洁卫生任务的主要指挥者,加强对服务现场的督察和检查,是楼层主管的重要职责之一。

主管抽查主要检查领班实际完成的查房数量和质量,抽查领班查过的房间,以观察其是否贯彻了上级的管理意图,以及领班掌握检查标准和项目的宽严尺度是否得当。主管在抽查客房卫生的同时,还应对客房楼层公共区域的状况,员工的劳动纪律、礼节礼貌、服务规范等进行检查,确保所管理区域的正常运转。楼层主管对客房清洁卫生质量进行抽查的数量一般可控制在 20 个房间左右。

主管检查的方式虽然是抽查,但对于一些特殊的房间应进行重点检查。主管应检查每一间 VIP 房;检查每一间维修房,促使其尽快投入使用;抽查长住房、住客房和计划卫生的待清洁房。

楼层主管通过抽查的方式进行清洁卫生质量的控制有一定的意义。首先,通过主管的检查督促,可以使领班认真踏实地做好普查工作;其次,可以保证客房部经理管理方面的落实,为客房部的管理收集信息。更重要的是,主管检查的方式是抽查,检查事先并未通知,是一种突然袭击,所以检查结果比较真实,便于主管根据实际情况,采取相应的措施控制质量。

2) 经理抽查

楼层清洁卫生工作是客房部工作的主体,客房部经理也应拿出一半以上的时间到楼层巡视和抽查客房部的清洁卫生质量。这对于掌握员工的工作状况、改进管理方法、修订操作标准、更多地了解宾客的意见,具有十分重要的意义。此外,经理抽查房间应每天保持一定的数量,并应特别注意对 VIP 客房的检查。

客房的逐级检查制度应一级比一级严格,所以,经理的查房要高标准、严要求,也被称为"白手套"式的检查。经理的检查宜不定期、不定时,检查的重点是房间清洁卫生的整体效果、服务员工作的整体水平以及是否体现了自己的管理意图。

3）总经理抽查

酒店总经理要控制客房的卫生和服务质量，必须充分运用检查这一手段。检查的方式为不定期、不定时，或亲自抽查，或委派大堂副经理或值班经理代表自己进行抽查，以获得客房部管理水平和服务质量方面的信息，激励客房部经理的工作。

4）其他方式检查

除上述方式以外，酒店还可以组织其他方式的检查，包括以下两种。

（1）定期检查。

定期检查是一种有计划的公开检查，一般事先有布置，有明确的检查时间和检查内容，目的是制造声势、创造气氛、促进工作。酒店对客房的定期检查，一般由总经理办公室主任、质检部经理、工程部经理、客房部经理、前厅部经理及大堂副理组成检查小组，由总经理或驻店经理带领，每月定期对客房清洁卫生进行检查，或选择在重要任务来临前进行检查。

（2）邀请第三者检查。

聘请店外专家、同行、住店宾客等，检查客房的清洁卫生质量乃至整个酒店的服务质量。这种检查看问题比较客观，能发现一些酒店管理者不易察觉的问题，有利于找到问题的症结。

（三）充分发挥宾客的监督作用

客房卫生质量的好坏，最终取决于宾客的满意程度。所以，搞好客房清洁卫生管理工作，要发挥宾客的监督作用，满足宾客的需求，重视宾客反映的意见，有针对性地改进工作。主要做法有以下几种。

1．拜访宾客

客房部管理人员经常拜访住店宾客，了解宾客的需求，征求宾客的意见和建议，及时发现客房服务中存在的问题，以便进一步制定和修改客房清洁卫生工作的标准和计划，不断提高服务水准。

2．客房放置宾客意见表

客房部在客房内放置宾客意见表，以征询宾客对客房卫生、客房服务以及整个酒店主要项目的意见和评判。意见表的设计应简单易填，要统一编号，及时汇总，以此作为考核服务员工作的重要依据。

（四）制定严格的客房检查的内容和标准

检查房间时，一方面要检查房间是否整理、擦洗是否干净、用品配备是否齐全等，另一方面还要检查客房设施设备以及各类机器是否完好。如针对房间和卫生间的具体检查内容和标准如下。

1．房间

房门：无指印，门锁完好，安全指示图完好齐全，门把手完好。

墙面、天花：无蜘蛛网、斑迹，无油漆脱落和墙纸破损。

护墙板、低角线：无灰尘，完好无破损。

地毯：吸尘干净，无斑迹、烟痕。

床：铺法正确，床面干净，无毛发、无污迹，床下无垃圾，床垫按期翻转。

硬家具：干净明亮，无刮伤痕迹，位置正确。

软家具:无尘无迹,如需要则做修补、洗涤标记。

抽屉:干净,使用灵活自如,把手完好。

电话机:无尘无迹,指示牌清晰完好,话筒无异味,功能正常。

镜子与画框:框架无尘,镜面明亮,位置端正。

灯具:灯泡清洁,功率正确,灯罩清洁,接缝面墙,使用正常。

垃圾筒:状态完好而清洁。

电视与音响:清洁、使用正常,调整频道,音量调到最低。

壁橱:衣架的品种、数量正确且干净,救生衣完好、数量正确且干净,门、橱、底、壁和格架清洁完好。

窗帘:干净,完好,使用自如。

窗户:清洁明亮,窗台与窗框干净完好,开启轻松自如。

空调:滤网清洁,工作正常,温控符合要求。

客用品:数量、品种正确,状态完好,摆放合格。

2. 卫生间

门:前后面干净,状态完好。

墙面:清洁,完好。

天花板:无尘无迹,完好无损。

地面:清洁无尘、无毛发,接缝处完好。

冲凉间:内外清洁,干净明亮,皂碟干净,淋浴器、排水阀和开关龙头等清洁完好,接缝干净、无霉斑。

脸盆及梳妆台:干净,镀铬件明亮,水阀使用正常,镜面明净,灯具完好。

坐厕:里外都清洁,使用状态良好,无损坏,冲水流畅。

抽风机:清洁,运转正常,噪音低,室内无异味。

客用品:品种、数量齐全,状态完好,摆放正确。

以上各细节的检查,要求检查人员对照客房质量检查报告单(见表8-6),领班对此肩负着重要的责任。若没有严格检查,造成失误,上级主管又没有检查到,出租出去,会引起宾客的不满,影响酒店的形象。所以,一定要严格检查,把好卫生工作的最后一关,卫生不合格的客房要下返工单,直到达到标准为止。

表8-6 客房质量检查报告单

房号: 房型:

状况:( )优( )合格( )不合格 检查日期:

| 序号 | 房 间 | 状 况 | 序号 | 卫 生 间 | 状 况 |
|---|---|---|---|---|---|
| 1 | 门、锁、链 | | 18 | 门 | |
| 2 | 灯、开关、电源插座 | | 19 | 灯、开关、电源插座 | |
| 3 | 天花板 | | 20 | 墙 | |
| 4 | 木制品 | | 21 | 天花板 | |

续表

| 序号 | 房　　间 | 状　况 | 序号 | 卫　生　间 | 状　况 |
|---|---|---|---|---|---|
| 5 | 窗帘与金属构件 |  | 22 | 镜子 |  |
| 6 | 窗 |  | 23 | 浴缸、扶手杆 |  |
| 7 | 空调调节装置 |  | 24 | 沐浴喷头 |  |
| 8 | 电话机 |  | 25 | 浴室地垫 |  |
| 9 | 床头板 |  | 26 | 梳妆台 |  |
| 10 | 床单、床罩、床垫 |  | 27 | 固定装置、水龙头 |  |
| 11 | 梳妆台、床头柜 |  | 28 | 抽水马桶 |  |
| 12 | 台灯、灯罩、灯泡 |  | 29 | 毛巾 |  |
| 13 | 椅子、沙发 |  | 30 | 卫生纸、脸巾纸 |  |
| 14 | 地毯 |  | 31 | 肥皂 |  |
| 15 | 图片与镜子 |  | 32 | 便利品 |  |
| 16 | 除尘情况 |  | 33 | 排气口 |  |
| 17 | 壁橱 |  |  |  |  |
| 其他： | | | | | |

## 知识活页　　酒店客房卫生清洁的 15 个技巧

客人对客房的要求最主要体现在卫生方面，我们作为服务人员，日常清洁时会遇到一些问题，这时不仅需要苦干，更需要巧干。现总结客房的一些工作技巧，供大家参考。

1. 褥垫上的毛发捡起来很费时间，有没有很好的方法？

答：用潮湿的抹布掸褥垫，能有效去除上面的毛发，省时省力。

2. 电脑键盘缝隙内的尘土，怎么清除？

答：浅层的可用略潮湿的牙刷刷，深层缝隙内的尘土可用吸尘器软管直接吸，效果不错。

3. 壁纸上有污渍、电话上有黑印用什么清洁剂清洁效果最好？

答：用牙膏水。因牙膏内含有增白剂，能让刷过的壁纸、电话洁净如新。（牙膏水的调配方法：在茶杯内挤入三克牙膏，倒入三分之一杯的水，搅匀。）

4. 电视机后壁纸上形成的抹布擦痕用牙膏水刷过后会与周围壁纸形成明显的黑白分界，且越刷面积越大，怎样避免这样的情况？

答:较黑的地方先用牙刷沾牙膏水重点清洁,然后用面盆刷大面积清洁,不会出现以上问题。

5. 床裙上经常会出现黑色鞋印,拆洗很麻烦,且常洗会缩短床裙的使用寿命,有没有好的日常保洁方法?

答:用地毯清洁液按比例兑水,进行重点清洁,效果好,不但清洁及时,而且不会像洗衣粉一样留有白色印迹。

6. 胶印怎样去除?

答:油漆面上的胶印可用牙刷沾水用力搓,或用酒精棉球直接搓,不能用浓牙膏水搓,因牙膏可造成油漆脱色。

7. 家具上,尤其是防火板桌面上的顽固污渍怎样去除?

答:可用弱酸(浓度低的酸性清洁液)清洁。

8. 地毯边角上吸尘不到位形成的积灰,怎样快速清除?

答:用湿抹布朝一个方向用劲擦,效果好且省时间。

9. 陶瓷(面盆、浴盆、马桶)上的水印(顽固)或黄渍,怎么去除?

答:用浓度高的洁厕剂清洁即可去除。

10. 热水壶用过一段时间后,里面形成的水垢怎样去除?

答:用白醋加热煮沸,浸泡后刷洗效果很好,可光洁如新,且达到消毒的功效。

11. 清除地毯上的毛发有没有省时省力的好办法?

答:吸地时将吸尘器靶头上的毛刷扳出,吸尘的同时可利用毛刷将毛发刷起,利用吸力清除地毯上的毛发。

12. 抹布怎样使用能避免擦过的桌面留下大量毛毛?

答:将抹布叠成方块,朝一个方向擦,经常翻面、清洗,另颜色深的家具用报废床单擦效果会更好。

13. 马桶内为何会出现黄色印迹?怎样去除?

答:黄印是水里的杂质长时间沉淀形成,要避免此现象,首先要做好水箱的清洁工作,一个月至少要清洁两次,且每次停水后要做一次清洁,避免水箱内的黄色水垢流入马桶,同时要做好马桶的日常刷洗。若已出现黄渍,可用浓度高的洁厕剂浸泡、刷洗,反复多遍,最好不要用84消毒液,因消毒液内有漂白成分,会损坏马桶的釉面,形成恶性循环。

14. 日常清洁马桶的正确方法是什么?

答:先冲掉马桶内的污物,将清洁剂倒在刷子或马桶内,转圈刷洗,尤其是出水眼和下水口处,刷过后浸泡10分钟,冲净即可。(浸泡很重要)

15. 擦浴镜时怎样省时省力?

答:先用特别湿的抹布轻擦几下(尤其是有皂迹的地方),再用干抹布擦,省时省力。

(资料来源:http://bbs.meadin.com/thread-1190689-1-1.html.)

## 本章小结

酒店的清洁剂有酸性、碱性、中性清洁剂以及上光剂和溶剂类等,在使用的时候要有针对性,不能对清洁对象造成破坏。在使用清洁用具时要注意使用方法,确保安全、有效。

客房清洁工作是酒店服务质量的主要体现,客房服务人员要严格按照清扫原则、顺序和基本流程开展工作,确保为客人提供干净、舒适的休息环境。

公共区域涉及面广、人流量大,也是酒店清洁工作的重要内容。要严格按照清扫工作规范做好日常清洁和计划卫生,做好公共区域的卫生清洁和保养工作。

客房部清洁卫生有视觉标准、生化标准,可以通过加强员工卫生意识、建立逐级检查制度、制定严格的卫生标准和征询顾客意见等方式加强客房清洁卫生质量控制。

## 思考与练习

1. 试述酒店常用清洁剂、清洁用具的种类和使用注意事项。
2. 试述客房清扫的原则和淡旺季不同类型房间清扫的顺序。
3. 试述酒店客房卧室和卫生间的清扫流程。
4. 举例说明客房计划卫生和公共区域计划卫生的内容。
5. 试述客房清洁卫生质量控制的方法。

## 案例分析

### 到底是谁的错?

一天中午,住在2972 VIP房间的VIP客人从外面回到酒店,进到客房内,发现客房的卫生还没有打扫。VIP客人有些不满,找到了9楼的服务员说:"我都出去半天了,怎么还没有给我的房间打扫卫生?"服务员对VIP客人说:"您出去的时候没有将'请即打扫'的牌子挂在门外。"VIP客人说:"看来倒是我的责任了,那么现在就打扫卫生吧,过一会儿我还要休息。"于是,服务员马上为2972房间打扫卫生。

第二天早晨,VIP客人从房间出去时,把"请即打扫"的牌子挂在了门外的把手上。中午VIP客人回来后,客房仍然没有打扫。这位VIP客人又找到这名服务员说:"昨天中午我回来的时候我的房间还没有清扫,你说是因为我出去的时候没有把'请即打扫'的牌子挂上,今天我出去时把牌子挂上了,可是我现在回来了,还是没搞卫生,这又是什么原因呢?"这名服务员又用其他的理由解释说:"一名服务员一天要清扫十几间房,得一间一间清扫,由于比较忙,没注意到挂了'请即打扫'的牌子。"VIP客人问:"你工作忙,跟我有什么关系,挂'请即打扫'的牌子还有什么意义?"服务员还要向VIP客人解释,VIP客人转身向电梯走去,找到大堂经理投诉。

**问题:**
1. 不同类型房间清扫的顺序是什么?客房服务人员是否遵守了这一规定?
2. 客房服务人员还有哪些工作失误?如果是你应该怎么做?

# 第九章

## 客房部对客服务与管理

**学习导引**

宾客入住酒店,很多时间是在酒店客房中度过的,因此客房部日常对客服务质量至关重要。对客房部员工来说,首先要严格按照迎客、送客、开夜床、小酒吧、洗衣、送餐、叫醒等日常性服务规程来开展服务,其次也要对客人遗失物品、客房物品丢失、生病客人、醉酒客人等特殊情况进行有效处理。为了保障客房部日常运营和对客服务的质量,管理者还要加强客房部人员配备和培训、考评和激励等日常工作的督导管理。

**学习重点**

通过本章学习,重点掌握以下知识要点:

1. 客房部迎客、送客、开夜床、小酒吧、洗衣、送餐、叫醒、托婴、换房、加床、贵宾、私人管家等日常服务项目的基本流程和注意事项;
2. 客房部"请勿打扰房"、客人遗失物品、客房物品丢失、生病客人、醉酒客人、残疾客人以及客人投诉等对客服务特殊情况的服务和处理方法;
3. 客房部人员数量配备应考虑的因素及劳动定编的基本方法;
4. 客房部劳动力合理调配的基本方法;
5. 员工培训的内容、类型和方法;
6. 员工考评的内容、类型和方法。

## 第一节 客房部日常对客服务项目

酒店现在面临着一个快速变化的时代,同行业间的竞争也日趋白热化,因此,各酒店想尽各种方法来吸引顾客。酒店既提供有形的设施设备,又提供无形的服务,客房部除了提供客人基本的客房住宿外,也提供多样化服务,以满足顾客的多样化需求。

### 一、迎客服务

迎客服务主要包括客人到达前的准备、客人到达时的迎接两个环节。

**（一）客人到达前的准备**

（1）了解客情。在客人到达前，服务员应根据前厅的客情预报，了解相关信息，认真做好各项准备工作。

（2）记录。服务员在接到前厅接待处或房务中心关于客人进店的通知后，应将客人的房号、进房时间、人数、姓名及性别等做好记录，以便更好地为客人提供服务。

（3）准备好水。将饮水机打开或将热水壶通上电源。

（4）整理和布置。将客房按酒店规定的标准进行整理和布置，检查有无不妥之处，若客人对客房布置有特殊要求，在不影响接待规格的条件下应尽可能给予满足。在客人到达前，还应调节好室温。如客人预计到店时间较晚（20:00以后），可提前将夜床做好。

（5）迎候。关好房门，根据进店时间到前厅部迎接。

**（二）客人到达时的迎接**

（1）客房服务员一般在指定位置迎接。

（2）服务员应面带微笑，主动问候客人，并作自我介绍。

（3）问清房号，并请客人出示房卡。

（4）若客人无人陪同，服务员应主动征求客人意见，帮助客人提行李，引领客人进房，对行动不便的客人要主动搀扶。

（5）引领客人进房程序。

①在客人的左前方或右前方1米处引领客人，途中可与客人适当交谈，介绍度假村服务情况，并回答客人提问。

②到房门后，放下行李，用客用钥匙按程序将门打开。

③打开房门后，退到房门边，请客人先进，但若发现客房有不妥之处，应请客人稍等，立即通知房务中心，以作调整。

④按客人意见将行李放在适当的位置。

⑤向客人简单介绍房内设施设备及使用方法（如客人面带倦容或第二次入住可省去）。

⑥告诉客人前厅部或房务中心的电话。

⑦祝客人入住愉快，面向客人轻轻关上房门。

⑧做好记录。

### 二、送客服务

送客服务主要包括客人退房前的准备、离开时的送别和离开后的检查三个环节。

**（一）客人退房前的准备**

（1）服务员通过前厅部或房务中心提供的相关信息，了解预离客人的房号、姓名、结账和离店时间，有的客人结账后并不立刻离开，而是回房间逗留一段时间，这样就需二次查房。

（2）检查客人委托的事项是否已办妥，提前将客人送洗的衣物送还给客人。

(3) 如果客人是次日早晨离店,服务员要问清客人是否需要叫醒服务,是否在房间内用餐,如客人提出要求,应做好记录并与有关部门联系,以保证第二天圆满地为客人提供服务。

(4) 为客人整理行李提供方便,如客人有要求时,可帮助客人整理行李,如团队客人行李较多,就要事先通知好前厅部,安排好行李员为客人送行。

(5) 客人临行前,利用进房服务的机会查看客房设备有无损坏,物品有无遗失,以及饮料有无损耗。

(6) 客人离店前,要主动征求意见,如有投诉,应详细记录,诚恳表示感谢,欢迎客人下次再来。

(7) 提醒客人检查自己的行李物品,不要遗留物品在房内。

(二) 客人离开时的送别

(1) 按客人要求协助前厅部提供叫醒服务。

(2) 协助行李员搬运客人行李。

(3) 主动热情地将客人送出,方可离开。

(4) 对无人陪同的老弱病残客人,要有专人护送。

(5) 团队客人离店时,要协助行李员在规定的时间内把行李集中起来,放到指定地点,清点数量,并同接待单位核对行李件数,以防遗漏,如果几个团队同时离店时,则要按团队名称分别摆放、清点,以免出现差错。

(三) 离店后的检查

客人离开房间后,服务员应立即进入客房,仔细检查有无遗留物品,是否消耗或带走酒水、饮料、食品,房间内的设备物品是否损坏、缺少,如有上述情况立即通知前厅收银处。

## 三、开夜床服务

提供夜床服务的最佳时间是18:00—20:00,需提前准备好相关作业用品及数量,按规定敲门,将服务的工作车停在客房门口,并将房门打开。

(一) 服务程序

(1) 检查客人房内的空调、音响、电视、灯光等是否正常。

(2) 清理房间及浴室内的垃圾,并确保垃圾桶干净。

(3) 将客人用过的玻璃制品进行清洗,注意烟灰缸内的烟头有无熄灭。

(4) 擦拭桌面、桌边及床头柜等。

(5) 以规定的位置摆放物品。

(6) 将客人的衣物吊挂整齐。

(7) 将床尾垫收起,整齐放于规定位置。

(8) 根据客人入住数量、性别确定棉被的折叠方式(同性侧开,异性对开)。

(9) 放置夜床相关的服务备品,将花、晚安糖放于折角上,拖鞋摆放于折角下方,并打开。

(10) 关上窗帘(除客人要求不关外)。

(11) 检查冰箱饮料,并入账。

（12）复查房间内物品是否备齐,若无,则需补足。

（13）若地毯特别脏,则需吸尘,有垃圾则需清理。

（14）收出客人用过的餐盘(除客人交代不收外)。

（15）补足浴室客人使用的毛巾、肥皂、卫生纸等用品。

（16）完成所有任务退出客房时,再巡视一遍是否有遗漏。

（17）正确填写夜床状况表(需每一间都填写),将客房状况分别填入清洁报表。

（二）注意事项

（1）若遇上"请勿打扰房"或门反锁无法做夜床时,须填写一式两份的未开夜床通知单,一联塞入门缝内(让客人了解客房部门本须提供的服务因不能进入而无法提供,若需要服务,请通知客房部),另一联需订在清洁报表上。

（2）处理擦鞋服务的工作。

（3）完成客衣送回的工作(若仍无法送入房内的客衣,须将资料填写于报表上并告知房务中心处理)。

（4）开完夜床后,清理工作车,将未完成事宜或客人习性,记录在值班记录本上,若属重大事故,必须告知主管领导,切勿自行处理,以免造成住客抱怨。

## 四、小酒吧服务

酒店在每一个房间内都会摆放一台小冰箱,将一些饮料、酒水与零食放在里面,方便客人在房内享用。但此项服务需付费,若房客有取用,则会在客房小酒吧账单(见表9-1)上签名,账单将纳入房客住宿迁出时的账单中。另外,客房内也有提供免费的茶包、咖啡,可供房客取用。

表 9-1　客房小酒吧账单

亲爱的贵宾:

希望您能尽情享用房内小酒吧的饮品。

客房部服务员将每日核对您所饮用的饮品数量,并把清单送到会计部转入您的账目内。如您需要其他特别饮品服务,请拨内线电话6666。

为了能准确地计算您的账目,请您在结账离店时,将此单带到收款处。谢谢!

Dear Guest:

Please feel free to enjoy the facility of your mini-bar provided for your convenience.

Your room attendant will collect this voucher daily from your mini-bar and take it down to the front office cashier for billing to your account. If you require any additional service, please call room service on ext. 6666.

Should you have some drinks on the day of your departure, please hand in your last voucher to the front office cashier at check out time. Thank you.

房号(Room No.)　　　　　　　　　　　　　　　　　　　　　　　　　日期(Date)

| 品类<br>Items | 点存<br>Inventory | 耗量<br>Consumed | 单价(元)<br>Price(RMB) | 小计<br>Sub. Total |
|---|---|---|---|---|
| 金牌马爹利(Martell VSOP) | 1 | | 35.00 | |

续表

| 品类<br>Items | 点存<br>Inventory | 耗量<br>Consumed | 单价(元)<br>Price(RMB) | 小计<br>Sub. Total |
|---|---|---|---|---|
| 人头马特级(Club de Remy Martin) | 1 | | 45.00 | |
| 威士忌(Whisky) | 1 | | 35.00 | |
| 健尼路金酒(Greenall Gin) | 1 | | 45.00 | |
| 皇冠伏特加(Smirnoff Vodka) | 1 | | 25.00 | |
| 黑方、红方(Black Label, Red Label) | 1 | | 38.00 | |
| 青岛啤酒(Qingdao Beer) | 2 | | 15.00 | |
| 可口可乐(Coca Cola) | 2 | | 8.00 | |
| 粒粒橙(Snappy-orange Juice) | 2 | | 8.00 | |
| 椰子汁(Coconut Juice) | 2 | | 8.00 | |
| 果茶(Fruit Tea) | 2 | | 6.00 | |
| 矿泉水(Mineral Water) | 2 | | 6.00 | |
| 合计(TOTAL)： | | | | |
| 10%服务费(10%SERVICE CHARGE)： | | | | |
| 总计(GRAND TOTAL)： | | | | |

（一）酒水推销

客人入住，服务员在介绍客房设施设备、服务项目时，应恰当地向客人介绍客房小酒吧的服务内容以及所配酒水的品种，便于客人消费。

（二）发放领用

（1）房间迷你吧由领班（主管）统一管理，酒水在房务中心领取。

（2）由领班按规定品种及数量领取，按要求摆放。

（3）填写酒水领取登记，品名、数量应相符，并注明发放时间和发放人。

（三）补充

（1）服务员根据客人当日消费单进行补充，并检查酒水质量和保质期。

（2）将客人消费单客房联交到房务中心。

（3）住客房消费酒水须经客人签字确认后，再行补充。

（四）检查

（1）领班查房时对迷你吧物品逐项进行检查，并登记。

（2）服务员对住客房每日检查3次。

（3）在客人离店时，服务员在第一时间进房检查酒水消费情况，及时上报房务中心。

## 五、洗衣服务

### (一)送洗方式

(1)洗衣服务包括水洗、干洗、熨烫和缝补等,在作业时间上分为普通洗与快洗。正常洗衣为上午送洗、晚上送回,上午10点前收取衣物,当日晚上7点前送回,下午交洗、次日送回。快洗不超过4小时可以送回,收费为普通收费的1.5倍。

(2)客人要求衣物送洗的方式有两种,一种是客人一早把送洗物装在洗衣袋里,同时附上填好的洗衣单放在床上,以等待服务员收取,没有填写洗衣单的送洗物依酒店规定不予送洗。另一种是客人在房间要求服务员上门收取,无论哪种方式,洗衣单的填写和客人的签字是必需的,洗衣单一式三联,一联留楼面,另两联送洗衣房。

### (二)服务程序

1. 客衣收取

1)填写洗衣单

洗衣单(见表9-2)多由客人亲自填写,也有客人会请服务人员代为填写,若为后者,则需当场与客人确认清楚,如有不符合的地方,必须立即更正。无论用何种方式,洗衣单上一定要有客人的签名。洗衣单上客人若注明有特别要求时,则要通知客房部办公室,如有看不懂的地方,要当面向客人问清。

表 9-2 客房洗衣单

☐湿洗　　　　　☐干洗　　　　　☐熨衣

姓名　　　　　　　　　　　　日期

房号　　　　　房客签名

☐普通服务：　　早上9时收衣　　　晚上7时送回

☐加快服务(4小时)：　早上8时至午后4时(另加收50%加急费)

☐熨衣服务(1小时)：　早上7时至晚上6时　收衣1小时送回　隔夜熨衣于早晨8点归还

| 数量<br>(宾客) | 数量<br>(酒店) | 男士 | 金额 | 数量<br>(宾客) | 数量<br>(酒店) | 女士 | 金额 |
|---|---|---|---|---|---|---|---|
|  |  | 礼服恤衫 |  |  |  | 棉织长西裙 |  |
|  |  | 丝质恤衫 |  |  |  | 衬衣 |  |
|  |  | 普通恤衫 |  |  |  | 外衣 |  |
|  |  | 内衣 |  |  |  | 短棉裙 |  |
|  |  | 内裤 |  |  |  | 百褶裙 |  |
|  |  | 短袜 |  |  |  | 胸衣 |  |
|  |  | …… |  |  |  | …… |  |
| 小计: | | | | | | | |
| 加15%服务费: | | | | | | | |
| 加50%特快费: | | | | | | | |

续表

| 共计： | |
|---|---|
| 总件数： | |
| 特别提示： | |
| 说明：<br>1. 请在单据上填写并签名后连同洗衣物放入洗衣袋内。<br>2. 如宾客未填写衣物数量，将以本酒店所计数量为准。<br>3. 本酒店在正确的洗涤操作下若造成衣物的任何损坏，最高赔偿额不超过衣物洗熨单价的10倍。衣物上的装饰品和衣兜的物品损坏或遗失，酒店概不负责。<br>4. 送衣时，除有特殊要求，男装衬衫将以折叠方式送回，女装衬衫将用挂架送回。 | |

2）核对洗衣单的项目

如客人的姓名及房号、收洗日期及时间、送洗的数量及种类。送洗时必须注意，若客人勾选快洗项目时，要确认其送回的时间；如在作业时间以外，则需请示上级，才能回答客人。若客人未勾送洗时效，则应请教客人是普通洗还是快洗，并告知客人何时才会将衣物送回。若为快洗或快烫，应以电话通知客房管理办公室并请派人员立即收取，同时应提醒客人此服务必须加收50%的服务费，以避免洗后有任何争执。

3）检查送洗衣物

如衣物口袋是否留有东西，纽扣有无脱落，衣物上有无污点、破洞或褪色的现象。若有此情形，务必请客人在衣物送况签认单上签名。若有任何配件，必须在洗衣单上注明。

4）填写收洗客衣登记表

如日期、收洗时间、洗衣单号码、件数，若为快洗，则需用红笔填写，以方便日后快速查询。

5）入账

客房服务人员必须将洗衣单送至客房管理办公室，再转交柜台，记在客人的账目中。

2. 客衣送回

1）核对件数是否符合

与洗衣厂商核对衣物是否与登记表上的件数符合，予以签收。

2）再次确认

送入每间房间前，必须要再次确认房号、件数是否正确，方可送入房内，以避免送错或漏送。

3）送回方式

依客人所选择的衣物送回方式，可分为折叠与吊挂两种方式。

(三) 注意事项

(1) 服务员要仔细核对送洗物的种类数量，检查口袋内是否有东西、纽扣有无脱落、有无严重污渍或破损等，发现口袋里有东西时，将其放在写字台上，贵重物品或金钱应送到房务办公室保管。

(2) 快洗服务要向客人说明收费标准，以免结账时发生不愉快。各楼层洗衣单尽快集合至客房服务中心,以便转交前台收银入账,待离店统一结算。

(3) 洗衣服务要做到"十清",即房号要记清、衣服件数要点清、衣服质地要登清、衣服的破损情况要记清、洗涤方法要搞清、客人的特殊要求要弄清、衣服的口袋要掏清、差错与事故要弄清、收费找零单据要算清、衣服送还客人要当面点清。

(4) 如果客人衣服纽扣掉了或有小处破损,可以修补,则不用通知客人;如果客衣被损坏,必须通过值班经理立刻与客人联系,向客人道歉并商量赔偿事宜,不可再向客人收取洗衣费。

六、送餐服务

客人打电话要求订餐或饮料(另可利用开夜床时放置于床铺上的早餐卡,事先写好将其吊挂于房门口,第二天早班服务员会将其送至餐饮相关单位),服务员利用餐车将客人要求的餐食送至客房,这种类型的服务称为客房餐饮服务。其服务流程为:

(一)准确记载

当客人以电话或其他方式要求客房餐饮服务时,必须准确地记录房间号码、客人姓名、餐食内容、送餐时间及其他备注等内容。

(二)送餐服务

(1) 将点菜单依酒店规定送至厨房,或交给负责客房餐饮的服务人员。

(2) 待厨房将餐食准备妥当后,按指定时间送至客房。

(3) 若客人所点物品不多时,可用托盘送去;反之,须以客房餐饮专用的餐车来送餐食。

(4) 准备餐车时,要依酒店规定,将整洁的台布铺好,再依客人点食的内容摆置餐具、调味瓶、花瓶等物,以达到酒店服务标准。

(5) 使用餐车时,须注意勿因地毯或地面不平而倾倒。

(6) 按酒店规定的敲门礼仪进入。

(7) 进入客房后,依客人指示将餐食摆置整齐,顺便询问客人是否有其他需要,在请客人签单后,道谢并转身离开,不必留在客房服务客人用餐。

(三)餐后整理

(1) 大约1小时后(或由房务人员整理房间时),将客人用完的餐盘收拾干净。

(2) 客房收回的餐盘应通知客房餐饮的服务人员尽快前往取走,以免产生异味,或滋生蟑螂、蚂蚁、蚊虫等。

(3) 将餐具清点、分类整理,若有属于客房部的餐具须立刻清洗干净归还,其余物品则送回厨房或餐饮部门。

(4) 餐车放回酒店规定的地方,并于下班前整理干净。

七、访客服务

访客服务是当宾客有来访者时按宾客要求提供的服务。访客常常是酒店潜在的顾客或者对住客有相当大影响力的人。接待来访宾客,应该像接待住客一样热情礼貌。

### （一）服务程序

（1）了解宾客需求，合理安排访客。客房服务员应事先了解宾客的访客情况及接待要求，如来访者人数及来访时间，提供饮料、点心和鲜花摆设等情况。

（2）做好准备。客房服务员应在访客来访前约半小时做好接待准备，如准备好茶具、茶叶、开水及其他饮料、食品、烟灰缸、座椅等。

（3）热情接待来访者。问清被访者的姓名及房号，通过电话与该住客联系。如果会客地点是在客房，客房服务员应在电梯口协助引领，将来访者引领进房后，主动询问住客有无服务要求。

（4）提供服务。根据宾客需要及时提供饮料、茶水服务，及时续水。

（5）协助送客。当访客来访结束后，客房服务员应协助宾客送客。

（6）房间整理。访客来访结束后，客房服务员应立即撤出添加的家具与物品，并视宾客需要对房间进行整理。

（7）做访客记录。访客进离店的时间必须记录。在会客过程中发现任何异常情况，应立即向上级报告并记录在工作单上。

### （二）注意事项

（1）接待来访者，应热情礼貌，先请其说明待访者的姓名、房号、有无预约，并且登记。

（2）然后礼貌地请来访者稍候，打电话给待访客人，说明有关情况并听其意见。

（3）得到住客同意后，先向来访者致歉，然后引领其至该房间。

（4）若住客不愿相见，应委婉地向来访者说明。

（5）若住客不在，则可询问来访者是否需要留言，但绝不可让来访者在房间等候。

（6）将来访者领至该房后，应礼貌地询问住客是否需要茶水、毛巾、椅子等。

（7）若会客时间较长或人员较多，应根据情况为客人送水。

（8）会客完毕后，应在征得客人同意后，尽快地收拾、整理好房间，以便客人休息。

（9）若会客时间超过规定，应通知总台或大堂经理，由其打电话礼貌地提示该房住客，在会客过程中发现异常情况，应立即汇报上级。

（10）服务员在工作单上做好记录，包括访客的抵离时间、房号、人数等。

## 八、擦鞋服务

### （一）服务程序与标准

（1）房间内均备有鞋篮，宾客将要擦的鞋放在鞋篮内或房间的明显处，或电话通知，客房服务员在接到有关擦鞋服务的电话或要求后，在酒店规定的时间内赶到宾客房间收取皮鞋。

（2）收取皮鞋时，在小纸条上写明房号放入皮鞋内，以防送还时出现差错。

（3）擦鞋应在工作间进行，擦鞋时先在鞋下垫上一张废报纸，用布和鞋刷将表面上的尘土擦去。

（4）根据宾客皮鞋的面料、颜色，选择合适的鞋油或鞋粉。特殊颜色的皮鞋，在选用近色的鞋油时，可在鞋的后跟处轻轻试刷，若不符可用无色鞋油代替，以免皮鞋串色。

(5) 将鞋油用刷子擦均匀,鞋油不宜过多。鞋底和鞋口边沿要擦干净。如擦皮凉鞋时,应在鞋的内侧垫上干净布以防弄脏宾客的袜子。

(6) 5 分钟后,再用干净鞋刷擦亮,最后用干净擦鞋布擦亮,使之达到宾客的要求。

(7) 一般晚间半小时(白天 10 分钟)后将擦好的鞋送至宾客房间。如果宾客不在,应放于壁橱内的鞋篓旁,不要忘记取出鞋内小纸条。

(二)注意事项

(1) 要避免将鞋送错房间。

(2) 对没有相同色彩鞋油的待擦皮鞋,可用无色鞋油。

(3) 楼层服务员在住客房间工作时发现脏皮鞋应主动询问宾客是否需要擦鞋服务,若遇雨雪天气,服务员应在宾客外出归来时主动询问宾客是否需要擦鞋服务。

(4) 接受宾客擦鞋服务时,规范的做法是使用鞋篮,特别要注意做好标记,防止出错。

(5) 对于电话要求擦鞋服务的宾客,一般是急于用鞋,所以要尽快提供服务,并及时将鞋送回。

(6) 如果鞋已经破损,应向宾客讲清楚,如果客房服务员不能处理,可提示宾客送出去修理。

### 九、叫醒服务

叫醒服务主要有散客自动叫醒、人工叫醒和团队叫醒服务。有的酒店是由酒店总机负责,有的酒店是由楼层服务台负责。一般情况下由酒店总机室负责提供,客人既可将叫醒要求通过电话告知总机房,也可由客房服务员负责记录客人叫醒的要求并通知总机室。为了提供更为细致的服务,客房服务员还要应客人要求按时提醒客人相关事项,如外出安全、开会、与客户电话联系等,这样就扩大了叫醒服务的范围。

(一)散客自动叫醒服务

散客自动叫醒服务要注意以下事项:

(1) 接到客人需要叫醒的电话,应问清客人房号、姓名及叫醒时间。

(2) 复述客人叫醒要求,并得到客人确认。

(3) 检查叫醒客房的种类和客房类型,若是套房、贵宾房,必须做特别提示,祝客人晚安。

(4) 把叫醒信息输入机台,按机台上的叫醒键,输入客房号码和叫醒时间,按机台执行键;将套房客人的叫醒信息输入卧室的电话分机;夜班话务员再次检查叫醒输入情况、客房情况、套房状况等;按照最早的叫醒时间,打开叫醒打印机并检查叫醒系统是否正常工作。

(5) 填写叫醒登记本,将叫醒时间输入机台;在叫醒登记本上按时间顺序填写客人房号、姓名、叫醒时间;认真复查并签上话务员的姓名。

(二)人工叫醒服务

人工叫醒服务要注意以下事项:

(1) 在客人指定的叫醒时间,按下客人的房间号码。

(2) 用亲切和蔼的语气称呼客人的姓名,叫醒时要说:"早上好/下午好,现在是×点钟,

已到您的叫醒时间。"并祝客人愉快。

(三)团队叫醒服务

团队叫醒服务要注意以下事项:

(1)接到客人要求将旅游团客人全部叫醒的电话时,应礼貌地请客人到前台问讯处登记。

(2)受理23:00以后的团队叫醒服务预订,要记录团号、叫醒时间、预订人姓名及房号。

(3)根据前台问讯处的记录,中班话务员负责找出团队用房表,并与叫醒登记表核对,夜班服务员必须再次核对。

(4)填写叫醒登记表团队分房表,然后将团队叫醒输入机台。

(四)特殊问题处理

如果发现漏叫或没有打印出客人的叫醒要求,话务员必须用电话叫醒客人,并做好记录;如果客房叫醒无人应答,话务员必须立即通知客房服务中心或大堂副理去客房查看,并做好详细记录;如果客人要求取消叫醒服务,话务员必须在登记本、黑板、电脑上同时做出更正,并在交接班笔记上说明;如果客人要求多次叫醒时,话务员必须在叫醒登记表上做特殊说明。

十、加床服务

普通标间一般设为两张床,但客房服务中经常会遇到三人同行或带小孩的家庭,他们往往会要求再加一张床,为此客房服务人员应提供方便,满足客人的需求。加床服务程序如下:

(1)接到加床通知后,随即提供该项服务,通常是在客人未住进房时完成。

(2)总台通知房务中心后,必须及时在房间报表上记录加床房号。

(3)房务中心通知领班做加床服务。

(4)检查备用床是否损坏,并擦拭干净,推入房间后铺好床。

(5)加床后,需增加房间内相关的低值易耗品以及备品数量。

(6)注意事项:续住房提早退床,在房间报表上注明退床,并通知总台;退房后,床铺要尽快收好归位,备用枕头、棉被检查无问题后,折叠整齐放回原位。

十一、换房服务

(一)换房原因分析

(1)与订房时房型不合。

(2)客人住进后发现房间不满意(太吵、太阴暗、视野不佳、设备不好、房间有异味等)。

(3)要求住靠近离逃生口近一点的房间。

(4)要求住低楼层的房间。

(5)价格不符合。

(6)临时增加住客。

(7)要求住与亲友或团体接近的房间。

(8) 客满时临时安排的房间,次日重新安排客人预订或喜欢的房型。

(9) 客人独特的要求(如方位、朝向等)。

（二）空房(已预订将迁入者)换房

(1) 接到办公室值班人员换房通知单时,速将房内设置的水果、刀、叉、洗手碗等物品移往新的房间。

(2) 若为 VIP 设置,则鲜花、赠品等一切配备物品都须换往新的房间。

(3) 换房后,空房须尽快恢复为 OK 房状态。

（三）续住房换房

(1) 服务员接到房务中心通知时,尽快清点冰箱饮料以及房内物品。

(2) 当客人行李搬往新房间后,须仔细检查原房间是否留下任何物品,若有,须将物品移往新房间。

(3) 客人习性须告知新服务员,并记录下客人的习性。

(4) 原房间的物品(如衣架等)若被移走,服务员负责取回,若客人在使用,须等客人退房后取回。

(5) 原房间的物品若被客人借用,应立即处理。

（四）换房注意事项

(1) 客人不在房间而换房时,由客务中心或客房服务员处理。

(2) 如果客人行李未事先准备好,应替客人收拾行李,并记住每件物品放置的位置,注意检查房间内每一处,以免有遗漏的物品。

(3) 换至新房间时,将所有行李、物品,依原房间摆放位置排放好。

## 十二、租借服务

（一）接到通知

(1) 电话响 3 声内按标准接听。

(2) 仔细询问客人租借物品的名称、要求、房号以及租借时间等。

（二）送用品至房间

(1) 到房务中心领取租借物品。

(2) 将用品迅速在客人约定的时间内送至客人房间,向客人说明注意事项,并请客人在租借物品登记单(见表 9-3)上签名。

表 9-3 租借物品登记单

| 日　　期 | 房　号 | 用品及序号 | 经手人 | 借用人 | 归还时间 | 接 收 人 |
|---|---|---|---|---|---|---|
|  |  |  |  |  |  |  |
|  |  |  |  |  |  |  |
|  |  |  |  |  |  |  |
|  |  |  |  |  |  |  |

续表

| 日　期 | 房　号 | 用品及序号 | 经手人 | 借用人 | 归还时间 | 接收人 |
|---|---|---|---|---|---|---|
|  |  |  |  |  |  |  |
|  |  |  |  |  |  |  |
|  |  |  |  |  |  |  |
|  |  |  |  |  |  |  |

（三）记录

客人借用物品时，须将物品的名称、数量、借用时间，以及客人的姓名、房号在物品借用记录本上详细登记下来，以便下一班服务员继续服务。

（四）归还

（1）当离店时，应特别检查客人有无租借物品及有无归还等。

（2）当客人归还物品时，应详细做好记录。

（3）及时将物品归还房务中心。

## 十三、托婴服务

为了方便带婴幼儿的客人外出，酒店客房往往为住店客人提供婴幼儿的托管服务，帮助照看小孩，并根据时间长短收取相应的服务费。酒店的客人有各种类型，如商务旅客、团体旅游者及家庭等，若大人须参加宴会等重要聚会，无法将孩童、婴儿带在身边时，一定会委请酒店的工作人员代为照顾。该项工作因为关系到儿童的人身安全，绝不可委任酒店以外的人来处理，一般由客房部门专门负责。

（一）托婴服务的基本流程

（1）问明客人姓名、房号、所需照顾的日期、时间。

（2）告诉客人收费标准。在提供托婴服务时，还应告诉客人有关酒店的收费标准。一般以3小时为一个计费点，超过3小时增收相应费用。托婴服务完成后，所有费用一般都在前台收款处一并结算。

（3）征求客人同意后，将资料转告客房部办公室值班人员，请其代办，填写托婴服务申请表（见表9-4）。

（4）保姆人选以休假员工为主，有此相关经验的员工的个人资料要列出名册（客房部主管应谨慎挑选适当的人选，以免引起客人抱怨或因此而衍生意外或事故）。

（5）确定人选后，该员工应着干净制服或挂上酒店的工牌，由主管带领介绍给客人。

（6）于约定前10分钟向客人报到。

（二）托婴服务的注意事项

（1）要求该员工经常与客房部办公室或值班人员联络，以随时掌握情况，若有任何状况迅速处理。

（2）看护者在接受任务时，必须向客人了解其要求、照看的时间、婴幼儿的年龄及特点，以确保婴幼儿的安全、愉快，使客人满意。

(3) 看护者应在酒店规定区域内根据客人要求照看婴幼儿，一般不能将小孩带出客房或酒店。尤其不能带小孩到游泳池边、旋转门或栏杆等地方，这些是小孩们感兴趣的场所，同时也是容易造成意外的地方。

(4) 不得随便给婴幼儿吃食物。

(5) 不得随便将婴幼儿托给他人看管。

(6) 不得将尖利或有毒的器物给婴幼儿充当玩具，以确保安全。

(7) 提供服务一定要注意联络方式，在提供这项服务时，还应考虑一些意外或紧急情况的处理，请客人留下联络电话或方法。比如在照看期间，若婴幼儿突发疾病，应立即请示客房部经理，并与客人联系，以便妥善处理。

(8) 托婴服务是一项责任重大的工作，绝不可掉以轻心。要想给客人提供满意的托婴服务，必须保证婴幼儿的安全、健康和愉快。

表 9-4　托婴服务申请表

宾客姓名　　　　房号

日期　　　　　婴儿年龄

时间　由　　时　　分至　　时　　分

尊敬的宾客：

应您的要求，我们安排了保姆服务，具体事项如下，请您在需要的项目上打"√"。

早餐　　　　□是　　　□否

午餐　　　　□是　　　□否

晚餐　　　　□是　　　□否

托婴服务的最初 3 小时，按　　收费，超过 1 小时按　　收费。所有费用都在前台收银处直接结算。酒店将不承担因看护疏忽造成的事故而引起的任何赔偿。

申请人愿意接受以上全部条款。

经理签名　　　　　　　　　　　　宾客签名

注：一式三联，宾客一联，前台收银一联，客房部留存一联。

## 十四、贵宾服务程序

### (一) 贵宾抵达前的准备

**1. 了解客情**

客房服务员可通过贵宾接待通知单了解客情，包括贵宾的姓名、国籍、职业、职务、年龄、禁忌、宗教信仰、生活习惯、客房种类、随行人员、接待单位、接待标准、付款方式、抵离店日期和时间以及特殊要求等，以便客人到达时，能够称其名、道其职，并按其生活习惯安排工作，进而提供个性化服务。

**2. 清理客房**

确保客房处于最佳清洁状态。贵宾房除按一般规程进行清理外，还须做好一些计划卫生项目，如家具上蜡、铜器擦亮及地毯除尘、除迹等。

**3. 布置客房**

按贵宾接待通知单要求布置客房，贵宾等级不同，相应的客房内物品配备也不同。通常

鲜花、水果以及总经理名片等为必放物品。客房服务员应协助花房、客房送餐服务人员将相应添加物品放入该房。

4. 查房

严格检查客房,确保万无一失。贵宾房清扫整理完毕后,需经领班、主管、前厅部经理或大堂副理、客房部经理等按规格标准层层检查,以便及时发现问题并予以纠正。在客房部经理检查符合标准后,封闭客房,禁止无关人员出入。

5. 检修设施设备

应配合工程维修人员检修客房设施设备,确保其处于完好状态。

(二)贵宾抵达时的迎接

不同等级的贵宾,酒店通常会安排不同的接待规格,由不同级别的管理人员陪同进入楼层。当贵宾抵达时,楼层服务员须在电梯口迎接,礼貌地问候贵宾,根据情况进行适当引领和介绍,并随时做好服务工作,如按客人到房人数及时送上小毛巾和热茶等。

如果贵宾到达楼层时无人陪同,服务员应主动热情引领贵宾进房,并视贵宾情况,简要介绍客房设施设备及使用方法。

(三)贵宾住店期间服务

(1)优质的对客服务可以让贵宾在住店期间感觉到特别的尊重和不同于普通客人的礼遇。

(2)客房服务人员应能用姓或职务尊称客人,并主动问候。

(3)根据了解的贵宾情况,以及服务中观察所得的贵宾的生活习惯、爱好和工作规律,把握时机,为贵宾提供各种有针对性的服务。

(4)在提供各项客房服务时,应优先考虑贵宾房,务必在贵宾最方便时进行服务,以不打扰贵宾的休息和正常生活起居为原则。

(5)在贵宾外出期间安排好整理服务,并及时更换贵宾用过的卫生间棉织品。

(6)配合安全部门做好安全工作,如服务中注意为贵宾保密,不将房号告诉无关人员等。对特殊身份的访客更要谨慎,以确保贵宾的安全。

(7)注意贵宾身体状况的变化,发现贵宾身体不适或生病,要立即报告上级并请医生探访,在生活上给予特别关照。

(8)根据贵宾的要求随时提供服务。

(四)贵宾离店送行

(1)前厅部在确认贵宾离店时间后,至少应提前1小时通知楼层服务员。

(2)楼层服务员接到贵宾离店通知后,应主动进房间向贵宾表示问候,征询贵宾意见,询问有无需要帮助的事宜。

(3)通知行李员为贵宾提携行李。

(4)贵宾离开房间或楼层时,应向贵宾道别,为贵宾按下电梯按钮。贵宾进电梯后,祝贵宾一路平安,并欢迎再次光临。等电梯门关闭并运行到下一楼层后,方可离开。

(五)迅速检查客房

检查客房酒水使用情况及客房设施设备有无损坏,并使用房内电话报到前厅收银处,检查有无贵宾遗留物品,如有应尽快归还,若有设备损坏,应通知前厅或尽快找工程部进行处理,除非重大损失,一般不要求赔偿,以免给贵宾造成不良印象。

### 十五、私人管家服务

为了满足酒店部分高档客源的需求,有些高档酒店会挑选一批形象佳、业务工作能力强、综合素质高的员工,担任管家服务员。当宾客需要私人管家服务时,可以从中挑选合适的服务员为自己服务。

私人管家服务又叫贴身侍从服务,私人管家所承担的角色既是服务员又是私人秘书,要对宾客的一切需求给予 24 小时关注,包括客房的整理,订送餐服务,代订飞机、车船票,安排车辆接送,商务文秘服务,导游服务,翻译服务等项目。宾客还可以根据自己的需要定制管家服务项目及所需服务的时间,酒店将根据宾客定制的服务项目的多少及服务时间的长短收取不同的额外服务费。

**知识活页　　酒店贴身管家服务**

所谓贴身管家服务是更专业和私人化的一站式酒店服务,它是集酒店前厅、客房和餐饮等部门的服务于一人的服务。下榻酒店的贵宾将得到一位指定的专业管家专门为他(她)服务。贵宾的一切服务需要,如拆装行李、入住退房、客房服务、清晨叫早、订餐送餐、洗衣、订票、安排旅游和秘书服务等,都由这位贴身管家负责,这种更加个性化的服务极大地方便和满足了酒店贵宾的需求。

贴身管家的素质标准:

1. 具有基层服务工作经验,熟悉酒店各前台部门工作流程及工作标准;熟悉餐饮部各个部门的菜肴以及红酒搭配。

2. 具有较强的服务意识,能够站在顾客的立场和角度提供优质服务,具有大局意识,工作责任心强。

3. 具有较强的沟通、协调及应变能力,能够妥善处理与客人之间的各类问题,与各部门保持良好的沟通、协调。

4. 了解酒店的各类服务项目、本地区的风土人情、旅游景点、土特产,具有一定的商务知识,能够简单处理客人相关的商务材料。

5. 形象气质佳,具有良好的语言沟通能力。

6. 具备丰富的知识面,有较强的抗压能力。

贴身管家的岗位职责:

1. 负责检查客人的历史信息,了解抵离店时间,在客人抵店前安排赠品,做好客人抵达的迎候工作。

2. 负责客人抵达前的查房工作,客人抵店前做好客房的检查工作及餐室的准备工作,准备客人的房间赠品,引导客人至客房并适时介绍客房设施和特色服务。提供欢迎茶(咖啡、果汁),为客人提供行李开箱或装箱服务。

3. 与各前台部门密切配合，安排客人房间的清洁、整理、夜床服务及餐前准备工作的检查和用餐服务，确保客人的需求在第一时间予以满足。

4. 负责客房餐饮服务的点菜、用餐服务，免费水果、当日报纸的配备，收取和送还客衣服务。安排客人的叫醒、用餐、用车等服务。

5. 对客人住店期间的意见进行征询，了解客人的消费需求，并及时与相关部门协调沟通，予以落实，确保客人的需求得以适时解决和安排。

6. 及时了解酒店的产品、当地旅游和商务信息等资料，适时向客人推荐酒店的服务产品。

7. 致力于提高个人的业务知识、技能和服务质量，与其他部门保持良好的沟通，24小时为客人提供高质量的专业服务。

8. 为客人提供会务及商务秘书服务，根据客人的需要及时有效地提供其他相关服务。

9. 整理、收集客人住店期间的消费信息及生活习惯等相关资料，做好客史档案的记录和存档工作。

10. 客人离店前为客人安排行李、出租车服务，欢送客人离店。

11. 严格遵守国家相关的法律法规、行业规范及酒店的安全管理程序与制度。

（资料来源：根据网络资料整理。）

## 第二节　客房部对客服务的特殊情况处理

### 一、"请勿打扰"房的处理

（一）登记"请勿打扰"房的房号

客房服务员在接班时，将挂有"请勿打扰"牌的房号记在值班记录本上。另外，对从前一晚做夜床时即挂"请勿打扰"牌的房间要特别留意。

（二）先保留不做房务整理

在房间门口挂有"请勿打扰"的先保留不做，待客人将"请勿打扰"牌取下后，与前台核对房间钥匙，如在前台，表示客人已经外出，可以敲门入内整理；如不在前台，表示客人仍在房间，须于13:00（依各酒店规定）以后再敲门入内整理。

（三）电话查询情况

早班领班在每日12:00—14:00之间，需向各楼层负责人员查询未整理好房间的原因，如客人一直挂着"请勿打扰"牌，领班先向总机查询该客人是否在，是否已有交代；如为续住客人，则查清客人习性记录表，看是否有不整理房间的记录，如无记录，到楼层及前台了解后，向值班的主管报告。

## （四）会同相关部门共同处理

（1）当班的房务主管于15:00时会同大堂副理共同处理，先由大堂副理以电话与房内联络，如客人接听，则向客人表明接到房务中心通知，礼貌地问客人能否整理房间，视客人答复采取作业。

（2）如电话无人接听，则由房务主管敲门两次后，用万能钥匙开门入内查看，若遇到客人将房门反锁（一般酒店的客房房门共有两道锁，第一道锁在关上房门即锁上，第二道锁是房门关上后，由客人自行将内锁或按钮按上），是无法用万能钥匙开门的，需要工程部门将房门整个拆下，以防止意外发生。等状况解除后，由领班通知房务员开始整理工作。

## （五）注意事项

做夜床时如客人挂出"请勿打扰"牌，房务员需加以记录，于下班前（连同送回客衣）交晚班领班处理。晚班领班每小时须去巡视一次，如牌取回，则敲门入内送客衣并做夜床；如一直挂着"请勿打扰"牌，交接时请夜班领班特别注意该房间状况，并保持每小时巡视一遍，夜班领班下班时再交班给早班继续注意。

## 二、客人遗失物品处理

（一）上报

（1）在房间范围内，无论何地见到客人的物品，都必须交到房务中心。

（2）如服务员在查房时，发现客人的遗留物品，应及时跟总台联系，将物品交还客人；如客人已经离开，应上交区域领班。

（3）房务中心在收到客人遗留物品时，都应记录在遗失物品登记表（见表9-5）上，写明日期、房号、拾到地点、物品名称、拾物人姓名和班组。

表 9-5 遗失物品登记表

| 编号 | 日期 | 拾获地点 | 客名 | 详细描述 | 拾获者 | 交还日期 | 签收 | 交还经手人 | 备注 |
|------|------|----------|------|----------|--------|----------|------|------------|------|
|      |      |          |      |          |        |          |      |            |      |
|      |      |          |      |          |        |          |      |            |      |
|      |      |          |      |          |        |          |      |            |      |
|      |      |          |      |          |        |          |      |            |      |
|      |      |          |      |          |        |          |      |            |      |
|      |      |          |      |          |        |          |      |            |      |
|      |      |          |      |          |        |          |      |            |      |
|      |      |          |      |          |        |          |      |            |      |

（二）分类

1. 贵重物品

包括珠宝、信用卡、支票、现金、相机、手表、商务资料、身份证、回乡证、护照等。

2. 非贵重物品

包括眼镜、日常用品等。

（三）保存

(1) 所有的遗留物品都必须保存在储藏柜里。

(2) 贵重物品和非贵重物品分开存放，贵重物品应由专人管理。

(3) 贵重物品存放时间为一年半，非贵重物品存放时间为半年，开启的食物、饮料以及药品保留时间为3天。

(4) 超过保留期的物品，由客房部会同有关部门统一处理。

（四）认领

(1) 认领方式有两种，即直接认领或请人代认领。

(2) 问清有关问题，无误后，请认领人签字，请人代领时还需客人出具委托函，并留下联系电话和地址。

（五）客人住店过程中物品丢失的处理

(1) 服务员接到客人报失要立即报告，再由部门经理与大堂副理、保障安全组取得联系，共同处理。需要注意的是，服务员在接到报失后，不得提出自己的任何猜测，也不得私自进房查找，以免为以后的处理增加困难。

(2) 处理人员赶到现场，先向客人了解丢失物品的时间、地点和具体内容，并帮助客人回忆丢失物品的经过，判断是否属于失窃（注意做好详细的记录），然后在征得客人同意后，由安全组和服务员在房间内帮助寻找。

(3) 如果客人丢失的属于贵重物品或者金额较大，应及时向总经理汇报并保护好现场，在经过总经理和客人的同意以后，可以向公安机关报案，交由他们处理。

## 三、客房物品丢失、损坏的处理

为了保证客人的入住质量和维护酒店的财产安全，服务员在整理房间、查房、做夜床或巡视房间时都要对房间内的设施设备等动产和不动产进行检查。

（一）入住期间设备物品丢失、损坏的处理程序

整理房间、做夜床、巡视房间时发现财产有丢失或损坏的现象，应第一时间通知房务中心，同时报告损坏或丢失物品的名称、类型、损坏程度、面积等基本信息，等候房务中心的通知，再作处理。具体处理流程如下：

(1) 服务员在发现物品丢失或损坏时，要及时上报领班和房务中心。

(2) 领班要及时翻阅清洁报表等各种交接记录，迅速查明情况，再作处理。

(3) 房务中心在接到服务员的通知时，应核对情况，并查阅交接资料，检查是否有原始赔偿记录或其他自然损坏情况，根据信息与领班做好沟通。

(4) 通过核实后，若发现没有原始记录记载和其他自身原因（若漏补客用品）存在，则由房务中心填写报废单，报废单一式三联，交由服务员负责找客人签字，并向客人说明情况。

(5) 此时，若客人不在房间，由服务员负责随时留意客人的动态，发现客人，立即让客人

签字。

(6) 客人签字后,一联存档,一联交于前台收银处,以免发生跑账、漏账情况,另外一联交于财务部,以便资产核对。

(7) 做好记录。

(二) 客人退房查房时设备物品丢失、损坏的处理程序

(1) 服务员在接到退房的通知时,应立即查房。

(2) 若在查房的过程中发现物品有丢失或损坏情况,应立即通知前台收银处。

(3) 查房完毕后,通知房务中心和领班查房情况,然后立即查证物品的原始记录,以免发生误赔,给酒店造成不良影响。

(4) 核实完毕后,将情况报告于前台。

(5) 一经查实,物品为客人丢失或损坏,房务中心应及时将报废单交送于前台。

(6) 前台处理完后将报废单拿回,一联存档,一联交于财务部。

(7) 做好记录。

(8) 需要注意的是,服务员必须在规定的时间内查房,并且根据实际情况及时上报和核实,正确处理客赔。

四、醉酒客人的服务

对醉酒客人的服务,既要耐心、周到,又要注意安全,包括客人的安全、酒店的财物安全和员工自身安全。客房服务人员在为醉酒客人服务时,应做好以下几个方面的工作。

(一) 发现醉酒客人

(1) 当发现客人在房内不断饮酒时,客房服务人员应特别留意该客人的动态,并通知领班在适当情况下,与当班其他服务人员借机进房查看,切忌单独进房。

(2) 客房服务人员有时会在楼层发现醉酒客人,如果证实其为外来游荡的醉客,应请其离开,通知安保部人员将醉客带离楼层,并控制醉客的行为;若是住店客人,应通知领班或请同事帮忙,安置客人回房休息。

(二) 视客人醉酒程度给予适当的服务

(1) 若客人已饮酒过量,但尚未清醒,应扶客人上床,并将纸篓放在床边,以备客人呕吐,同时备好面巾纸、漱口杯,放在床头柜上,对呕吐过的地面应及时清理。

(2) 征求意见后,为客人泡一杯茶放在床头柜上。

(3) 安顿客人休息后,房间要留灯,如夜灯或廊灯,然后轻轻退出房间,关好房门。

(三) 注意事项

(1) 密切注意房内动静,以防房内物品受损,或因客人吸烟而造成火灾。

(2) 对因醉酒而大吵大闹的客人要留意观察,在不影响其他客人的情况下一般不予干涉。但若发现客人因神志不清而有破坏行为,则应通知安保部、大堂副理。若已造成设备、物品损坏,应做好记录,待客人酒醒后按规定索赔。

(3) 若遇客人倒地不省人事,或有发生意外的迹象(如酒精中毒),应及时通知大堂副理,同时通知医务室医生前来检查,以保证客人的安全。

(4) 对醉客的纠缠不休要机警应对,礼貌回避。

(5) 做好记录,在服务员清洁报表上填写醉酒客人房号、客人状况及处理措施。

### 五、生病客人的服务

如遇到住客生病,应给予特殊关照,并体现出同情、关怀和乐于助人的态度。

#### (一) 生病客人的服务程序

(1) 发现住店客人生病,要表示关怀并主动帮助。

(2) 礼貌地询问客人病情,了解病因,若客人表示确有些不舒服或道出病情,服务人员应提醒客人,酒店有医务室或驻店医生服务,可前去就诊或请医生到客房就诊。

(3) 对在房内病卧的客人,应把纸巾、热水瓶、水杯、纸篓等放在客人床边,加送热毛巾。

(4) 要适时借服务之机进入客人房间,询问客人有无特殊要求,建议并协助客人与就近的亲朋熟人取得联系,提醒客人按时服药,推荐适合客人的饮食。

(5) 关上房门,并随时留意房内动静。

(6) 报告领班或主管,并将客人房号和生病概况记录在服务员工作日报表上。

(7) 客房部管理人员应亲自慰问病客,并送鲜花、水果等,祝客人早日康复。

#### (二) 病客服务的注意事项

(1) 在日常对病客的照料中,服务员只需做好必要的准备工作即可离去,不得长时间留在病客房间,病客若有需要可电话联系。

(2) 如遇危重病人,应及时与医院或急救站联系,组织抢救。救护车未到前,可由驻店医生给予必要的救治处理,同时要立即逐级上报,经理或酒店值班经理应亲临处理。若客人处于清醒状态,则需征得客人同意。

(3) 未经专门训练和相应考核的服务员,若发现客人休克或其他危险迹象时,应及时通知部门经理或值班经理采取必要措施,不得随便搬动客人,以免发生意外。

(4) 若有客人要求服务员代买药品,服务员首先应婉言向客人说明不能代买药品,并推荐酒店医务室,劝客人前去就诊。若客人不想看病,坚持让服务员代买药品,服务员应及时通知经理,并由其通知驻店医生到客人房间,由医生决定是否从医务室为客人取药。

(5) 若发现客人患有传染病时,应做到以下几点:①关心、安慰客人,稳定客人情绪;②请酒店医务室医生为其诊治;③将客人转到医院治疗;④客人住过的房间应请防疫部门进行消毒;⑤彻底进行清理后再出租。

### 六、残疾客人的服务

#### (一) 残疾客人的基本类型

常见的残疾客人有三种类型:一是坐轮椅的、腿部有残疾的客人;二是盲人或视力不佳的客人;三是听力不佳的客人。

#### (二) 残疾客人服务的注意事项

(1) 在客人进店前,根据前厅等部门提供的资料,了解客人的姓名、残疾的表现、生活特点、有无家人陪同以及特殊要求等,做好相应的准备工作。

(2) 客人抵店时,应到前厅迎接,问候客人并主动搀扶客人进入客房,帮助提拿行李、物品等。

(3) 仔细地向客人介绍房内设施设备和配备物品,帮助客人熟悉房内环境。对盲人和视力不佳的客人,这点尤其重要。

(4) 在客人住店期间,对其进出应特别加以关注,并适时给予帮助,如搀扶进出客房,需提醒客人注意安全、小心滑倒等。当客人离开楼层到酒店其他区域时,应及时通知有关人员给予适当照料。

(5) 主动询问客人是否需要客房送餐服务,并配合餐饮服务人员做好服务工作。

(6) 应尽力办理客人的委托事项,通过有关部门的协作,及时完成并回复,使残疾客人住店期间倍感方便、愉快。如客人需代寄邮件或修理物品等,要及时通知大厅服务处为客人办理,提供让客人满意的服务。

(7) 对残疾人应主动热情、耐心周到、针对性强,并照顾到客人的自尊心,对客人的残疾原因不询问、不打听,避免因言语不当而使客人不愉快。

(8) 当客人离店时,服务人员应主动征询客人意见和要求,并通知行李员帮助客人提拿行李,把客人送至前厅方可离开。

## 七、客人投诉的处理

(一) 客人投诉的原因

客人对客房及客房服务的投诉主要集中在以下几个方面。

(1) 对客房服务态度的投诉。

这方面的投诉主要包括粗鲁的语言、冰冷的态度、爱理不理的接待方式、不负责的答复、不规范的服务敬语等。

(2) 对客房清扫工作的投诉。

这方面的投诉主要包括客房清扫整理不及时、客房清洁卫生差、客人被无故打扰、客房物品更换补充不及时、服务员在清扫客房时收看电视、服务员挪动或使用了客人物品。

(3) 对客衣洗涤服务的投诉。

这类投诉主要包括客衣丢失、衣物破损、客衣口袋内贵重物品丢失等。

(4) 对客房设施设备的投诉。

这方面的投诉包括空调、音响系统、照明、供水、供电、家具、电梯等存在问题,客房硬件设施没有达到相应的标准。

(5) 客房物品被带走或损坏而要求客人赔偿引起的投诉。

(6) 住店客人的物品丢失而引起的投诉。

(二) 客人投诉的方式及处理方法

客人投诉主要有三种方式,即电话投诉、当面投诉和书面投诉。

1. 电话投诉

对电话投诉要做到:

(1) 接电话时,语音语调要亲切和蔼,讲究礼貌。

(2) 问清客人的姓名、房号。
(3) 弄清问题,认真记录。
(4) 无论客人的意见是否客观,都应向客人表达歉意。
(5) 能够答复和解决的问题,应尽快答复和解决;不能答复和解决的要及时向上级报告。

2. 书面投诉

对书面投诉要做到:
(1) 认真阅读投诉书,弄清其主要投诉内容。
(2) 对投诉书涉及问题要认真调查核实,及时处理。
(3) 将处理意见和结果告知客人,并对客人的批评和建议表示感谢。

3. 当面投诉

对当面投诉要做到:
(1) 认真、仔细听取客人的意见。
(2) 保持冷静。客人在投诉时总是认为自己是正确的。决不能反驳客人的意见,更不能与客人争辩。为了保持客房安静的环境,不影响其他客人,最好单独听取客人投诉。
(3) 表示同情。对客人的感受表示理解,用恰当的语言给客人安慰。如"非常感谢您将此事告诉我"、"我完全理解您现在的心情"、"对于发生这类事件,我感到非常遗憾"。
(4) 不转移目标。把注意力集中在客人提出的问题上,不随便引申,不嫁罪于他人,不推卸责任,更不能怪罪客人。
(5) 记录要点。将客人投诉的要点记录下来,这样不但可以使客人讲话的速度放慢,缓和客人的情绪,还可以使客人确信酒店对他所反映问题的重视程度。此外记录的资料可以作为解决问题的依据。
(6) 最后问清客人姓名、房间号和联系电话。

## 第三节 客房部人员配备

### 一、客房部人员数量配备

人力资源是酒店最基本、最重要、最宝贵的资源。只有人,才能有效使用和控制酒店的其他资源,形成一定的接待能力,实现酒店的预期目标。客房部管理者必须在客房商品生产过程中,根据人力资源管理的一般规律,运用一定的方法,科学选择、合理使用、有效开发客房部员工,不断提高他们的职业素养,充分发挥他们的聪明才智,在确保服务质量的前提下提高客房部的劳动效率,从而达到提升经营效益的目的。

客房部人员数量配备就是指部门劳动力的定编工作。定编就是在部门组织结构设置的基础上,对本部门的用工人数进行科学合理的预测和配备。定编是部门人力资源成本控制的首要环节,如果定编不够科学,会直接影响部门业务的运作、服务质量的稳定和运营成本的控制。

（一）定编应考虑的因素

1. 有关的法律法规

在定编时首先要认真学习相关法律法规，必须严格遵守《劳动合同法》，不能一味地追求降低人力资源成本而违反了我国有关劳动者管理的法律法规。

2. 部门组织结构

客房部组织结构如何设置，与所配置的员工数量有着直接的关系。因为客房部组织机构从形式上确定了客房部的业务分工、职责范围及用人数量与质量要求。所以客房部在设置组织机构时应在确保服务效率和服务质量的基础上，尽量压缩管理层级，减少分支机构和工作岗位，从而减少人员配置数量。

3. 服务模式

客房服务模式实际上是酒店客房的宏观运营模式，直接影响客房部的编制定员。由于各类型的酒店在设施设备上的配置不尽相同，因此，在客房服务模式的选择上也各有各的做法。常见的服务模式有传统的楼层服务台模式、在现代占主导地位的客房服务中心模式、在经济型酒店常见的前台直管模式、一键通式的宾客服务中心模式和近些年在高星级酒店流行的楼层贴身管家模式。

4. 客房部的工作量

工作量是客房部定员的重要依据，工作量的大小与所需员工数量成正比。在编制定员时，客房部应科学地预测部门、各分支机构及各岗位的工作量。客房部的工作量往往跟客房部的业务范围有关，一般可分为：

1) 固定工作量

固定工作量是指那些只要酒店开业就必然存在，而且必须有人去按时完成的日常例行事务。例如，客房部管辖范围内的所有公共区域的日常清洁保养；保证内部正常运转所需要的岗位值勤等。

2) 变动工作量

变动工作量是指随着酒店业务量等因素的变化而变化的工作量。在客房部主要表现在随客房出租率的变化而改变的那部分工作量。例如，客房的清扫数量、对客服务的工作量、布草的洗熨以及一些特殊情况的处理等。这部分工作量的计算，通常以预测的年平均客房出租率为基准来做进一步的具体测算。

3) 间断性工作量

间断性工作量通常是指那些周期性较强，只需定期或定时完成的非日常性工作量。例如，餐厅和多功能厅的清洁、金属器材的擦拭、地毯的清洗、外窗外墙的清洗等。

5) 各岗位工作定额

工作定额，是指每个员工在单位时间内，在保证服务质量的前提下，平均应完成的工作量指标，它是指酒店经营活动中劳动耗量的标准。工作定额是对工作效率的要求，是实行定员编制的基础；定编是对人员配备的要求，是完成工作定额的手段。二者互相联系、互相作用。

## （二）劳动定额的确定方法

确定劳动定额是一项比较复杂的工作，要考虑多方面因素，如人员素质、工作环境、规格标准、器具配备等。规格标准高，每人的劳动定额就要少一些，员工有充裕的时间把工作做得细致些。比较常见的确定方法有以下几种。

### 1. 技术测定法

按照清扫操作规程和质量要求，组织具有不同操作水平的员工进行多次清扫，记录每个人每一项目的完成时间，进行科学综合，得出单项的基本操作时间（见表9-6）。然后再根据各项工作的具体内容、操作程序和质量标准，将准备工作和善后工作等花费的时间全部考虑进去，就可以确定某项工作的定额标准。

表9-6 单项操作实践测试表

| 序号 | 工作项目 | 基本时间（分钟） | 间隔许可（%） | 意外耽搁（%） | 标准时间（分钟） |
|---|---|---|---|---|---|
|  |  |  |  |  |  |
|  |  |  |  |  |  |
|  |  |  |  |  |  |
|  |  |  |  |  |  |

例如，某家酒店早班客房服务员的工作定额测定如下：早班客房服务员的工作时间为8个小时，计480分钟。其中，班前准备时间和下班结束工作共45分钟，随机对客服务45分钟，更换布草、领取物品30分钟，工间休息30分钟，剩余330分钟可以用来清扫客房。如果走客房和住客房平均每间清扫整理时间需25分钟，那么早班客房服务员的工作定额就是330/25＝13.2分钟/间。如果是专职客房清扫员，可以酌情提高工作定额。

必须注意的是，不同档次酒店的随机服务时间有差别，要根据酒店星级标准确定，一般高星级酒店客房随机服务多，预留时间也要多。

### 2. 经验估计法

以过去达到的指标为基础，综合分析进一步提高劳动效率的有利因素和不利因素，用经验来估计工时消耗，制定劳动定额。

### 3. 统计分析法

参考过去的统计资料，结合当前劳动条件和管理条件，制定劳动定额。

### 4. 类推比较法

以过去达到的指标为基础，分析同类酒店客房劳动定额指标，然后结合本酒店客房运营现状，通过对比分析来估计工时消耗，制定劳动定额。

## （三）定编的一般程序

（1）根据客房部管辖范围和业务分工将各职能区域分开。
（2）确定各区域所需的工种、岗位、班次。
（3）计算预测各区域的总体工作量。
（4）计算各岗位、各班次的工作定额。

(5) 计算员工出勤率。
(6) 确定各职能区域所需的员工数量。
(7) 确定客房部所需的全体员工数量。

（四）定编的方法

1. 工作定额定员法

工作定额定员法是按工作量、工作定额和员工出勤率来计算员工人数的定员方法，主要适用于客房清扫员，其计算公式是：

$$定员人员 = \frac{工作量}{工作定额 \times 出勤率} \left( 出勤率 = \frac{实际出勤天数}{365} \times 100\% \right)$$

2. 岗位定员法

岗位定员法是根据客房部的机构设置、岗位职责等因素确定员工人数的定员方法，主要适用于行政管理人员，如经理、办公室文员、楼层台班服务员、客房中心服务员、公共区域的部分员工等。

3. 比例定员法

比例定员法一是根据酒店的档次、规模，按客房数量确定某工种和某岗位人数比例。例如，设客房服务中心的酒店，楼层服务员人数与客房数的比例一般为 1∶5 左右，设楼层服务台的酒店，楼层服务员人数与客房数的比例一般在 1∶3～1∶4。二是根据某部分员工人数确定其他岗位员工人数的比例。例如，5～8 名服务员配 1 名领班等。这一方法简单易行，比较常用，但比较粗糙和平均化。

（五）定编时应注意的问题

1. 客房出租率预测要尽可能准确

酒店运行有很强的季节性，客房出租率会发生较大的变化，因此客房部的工作量尤其是变动工作量，部分也会发生较大的变化。客房部应根据积累的资料，掌握客情变化的规律及趋势，尽可能准确地预测客房出租率，以便做好年度和季度甚至是月度的劳动力预测，做到合理定员。

2. 定员水平要先进

定员必须反映酒店已达到的平均劳动效率水平，又必须有可能提高现有的劳动效率。也就是说客房部定员编制的依据应该是大部分员工经过努力可以达到并超过的工作定额，而不应是现有劳动效率平均数的简单表现。

3. 科学确定各类人员的比例

应该使客房部内部的各类人员在质量和数量上相互协调。各层次人员配备既和本层次的工作要求相符合，又符合科学的管理幅度，避免部门内部因定员不合理而出现的忙闲不均的情况。特别要处理好楼面服务人员同后台工作人员的比例关系，各岗位人员之间的比例关系及管理人员同服务人员的比例关系。

4. 体现人本管理原理

定编时要尽量体现人力资源成本控制的理念和要求，但必须在人本管理原理的前提下充分考虑人的需求与承受力，确保合理的用工数量。

## 二、客房部劳动力的合理调配

劳动力合理调配是客房部人力资源管理的一项重要内容。对劳动力进行合理安排和有效控制,一方面能够保证客房部的正常运转,另一方面能够避免浪费人力。

### (一)采取多种用工制度

针对客房工作变化多、随机性强这一特点,客房部可以采取合同工和临时工相结合的用工制度。如果当地劳动力资源比较充足,客房部在编制定员时,非技术性工种的合同工人数可适当少一些,满足最小工作量的用工需求即可,这样可以有效避免人员闲置的现象。当客房出租率高、工作量较大时,酒店可以适当招聘一些临时工来缓解人员紧张的矛盾。对临时工可以采用计件或计时工资制。如果当地劳动力资源比较紧张,客房部则应将合同工编制定得充裕些,以免一旦营业旺季到来时因无法补充人员而使大家都疲于奔命,甚至打乱正常工作节奏。

同时也应注意到,临时工的稳定性不如合同工。如果大量使用临时工,一方面会增加酒店的培训工作量,另一方面又会影响酒店的正常运作和工作质量。因此要处理好这方面的问题,应高度重视员工队伍的稳定性。

目前大多数酒店都和本地或外地的职业院校建立了良好的合作关系。对于酒店来说,职业院校的实习生是优质的廉价劳动力;对职业院校而言,酒店是稳定的实习基地。但值得注意的是,实习生的供求关系已经发生变化。在我国很多地区,酒店的实习生已经供不应求,一些境外酒店也参与竞争。因此,酒店在对实习生的管理和使用上,必须及时调整观念和做法。

### (二)改革薪酬分配制度

薪酬分配制度对于调动员工的积极性、提高服务质量、控制用工费用等方面起着关键的作用,合理安排和控制劳动力的目的也正是为此。客房部大部分员工承担的工作都是可以按时间计量的。因此,对于这部分员工完全可以实行计件制或计时制工资。在实行计件制或计时制时,要注意以下几点:第一,要合理制定工资标准,即单位小时或单位工作量的标准工资。第二,根据工种性质和工作任务确定对哪些员工实行计时工资,哪些员工实行计件工资,既要合理,又要便于操作。第三,要建立健全严格的质量考核制度,因为无论计时还是计件,都有可能促使员工过分追求速度而忽视质量。第四,要尽量保证员工的基本收入。对于生意较好的酒店来说,员工基本上都有比较充足的工作量,而且比较稳定,收入有保障,工作比较安心。而对于生意较差或淡旺季明显的酒店来说,员工工作量不稳定,有时收入可能没有保障,影响工作情绪。在这种情况下,酒店应该采取适当措施,保证基本工资,以保持员工队伍的稳定。

### (三)根据客情变化灵活排班

由于客房出租率等客情不断变化,客房工作量也随之变化。客房部员工排班必须依据客情变化灵活操作。通常客房管理人员每月根据预测的客情、活动安排、工作量等情况,安排员工次月的班次,注明休假、加班、替班等情况。原则是首先安排合同工,然后根据工作量变化适当安排临时工。客房部经理必须准确了解客情,重视客情预测,以便提前做好工作准备。如酒店要举办大型会议等活动时,往往需要客房部提前清洁和准备场所,公共洗手间也可能需要安排专门人员。客情通报一般每天下午送到客房部,以便客房部有时间调动人手,进行排班。

(四)制定弹性工作时间

制定弹性工作时间是保证客房部正常运行、减少员工编制的一项有效措施。客房部通过制定各种工作计划来调节工作节奏、平衡工作总量,保证客情较差时人人有事做,客情很好时事事有人做。如计划卫生、设备维修更新、员工培训计划等都是很好的调节方法。控制员工出勤率的办法除了利用工资奖金的分配制度和考核办法外,还可以在经营淡季时节多安排员工补休、轮休,通过合理排班,减少员工缺勤或闲置。

(五)在部门或酒店内部进行劳动力合理调配

客房部各岗位之间由于业务性质不同,有时也会出现业务量不均的现象。首先,部门尽量在内部进行调配,如果内部无法解决问题,则可通过酒店人力资源部进行跨部门调配。目前很多酒店成立突击小组,由人力资源部在酒店内部进行人员招聘和管理,其成员经过全面培训,能够胜任一线各岗位的服务工作。当某部门一时人手不足时,由部门向人力资源部提出申请,安排突击小组成员帮忙顶岗。这是一种有益的尝试,既可以减少部门人员编制,又可以使部分员工增加收入。

## 第四节　客房部人员日常督导管理

### 一、员工培训

培训可以树立员工的酒店意识,提高劳动效率,掌握基本工作技能和职业道德,增强员工的职业安全感,增收节支,对于酒店和员工个人都有好处。因此,客房部应科学制订本部门的员工培训计划,采用有效的方法认真踏实地做好培训工作。

(一)培训内容

酒店的基础培训一般由人力资源部门或专门的培训部门完成,而业务知识和专业技能往往由本部门负责。为了增强培训效果,必须坚持长期性、全员性、实效性、科学性的原则,对本部门员工的知识、技能、态度这三大方面进行持之以恒的培训。

知识主要是指员工根据岗位需要应具备的专业知识和相关知识;技能是指员工为了顺利完成其本职工作须具备的心理条件和实操技巧;态度是人对人、人对事的心理倾向,即对人、对事的认识、喜恶等倾向。一个人的知识和技能并不一定成正比,态度形成之后比较持久,但也不是一成不变的。因此,培训工作要正确处理好知识、技能和态度的关系。

(二)培训类型

1. 岗前培训

岗前培训是指员工上岗前为了适应酒店工作需要而进行的各种培训活动。这项工作看

似花费了一定的时间、精力、财力,造成了成本的增加,但上岗前对员工进行培训,能使他们明确工作的具体要求,掌握正确的工作方法,减少浪费,提高工作效率,因此,从长远来看反而是降低成本的有效方法。

2. 在岗培训

在岗培训就是对现职员工进行的以提高本岗位工作能力为主的不脱产的训练活动。随着社会的进步发展,知识、技能有一个更新、完善、提升的过程,加上知识容易被遗忘,因此,不论是新员工还是老员工在岗期间都需要长期持续的培训。

3. 转岗培训

转岗培训是指员工由于工作需要从一个岗位转向另一个岗位,使转岗人员取得新岗位资格所进行的训练活动。随着酒店业的发展,酒店机构设计逐步趋向扁平化、小型化,提倡一专多能,因此员工的转岗机会逐渐增多。由于酒店各部门、各岗位的业务特点不同,服务标准、技能技巧等各有要求,因此,要提高人力资源的工作效率、降低人力资源成本,转岗培训也是必不可少的一项工作。

4. 晋级培训

不同管理层级的员工在知识、能力、技巧等方面的要求是不一样的。一个人能出色完成目前的工作任务,并不意味着他能胜任更高层阶的管理职务。管理者不能胜任自己的工作,在管理活动中必定会造成资源的浪费。因此晋级培训可以使新晋升人员在较短时间内达到晋升职位的要求。

上述培训根据不同的内容和要求,既可以安排个别培训,也可以安排集体培训;既可以在店内培训,也可以在店外培训;既可以是速成培训,也可以是长期培训。但从全局来看,必须是全员的、长期的、系统的培训。

（三）培训方法

1. 讲解法

讲解法是一种由培训者对学员用讲授形式传播知识的方法,是一种古老的教学方法,酒店培训中常采用。讲授法不受太多培训因素的限制,优点是时间集中,讲课不受干扰,传授知识也较系统。由于这种方法的支配者是培训者,属单向沟通,学员不能主动参与培训,这对培训效果有一定的影响。

2. 操作示范法

操作示范法是为了使学员了解和掌握工作的程序以及正确的操作方法,在工作现场或模拟的工作环境中利用实际使用的设备以及材料进行实际讲解、操作示范的一种培训方法,它是酒店员工岗前培训、在岗培训普遍采用的一种方法,常用于技能训练。

3. 案例研讨法

案例研讨法就是把记录下来的案例让学员进行分析、研究,并提出自己见解的一种培训方法。此方法着重启发和挖掘学员的分析、判断和决策能力,是一种省时而且有效的培训方法,运用此种方法的关键是选择好适合学员的实际案例。一般要求采用有典型性、普遍性、实用性的案例,在培训时先让学员熟悉案例,使其身临其境、进入角色,做到理论和实际紧密结合,使学员有充分的感性认识,使学员灵活地学习知识。案例研讨法可以与演示法或模拟训练法同时运用,这样效果更好。

4. 讨论法

讨论法是由培训者提出讨论主题,设定一定的限制条件,组织和引导学员开展讨论并给予指导,最终得出正确结论的培训方法。采取这种培训方法,可以互相启发,调动学员的参与热情,促进学员积极思考,充分发表自己的见解,且课堂气氛比较民主;学员之间也可相互交流经验、体会,使学员向知识的广度和深度引进;同时可使培训者及时了解学员对所学知识的理解程度,达到集中时间培训多人的目的。此方法较适合管理人员的培训。

5. 角色扮演法

角色扮演法是让学员模拟实际情境,扮演某个与自己工作相关的角色,使其体验所扮演角色的感受与行为,从而改进和提高自己的一种训练方法。这是一种将学习和兴趣结合起来,带有一定游戏性质的方法,管理人员、服务员培训都适用。

除上述的培训方法外,客房部还有一些非常简便实用的培训方法,如观看影像的视听教学法、以实际照片图表为例的模拟演示法、参观考察法、职务轮换法、自学指导法以及操作竞赛法等。各种方法都有自己的优缺点,培训者应用其所长,避其所短,灵活、适当地选用一种或几种方法。

(四)培训系统

培训是一个系统性的过程,任何一项培训活动必须先分析培训需求,确认有需求存在,再根据需求来制订培训计划和方案,然后组织培训方案的实施,最后回顾、评估,循环往复,形成一个完整的循环系统。培训若不成体系,培训效果将大打折扣,不仅达不到培训目的,还浪费大量的资源,增加酒店的运营成本。

1. 分析培训需求

培训需求是指员工的知识、技能、态度未能达到酒店或部门的要求和标准,即员工的实际工作表现与酒店、部门的标准和要求之间的差距。而这些差距在实际工作中往往表现为部门运转中存在的各种问题。在开展培训之前必须认真分析培训需求,即要查找部门运行过程的问题或差错,但要注意不能把非培训需求视作培训需求。

2. 制订培训计划

为了使培训工作有正确的方向和明确的任务,增强培训效果,必须制订科学的培训计划。培训计划一般应包括培训目标、培训对象、培训内容和方式、培训时间与地点、培训政策和措施、培训效果验收等基本内容。

3. 实施培训计划

有了培训计划即可根据酒店及部门的经营情况组织安排具体的培训工作。

4. 评估培训结果

培训评估就是根据培训宗旨、培训目标以及培训标准,运用科学的评估手段,对培训活动的全过程及其结果进行评价、鉴别和监督。培训不仅要做好即时评估,还要进一步做好后期评估工作,即员工在岗工作期间的评估。后期评估一方面可以检查培训的效果,督导员工贯彻培训的具体要求,促其养成良好的职业习惯,另一方面还可以为以后的培训工作提供依据。

## 二、员工日常管理

员工考评与激励是客房部人力资源日常管理中非常重要的内容,是了解员工、推动员工努力工作的外在动力。做好这项工作可以充分调动员工潜在的工作积极性和主观能动性,有利于提高人力资源的使用效率,在一定程度上也促进了人力资源的成本控制。

### (一)员工考评

考评也称考绩、测评、评估,是指在管理者和员工之间,通过一定的程序与方法,对员工的工作表现进行考核和评定,并对其今后的工作提出改进和提高的意见与方法。考评可以为发掘和合理使用人才提供可靠依据,可以为制订员工培训计划提供参考。部门考评也可作为员工晋级的依据之一,给酒店人力资源管理部门提供参考,同时也是奖惩、激励员工的手段。因此考评是人力资源管理的一项重要制度,是客房部管理人员的一项重要工作职责,应定期或不定期地进行。

#### 1. 考评类型

员工考评分为常规考评和特别考评两种。常规考评又称正式考评或系统鉴定,主要有上级对下级、下级对上级和同级之间的相互考评,一般酒店根据淡旺季半年或一年进行一次。特别考评又称非正式考评,它以日常服务工作为基础,往往针对表现突出或表现欠佳的员工。

对新招聘员工应将正式考评与特别考评相结合,对新员工在试用期内的工作表现进行特别考评,如有不满意应立即指出其不足,最好告知改进的意见;在试用期结束时进行正式考评,告知他是否被录用。

#### 2. 考评内容

考评一般包括以下内容:一是员工的综合素质能力,包括思想品质、职业道德、仪表仪容、专业知识、工作能力等;二是劳动纪律,包括遵守酒店规章制度、执行服务规程等情况;三是工作态度,包括主动、热情、耐心、周到、礼貌、服从、协作等;四是工作业绩,即员工完成工作的数量与质量。当然,在对不同层级的员工进行考评时,上述四项内容应有所侧重。

#### 3. 考评程序

客房部在运行过程中,首先要对员工的工作表现做好考核记录,同时注意各种原始资料的收集、整理和存档,建立客房部原始记录档案,作为评估的基础;然后根据考核记录填写考评表格(见表9-7、表9-8);最后,在完成书面评估后,考评结果应反馈给被评估者。

表 9-7 客房部月度考核评分记录表

姓名:　　　　　岗位:　　　　　班组:　　　　　日期:　　年　　月　　日

| 考核项目 | 评分内容 | | 评分标准 | 评分意见 | 得分 |
|---|---|---|---|---|---|
| 服务规程 | 程序 | | 10 | | |
| | 应变能力 | | 10 | | |
| | 服务用语 | | 10 | | |
| | 姿态 | | 5 | | |
| | 外语 | 笔试 | 5 | | |
| | | 口试 | 5 | | |

续表

| 考核项目 | 评分内容 | 评分标准 | 评分意见 | 得分 |
|---|---|---|---|---|
| 实际操作 | 程序 | 10 | | |
| | 整齐 | 5 | | |
| | 卫生 | 10 | | |
| | 时间 | 10 | | |
| | 设备 | 5 | | |
| | 配备 | 5 | | |
| 笔试 | 业务 | 5 | | |
| | 礼貌礼节 | 5 | | |
| 总分 | | 100 | | |

表9-8 员工工作表现评估表

姓名：　　　　岗位：　　　　部门：　　　　班组：
评估日期：自　　年　　月　　日至　　年　　月　　日

| 评估项目 | 评估要求 | 评估结果 ||||
|---|---|---|---|---|---|
| | | A 超过标准 | B 达到标准 | C 稍低于标准 | D 与标准差距较大 |
| 工作守时与考勤 | 是否守时，经常保持出勤，是否经常迟到或请病、事假 | | | | |
| 仪表、仪容 | 是否经常修饰整洁、符合酒店要求 | | | | |
| 工作知识 | 对本职工作的认识如何，是否了解自己工作的一切功能、要求与责任 | | | | |
| 工作质量 | 处事是否精确，不易出差错，工作效率是否高效迅速，工作是否有条不紊 | | | | |
| 可信赖程度 | 是否值得信赖，对委派工作是否尽责 | | | | |
| 进取态度 | 是否有创业精神，是否具有应变能力，能否主动承担自己的职责 | | | | |
| 礼貌与合作态度 | 对上级、同事、宾客是否谦让有礼，是否乐意与上级、下级、同事合作 | | | | |
| 管理能力（如适用） | 是否具有启发下属工作热情与工作目标的能力，是否具有指引、督导下属的能力 | | | | |
| 总评分 | 适合晋升 | | 降职 | | 予以转正 |
| | 表现满意 | | 表现一般 | | 延长试用期/不予转正 |

续表

| 改进建议（范围及方法）： |
| --- |
| 所需培训建议（详细说明）： |
| 其他评语： |

| 评估人签名： | 职称： | 日期： |
| --- | --- | --- |
| 员工签名： | 意见： | 日期： |
| 部门主管审阅： | | 日期： |
| 下次评估日期： | | |

（二）员工激励

激励，从字面上理解就是激发、奖励或鼓励，在管理心理学中是指激发人的动机，使人产生内在的动力，并朝着一定的目标行动的心理活动过程，也就是调动人的积极性的过程。

要激励员工的行为，首先必须从员工的需求出发，一般有物质激励和精神激励两种。常见做法有：一是加强薪酬管理。坚持公平分配、奖优惩劣原则，采用以工资、奖金、福利支付报酬的方法，工作分级并认真科学实行考核制度。二是关心员工生活，做好福利工作。搞好员工食堂及其附属设施的建设，搞好员工个人福利分配。三是创造良好的工作环境，包括舒适整洁的工作环境、愉快和谐的心理环境和团结互助、平等友好的人事环境，增强员工的职业安全感。四是给予员工极大的精神鼓励，加强企业文化建设，增强员工危机意识，引入竞争机制，同时又要充分理解信任员工，增强员工自尊心和主人翁意识。

## 本章小结

酒店的客人大多时间是在客房内度过的，在住店期间需要客房部提供各种服务项目，如迎送、洗衣、送餐、托婴、加床等，这些服务项目看起来很简单，但如果没有按照服务程序和规范进行操作，会直接影响客人对酒店整体服务质量的主观印象。

客人在酒店消费期间，客房部员工还要时刻关注一些特殊情况并进行及时有效地处理，如客人遗失物品、客人醉酒、客人生病等，如果未能及时处理，可能产生难以预料的严重后果。

为了保障日常服务工作的正常开展，客房部需要考虑主客观因素、采取有效的方法来确定劳动定额，并根据实际情况进行劳动力的合理调配。

员工培训、考评和激励是开展日常督导管理的重要措施和手段，也是保障客房部正常运行的关键所在。

### 思考与练习

1. 试述迎送客人、洗衣服务、送餐服务、开夜床服务、托婴服务和贵宾客人服务等服务项目的服务程序和注意事项。
2. 试述"请勿打扰"房、客人遗失物品、酒店物品丢失及醉酒客人、生病客人、残疾客人的服务程序和注意事项。
3. 试述客房部人员数量配备应考虑的因素及劳动定编的基本方法。
4. 试述客房部劳动力合理调配的基本方法。
5. 试述员工培训及员工考评的内容、类型和方法。

### 案例分析

#### 案例一：干洗还是湿洗？

张先生是某酒店的常客，一天，张先生的一件名贵西服弄脏了，需要清洗。因此，张先生打电话给客房服务中心要求洗衣服务。于是，服务员小江便来到了客人的房间。张先生见到她便招呼说："小姐，我要洗这件西装，请帮我填一张洗衣单。"小江想也许客人是累了，就爽快地答应了，随即按她领会的意思，帮客人在洗衣单湿洗一栏中做了记号，然后将西装和单子送进洗衣房。接收的洗衣工恰好是刚进洗衣房工作的新员工，她不假思索地按照单上的要求将这件名贵的西装进行了湿洗。不料，西装出现了变形。张先生收到西装后十分恼火，责备小江："这件西装价值5000元，理应干洗，为何湿洗？"小江连忙解释说："先生，真对不起，不过，我是照您的交代填写湿洗，没想到会……"客人更加气愤，打断她的话说："我明明告诉你干洗，怎么硬说我要湿洗呢？"小江感到委屈，说："先生，实在抱歉，可我确实……"客人气愤之极，抢过话头，大声嚷道："你真不讲理，我要向你们上司投诉。"

客房部经理接到客人的投诉——要求赔偿2500元时，吃了一惊，立刻找到小江了解事情原委，但究竟客人交代干洗还是湿洗，双方各执一词，无法查证。经理十分为难，感到事情很严重，便向主持酒店工作的常务副总经理做了汇报，常务副总经理也感到棘手，便召集酒店领导反复研究，考虑到和张先生随行的还有一批台湾常住客，尽管客人索取的赔偿大大超出了酒店规定的赔偿标准，但为了彻底平息这场风波，稳住这批常住客，最后还是接受了客人过分的要求，赔偿了2500元，并留下了这套西装。

问题：
1. 客房服务员小江在本案例中是否存在过错？为什么？
2. 洗衣房员工在处理衣服洗涤时是否存在过错？为什么？

### 案例二：酒店里住了生病的客人

成都市中心地段有家闻名遐迩的四川宾馆，在总经理的带领下，全店员工上下一致，大搞软硬件基本建设，奋力向四星级宾馆靠拢。就在这期间，一位来自西藏拉萨的客人下榻四川宾馆，住208房。

第二天早上9点，服务员小尤还不见208房客人开门，不禁心生疑窦。记得昨天刚来时这位客人脸色苍白、萎靡不振，到现在还没起床，莫非……

想到这里，小尤不由得担心起来。又是半个小时过去了，客人仍然未露面，小尤决定前去了解情况。果然客人身体不舒服，也许是由于旅途疲乏，多年未发的旧病突然袭来，客人四肢无力、食欲全无。小尤见状，立刻与医务室联系，宾馆医生诊断后决定送医院进一步诊治。还好，医生说不需住院，配了些药片，还开了张中药处方。小尤又犯难了，配的中药该怎么办？按宾馆规定，客房里不准生火，这就把电炉煎药的可能性排除了。小尤到处找人想办法，最后想到了餐饮部。

尽管熬制中药不是一项难度很大的工作，但毕竟需要有容器，有人照看，还要有人一日两次送药、倒药渣、洗药罐等。小尤把拉萨客人的病情向餐饮部经理说明后，餐饮部欣然把煎中药的事承揽下来，小尤十分高兴。

当天下午，餐饮部便特地派人买来药罐，并指定专人负责煎制。客房部小尤等人负责送药，每日上午、下午各一次，前后共7天。在客房部和餐饮部的通力合作下，每次煎好的药都能准时送到病人手中。第8天，病人痊愈了，他找到客房部经理，感激万分地说，他永远都不会忘记宾馆对他的精心照料，下次来成都一定仍然住四川宾馆。

**问题：**

1. 小尤对客人的周到服务体现了酒店行业的什么服务理念？
2. 小尤的哪些做法值得我们学习？

# 第十章

## 客房部设备用品管理

### 学习导引

齐备和完好的客房设备用品是客房部进行业务活动的重要物质基础,也是客房管理的重要内容。这不仅体现了酒店的星级水平,也反映出酒店客房部的对客服务质量。客房使用的设备用品种类繁多、耗用量大,各种费用及支出额度大,如何在保证服务质量的前提下,既满足客人需求,又降低成本、减少支出,提高客房部的社会效益和经济效益,从而保障酒店的正常运转,这需要科学合理的管理之道。通过本章的学习,让学生对客房部设备用品的管理有一个深入的了解。

### 学习重点

通过本章学习,重点掌握以下知识要点:
1. 客房设备管理的方法;
2. 客房设备的清洁保养;
3. 客房用品的管理与控制;
4. 棉织品及洗衣房的管理。

## 第一节 客房设备管理

客房设备管理作为客房管理的重要内容,必须采用科学的方法实现全过程管理,即从设备的选购到日常使用、清洁保养,以及维修和更新改造等各个环节都要合理地进行监督管理。

### 一、客房设备的分类

客人在住店期间主要的生活场所是客房,因此各项设备配置应具备满足客人生活需要

的功能，主要包括家具、电器设备、卫生设备、安全装置及一些配套设施等。

（一）家具

客房家具是客人入住必不可少的主要生活用具，从功能上来讲，有实用性和陈设性之分，以实用性家具为主。客房主要配备的家具有卧床、床头柜、扶手椅、小圆桌、写字台、软座椅、行李架、衣橱等。实用、美观、舒适是客房家具应具备的最大的特点，同时，还要确保结实、耐用、易于清洁保养。

（二）电器设备

客房内的电器设备主要有照明灯具、电视机、空调、音响、电冰箱、电话等。电器设备为客人提供了极大的方便，必须加强维护和保养，定期检修，确保正常使用和安全。

（三）卫生设备

客房卫生设备主要有洗脸台、坐便器、浴缸和淋浴器，还有手纸架、毛巾架、浴帘、胶皮防滑垫等。卫生设备讲究美观、易清洁，且在材质、风格和造型等方面互相协调，须按规定进行清洁消毒，保持整洁。

（四）安全装置

为了保证客人的生命财产安全，预防火灾事故和坏人滋事，客房内必须配备安全装置。一般都安装有消防报警装置，如烟雾感应器、温感器以及自动喷淋器，门上装有窥镜和防盗链，高档客房还装配有小型保险箱。以上安全设施都应经常保养检修，以免受到破坏或者失灵而导致严重后果。

（五）地毯

酒店通常把地毯作为客房地面的装饰材料，同时，地毯还具有保暖、隔音等作用。不同的材质和制作工艺决定了地毯的档次，酒店常用地毯有塑料地毯、化纤地毯、混纺地毯和纯毛地毯，四种地毯各有特点。高档酒店客房常用纯毛地毯、高品质混纺地毯等优质地毯，这些地毯平整有弹性，且地毯图案精美、色调高雅。

二、客房设备的配备要求

客房设备在配备时的基本要求是技术先进、经济合理、适合酒店档次。为了保证此项工作能满足客人需要，提高工作效率和服务质量，每个酒店要结合自身情况，综合考虑以下几个方面的要求。

（一）等级性和实用性相结合

酒店客房设备的购置和更新要本着经济合理的原则，选择与酒店档次相适应，并在同类等级酒店中较为先进和良好的设备。同时，还要根据客房的不同等级和服务项目，考虑不同档次的设备。例如，电视机在总统套房、标准间、经济间的配备上就应分档次。

设备配置还要讲究实用性。客房内的生产性、服务性设备，要让宾客使用方便，便于员工操作，以提高工作效率和服务质量为主，而直接或间接供宾客使用的设备，要以满足其基本生活需要为主，同时提供相应的享受性功能。

## （二）方便性和协调性相结合

客房设备应方便灵活、简单易操作，便于客人使用，也要方便工作人员对设备进行清洁保养。例如，为了方便宾客挂放、整理衣物，客房内可配备能调节高度的挂衣杆。

同时，客房设备无论尺寸大小还是色彩外观都应与客房的整体装修风格相协调，与酒店档次吻合，避免给客人一种东拼西凑的感觉。另外，还要注意相关设备的配套问题，如若客房内铺有地毯，配套设备还应有浴帘、地巾等。

## （三）节能性与安全性相结合

设备配置一方面应符合国家行业标准，不对人体造成伤害，如客房采用无污染的绿色装饰材料；另一方面要节能环保，以电器设备能耗低为主，适应绿色酒店的发展趋势。

安全是客房部正常运营的基本保证，因此设备配置必须考虑是否安全可靠，并装有预防事故发生的各种装置，如家具饰品的防火装置、水龙头冷热的标志、电器设备的安全保护装置等，商家提供的售后服务也是设备安全的重要保证。

## 三、客房设备的管理方法

客房设备是客房部为客人提供接待服务的物质凭借，在酒店运行的服务费用中，和设备有关的各种费用所占比例正在不断增加。因此，只有高质量、高水平地把客房设备管理好，才能保证客房经营活动的正常进行，从而提高酒店经济效益。

### （一）完善设备资产管理制度

客房设备的种类、用途、性能比较繁多，客房部对其情况要有明确的了解，并按照合理的分类方法对每件设备进行分类编号，建立账卡、档案卡和客房设备历史档案。同时，设立设备保管员，对设备的分配、领用和保管工作全权负责，确保所有设备资产都有据可查。

1. 建立账卡

将客房楼层的各类设备细致地登记在设备账本中（见表10-1）即为建账，设备种类数与账本页数一致，每一页需登记好设备的品种、规格、数量等条目，做到账物相符、账账相符。

表10-1　楼层设备账本

楼层：

| 设备名称 | 编码 | 规格 | 数量 | 调出 | 余存 | 建账日期 | 经手人 |
|---|---|---|---|---|---|---|---|
|  |  |  |  |  |  |  |  |
|  |  |  |  |  |  |  |  |
|  |  |  |  |  |  |  |  |
|  |  |  |  |  |  |  |  |
|  |  |  |  |  |  |  |  |

2. 建立客房设备档案卡

设备部门需建立客房设备档案卡（见表10-2），为了便于核对控制，档案卡中登记的设备品种数量要与账本一致。设备的使用状况，以及在使用过程中出现的修理、变动、损坏等情况都要在设备档案卡上做好记录。设备档案卡上的设备都要设定分类号，即编码，常见的分

类法为三节编码法。第一节代表设备种类,第二节表示使用部门,第三节则为设备编号。如客房的床头柜可写成 A1-2-3,A 表示家具类,1 表示床头柜,2 表示客房部,3 表示床头柜的编号。

表 10-2　客房设备档案卡

| 设备名称 | 购进日期 | 供应商 | 价格 |
|---|---|---|---|
|  |  |  |  |

规格　　　　　　　　编码

维修保养

| 日期 | 费用 | 维修项目 | 修理方式 |
|---|---|---|---|
|  |  |  |  |
|  |  |  |  |
|  |  |  |  |

3. 建立客房设备历史档案

1) 绘制楼层设计图

楼层设计图明确标出每间客房的分布、类型、功能设计等,并根据客房的类型和装修特点,分别列出客房编号的清单,作为客房设备管理的第一手资料。

2) 装饰织物样品存档

将客房内的壁纸、窗帘、床上用品、地毯等各种装饰织物样品存档,记录样品的规格、颜色、供应商等情况,便于此类物品更新时能快速找到同规格产品。

3) 客房整体布局的照片资料存档

每一种类型的客房都应保留照片资料,包括墙面、电器、卫生间地面、行李柜、写字台、座椅、床和床头柜等,以及套房的起居室、餐室和厨房等。

4) 建立客房设备档案

以每间客房为单位,对客房设备进行按类分档建立,如家具饰物、建筑饰物、纺织品及地毯、卫生间设备等,要求注明其编号、规格、生产商及装修日期等(见表 10-3)。

表 10-3　客房设备历史档案

房号:　　　　　　　　类型:

| 设备名称 | 规　格 | 生　产　商 | 装修日期 | 维修保养情况 |
|---|---|---|---|---|
| 床头板 |  |  |  |  |
| 床垫、床架 |  |  |  |  |
| 床头柜 |  |  |  |  |
| 书桌 |  |  |  |  |
| 行李柜 |  |  |  |  |
| …… |  |  |  |  |

(二)建立设备日常管理制度

客房设备应设专人负责,将设备管理同相关岗位的职责结合起来,分级归口,建立完善的管理制度,使用好、维护好、管理好设备。

1. 对员工进行专项培训

客房楼层员工必须参加设备培训,培养其爱护设备的责任心,学习和掌握各类设备的结构、性能、使用、维修及技术安全等方面的知识,使所有客房工作人员的设备操作技能都能得到提高。

2. 制定保养制度

客房部应制定设备保养制度,定期对设备进行检查维护,确保其正常使用。如给家具上蜡、设备防潮、防超负荷运转等,备用设备或维修、报废设备也要有防护措施,保持整洁。

3. 做好相应记录

客房设备在启用以后,不能随意搬进搬出,若有搬动或更换情况,则必须办理规定手续。对于搬出维修的设备,须在客房设备保管处做好记录,填写维修保养卡(见表10-4),并在原设备的位置标明维修标志或补充备用品。

表10-4　客房设备维修保养卡

| 维修卡 NO. | 维修附卡Ⅰ　NO. | 维修附卡Ⅱ　NO. |
|---|---|---|
| 日期<br>设备名称<br>取自<br>收归<br>需维修项目<br>备注 | 日期<br>设备名称<br>收件部门(人)<br>收件日期<br>送修部门(人)<br>送修日期<br>备注 | 日期<br>设备名称<br>收件部门(人)<br>收件日期<br>送修部门(人)<br>送修日期<br>备注 |

4. 制定报损、赔偿制度

酒店要制定报损、赔偿制度,若住客不慎损坏了客房设备,可据此索赔并填写客房设备遗失损坏报告单(见表10-5),若员工损坏设备,视情况做出适当处理。

表10-5　客房设备遗失损坏报告单

| 房号 | 团体/散客 | 报告时间 | 遗失/损坏 | 设备名称 | 数量 | 上报者 | 接报者 | 备注 |
|---|---|---|---|---|---|---|---|---|
|  |  |  |  |  |  |  |  |  |
|  |  |  |  |  |  |  |  |  |
|  |  |  |  |  |  |  |  |  |

5. 做好日常维修工作

客房内设备需要维修时,客房服务员应首先做好登记,及时报修,填好客房设备维修单(见表10-6)。维修人员如要进房维修,须有客房工作人员陪同。客人若在房间,应征得同意后方可进行维修,维修完毕,要验收并签名确认。

表 10-6　客房设备维修单

| 房号 | 维修项目 | 申报 | | 维修时间 | 维修结果 | 维修人 | 验收人 |
| --- | --- | --- | --- | --- | --- | --- | --- |
| | | 时间 | 申报人 受理人 | | | | |
| | | | | | | | |
| | | | | | | | |
| | | | | | | | |
| | | | | | | | |

6. 定期盘点

客房部要对设备进行定期盘点，及时处理因日久或频繁交接导致的误差。

### （三）做好设备更新改造工作

酒店每一年都要投入一定资金对客房设备进行更新改造，一方面是为了保证酒店的规格档次，另一方面是为了适应宾客的各种需求，提升行业竞争力。根据市场情况，由客房部与工程部一起制定固定资产定额，客房设备添置、折旧和更新改造计划，并对一些设备进行强制性淘汰。

1. 常规维修和保养

客房部应每年至少开展一次客房设备的计划性修整，主要工作项目包括窗帘、床罩和家具饰物的清洗，地毯的深度清洗，室内墙面及天花板的修饰，家具的油漆和保养等。

2. 部分更新

客房设备在使用5年后，应对部分项目实施更新计划，包括墙纸、地毯、窗帘、帷幔、床罩、沙发布、靠垫等。为了使宾客的住店体验越来越好，提升酒店竞争力，客房设备的更新周期越来越短，年年更新部分设备也很普遍。

3. 全面改造

客房设备的使用达10年时，往往会进行一次全面更新。要在充分的市场调查、了解市场需求的基础上，立足酒店自身经济实力，根据同行业发展情况，提前做好全面改造计划，合理地调整设施设备，达到既符合预算，又能保证新设备技术先进、富有特色、效果最佳。全面更新项目包括床垫、床头板和床架的改造，卫生间地面、墙面材料，水暖器具和灯具等设备的更新，衣柜、书桌的更新，墙纸、灯具、镜子等装饰物的更换等。同时，应适当添置一些具有新技术、新功能的设备以便于客人使用。

## 知识活页　21世纪的新型职业——酒店万能工

万能工是美国假日饭店管理集团对酒店客房进行计划维修设立的特殊工种。这一职业是打破传统单一工种分工，集室内装修、水电、管道、机械修理技能于一身的新工种。其主要职责是确保入住设施百分之百完好率，实施客房日常保养和随机零修，提升客房管理效率。

万能工的工作要求如下：
- 按照既定的计划完成检修，不突击，不拖延；
- 工具车停放在客房门口的公共区域，不影响客人活动；
- 检修客房时，应请服务人员敲门，并在检修过程中始终打开房门；
- 工作中不得使用供客人使用的设施；
- 检修期间采取有效手段（铺垫废布草）保障酒店设施的完好；
- 工作量超过3—4小时的任务或不属于自己工作范围的问题，要采用报修单经工程部主管以上人员签字的方式，下派至各专业班组；
- 现场作业完成，须及时清理现场，并通知客房服务员检查验收房间，以便进一步清洁；
- 每项工作完成后，需认真填写巡查项目记录；
- 客人提出的各种维修要求，应视为紧急维修，优先处理，并要求服务人员补开报修单；
- 为客人提供开锁或保险箱时，必须通知值班经理和保卫部人员在现场；
- 对客人提出的高档或技术含量强的维修对象，可以引导客人到社会上维修。

(资料来源：http://blog.sina.com.cn/s/blog_697a30dc0100kfiy.html.)

## 第二节 客房设备的清洁保养

客房设备的日常清洁和维护保养要能够按计划和规定的操作程序来进行，此项工作主要涉及客房部员工，因此应加强对客房部员工的技术培训，使其掌握客房设备的用途、使用和保养方法，提高操作技能。作为客房部员工，要有爱护设备的自觉性，有责任按规程对设备进行常规检查和清洁保养，如遇设备损坏应及时报备维修，确保高质量地将设备维护保养好。

### 一、客房家具的清洁保养

（一）床

床架和床垫是清洁保养的重点。床架要防潮、防热、防火，经常检查床架各部位是否牢固结实。床垫要延长使用寿命，必须保持平整完好，须定期翻转床垫，一方面通风散热，另一方面使各处压力和磨损相同，避免局部凹陷。同时，还要定期吸尘，保持整洁。若发现问题，及时报修。

（二）木质家具

行李架、衣橱、床头柜、写字台等木质家具，要及时用软质抹布擦干净水迹和污迹，避免暴晒，防虫蛀。家具使用时间较长时，必须定期上蜡，操作方法是用软干布浸蘸家具蜡擦拭

家具,待蜡稍干后再用软干布擦拭一遍,可达到上光的效果。

## 二、客房主要电器的清洁保养

### (一)电视机

电视机应放置在离墙5厘米以上的位置,避免阳光直射电视屏幕,确保通风良好。电源线不能裸露,电线插座接头要安全可靠,电视机长期不用,要拔下电线插头。工作人员在给电视机擦灰时,移动要轻缓,并用柔软的干布擦净机壳和电视屏幕。客房正常使用时,要将各频道节目调到最佳效果,方便客人收看。

### (二)电冰箱

电冰箱安装位置要与墙间隔10厘米以上,保证散热,并要有可靠的地接线。电冰箱使用要持续,不可日开夜停,箱体内外部要经常清理,及时除去蒸发器表面的冰霜,保证制冷效果。

### (三)空调器

空调器的风口和过滤网要每隔1—2周清洗一次,其内部的冷凝器、蒸发器等处灰尘要用软毛刷进行清扫。空调关闭后,须等3分钟才可重新启动,以免损坏电机。若机器运转发生异常,要立即停机检查,排除故障方可重新开启。

## 三、卫生间设备的清洁保养

卫生间设备要用专门的清洁剂来清洁,严禁用粗糙工具或腐蚀性强的清洁物品去擦拭卫生设备。要注意清洗抽风机、灯箱;擦洗卫生间不锈钢制品;刷洗浴缸、放水阀;刷洗面盆及活塞;刷洗马桶水箱;大理石台面上蜡等。服务员要及时处理马桶堵塞、水箱漏水等设备问题,避免给客人带来烦恼。

## 四、其他设备的清洁保养

### (一)地毯

客房部应制订科学的地毯清洁计划,对于人流量大易产生地毯重污的区域要至少每天清洗一次,其他区域每周或每月清洗一次。地毯在使用时还要注意吸尘,这是保养地毯的重要环节。客房部每天要对地毯至少吸一次尘,发现污渍要及时去除,以免深入地毯变成顽渍。若使用纯毛地毯,还要注意防虫蛀。

### (二)窗帘

窗帘有遮光、隔音、防尘、美化、保温的功能,服务员要定期对窗帘进行清洗,日常应固定好窗帘钩,挂钩的距离要对称,窗帘轨道上要抹蜡,保证滚动轮拉动灵活,确保窗帘美观、开启自如。

### (三)墙纸

墙纸要避免日常清洁时不小心碰撞划破,不用湿抹布擦拭以免影响墙纸质量、留下污痕,发现开裂脱落要及时用胶水粘贴。

### (四)客房常用清洁设备

1. 抹布

抹布是使用、淘汰率较高的清洁设备,客房部应确保数量充足且种类齐全,应由洗衣房负责洗涤和消毒,保证清洁质量。

2. 房务工作车

房务工作车在使用时,不能在车上随意堆杂物,要掌握行进方向,避免硬拉。在对房务工作车擦拭清洁时,也要定期对其车轮加润滑油,起到润滑和消声的作用。

3. 吸尘器

每次使用吸尘器前,必须确保电线及插头安全无误,以免触电。使用过程中,发现地面上有体积较大的物件要及时捡起,随时将刷子上的毛发或绒线头清理干净,吸尘器的轮子若积聚脏物,也要及时清理,否则将影响吸尘效果。使用完毕,要先切断电源,整理好电线,接着擦净机身和配件。若发现异常情况,要立即停机检查。

4. 洗地设备

机器使用前要注意水箱保持密封,防止污水或清洁液外流,使用完毕,要把配件清洗干净,晾干保存。

## 第三节 客房用品管理

客人入住酒店,除了需要各种家具设备满足其工作、生活需要之外,还应配置各种用品,为客人创造舒适方便的住宿环境。齐全、合理的客房用品不仅让客人感受到酒店的人性化关怀,还能使客人更愉悦地接受酒店"物超所值"的房价。因为客房用品种类多、数量大、使用频率高,且在日常生活中具有很强的实用性,所以容易损失的环节多,需要对客房用品加强管理与控制,以免浪费和流失,增加成本。

### 一、客房用品的分类

客房用品有很多分类方法,主要介绍以下两种。

#### (一)按消耗形式划分

1. 一次性消耗品

如卫生卷纸、香皂、牙刷、沐浴液、梳子、茶叶等。

2. 多次性消耗品

如酒店宣传用品、床上布件、衣架、卫生间"五巾"、烟灰缸等。

这种分类方法有助于客房部分项制定客房用品的消耗定额,从而对客房用品进行有效控制。

#### (二)按供应形式划分

1. 客房日耗品

客房日耗品是指客人可以带离酒店的物品,包括茶叶、面巾纸、针线包、一次性拖鞋、牙

具、梳子、洗衣袋、香皂、洗浴液、洗发液、淋浴帽、卫生纸、圆珠笔等。不同酒店在客房消耗品方面的规定不同,豪华酒店的消耗品可能还包括一次性剃须刀、指甲剪、鲜花等。

2. 客房备用品

客房备用品是供客人使用,但不允许客人带走的物品,包括棉织品、烟灰缸、衣架、茶水具等。

3. 宾客租借品

这类物品一般存放在客房服务中心,供客人临时借用。客房部应备置熨斗、熨衣架、冰袋、枕头等,以满足客人的需求,同时要制定一套制度,保证这些物品能按时归还。

这种分类方法有利于对客房用品进行分类保管和使用。

## 二、客房用品的配备原则

不同星级、不同档次类型酒店的客房,客房用品配置的种类和规格不同。酒店应根据自身的具体情况,依据相关行业标准,对客房用品进行合理配置,配置标准和要求参见《星级饭店客房用品质量与配备要求》。

客房用品种类繁多,在选择时须坚持以下四项原则。

(一) 安全实用

客房用品是为了方便宾客在酒店入住期间的生活而配置的,应以安全实用为首要原则。

(二) 美观大方

在清洁舒适的客房里,美观而大方的客房用品才能与其相得益彰,体现出酒店的档次。

(三) 耐用适度

客房用品在保证坚固耐用的情况下,还要能够彰显出酒店的风格、特色。

(四) 价格合理

客房用品的耗用量大,价格因素很重要。在面对众多供应商时,客房用品应从中选择质优价廉、符合酒店品位的供应物品。

在选择客房用品时,因为处于不断地筛选和改进中,在遵循以上四项原则的前提下,还要结合客房部的实际工作经验和情况来进行。有时别出心裁、打破常规、出奇制胜,能更好地满足不同宾客的需求,增强酒店的竞争力。

### 知识活页　　有没有多齿的梳子

夏季的一个晚上,入住酒店606房间的高小姐要去参加一个重要的演出,她洗好澡,在卫生间里想把头发吹干、定型,但由于客房里的小梳子十分不顺手,所以难以将头发整理至她想要的状态。于是,她打电话到客房中心问:"你们有没有多齿的梳子?"客房中心的小黄听了客人的要求后,说:"高小姐,我们客房这里没有多齿的梳子,我想想办法,找到后立刻给您送到房间。"放下电话后,小黄立刻与酒店的美容室联系,很快借了一把多齿的梳子送到高小姐的房间,高小姐非常高兴,打电话到客房中心致谢。

第二天早上,客房部陈经理照例阅读客房中心的工作记录要点,发现了小黄关于客人需要多齿梳子的记录,并称曾经碰到过多次,许多客人都有这种需求,因此建议客房部在租借物品服务中增加这种梳子,满足客人的需求变化。陈经理看后,同意了这一建议,然后立刻通知相关部门采购一些方便客人吹头发用的多齿梳子,提供给需要的客人使用。

随着客房电吹风的流行,许多客人喜欢自己吹头发,尤其是在夏季洗发次数较多的时候。但由于没有多齿的梳子,整理头发的工具不顺手,使得客人常常难以如意。在此情况下,本例中客房中心的员工小黄能够根据客人的需求向酒店管理者提出好的建议,而客房部经理也非常善于采纳员工的意见并以最快速度为客人提供服务,可见该酒店确实以满足客人的需求为宗旨,根据客人需求而及时调整、完善酒店所提供的服务项目,这种完善和调整必将受到客人的欢迎。由此可见,最好的服务未必是面对面的服务,也未必要有很大的投入,有时,如同客用品这种不见面的、投入也不大的服务更能让客人体会到酒店的关心与体贴。

(资料来源:http://dyzx.dyteam.com/news/bencandy.php? fid=28&id=26131.)

### 三、客房用品的管理与控制

#### (一)制定客房用品的消耗定额

客房部应根据客房档次、价位、客源特征、用品的规格质量及价格等因素,制定出合理的消耗定额,确立相应的管理制度,从而有效控制客房用品的消耗,降低费用。制定客房用品的消耗定额,即以一定时期内为完成客房接待任务所必须消耗的物资用品的数量标准作为基础,将客用品消耗的数量定额加以确定,继而将其逐月分解并落实到每个楼层,以实现计划管理,使用好客房用品,达到节支增收的目的。

1. 一次性消耗品的消耗定额

一次性消耗品消耗定额的制定方法,是以单房(一般为标准间)作为基础,确定每天的需要量,再结合预测的年平均出租率来制定年度消耗定额。计算公式如下:

$$A = B \cdot x \cdot f \cdot 365$$

其中,$A$ 为单项客用品年度消耗定额,$B$ 为单间客房每天配备数量,$x$ 为酒店客房总数,$f$ 为预测的客房年平均出租率。

定额标准确定后,要按定额足量供应,额外需要的客人也应满足需求。当不同楼层出现消耗不足或是超额消耗的情况时,可实施内部调剂,以争取在单位时间内接待的总人次的客房用品消耗总量不突破既定指标。

2. 多次消耗品的消耗定额

多次消耗品的消耗定额需要确定其一定时间内的物品更新率。定额的确定方法是根据酒店的星级或者档次规格确定单房(一般为标准间)每一种多次消耗品的配备数量,结合各种多次消耗品各自的损耗率，即可制定消耗定额。计算公式如下：

$$A = B \cdot x \cdot f \cdot r$$

其中，$A$ 为单项多次消耗品年度消耗定额，$B$ 为单房每天配备数量，$x$ 为酒店客房总数，$f$ 为预测的客房年平均出租率，$r$ 为单项多次消耗品年度损耗率。

（二）客房用品的日常控制

1. 客房用品的保管与发放

客房用品要做好保管工作，必须保证良好的库存条件和有序的物流程序。库房要保持整洁、干燥，做到正确存放物品，进出货物要严格验收，及时填写货卡，并分类上架摆放。物流程序应遵循"先进先出"的原则，定期盘点，严格掌握在库物品的保质期，对长期滞存积压，特别是霉变、破损的物品要及时报请相关部门审批处理。

客房用品的发放应依据楼层工作间的配备标准和消耗情况，规定使用周期和领发时间，一般是固定在每一周的某一天，这样在方便库房工作的同时，还能使客房用品日常管理工作条理化，避免漏洞。客房用品的保管和领发可设专人负责，也可由楼层领班兼管，负责人在每天和每周都要分别汇总楼层用品的消耗量，再依据楼层当前的存量情况开出物品申领单，凭此单到库房领取。

2. 客房用品的控制

客房用品的日常控制要做好以下几个方面的工作。

1）楼层领班加强对服务员的检查与督导

（1）依据工作表对服务员的消耗量进行控制。服务员要按规定的数量、品种为客房配备及添补客房用品，并将其记录在服务员工作表上，领班据此核实服务员领用客用品的情况，比较和分析各个服务员每房、每客的平均消耗量，以防止服务员在工作过程中偷懒或拿取客房用品占为己有。

（2）现场检查与督导。领班督导服务员在引领客人进房时，须按规程介绍房间设备用品的用途和使用方法，避免不恰当操作造成的破坏；并对服务员清扫房间的流程进行检查，杜绝服务员的错误和野蛮操作。如个别服务员在清理房间时，为图省事，将布巾直接用来擦抹污物，或者乱拿乱扔客房用品等，领班应及时指出并进行教育，尽量减少对客房用品的浪费和人为破坏。

2）建立领班责任制

领班是客房用品使用好坏和掌握定额标准的关键，因此，要建立楼层客房用品的领班责任制，可设一名兼职的行政领班和专业领班，楼层客房用品的领发和保管由行政领班负责，两者共同做好对服务员清洁、接待工作的管理。小型酒店则直接由楼层领班兼管客房用品的领发和保管工作。

3）重视客房用品的控制

客房部对客房用品的控制，主要从以下两个方面着手：一是由客房中心库房的负责人对楼层客房用品消耗的总量进行控制，负责统计各楼层每天、每周及每月的客房用品消耗量，结合住客率及上月情况，制作客房用品每月消耗分析对照表（见表10-7）。二是楼层主管或客房部经理通过制定相关管理制度以及加强对员工思想教育来实现对客房用品的控制。

表 10-7　客房用品每月消耗分析对照表

| 品　名 | 单　位 | 单价(元) | 上月消耗 | 金额(元) | 本月消耗 | 金额(元) | 与上月相比 | |
|---|---|---|---|---|---|---|---|---|
| | | | | | | | 增(%) | 减(%) |
| 夹纸笔 | 支 | | | | | | | |
| 针线包 | 个 | | | | | | | |
| 明信片 | 张 | | | | | | | |
| 牙具 | 个 | | | | | | | |
| 洗发液 | 袋 | | | | | | | |
| 沐浴液 | 袋 | | | | | | | |
| …… | …… | | | | | | | |
| 合计 | | | | | | | | |
| 上月住客率 | | 本月住客率 | | 上月每间房消耗额 | | 本月每间房消耗额 | | |
| | | | | | | | | |

4）防止偷盗行为

对多次性消耗品可标上酒店的标志。对于楼层闲杂人员、住客或其他部门员工可能会出现的私拿客房用品的情况，酒店要做好控制，如实行访客登记制度、减少出口通道。同时，楼层库房门要随时上锁，管理好工作车，将衣架固定好等。

5）做好统计分析

客房中心库房须统计每日、每周、每月、每季度和每年度的客房用品消耗量，并结合盘点，掌握客房用品的实际消耗情况，客房部将此结果与消耗定额标准进行对照，若偏离较大，必须分析原因，找到解决办法。同时，根据有关制度，实施奖惩。

## 第四节　棉织品及洗衣房管理

棉织品是在酒店经营活动中所需的床单、浴巾、台布等各类布草的总称。棉织品管理的主要工作内容为对这类物品的采购、贮存、保养和发放等，从而达到减少浪费，降低酒店经营成本的目的。棉织品管理还有一个主要任务就是对员工制服的定做、采购、保管、发放以及更新添补等。

此外，酒店一般都设洗衣房，承担对客衣、布草及员工制服的洗涤任务，在减少客人投诉、确保酒店各项经营活动顺利进行的前提下，还要例行节约，把降低洗涤成本和实现绿色环保相结合，助力酒店发展。

一、棉织品管理

棉织品又称布草或布件，棉织品既是酒店供客人使用的生活必需品，又是客房装饰布置的重要物品。合理配备棉织品既是提升客房产品质量的重要因素,也关系到整个酒店的正常运营,因此,必须重视并做好棉织品的配备与管理工作。

(一)棉织品的分类

客房的棉织品依据其用途可分为以下几大类。

(1)床上棉织品,包括床单、床罩、枕套、褥垫、被套等。

(2)卫生间棉织品,包括浴巾、面巾、方巾、地巾、小方巾等。

(3)餐桌棉织品,包括台布、餐巾等。

(4)装饰棉织品,包括窗帘、帷幔、椅套等。

(5)其他棉织品,包括员工制服、其他部门使用的棉织品等。

(二)棉织品的选择

客房棉织品的选择,主要考虑质量和规格两个要素。

1. 棉织品的质量

1)床上棉织品的质量要求

(1)纤维质地。目前常用的主要有全棉和混纺两类。因混纺既保留了全棉柔软透气的优点,又有化纤的易洗快干、经洗耐用等特点,因此客房使用的床上棉织品大多是棉绦混纺物。

(2)纤维长度。纤维长的棉织品平滑细腻、耐洗耐磨,纤维短的织物质量相对较差,所以纤维长短对棉织品质量有重要影响。

(3)织物密度。织物密度高且经纬分布均匀则强度和舒适度好,可用作床单、枕套等贴身棉织品。

(4)制作工艺。要求卷边宽窄适度、平齐,针脚均匀,缝线平直,疏密得当,规格尺寸标准。

2)卫生间棉织品的质量要求

(1)毛圈的数量及长度。毛圈数量多且长,那么毛巾就有好的柔软性和吸水性。毛圈长度一般在3毫米左右,太长则易钩坏。

(2)织物密度。毛巾是由毛经纱、纬纱以及地经纱构成。通常,地经纱和纬纱交织成地布,毛经纱和纬纱交织成毛圈。

(3)制作工艺。毛巾的每根纬纱须能包住边部的经纱,这样边部才能牢固平整。此外,毛巾的缝线、线距、折边等要符合要求。

3)窗帘的质量要求

(1)阻燃性。窗帘必须要有阻燃性,可在织物中加入矿物纤维,也可织成后进行阻燃处理。

(2)纤维质量。纺织的松紧度及纤维粗细会影响织物的柔软度、牢固度和美观度,若窗帘讲究精致、平滑则选择细纤维且质量高的,若讲究粗犷、动感强则选择粗纤维但质量较一般。客房窗帘大多选用混合纤维的织物制作,既有化纤牢固耐磨、不褪色、不缩水的优点,又有天然纤维(棉、麻、毛)华贵自然、垂坠平整的特点,且价格适中。

(3)色彩图案。要综合客房的装饰色调、空间感来考虑,颜色要既不花哨又不暗沉,不宜用太大、太花的图案,以免影响客房的静谧感,扰乱客人的休息。

2. 棉织品的规格

棉织品的规格包括尺寸及重量,这方面在我国行业标准《星级饭店客房用品质量与配备要求》中有详细规定,在此仅列举床单、枕套、毛巾类织品参考规格(见表10-8)。

表10-8　床单、枕套、毛巾类织品参考规格

| 类别 | | 参考尺寸(单位:cm) | 计算方法 |
|---|---|---|---|
| 床单 | 单人<br>(床:100 cm×190 cm) | 160×250 | 分别在床的长宽基础上<br>加60 cm(不含缩水率) |
| | 双人<br>(床:150 cm×200 cm) | 210×260 | |
| | 大号<br>(床:165 cm×205 cm) | 230×270 | |
| | 特大号<br>(床:180 cm×210 cm) | 240×270 | |
| 枕套 | 普通<br>(枕:45 cm×65 cm) | 50×85 | 在枕芯宽的基础上加5 cm,<br>长的基础上加20 cm(不含缩水率) |
| | 大号<br>(枕:50 cm×75 cm) | 55×95 | |

| 类别 | 参考尺寸(单位:cm) | 重量(g) | 备注 |
|---|---|---|---|
| 大浴巾 | 137×65 | 400 | 重量和尺寸与<br>房间档次有关 |
| 小浴巾 | 100×34 | 125 | |
| 面巾 | 76×34 | 140 | |
| 地巾 | 80×50 | 325 | |
| 方巾 | 30.5×30.5 | 400 | |

(三)客房棉织品的配备

客房棉织品的配备要有合理的定额标准,以保证客房棉织品的正常供应,避免造成浪费和损失。通常,棉织品配备主要包括在用和备用两部分,前者即投入正常使用和周转的棉织品,后者是存放在库房以备更新添补使用的棉织品。

1. 在用棉织品

确定在用棉织品的数量时,要综合考虑以下因素。

(1) 能够满足客房出租率100%时的配用和周转需要。

(2) 能够满足客房24小时运营状态下的配用和周转需要。

(3) 适应洗衣房的工作制度对棉织品周转造成的影响。

(4) 适应酒店关于棉织品换洗的规定和要求。

(5) 必须考虑棉织品调换添补周期和可能会发生的周转差额、损耗流失量等。

(6) 最好留足棉织品洗烫过后需保养的时间。

### 2. 备用棉织品

确定备用棉织品的数量时,着重考虑以下因素。

(1) 棉织品的损耗率。

(2) 计划更新添补的周期及数量。

(3) 预计流失棉织品的补充情况。

(4) 是否有更新棉织品品种及规格的计划。

(5) 定制、购买新棉织品所需的时间。

(6) 库存条件。

(7) 资金占用的损益分析。

客房部棉织品的配备标准为3—5套不等,这取决于酒店的营业状况、客房出租率、洗衣房的运营状况、项目预算等因素。一般的酒店都拥有每床三套以上的棉织品,它们一直在客房、楼层储物室或工作车、中心棉织品仓库、洗衣房之间周转,其余的都存入新棉织品库房。为防止库存时间长而导致自然损耗,棉织品库存量不宜过多,但损耗较快的品种应另当别论,如小方巾流失大、淘汰快,应多备几套。

### (四) 棉织品的日常管理

客房部每天需要向客房、餐厅及其他部门提供大量的棉织品,客人对这些棉织品的质量要求往往很高,且酒店棉织品容易耗损,所以加强对棉织品的管理与控制不仅可以提升酒店的服务质量和规格,同时也是控制经营成本的重要手段之一。

#### 1. 棉织品存放要定点定量

棉织品通常是分散在各处的,客房、楼层储物室或工作车、中心棉织品仓库、洗衣房分别存放多少,应有统一的规定,平时工作中只需核对数量即可得知有无差错,数量是否充足。这样员工才能有章可循,提高工作效率的同时,员工责任感也会得到加强。

#### 2. 建立棉织品收发制度

1) 先洗先出

棉织品应遵循先洗先出的收发原则,以使棉织品有一定的保养时间,避免即洗即用。

2) 保证质量

接收发棉织品时,要详细清点数量,并按颜色、种类分别收发,对有特殊要求和重点洗涤的物品必须做好标记及交接记录,同时,有破损、洗烫不过关的棉织品要分拣出来,防止将其交予客房。

3) 注意事项

客房棉织品每天直接送到楼层,并办理好签收手续;餐厅棉织品采用对等交换的发放方法,即用脏的棉织品换回同等规格数量的干净棉织品。

#### 3. 定期盘点和统计分析

棉织品要定期全面盘点,掌握其使用、消耗和储存等情况,在此基础上进行检查统计,然后与定额标准比较分析,发现问题,找到原因,以利于及时采取措施。盘点时要停止棉织品的流动,主管人员要在场,盘点后填写棉织品盘点统计分析表(见表10-9)。

表 10-9 棉织品盘点统计分析表

部门：　　　　　　盘点日期：　　　　　制表人：　　　　　批准人：

| 品名 | 额定数量 | 客房 | | 楼层储物室 | | 中心棉织品仓库 | | 洗衣房 | | 盘点总数 | 报废数 | 补充数 | 差额总数 | 备注 |
|---|---|---|---|---|---|---|---|---|---|---|---|---|---|---|
| | | 定额 | 实盘 | 定额 | 实盘 | 定额 | 实盘 | 定额 | 实盘 | | | | | |
| | | | | | | | | | | | | | | |
| | | | | | | | | | | | | | | |

4. 建立棉织品报废与再利用制度

一般情况下，对使用期限已到、破损或无法清除污迹、统一调换新品种的棉织品，均做报废处理。在处理时要履行严格的核对审批手续，避免误差。对于要做报废处理的棉织品应定期、分批次进行，同时做好标记，集中存放。若能再利用，可改制成其他用品。

5. 棉织品的正确贮存及保养

1）棉织品的贮存

棉织品在流转过程中应存放于一个合适的环境中，该环境须具备下列条件。

（1）温度和湿度要适宜，相对湿度低于50%，温度保持20 ℃以下，通风条件要好。

（2）必须配备安全消防设施，严禁烟火，定期安全检查。

（3）墙面材料要用特殊的建材，防渗漏、防霉蛀。

（4）棉织品要分类上架存放并附贮量卡（见表10-10）。库房不放其他物品，特别是食品、化学制剂等。

（5）长期不用的棉织品要用布兜罩住，预防积尘、变色。

表 10-10 棉织品贮量卡

| 规格 | 单价 | 项　目 | | | | | 最高限量 | | 最低限量 | |
|---|---|---|---|---|---|---|---|---|---|---|
| 日期 | 摘要 | 进 | 出 | 结存 | 日期 | 摘要 | 进 | 出 | 结存 | |
| | | | | | | | | | | |
| | | | | | | | | | | |

2）棉织品的保养

对棉织品的保养要贯穿于贮存与使用的全过程，从而保证并适当延长棉织品的使用寿命，保养应注意以下几个要点。

（1）因存放时间过长会使棉织品质量下降，所以备用棉织品不宜一次性买入太多。

（2）新棉织品应洗涤后再使用。

（3）棉织品洗涤好应放在货架上一段时间，助其散热透气。

（4）对枕芯、丝棉被等纺织品要定期翻晒且存放时不能受到重压。

（5）要预防棉织品的二次污染，消除给棉织品带来损坏的隐患，如随便扯拉棉织品、工作车不洁净或表面粗糙等。

### （五）员工制服的管理

员工制服已逐渐成为酒店形象的流动识别载体，是酒店整体精神面貌的体现。因此，加强对员工制服的管理也尤为重要。

**1. 制服的领换**

（1）申领。新入职员工，由人事或申领部门填写制服申领单，注明员工部门、工种，交予部门经理审批签名。

（2）发放。员工制服一般每人2—3套，在不同部门、工种、职务的要求下，测量身材，统一制作，统一编号，连同配件统一发给员工。

（3）记录。将制服发放情况记在员工制服登记卡上，并存档。

**2. 制服日常送洗**

（1）制服的接收和发放必须采用"以脏换净"的方式，且要认真核对制服编码或姓名，及时做好登记。

（2）收发员在收取制服时，若发现有遗留物品或编号不齐全时应做好记录，上报处理。

**3. 制服的管理**

（1）分类管理。制服要按照其质料、使用部门进行分类存放、分类管理。

（2）统一修补更新。若制服出现破损、开线等问题，将由布草房统一修补，制服需要更新时，由酒店统一制作。

（3）完善的保管制度。各部门员工的制服需要有完善的保管制度进行统一管理，如制服不能穿出酒店，下班后要将制服放入员工衣柜等。

### 二、洗衣房管理

洗衣房主要承担着酒店棉织品、客衣和员工制服的洗涤与熨烫任务。洗衣房保质保量地完成各项洗涤任务，才能满足客人需求，保证酒店经营活动的顺利进行。同时，洗衣房还要提升管理水平，厉行节约，降低酒店成本，实现绿色环保经营。

#### （一）洗衣房各主要岗位的职责

**1. 洗衣房经理**

（1）对总经理和客房部经理负责，负责洗衣房的全面工作。

（2）根据酒店的方针政策和经营管理目标，编制本部门的各项经营管理计划、操作规范及规章制度，按质、按量完成洗涤任务。

（3）善于运用管理知识和经验，发现洗涤运行中存在的问题，提出切实可行的解决方案和改进措施。

（4）根据洗衣房的特点和生产需要合理地安排人力、设备，实现有效控制。

（5）不断钻研洗涤业务，指导设备使用、保养、维修等管理工作，增强全面质量管理意识。

（6）保证客房、餐厅及酒店各部门布草洗涤的质量及布草的收发、洗烫、保管、报损工作。同时，控制洗涤成本，降低织品报损率。

（7）保证洗涤设备正常运转，管理好水、电、气、易燃易爆物品及腐蚀性溶剂，严防事故发生。

(8) 做好业务统计报告,重大问题应详细记录。

(9) 检查、督促各项工作,以身作则。

2. 洗衣房主管

(1) 对洗衣房经理负责,全面抓好经营管理,能根据不同的住房率合理安排人力、物力,使各项任务顺利完成。

(2) 负责水洗组、干洗组、烫平组的日常管理工作,有效地组织生产,保证高质量完成洗烫任务。

(3) 负责洗涤设备维修保养工作,督导员工按规程操作机器,并做好审核工作,搞好环境卫生工作。

(4) 负责洗衣房员工培训、考核,并做好审核工作。

(5) 负责洗衣房员工考勤、工作分配、工作质量以及仪容仪表的检查。

(6) 负责协调好对外洗涤业务的各项事宜。

(7) 负责洗衣房各项工作产量的统计工作。

(8) 工作完毕,检查所有设备、工作场所的卫生和安全情况。

(9) 向经理汇报每月洗涤用品的消耗量。

(10) 完成经理下达的其他工作任务。

3. 洗衣房领班

(1) 对洗衣房主管负责,负责本部门员工的考勤、考绩工作,根据他们的表现进行表扬或批评。

(2) 负责制定洗涤计划、洗涤程序、操作规程及培训、考核制度,并落实计划、检查操作规程及工作制度。

(3) 负责全酒店的布草、工衣、客衣的换领、洗涤、更新、回收、缝补等工作。

(4) 负责本部门的财务预算,控制洗涤成本,降低织品报损量,节约费用开支。

(5) 全权处理本部门的日常业务工作,处理客人的投诉。

(6) 熟悉干洗、水洗、熨烫的全过程,能够对物品进行准确分类。

(7) 熟悉机器设备的使用及保养方法,保证设备处于正常工作状态。

(8) 检查部门物资的库存情况,提前对所需物品种类、数目做出统计,送交部门主管,由主管统一申请添置。

(9) 处理好上下级之间的关系,掌握服务员的思想动态,并根据情况上报。

4. 洗衣房文员

(1) 接听、记录、通知有关工作的电话。

(2) 督促各岗位完成 VIP 客人加快洗衣及特殊要求的洗衣任务。

(3) 做好洗衣房各项用品及产量的记录和报表。

(4) 做好对外洗涤的各项记录与报表。

(5) 做好每月员工考勤、考核,并传达各类通知与精神。

(6) 负责洗涤业务统计和报告,确保部门经济效益。

(7) 汇总统计洗衣房布草、客衣、制服的各类报表,对洗衣房的各种单据进行管理。

(8) 协助制服仓库做好制服换季工作。
(9) 负责洗衣房周转仓库的整理工作。

5. 客衣收发员

(1) 接到客人洗衣电话后,迅捷收取衣物。
(2) 按收送标准程序准时与楼区服务员按单清点、检查衣物并做好收洗记录。
(3) 整理、检查衣物并在所收衣物上打码、编号。
(4) 衣物洗熨后,在包装前,检查洗熨质量,核对件数。
(5) 按收送标准程序将衣物送回各楼区,并与楼区服务员做好交收手续。
(6) 做好客衣组的环境卫生,定期清理打码设备。
(7) 认真保管好本岗位的物品,负责本岗位的物品统计、盘点等。
(8) 完成上级管理人员指派的其他工作。

6. 洗涤工

(1) 负责布草、客衣、制服的水洗、烘干等工作,并自查质量。
(2) 做好各项工作的统计及记录。
(3) 按规定程序操作设备,用正确的方法保养机器。
(4) 以最低的成本支出达到最高的洗涤水平及服务水准。

7. 熨烫工

(1) 鉴别不同织物的质地,发现未洗净衣物及时退洗涤组返工,并做好记录。
(2) 负责干洗、水洗客衣、制服的熨烫,保证烫后衣物达到挺括、平整、美观。
(3) 安全操作,做好设备、区域卫生工作。

8. 折叠工

(1) 做好内外布草折叠工作。
(2) 布草分类、折齐、包装、点数入库并做好登记。
(3) 工作中注意检查布草洗涤质量,破损、脏的布草及时重洗。
(4) 保持工作场所的环境卫生。

(二) 洗衣房洗涤程序

1. 客房、餐厅棉织品的洗涤

(1) 收集运送脏棉织品至洗衣房。可由服务员清点脏棉织品,在下班前或开餐后运送到洗衣房,也可通过棉织品通道来收集脏棉织品。
(2) 分类。餐厅与客房的棉织品不放在一起洗,不同的棉织品有不同的洗涤方法,如毛巾类要与床单分开,有色棉织品应与白色的棉织品分开,抹布应与客用棉织品分开等。
(3) 过秤。每部机器的洗涤重量有一定规定,棉织品放入过多会影响洗涤效果,太少会造成浪费。
(4) 洗涤。针对不同的棉织品和它们的特性,采用不同的化学药品,按特定比例加水,给予相应的温度和时间进行洗涤。特别留意棉织品里有无夹带遗留物品。
(5) 熨烫和烘干。区分棉织品的种类和用途,床单、被套压烫处理,毛巾烘干处理。
(6) 折叠。所有棉织品在熨烫和烘干后要按规定折叠,其功能是美化工作环境,方便清点和运送,方便使用者拿取,棉织品的洗烫充分体现酒店的服务水准,尤其在餐饮部任何有不规矩折痕的餐巾、桌巾都应送回洗衣房重新处理。

(7) 存放。经过清洗、熨烫和折叠好的棉织品应存放在固定的位置,以便于再次投入使用。

(8) 运输。当备用棉织品投入使用后,应将洗衣房的库存棉织品投入到各个岗位,以补充棉织品。

2. 客衣及员工制服的洗涤

(1) 收衣分类。收衣并对个人信息进行核对,对衣服进行编号、打号、清点核算,并分类,分出湿洗、干洗和熨烫等类别。

(2) 特殊斑渍清洁。仔细检查衣服上有无特殊斑渍,若有,则用专门的清洗剂先行清洁。若不确定除污方法及效果,切不可随意处理,以免留下不可弥补的斑点。

(3) 湿洗或干洗。不同衣服的纤维质地和式样应选择不同的洗涤方法,通常外套、天然纤维高档织物都应干洗。

(4) 烘干、熨烫。所洗衣服要熨烫平整,大面积处可用熨烫机熨烫,腰部、袖口、衣领应手工熨烫。

(5) 折叠、上架。外套、制服须用衣架悬挂,其他则折叠打包,发现破损之处要及时修复。

(三) 洗衣房日常管理

1. 洗衣房卫生管理

(1) 员工必须持"健康合格证"和"卫生知识合格证"上岗。

(2) 要保证劳动工具(工作台、布草车、机器等)整洁,保持地面干净。

(3) 定期喷放灭鼠、灭蟑、防蝇药物,如出现蟑螂之类的害虫,要及时处理。

(4) 所有的布草和衣服都要经过严格消毒方可发放。干净织物不慎掉地,一律要进行返洗。

(5) 每天对各设备设施进行全面清洁。

2. 洗衣房设备维护保养

(1) 洗衣房设备由洗衣技术人员操作,其他人员严禁动用。

(2) 设备保养做到随时清洁、润滑、加固。

(3) 严格按保养计划执行,做到防患于未然,拒绝谎检、漏检、误检、空检,让设备随时处于良好待用和工作状态。

(4) 发现异常声响或异味、运转不正常现象应立即停机予以检修,严禁设备带病运行。

3. 洗衣房安全管理

(1) 工作中如发现机器设备有故障或其他不安全问题应立即报告当班主管或马上断电、气、水。

(2) 若出现紧急停电情况,要及时了解停电原因,并协助工程部做好恢复电力的工作。

(3) 工作时注意力集中,操作员不得离岗,严格按操作规程操作,随时注意观察运行情况,防止发生工伤事故。

(4) 工作结束,关闭机器电、气、水开关,擦拭机器、清洁、除尘,切断所有输入电源。

(5) 发生火警时,要立即拨打"119"报警,并做好工作人员的疏散工作,确保其生命安全。

4. 客衣纠纷的预防与处理

1) 客衣纠纷的预防

在酒店客人的投诉中,因客衣所引起的纠纷占了相当大比例,如衣物破损、丢失、污迹未洗净,纽扣丢失,客衣染色、褪色等。洗衣服务环节涉及人员较多,往往因有关人员工作不够细致或缺乏常识而出现差错。为了有效预防客衣纠纷的发生,洗衣房可从以下几个方面加强管理。

(1) 在收取客衣时,工作人员要当着客人面清点衣物,查看口袋里有无物件、纽扣有无脱落等,如发现有破损或不能清除的污渍,应委婉地向客人解释,经其同意方可送洗衣房。

(2) 对客衣进行分类处理。将客衣按照干洗、湿洗、熨烫等几种类型进行分类并登记打号。对需要去毛领、去油污、手洗等特殊需求的客衣要严格分开。

(3) 要严格按照操作规程对客衣进行洗涤和熨烫。不同质料的衣服要选用相应合适的洗涤方法和洗涤剂,洗净衣服的同时也能保护衣服。

(4) 在对客衣按照楼层和客房进行分拣时,要认真细致,不出差错。

(5) 客衣流通过程中,要做好交接记录,明确责任。

(6) 客衣要保证按时洗涤完毕,及时送交客人。

2) 客衣纠纷的处理

(1) 分析纠纷原因。面对客人提出投诉、引起客衣纠纷时,无论是管理人员还是服务员都应认真耐心听取客人意见,态度要诚恳,并迅速分析和查明具体原因,有针对性地切实为客人解决问题。

(2) 正确处理纠纷。凡属由酒店方面原因引起的客衣纠纷,酒店应主动承担责任,进行相关赔偿、修补或回收、回烫等,若需赔偿,赔偿费最高一般不超过洗衣费的10倍。特殊情况需经双方根据具体情况协商解决。若属客人或客人衣物本身原因引起的客衣纠纷,酒店不负赔偿责任,但应耐心向客人解释,做到友好协商,事实清楚,原因明确,处理得当,让客人满意。

## 本章小结

齐备和完好的客房设备用品是客房部进行业务活动的重要物质基础,也是客房管理的重要内容。这不仅体现了酒店的星级水平,也反映出酒店客房部的对客服务质量。

客人在住店期间主要的活动场所是客房,因此各项设备配置应具备满足客人生活需要的功能,主要包括家具、电器设备、卫生设备、安全装置及一些配套设施。

客房设备的管理方法有三个:完善设备资产管理制度、建立设备日常管理制度和做好设备更新改造工作。

客房用品的管理与控制需要制定客房用品消耗定额和做好客房用品的日常控制。

棉织品是在酒店经营活动中所需的床单、浴巾、台布等各类布草的总称。棉织品管理工作的主要内容为存放要定点定量,建立棉织品收发制度,定期盘点和统计分析,建立棉织品报废与再利用制度以及棉织品的正确贮存及保养。

洗衣房主要承担着酒店棉织品、客衣和员工制服的洗涤与熨烫任务。洗衣房管理要从以下四个方面着手:洗衣房卫生管理、设备维护保养、安全管理和客衣纠纷的预防与处理。

### 思考与练习

1. 酒店客房配置的设备都有哪些?
2. 试述客房设备的管理方法。
3. 试述客房用品的配备原则。
4. 谈谈客房棉织品的日常管理措施。
5. 如何做好洗衣房的日常管理?

### 案例分析

**案例一:所谓的"五星级酒店服务"**

刘女士在旅游旺季住进了一家二星级酒店,该酒店以"五星级酒店服务"为经营之道,刘女士在办理入住时也对其热情而周到的服务感到满意。来到客房,刘女士打开空调却发现无法使用,来到卫生间洗手时,皂碟内没有香皂,顿时十分不悦。刘女士随即给客房中心打电话反映情况,服务人员诚挚赔礼道歉后,立即调试好了空调,并放上了香皂。

问题:
1. 该酒店客房部设备用品的管理情况如何?
2. 该酒店应采用什么方法做好此项工作?

**案例二:愚人节的气恼**

一辆巴士将游览了一天的某香港旅行团送回了下榻的酒店。在回客房的途中,几位年轻的游客与一位老先生嬉闹。老先生姓马,是该旅行团的导游。

马先生为人随和,又不乏风趣幽默。晚餐过后,与几位年轻的客人在酒店歌舞厅消遣的马先生,见天色已晚,便先告辞,说回房后还要安排后几日的游览事宜。

夜深人静，马先生结束了手头的工作，准备就寝，电话蜂鸣声骤起。打电话的是本层1112客房的两位游客，他们说有急事相商，务必请先生过去一下。不便再三推辞的马先生，虚掩上房门，前去1112客房。

在1112客房对面的一间客房门缝里，出现了两双窥视的眼睛，当看到马先生进入了1112客房后，窥视的眼睛变成了两位年轻的男士，只见他们手持啤酒罐，迅速闪入马先生的客房。

在马先生的客房里，两位男士将手中的啤酒倒在了两张床铺上，其中一位还从桌上取来茶杯，将茶水倒在床铺上。两位喜不自胜地逃出了马先生的客房。马先生回到了客房，抬腕看了看手表自言自语："已过12点，新的一天要开始了，赶快睡觉。"当马先生铺被子的时候，发现两张床铺均已湿透。这样，睡觉已是没有可能。

事情报到了值班经理那里，值班经理赶来处理。"今天是愚人节，这显然是有人在与您开玩笑，诸如此类的事已发生多次了。"值班经理好像已有预料。值班经理掀开了床单，啤酒、茶水浸湿了席梦思，仅仅换床单是解决不了问题的。值班经理提出为马先生换一间客房，但弄湿的床单和席梦思的清洗费用要请马先生支付，并且要增加一天的住宿费，因为要清洗席梦思，整个客房已不能出租。马先生同意换房，但对赔偿之事颇有微词，理由是冤有头，债有主，酒店应找肇事者赔偿。

值班经理解释道："一旦客人入住酒店后，客人与酒店之间就形成了一种契约关系，双方都享有权利并各自履行义务。客人有向酒店要求获得优质服务和完善设施的权利，同时也有爱护酒店内一切设施和财物的义务。现在酒店的物品损坏了，又有连带的后果，客人务必承担赔偿的责任。如果因为是愚人节，客人都如此效仿，会给我们的管理和经营带来极大的麻烦，请马先生见谅。至于谁是肇事者，酒店有责任帮助先生调查清楚。"

谁是肇事者？聪明的马先生当然心中有数，只是有口难言。马先生说道："倒也不必兴师动众，我认赔嘛，只不过……"

值班经理体谅到马先生有难言的委屈，又考虑到这家香港旅行团也是酒店的常客，有理有节，因人而异，灵活掌握，是扩大客源的必要手段。值班经理赶紧说："我们非常欢迎贵旅游团光临我们的酒店。我们也了解到马先生已不止一次带队到我们酒店入住。因此，关于赔偿的费用，我们可以按六折计算，先生意下如何？"

"贵酒店太客气了，你们也有难处，这样处理，我心悦诚服。"马先生表示同意接受。

值班经理向马先生道晚安，请马先生赶快休息。马先生恢复了风趣，向值班经理说："经理先生，早上好，再见。"

**问题：**
1. 结合材料，谈一谈对客房用品进行管理的重要性。
2. 试分析客房部如何对客房用品实施有效管理。

# 第十一章

# 客房部安全管理

**学习导引**

客房安全状况对于酒店的声誉和经济效益来说有直接关系。安全方面任何一点小疏忽,都可能酿成一场大灾难。因此,客房安全管理是酒店安全管理的重点之一,需要从各方面加以重视,做好防范。本章将从客房安全管理的概念入手,分析客房安全管理的特点及原则、设施配备、防火与防盗以及其他安全事故的处理,提高相关人员的安全防范意识。

**学习重点**

通过本章学习,重点掌握以下知识要点:
1. 客房部安全管理的特点及原则;
2. 客房安全管理设施的配备;
3. 客房防火与防盗工作任务;
4. 其他安全事故的处理与防范;
5. 客房部安全管理措施。

## 第一节 客房安全管理概述

客房区域是安全事件的易发区域,一旦发生事故,不仅会造成人财物损失,更会破坏酒店的形象,有可能带来致命的影响。客人把客房当作"家外之家",安全期望值最高,而客房部员工每天对客房进行清洁保养,从事对客服务工作。安全是大家共同关心的首要问题,因此,安全管理就成了客房部工作的重要内容。

### 一、客房安全的含义

客房安全不仅指入住酒店客人的人身财物安全,而且指不存在危险因素导致安全事件的发生，同时，还包括客人的心理安全及员工和整个酒店的安全。客房区域应保持稳定的秩序和状态，排除潜在危险因素，做好防范措施，保证客人、员工的人身、财物以及酒店的财产安全不受侵犯。在保障事实安全的同时，还要使宾客对酒店有心理安全感，从而踏实地选择入住酒店。

## 二、客房安全事故的原因

造成客房安全事故的因素种类多、范围广，只有找到引发安全事故的根源，才能防患于未然。

### （一）直接原因

客房安全事故发生的直接原因有人为和设施两个方面。人为原因主要是由人们的不安全行为引起的事故，如职工不安全操作、指导与检查疏忽、肇事者未按安全规定行事、违法犯罪行为等。设施原因是指不良的设施环境所造成的安全事故，包括地板路面潮湿、油腻，照明不足，缺乏安全装置等。

### （二）间接原因

间接原因包括各种装置设备未能有效检查保养以及安全管理制度不完善两个方面。如电源线老化、各种不良导线混乱、客用电梯操作不当、客用钥匙管理漏洞、玻璃门标记不明显、安全通道不通畅等。

## 三、客房安全管理的特点及原则

### （一）客房安全管理的特点

客房安全管理工作贯穿于整个客房接待服务过程，客房一经出租，即成为房客的私人空间，外人包括客房服务员未经允许都不得入内，如此一来，便增加了客房安全管理的难度，可以说客房安全管理是一项复杂持久且专业性较强的工作任务。作为酒店安全管理的重要组成部分，客房部有不同于其他部门安全管理的独特性。

1. 要求标准高，执行难度大

客房部在对客服务过程中，既要为客人提供舒心满意的住宿环境，同时，又要从安全角度出发，对客人有一定的制度约束和要求。客房许多安全管理条例，需要客人的自愿配合才能起到良好的作用。而在执行过程中，有的客人会认为这些规定限制了他的自由而产生抵触情绪，如禁止客人在床上抽烟，就可能会引起有的客人反感。这种情形下，客房管理者及服务员一定要讲究技巧，晓之以理，动之以情，不伤害客人的自尊心。

2. 服务性强，管理细致

客房安全管理最省力的办法就是消除安全隐患，这需要服务员在服务过程中严格执行安全制度，融安全管理于服务之中。服务员要用热心、关心和耐心与宾客沟通，强化客人的安全意识，用全心全意的服务保障客人人身财物不受侵害。另外，客房设备用品种类多，其质量、坚固程度、安全性能等细节都会影响客房的安全状态，需要管理人员及服务员在日常工作中细心观察，发现情况及时汇报，消除隐患。

3. 其他部门密切配合

客房部的安全保证需要酒店其他部门共同努力来实现。与安全工作联系最紧密的就是安保部和工程维修部,另外,前厅部、餐饮部、采购部的工作程序设计及人员素质都会对客房安全状态产生一定的影响。

(二)客房安全管理的基本原则

1. 安全第一,预防为主

没有安全保障,客房部的正常经营活动就无法进行。因此,要把安全工作放在第一位,切实保障宾客和员工的人身财物安全。而安全工作的重点就是预防,一方面加强防范,不给犯罪分子可乘之机,不给其预谋的机会;另一方面定期安全检查,消除不安全因素和事故苗头。

2. 外松内紧,群防群治

外松是指安全工作在形式上要顺其自然,和缓舒心,不给客人紧张的不适感。内紧是指从管理者到员工都要高度警觉,随时注意不安全因素,及时消除隐患,做好防范工作,保证安全。

3. 工作细分,责任到人

安全是一个综合性指标。客房部安全工作应实施总经理领导下的部门经理负责制,将安全工作制定为条例,把各项要求分解到相应部门,细化到每一个岗位上,从而分清层次,各司其职,把安全工作彻底做好。

四、客房安全设施设备的配置

安全设施是指将危险、有害因素控制在安全范围内,能预防、发现违法犯罪活动,保障安全的技术装备。为保证宾客人身财物安全,必须要在客房以及公共区域配置各类安全设施。

(一)钥匙系统

钥匙系统的目的在于防止酒店钥匙遗失、被偷窃和复制,是客房部最基本的安全设施。目前,酒店已广泛应用电子门锁系统,这是一种可设置密码的磁卡,开门时将其插入门上的磁卡阅读器,密码正确即可打开房门。电子门锁系统可以在酒店需要其失效时失效,不易仿制,便于控制。同时,它还具有监探功能,当客人或服务员进出客房时,虽都有磁卡,但各自密码不同,一旦发生失窃,管理人员检查门锁系统就可得到特定时间段内所有进入该客房的记录。除此之外,现在还有更先进的生物门锁系统,即利用人的生理特征,如头像、指纹、声音等,作为开锁的信息,这比密码更具有保险性,因而安全系数更高。

(二)电视监控系统

电视监控系统是由摄像机、控制器、监视器和录像机组成,通常设置在客房走廊、公共区域和进出口多而不易控制的地方。通过电视监控系统可以将各个角落的摄像头控制的现场动态汇总到监控中心的屏幕上。若有异常情况,可立即安排人员解决。特别是发现可疑分子时,能够及时做好防范措施,保障安全。

(三)安全报警系统

安全报警系统是酒店在一些关键的位置安装各种类型的报警器连接而成的安全网络系

统,主要设置在消防通道、酒店财务部、收银处等区域,用于防火、防盗、防爆报警。常用的报警器有微波报警器、红外线报警器、超声波报警器、声控报警器等。

### (四)消防监控系统

酒店安全最大的敌人就是火灾,一旦发生火灾,险情不易控制。所以,按照规定,酒店必须要有自己的消防监控系统。该系统一般由火灾报警器、灭火设施和防火设施组成。火灾报警器包括烟感器、热感器、光感器等自动报警器,另外还有手动报警器配合使用。灭火设施主要是消防给水系统和化学灭火器材。防火设施有防火墙、防火门、防火卷帘、排烟系统等,能够阻止火势蔓延,便于疏散人员和开展灭火救援工作。

### (五)通信联络系统

通信联络系统是通过电话、对讲机、传呼机等工具形成的安全监控指挥网络,能够提高酒店安全工作的快速反应能力。

> **知识活页** 　　工作人员要提高安全意识
>
> 某酒店,服务员正在客房内整理房间,一位西装笔挺的男子此时若无其事地走了进来,对服务员说:"我等会儿有重要客户要来,请你做好手头上的卫生工作就先离开,我会客结束后,再请你过来,好吗?"服务员微笑着回应:"好的!"但没有核对客人身份就随即掩门出去。下午,该客房房客却来投诉房内丢失了大量现金和贵重物品,并向公安机关报了案。原来那名男子是惯偷,冒充客人入室盗窃。最后酒店赔偿了客人的损失,并认真组织相关人员开展了一系列的安全防范培训,提高工作人员的安全意识。

## 第二节　防火与防盗

### 一、防火

酒店火灾的发生率虽然不高,但带来的危害确是极其严重的。特别是客房区域一般处在酒店楼层高处,涉及人员多,疏散人员和扑救都有一定难度,因此,酒店和客房部都应针对防火工作制定一系列完善的预防方案和处理程序,防止发生火灾。

#### (一)火灾发生的原因

火灾的发生大多与人们的粗心大意分不开,了解其发生的原因,可以在日常安全工作中防患于未然。

1. 吸烟不慎

(1) 乱扔未熄灭烟头、火柴棍,引起易燃物起火。

(2) 客人躺在床上或沙发上抽烟,引起被褥、床单起火。

(3) 在禁止吸烟的地方违章吸烟。

2. 电器

(1) 因电线老化或超负荷使用产生电火花起火。

(2) 客房内设备由于质量差、老化等自身故障或负荷运转造成火灾。

(3) 客人使用电熨斗、电饭锅等设备时不慎引起火灾。

3. 其他原因

(1) 客人将易燃易爆物品带入客房引起火灾。

(2) 客房内工程维修不按安全操作规程作业(如明火作业)造成起火。

(3) 消防设施不完备、防火安全系统不健全。

(二) 火灾的预防

"防火胜于救火",客房部应立足本部门的具体情况,在酒店防火安全领导小组的指导下,成立防火小组,制定具体的防火措施。

1. 全员上下增强防火意识

客房部应制定防火安全条例,建立防火安全岗位责任制,使每一位员工都能明确本岗位的防火职责。同时,要定期举行培训,组织员工认真学习本酒店防火手册,包括如何及时发现火情并报警,如何有效疏散客人,如何正确使用防火、灭火设备,如何向客人宣传防火知识等,还可通过定期的消防演习提升员工防火意识和能力。

2. 配置必要的防火材料及设施设备

客房区域要配备完整的防火设施设备,地毯、家具、墙面等物品要选用具有阻燃性能的材料制作。

3. 加强对住客的防火宣传

客房内放置防火宣传材料,介绍防火要点、需客人配合的具体要求及一旦发生火灾时,自我保护的方法和撤离路线。服务员在整理客房时要留意安全隐患,并向客人做好防火宣传。

4. 日常防火管理工作

(1) 经常检查防火通道,使其畅通无阻,一切易燃液体应放入五金容器内并适当地放置于远离火种且阴凉的地方。

(2) 对房间内配备的电器应按规定及有关制度管理,发现不安全因素如短路、漏电、接触不良、超负荷用电等问题除及时采取措施外,要立即通知工程部检修,并报保安部。

(3) 要及时清理房间的可燃物品,如不用的废纸、报纸、资料及木箱、纸箱等,以便减少起火隐患。

(4) 楼层服务人员要坚守岗位,提高警惕,注意楼层有无起火因素,做到勤转、勤看、勤查、勤闻、勤说,尤其对饮酒过量的客人要特别注意,防止因吸烟、用电、用火不慎引起火灾。

(5) 制订火警时的紧急疏散计划,包括如何引导客人疏散、保护重要财产等。

（三）火灾事故的处理

客房楼层发生火灾时,客房管理人员及服务人员应保持沉着冷静,按照客房部制定的消防疏散规则,充分表现出专业服务能力和紧急应变能力,迅速采取行动,确保客人人身财物和酒店财产的安全,尽量将损失减少到最小。

1. 发现火情时的处理

（1）及时报警。遇到火情时,要立即使用最近的报警装置,发出警报,并用电话告知总机,说清着火地点和燃烧物质。

（2）控制火势。迅速使用附近的消防器材控制火势,将其扑灭。同时,关闭所有电器开关以及通风、排风设备。

（3）撤离。发现火势无法控制时,要立即离开火场,并关闭沿路门窗,在安全区域内等待救援,并为消防人员提供帮助。

2. 听到报警信号时的处理

（1）辨别信号。工作人员要能辨别火警信号和疏散指令信号。

（2）立即查看。若听到火警信号,应立即查看本区域是否存在火警。

（3）随时待命。没有特殊任务的服务员应照常工作,做好宾客的安抚工作,随时待命。

3. 听到疏散信号时的处理

疏散信号表明酒店某处已发生火灾,要求宾客和全体酒店人员立即通过紧急出口撤离到指定地点,该信号只能由在火场的消防部门指挥员发出。听到疏散信号时的处理程序如下。

（1）迅速打开安全门、安全梯,有组织地安排客人从最近的通道疏散,且不能使用电梯。

（2）疏散客人时,要特别照顾老弱伤残的客人撤离,楼层主管要检查每一间客房,确认无人,并按约定做好标记。

（3）各楼层的楼梯口以及路口都要安排工作人员把守指挥,避免宾客盲目拥挤发生踩踏事件。

（4）待人员撤离至指定地点后,客房部与前厅部工作人员要一起查点宾客,发现下落不明人员,要立即告知消防人员。

**知识活页**　　一场大火引发的思考

2006年6月12日3时40分左右,重庆市天华宾馆客房部发生一起火灾事故,造成13人伤亡。重庆公安消防大队接到报警后,第一时间赶赴现场,投入灭火和搜救工作,4时40分大火被扑灭。据初步调查,起火点在宾馆客房二楼平台处,二楼吧台处火势最旺,一楼至四楼烟雾弥漫,二楼平台处着火面积达30平方米至40平方米。经核实,重庆市天华宾馆住宿人员共200人,火灾造成4人死亡,9人受伤。伤者中除有4人住院治疗外,其余5名伤员在伤口包扎缝合后,已离开医院。

据有关部门调查,火灾是客人吸烟引起的,另据一名客房部员工回忆,他进去送报纸的时候发现烟灰缸内有未熄灭的烟头,当时他也没有注意,送完报纸就出来了,该员工要是多一点责任心和安全意识,是可以避免一场大火的。

这场大火告诉我们,现在的酒店都在强调安全,特别是客人的安全,可往往忽视了员工的安全和相关的安全意识教育管理工作。客房的防火工作是非常重要的,在客房安全管理中应占主要地位,一线工作员工应该主动地做好防火工作。

(资料来源:http://www.canyin168.com/glyy/kfgl/kfgl/201105/31227.html.)

## 二、防盗

客房是客人住宿和放置财物的场所,容易成为盗窃分子觊觎的对象,所以,客房部要加强防范,保护好客人的生命财产安全。

(一)盗窃类型

1. 外盗

外盗是指社会上一些外来人员混入客房偷盗。

2. 内盗

内盗是指酒店内部员工的偷盗行为,他们对客房部的情况熟悉,利用工作之便进行偷盗常不易察觉。

3. 内外勾结偷盗

酒店员工伙同外来人员里应外合作案。

4. 客人盗窃

客人盗窃是指住店宾客中有不良分子偷盗财物或者是顺手牵羊的盗窃行为。

(二)盗窃事故的预防

针对盗窃原因,可采取相应的预防措施避免此类事故的发生。

1. 防止外来人的偷盗行为

酒店周围可能会有一些不法分子伺机而动,冒充客人或访客进行偷盗,因此,酒店应做好以下几个方面。

(1)凡住客本人引带的来访客人,服务员可不给予询问,目送进房,但要在记事本上做好记录,记明进出时间、性别、人数。

(2)凡不是住客引带的来访客人,要问明情况,必要时可礼貌查验证件,并征得住客同意,办理来访登记手续后,才能允许来访人进入客房。

(3)如住客本人没有交代,当住客不在客房的情况下,不得让来访客人进入客房。

(4)晚上服务员要将当时仍在客房的来访客人报告巡楼保安员,从晚上11时起催促来访人离房。

(5) 来访人因事需在客房留宿的,必须按规定到前台接待处办理入住登记手续。至晚上12点不办手续又不愿意离房的,报值班经理和保安部审阅处理。

(6) 利用监控系统,观察客房楼梯、走道、出入口的可疑人员,并及时报告。

2. 防止员工的偷盗行为

员工直接接触酒店和客人的财物,因此,客房部要加强对员工服务过程的管理,制定有效的防范措施。

(1) 录用员工时,要进行严格的人事审查。

(2) 员工上班时间须穿本工种的制服,佩戴工作牌,下班后不能在客房区域逗留。

(3) 客房服务员、工程部维修人员、餐饮部送餐人员在出入客房时应登记其出入时间、事由及姓名。

(4) 有效开展反偷盗知识培训。对于阻止、揭发他人偷盗行为的人员进行奖励,而对于包庇者则进行严厉处罚,惩恶扬善。

(5) 制定钥匙管理制度。工作人员领用钥匙必须登记签名,使用完毕如期交回。

3. 防止客人偷盗行为

客房部应制定"宾客须知",明确客人在住店期间应尽的义务和注意事项,结合以下措施杜绝客人的不良企图。

(1) 在酒店设备用品上印制酒店标志,打消客人偷盗的念头。

(2) 切实做好身份验证工作,制定客人领用钥匙的规定。

(3) 发现醉酒、神智异常的客人,要留意观察,避免客房内物品遭到破坏或者给不法分子钻了空子。

(4) 客人离店,要及时查房。发现客人遗失物品,应登记上交;若发现有丢失和损坏物品的情况,要及时上报。

(三) 盗窃事故的处理

发生盗窃事件后,客人可直接向公安机关报案,或向酒店报失。无论客人怎样选择,酒店都要采取积极配合协助的态度,若查明失盗原因,客房部要及时报案,并协助相关人员调查原因,找出线索,尽快破案。

(1) 客人报失,管理人员要认真听客人反映情况,不要做任何猜测或讲否定性的话语,以免增加调查工作的难度,使酒店处于被动。

(2) 与客人一同到现场,帮助客人仔细回忆丢失细节,分析是否确实被盗。征得客人同意后,可由保安员与服务员共同在客房内寻找,物品找到后要登记在册备查。

(3) 经查明确属被盗案件,失主要求报案的,要立即向总经理汇报,经同意后向公安机关报案。保安人员保护好现场。

(4) 警方到达现场后,由安保部门协助客人配合警方调查。

(5) 做好盗窃案件案发经过及结果的材料整理和存档工作。非相关人员,此类盗窃案件一律不公开宣布。

## 第三节 其他事故的处理与防范

### 一、自然灾害

自然灾害是不确定和不可抗拒的,如地震、台风、雷电、暴雪等。发生自然灾害,常常会引起住店客人的恐慌和焦虑,作为酒店服务人员应以轻松的状态、沉着的应对策略来安抚客人。酒店应根据自身所处地域可能会遇到的自然灾害,制订相应的安全计划,尽量降低自然灾害的损害程度,如明确各岗位人员在发生自然灾害时的职责,配置应对自然灾害的设备器材,并定期检查保养,制订必要时能实施的紧急疏散计划等。

### 二、突然停电

停电的原因可能来自外部供电系统失常,或者是由酒店内部设备故障引起的。对于客房部来说,停电会带来诸多不便,影响客人的正常生活。因此,酒店须有应急措施,如自备发电机,停电时可自行启动供电等。同时,客房部也应制订周密的应对计划,具体内容如下。

#### (一)说明情况

若停电消息已预先得知,则可用书面通知方式告知客人,以便客人做好准备。同时,向客人说明是停电事故,正在采取紧急措施恢复供电,以免客人不安。

#### (二)及时处理

(1)停电期间,所有工作人员都要保证在岗,若在夜间,使用应急灯照亮公共场所,帮助滞留在走廊及电梯中的客人转移到安全地方。

(2)加强巡视,检查客房走廊等安全薄弱区域,防止有人趁机行窃。

(3)防止客人点蜡烛而引发火灾。

#### (三)事后完善

(1)供电恢复后,检查各电气设备运转是否正常。

(2)向客人致歉并解释原因。

(3)做好工作记录。

### 三、客人伤病

在住店期间,客人可能会偶有不适或突发疾病,客房部服务员要能及时察觉,并汇报处理。客房内的设备用品要经常检修保养,确保其正常使用,避免因设备老化、维修不及时而导致客人受到伤害。客房卫生间要设有紧急呼叫按钮或紧急电话,以及供客人浴晕时用的紧急开门器等,以备突发疾病时使用。

#### (一)一般性疾病

客人若偶有小恙,服务员可多关心客人,帮助其请驻店医生,并提醒客人按时服药。

## （二）突发性疾病

客人若出现突发性疾病，如食物中毒、心脑血管病等，服务员应立即请医生来，并报告给管理人员，绝不能擅自做主对客人进行救治，避免导致更严重的后果。如果客人头脑清醒请服务员协助购药服用，服务员要婉言谢绝，并劝客人尽快到医院诊治。

客人病情严重的，客房部要立即与同来的家属或随员联系。客人独自在酒店的，要请酒店派车派人送客人去医院救治，必要时还要设法与客人家属或公司取得联系。事后，要对该事件的处理做出详细书面报告。

## （三）传染性疾病

客房部是客人来往最频繁的地方。客房设备用品的杀菌消毒尤为重要。客房各个角落要定期消灭虫害；禁止客人将宠物带进酒店；患有传染病的服务员不能上班；发现有住店客人患有传染病，要及时采取有效措施进行隔离，并对其使用过的物品进行严格消毒，接触过患者的服务人员要尽快体检，防止疾病传染扩散。同时，还要请当地卫生和防疫部门检查指导。

**知识活页　　　　　感 谢 信**

一位杨姓客人，下榻到某酒店，晚上外出吃海鲜，回来后，便跟服务员说有点头痛，要服务员送点开水，服务员送开水时，发现当时客人还较为正常，仅有点醉态（其实是病态），服务员离开房间，等了十来分钟后，给该客人打了个电话，发现电话占线，于是这位服务员没再打，过了一会儿，这位服务员想起还是不放心便又打电话，发现还是占线，这时服务员并没有作简单处理，而是通知总机查看一下客人房间的电话，是未挂还是长时间通话，总机经过查证后，明确告知是未挂好。这时，职业的敏感让这位服务员觉得必有异常，于是上房敲门，未见人应答，询问总台，也未见此客人外出，于是服务员果断地推门进房，发现客人痛苦地抽搐在床上，便立即送医院急救。经查实，该客人是得了一种较为罕见的蛋白质过敏病，客人事后非常感谢这位服务员，说这种病发作得较快，如果处理不及时，就会有生命危险，如果不是那位服务员发现，后果不堪设想，这位客人事后给酒店发了感谢信，并登报致谢。服务员的责任心挽回了一条生命。因而客房部在培训员工安全防范方面要注意培训员工的细心、责任心和警惕心。

（资料来源：http://www.canyin168.com/glyy/pmgl/bapm/201102/27512.html.）

## 四、客人死亡

住店客人死亡是指客人在住店期间因病死亡、意外事件死亡、自杀、他杀或其他不明原因的死亡。除因病死亡为正常死亡外，其他均为非正常死亡。

住店客人死亡多发生在客房。当发现客人或客房有异常时要多加注意，如客人连日沉默不语、房内有异常巨响、房间长时间挂"请勿打扰"牌、访客离开后久不见客人出门等,楼层服务员要及时报告给管理人员。对于怀疑有自杀倾向的客人要稍加观察,多接近,适当开导。

(一) 发现宾客死亡后的工作事宜

(1) 值班经理立即赶往现场,同时第一时间通知店长立即到达并上报公司区域总经理。
(2) 保护好现场。
(3) 寻找第一发现死亡的证人和报告人,做好陈述笔录,同时报告公安部门、上级领导。
(4) 注意保密,以不惊扰其他住店客人。

(二) 公安人员到达现场后的工作事宜

(1) 向公安人员汇报发现宾客死亡的经过,提供证人、证词。
(2) 了解现场勘察情况和死亡性质。
(3) 提供尸体移离酒店的最佳线路,由酒店专人陪同并控制,避免不利影响。
(4) 经公安部门同意后,通知客房部清扫现场。
(5) 妥善处理善后事宜。

(三) 其他事宜

(1) 客人遗留的财物,客房部要列好清单并由专人保管,待家属来取。公安机关调查所需带走的物品,也要有记录及经手人签字。
(2) 发生事故的房间事后应进行全面消毒,并将客人使用的物品全部报请销毁。
(3) 事后详细记录事件处理的全过程,填写事故报告存档,并呈报公司领导备案,外界询问由指定人员统一回答。

### 五、外来侵犯和骚扰事件

(一) 预防外来侵犯

为防止客人受到外来侵犯,应在客房门上配备必要的安全装置,如能双锁的门锁、安全链、可视角度不低于160°的门镜,其他能进入客房的门(阳台门、连通门等)都应能上锁。

(二) 预防骚扰

外来骚扰,尤其是娼妓骚扰(常见打电话方式)给客人的正常活动和休息带来了干扰,也影响了酒店的声誉和正常营业,是客房安全管理中比较棘手的一个问题,应采取灵活的方法加以控制。

(1) 对这类客人,服务员和保安人员可不动声色地进行监视,一旦他们出现过分举动,要将其驱出酒店。
(2) 酒店总机房的电话可安装来电显示器,若发现有同一号码经常打往不同客房时,可采取预防措施。
(3) 经常与公安部门联系,记住惯犯照片,以便及时认出,必要时送交公安机关。

## 第四节 客房部安全管理措施

### 一、制订安全管理计划与制度

客房的安全管理要实行计划管理,使安全工作规范化、程序化。制订安全计划时要明确客房安全工作的总目标即为确保客人、酒店和职工的安全,根据工作实际可再分为若干个分目标,如客房安全目标、楼层安全目标、布草房安全目标等。客房管理工作的任何环节都要注意安全,因此制订计划时要涉及各个方面,不仅包括打击犯罪分子,保障客人的人身财物安全,而且包括保障客人的心理安全及员工和酒店财产的安全。客房安全工作计划还要与各部门的安全计划一致,各个计划互相贯通,形成有机的管理网络,便于实施过程中相互协调。同时,计划执行过程中要建立起安全岗位责任制,真正做到安全保卫人人有责。

为了使安全工作落到实处,客房部须制定一套科学、合理、可操作性强的安全规章制度来约束相关人员行为,为人们的行动提供规范依据,提高工作效率。具体有楼层安全服务制度,入住验证制度,来访登记制度,跟房检查制度,治安事件报案制度,遗留物品处理制度,交班制度,财物保管制度,服务员留宿制度,突发事件处理制度,洗衣房、布草房安全操作规范,客房部防火制度,员工安全操作制度等。根据酒店发展的需要,还应定期对相关制度进行完善和补充。

### 二、增强服务人员安全意识

一线服务人员是酒店客房部安全工作的直接参与者,也是接触客房机会最多、最了解客房安全状况的人。如果他们能多一点责任心,多一些安全意识,就能在很大程度上减少客房部的安全隐患,降低安全问题发生的概率。因此,客房部应加强对员工的安全教育,实行安保责任制,把客房部安全工作的各种目标或要求同服务人员的岗位考核联系起来,使其克服麻痹心理,切实负起安全责任。同时,制定相关的奖惩措施,激发员工主动寻找安全隐患,提供信息,及时消除不安全因素。

### 三、提升客房安全管理技能

工作人员安全管理技能的高低在一定程度上制约着客房部安全隐患的排除和安全问题的解决。客房部应定期组织相关人员进行安全管理技能方面的培训,包括紧急事故的处理、火灾的预防等方面的内容,减少操作中的失误现象,努力提高员工的技术水平和道德素质。

### 四、定期开展全面安全检查

安全检查是发现不安全行为和不安全状态的重要途径,也是客房部落实安全管理制度,消除安全隐患的重要方法,安全检查应形成常态,各岗位共同参与。检查有关安全的设备设施,保证其安全性能和正常运转。对已有的安全制度,检查其执行情况。检查督导服务员的安全防范工作,及时发现安全管理漏洞,并予以解决。对检查处理情况要记录在案。

## 五、建立部门联动机制

客房部做好安全管理工作不仅需要自身的努力,还需要保安部、工程部、餐饮部、前厅部等相关部门的配合和支持。客房部要和上述部门密切合作,建立部门联动机制,相关部门以酒店整体利益为诉求,协同合作,共同处理安全管理方面的重大问题,才能做好安全工作。

### 本章小结

客房安全不仅指入住酒店客人的人身财物安全,而且指不存在危险因素导致安全事件的发生,同时,还包括客人的心理安全及员工和整个酒店的安全。

客房安全管理的特点有三个:一是要求标准高,执行难度大;二是服务性强,管理细致;三是其他部门密切配合。

客房安全管理的基本原则为:安全第一,预防为主;外松内紧,群防群治;工作细分,责任到人。

客房火灾事故的预防措施有全员上下增强防火意识,配置必要的防火材料及设施设备,加强对住客的防火宣传,做好日常防火管理工作。

客房盗窃事故的预防措施有防止外来人的偷盗行为,防止员工偷盗行为,防止客人偷盗行为。

应对突然停电时,首先要向客人说明情况,及时处理当前情况,事后要加以完善。

### 思考与练习

1. 客房部配置的安全设施设备都有哪些?
2. 谈一谈火灾事故的处理措施。
3. 客房部盗窃的类型都有哪些,如何处理?
4. 谈一谈客人生病、死亡的处理程序。
5. 试述如何做好客房部安全管理工作。

#### 客人要取遗留物

1998年的某天下午,上海某旅游研究机构的刘先生与一位同事,因组织一个全国性会议,入住山西太原的一家大酒店808房间。由于代表报到踊跃,报名人数一再突破，使本已排满的客房压力骤增，于是几位会务人员决定采取"紧缩政策"，连夜搬出各自的标准房间，挤进一间套房凑合。由于当晚刘先生搬迁匆忙，把一双洗净的袜子遗留在客房卫生间里。第二天想起后，他便直奔808房取袜，正好房客不在，这样，就只好请服务员帮忙了。当然他知道，此时自己已失去该房主人的身份，要取回遗留物品并不那么简单，不过东西还是要取的，顺便也想体验一下服务员是如何处理这个特例的。他找到楼层服务员——一位朴实而秀气的山西姑娘，请她打开808房。只见她和颜悦色地点了点头，随即请他出示住房卡，他连忙向她解释了原委，说明自己是昨天入住的会务组工作人员，那姑娘表示知道这件事。接着她问清他要取的是晾在浴巾架上的一双灰色袜子后，便爽快地把他领到808房门口。当她打开房门后，刘先生试着想跟她进房，立即被她礼貌地制止，请他在门外等候。接着她只身进房，很快从卫生间拿出一双灰袜子，问他是不是这双，他一边称是，一边连声道谢。那姑娘将袜子交到刘先生手中，只是平静地说了声"不用谢"，随即出来关上门，道别后往服务台去了。

**问题：**
　　结合材料，从安全的角度出发，谈一谈服务员的做法有哪些可取之处。

# 第十二章

## 客房部服务质量管理

**学习导引**

客房服务是酒店服务体系的重要组成部分,也是酒店对客服务的重点。酒店客人大部分时间都是在客房度过的,因此,客房服务质量在很大程度上反映了酒店的服务质量。由于客房服务种类繁多而且分工较细,对客房服务的管理就显得尤为重要。掌握好客房服务类别可以使我们从宏观上掌握客房服务的程序和效率。客房管理是一个紧密联系的整体,客房服务管理工作要从全局着手。

**学习重点**

通过本章学习,重点掌握以下知识要点:
1. 客房服务的组织模式;
2. 客房服务质量的特点和要求;
3. 客房服务质量管理的方法;
4. 提高客房服务质量的途径。

## 第一节 客房服务的组织模式

客房对客服务的组织模式有两种,一种是楼层服务台模式,另外一种是宾客服务中心模式。我国传统酒店对客服务都采用楼层服务台模式,但是国外酒店以及国内中外合资(合作)酒店基本上都采用宾客服务中心模式。本节将对这两种模式分别加以介绍。

### 一、楼层服务台模式

(一)楼层服务台的概念

楼层服务台,也称楼面服务台,或称楼层值台,是指酒店客房区域每一楼层的服务台,这

是我国旅游酒店特有的一种对客服务模式。一般设在靠近电梯口的位置,配备专职的服务员值台,提供24小时对客服务。楼层服务台实际上起着前厅部总台驻楼层办事处的作用,受客房主管直接领导,业务上受总台指挥。

（二）楼层服务台的职能

（1）负责本楼层客人和来访客人的接待及服务工作,入住客人特别是重点客人的接待服务工作。

（2）掌握客人动态,尤其是有关客人迁入通报总台。

（3）根据房态,安排工作定额及清扫顺序。

（4）负责保管客用钥匙,确保客房和楼面的安全。

（5）保证信息畅通。楼层服务台实际上是客房部重要的信息中心,保证与各部门的信息沟通。

（6）认真填写楼层日报表和楼面工作日志。

（三）楼层服务台模式的利弊

1. 优点

（1）能及时提供面对面的亲情服务。人情味浓,受东方客人和老弱病残客人的欢迎。

（2）有利于做好楼层的安全保卫工作。台班好比一个岗哨,值台员24小时值班,实际上为楼层增添了一道安全屏障,也给住店客人增加了一份安全感。

（3）配合总台准确控制房态。台班在值台过程中,能很清楚地了解客人的抵离店时间,在与总台及时联系后,能够更准确地控制房态。

（4）有利于激励员工和树立酒店的良好形象。一方面,楼层服务台为员工提供了一个充分展示自己的舞台,客人对员工工作的认可与赞扬,是对员工的最好激励。另一方面,员工是酒店的代表,客人是从员工身上去认识酒店,员工通过优质的对客服务,也为酒店树立了良好的形象。

（5）提高了服务的时效性和主动性。设置楼层服务台,增加了酒店与客人之间交流和沟通的机会,预见客人的需求,随时解决客人的需求,主动、及时地向客人提供服务。

正因为楼层服务台具有以上好处,一些老酒店和以接待会议团队客人为主,且又以内宾占大多数的酒店至今保留了这一对客服务模式。不少高档酒店还对这种服务项目模式加以改进,使之成为一种吸引客人的手段。例如,我国一些酒店在客房区域设立了商务行政楼层,它集酒店的前台登记、结账、餐饮、商务中心及客房贴身管家服务于一身,为客人提供更为舒适的环境,让客人享受更为优质的服务。特别是贴身管家服务更具特色,从客人进店开始,贴身管家听从客人的盼咐和安排,使客人感到亲切而舒适。

2. 缺点

（1）有可能使客人产生拘束感。现代社会,尤其是西方人和受西方教育的人,对自身各种利益非常重视,特别是个人隐私权。设立楼层服务台实行24小时值班,难免使部分个人独立空间意识很强的客人产生一种被监控的感觉。出入酒店的客人更希望有一种自由、宽松的入住环境。

（2）劳动力成本高。楼层服务台实行24小时值班,人力花费较大,营业费用较高。在劳动力成本日益昂贵的今天,许多酒店淘汰了这种服务形式,主要原因就在于此。

(3) 服务质量难以控制。每个楼层都设立服务台,管理点分散,使客房部对员工的在岗状态控制有一定的难度。员工作业的独立性很强,业务的随机性也很大,员工对待工作的态度取决于员工积极的自我约束能力。这无疑对保障客房服务质量带来了很大的困难。

## 二、客房服务中心模式

### (一) 客房服务中心的概念

客房服务中心是从国外酒店引进的一种客房服务模式。客房服务中心与客房部办公室相连,实际上是客房部重要的信息枢纽,它与楼层及酒店先进的通信联络设备共同构建了一个完善的对客服务网络系统。设主管一名,工作人员若干名,实行三班24小时运行。住店客人通过电话将需求告知客房服务中心,然后客房服务中心通知离客人房间最近的工作间的服务员迅速为客人服务。

### (二) 客房服务中心的职能

1. 服务中心领班的职责规范

(1) 编制本部门员工排班表,记录考勤,检查所属员工的仪表、礼节、劳动态度及工作效率。

(2) 建立失物招领档案,保管客人的遗留物品,监督遗留物品处理程序的实施。

(3) 填写服务中心物品需求援货单,并到库房领取。

(4) 随时掌握客房状态的变化,向前厅、财务提供准确的房态资料。

(5) 培训员工,定期进行业务考核,督促员工为住店客人提供各项服务。

(6) 联系工程部,解决客房维修事项,建立工程维修档案。

(7) 向楼层主管报告宾客房号、到店时间及要求。

(8) 严格执行客房万能钥匙的管理制度,监督万能钥匙收发工作。

(9) 定期召开班组会,传达店内、部门内的指示和决议。

(10) 编写工作日志,记录特殊事项,交接工作,办理物品外借手续。

2. 服务中心服务员的职责规范

(1) 准确无误地接听电话,并详细记录,重要事项记录在专门的本子上。

(2) 迅速为客人提供各项服务。

(3) 保持与其他部门的联系,传达有关表格和报告。

(4) 对外借物品进行登记,并及时收回。

(5) 统计酒吧的消耗量,填写酒水补充报告单,并负责保存。

(6) 保管各种设备和用具,并编写建档,定期待点。

(7) 随时掌握房况,准确无误地输入电脑,并与前台保持密切联系。

(8) 及时通知楼层领班,即将抵店或离店的贵宾、旅行团的房号。

### (三) 客房服务中心模式的利弊

1. 优点

(1) 楼层取消服务台,减少人员编制,有效地降低了劳动力成本。

(2) 实现了对客服务工作的专业化，便于统一调度对客服务工作及客房资源。

(3) 客房服务中心是客房部重要的信息中心，有助于强化客房管理。

(4) 为住店客人营造了一个宽松、自由、和谐、温馨的环境。

2. 缺点

(1) 与客人接触机会相对来说较少，不利于客人与服务员之间的情感交流与沟通。

(2) 由于楼层不设专职服务员，给客人的亲切感较弱，弱化了服务的直接性。遇到一些会议客人、团体客人时，他们的服务要求一般较多，让客人不停地拨打服务中心的电话，客人必定会不耐烦。如果有些客人出现一些急需解决的困难，服务的及时性必将受到影响。

(3) 客服中心对硬件设施依赖性强，而且设备的质量要求高，客房服务中心要设置 BP 机呼叫系统、电话系统，一次性的投入成本较高。

(4) 客房服务中心的有效运转有赖于劳动组织、建筑设计等各环节的密切配合，任何一个环节出现问题都会影响其功能的正常发挥。

**知识活页**

客房服务中心模式主要用于以接待外国人为主的中高端酒店。由于消费水平、消费素质和文化背景的不同，国内客人往往对于服务台的依赖性比较强。他们不习惯酒店楼层没有服务台，因此，以接待内宾为主的这类酒店一般不宜取消楼层服务台。一些酒店不顾自己的实际情况，不顾国内宾客的消费习惯和消费素质，盲目取消楼层服务台，结果使得一些客人因找不到门牌号码而在楼层大呼小叫，还有一些客人因缺乏房内设施设备起码的使用常识，而使这些设施设备遭受严重损坏，这些都是应该吸取的教训。

## 第二节　客房服务质量的特点和要求

在激烈的市场竞争中，酒店经营成败的关键之一就在于服务质量。酒店要以质量求生存，以质量求信誉，通过不断提高服务质量争取客源，提高客房出租率，扩大市场份额，获取较好的经济效益和社会效益。

客房服务是酒店服务的一个重要组成部分，客房服务质量在很大程度上决定了酒店产品的品质，以其服务质量直接影响酒店的服务质量和经济效益。

### 一、客房部对客服务的特点

#### (一) 体现出家的氛围

既然酒店的宗旨是为客人提供一个"家外之家"，因此是否能够体现出家的温馨、舒适、安全、方便等,就成为客房对客服务成败的关键。主要表现在客房设施设备的布局、装饰和美化,客房的采光、照明、通风、温度、湿度等。良好的客房环境能使客人感到舒适惬意,产生美的感受。

(二) 对客服务的表现形式具有"明暗兼有"的特点

前厅和餐饮部等部门的对客服务表现为频繁地接触客人,提供面对面的服务,而客房部有别于这些部门,它的服务不仅仅是面对客人的服务,更是通过有形的客房产品表现出来的。

1. 服务性

客房装饰华丽并配备各种设备用品是吸引客人前来消费的原因之一,酒店在客房装饰配备上花费巨大,但吸引客人最重要的原因还是酒店客房所提供的服务。

2. 复杂性

客房部的工作范围广,涉及内容复杂,除了要保持客房的清洁安全外,还要对整个酒店的环境卫生、装饰绿化、设备保养、布件制服的洗涤保管及样式设计负责。

3. 随机性

"客人就是上帝",满足住店客人的需求是酒店的责任和义务,只要其要求正当合理,客房有条件满足的都应该满足。

4. 不易控制性

客房服务是无形的,其服务质量的好坏不能像其他商品一样可以用机械或物理的性能指标来衡量。

5. 窗口示范性

有资料显示,客人最关心的就是酒店设施的清洁状况,尤其是客房的清洁状况。一间清洁大方、优雅舒适的房间,代表了整个酒店的档次、格调及其服务水平,具有窗口和示范作用。若再加上合理的价格,客房将成为吸引游客再次光临酒店的重要因素。

二、客房部对客服务的要求

曾有业内人士对服务一词进行了分析,认为它由七重含义构成,这七重含义的英文开头字母刚好构成了"service"。它们分别是真诚(sincere)、效率(efficient)、随时做好服务准备(ready to serve)、可见(visible)、有问必答(informative)、礼貌(courteous)、出色(excellent)。由此可见,这七重含义贯穿着对客服务的全过程。客房对客服务是酒店服务的主体之一。客人在酒店下榻期间逗留在客房内的时间最长,客房部对客服务水准的高低在很大程度上决定了客人对酒店产品的满意程度。这就要求客房的对客服务要以与其星级相称的服务程序及制度为基础,以整洁、舒适、安全的客房为前提,随时为客人提供真诚主动、礼貌热情、耐心周到、准确高效的服务,使客人高兴而来、满意而归。

(一) 真诚主动

是否真诚,反映出服务员的服务态度。要为客人提供最佳服务,首先要突出真诚二字,要实行感情服务,避免单纯的完成任务式的服务。客房服务员对客人提供服务必须是发自内心的,热情、主动、周到、耐心、处处为客人着想,也就是暖字服务。酒店许多服务质量差的现象的发生,主要就是因为服务人员缺乏真诚和热情,表现在工作中就是对待客人没有微笑、不使用敬语、甚至与客人争辩等。存在这样一种心理因素,认为客人是人,自己也是人,我为什么要服侍他,将人与人的关系和社会角色之间的关系混在一起。客服部的每一个员工都要调整好自己的心理状态,把酒店的客人当成自己请来的朋友一样,以主人的身份来接待客人,替客人着想,这是提供优质服务的保证。

（二）礼貌热情

客房服务中的礼貌,是客房服务的重要组成部分,也是对客服务人员的基本要求之一。

礼貌待客具体表现在以下几个方面:在外表上,就是客房服务员要讲究仪容仪表,注意发型服饰的端庄、大方、整洁,给客人一种乐意为其服务的形象;在语言上,要文明、清晰,讲究语言艺术,注意语气语调;在举止姿态上,要文明、主动、彬彬有礼,坐、立、行和操作均有正确的姿势。

（三）耐心周到

客人入住过程中要做到热情、主动、礼貌、耐心、周到、细致。热情,要做到精神饱满、态度和蔼、举止大方、不卑不亢;主动,要做到主动迎接、主动问好、主动引路、主动介绍、主动照顾老弱病残客人;礼貌,要做到仪容整洁、仪表端庄、语言亲切和蔼、尊重客人风俗习惯;耐心,要做到不厌烦、不挑剔、有耐心;周到,要做到照顾周详、想客人之所想、急客人之所急;细致,要做到从细微处做起,不马虎、无疏漏。

（四）舒适方便

舒适方便是住店客人最基本的要求。客房是宾客入住酒店后长时间逗留的场所,因此宾客对客房的舒适、方便要求也是最高的。如服务员应定期翻转床垫,以保证床垫不会产生局部凹陷;服务员应注意宾客日常用品的补给,以方便客人使用。

（五）尊重隐私

客房是客人的"家外之家",客人是"家"的"主人",而服务员则是客人的"管家"或者"侍者",尊重"主人"隐私是"管家"和"侍者"应具备的基本素质。作为酒店工作人员,特别是接触客人时间最长的客房部服务人员,有义务尊重住店客人的隐私。在尊重客人隐私方面,客房部服务人员应不打听、不议论、不传播,不翻看客人的书刊资料等,要为客人保密。

（六）准确高效

所谓的效率服务,是指快速而准确的服务,客人在酒店内的吃、住、行、娱、购,总是在快节奏中进行。因此,对客房服务就提出快而准的服务要求,即服务工作要快速准确,服务程序要正确无误,两个方面,缺一不可。例如,希尔顿酒店集团对客房服务员的要求为,在25分钟内整理好一间客房,符合酒店卫生标准。在客房服务质量中最容易引起客人投诉的,就是服务员的慢节奏服务。高效率服务,是为了迎合和满足旅游者的快步调活动规律,是优质服务的一项重要内容。

## 知识活页　　国内酒店客房服务质量的现状

**一、目前国内酒店客房服务质量存在的问题**

（一）服务过程中存在多方面的问题

一是服务人员服务意识薄弱、态度较差。基本表现为服务人员态度冷硬、缺乏责任心、服务效率低下、履行岗位职责的能力较差等，这些现象在低星级的酒店中表现得较为明显，影响了酒店的形象。二是服务不规范。如服务人员事先不敲门就直接进入客人房间、打扫房间时擅自拿客人的物品、客房必备品不齐全、热水供应和空调开放不标准、随意取消客人的预订房等情况，这些在日常酒店运营中普遍存在，在很大程度上影响了酒店整体的服务质量。三是服务实践中存在失职失误的现象。如对用过的床上用品不进行更换、对客人的物品乱拿乱动、对客人衣物的洗涤不标准等情况，直接导致客人对酒店的投诉，损害了酒店的形象。四是存在乱收费的现象。最主要体现在电话计费不标准和客房小酒吧收费标准不明确等方面。

（二）客房服务设施设备的维修保养不规范

一是维修保养制度不健全；二是在长时间的营业过程中，设施设备老化严重，导致设备出现故障；三是存在故障的设备，对客人的服务造成了损害。

（三）安全保卫工作不严密

酒店有保护入住客人人身和财物安全的责任和义务，但在实际生活中，却经常出现各种问题。主要表现在以下两个方面：一是安全保卫人员对自身职责认识不清，缺乏责任心，不能很好地为客人服务，严重影响了酒店的声誉，破坏酒店的口碑；二是不能及时处理客人在酒店丢失财物的问题，安抚工作不到位，报案不及时，大大降低了客人对酒店的认可度。

（四）卫生清扫工作不彻底

国内酒店普遍存在这一问题，客房清洁质量不高，如桌面有灰尘、地面有印迹、墙面有污物、床单有污渍、枕巾不清新，这些细节问题处理不好，使得客人对客房产品的满意度大打折扣。

**二、目前国内酒店客房服务质量总体水平偏低的原因**

（一）酒店客房员工稳定性差，影响服务质量

一是传统思想作祟，社会传统轻视服务工作，认为服务工作层次低，很少有人以干事业的态度对待客房服务，多数人将之视为临时落脚点，以便图谋更好的职位。二是酒店内部客房服务员的基本权利得不到尊重，很多酒店存在任意辞退员工的现象，不注重营造和谐环境，直接导致客房服务员工失去工作热情，难以提升服务质量。三是顾客需求的期望值较高，但由于酒店服务项目复杂、细致，客房服务员在没有接受认真培训的前提下，很难达到高标准，在实践中经常会遇到客人的挑剔，为此而受委屈，使客房服务员的身心受挫。四是客房服务员的福利待遇低，

对员工的日常工作缺乏激励动力,无法促使员工全身心地投入到工作中,客房服务质量缺乏保障。

（二）业务培训乏力,服务素质欠佳

很多酒店过于追求短期经济效益,忽略了对员工业务培训的投入,使酒店的中长期竞争力普遍受挫。有些酒店对培训的认识仅限于表面层次,口号喊得多,实务做得少,对员工的业务培训不深入、不扎实,效果差,员工的综合素质没有跟上市场需要的步伐,已经从根本上降低了酒店的服务质量和竞争力。

（三）客房部与其他部门的沟通不顺畅,合作不协调

服务工作是一个整体,日常工作中的沟通和协作是非常重要的。现实中,酒店时常存在有空房而前台不知情无法出售,或无房源而前台盲目出售的情况,为整个酒店的有序运营造成了负面影响,这就是客房部与前台没有进行有效沟通的后果。此外,客房部与工程部的沟通不及时,会导致已经损坏的设备得不到及时维修,给客人的住店生活带来不便,降低了服务质量。

（四）客房设施设备老化,影响客房服务质量的提升

客房的设施设备是为客人提供服务的物质基础,必须经常保养、适时维护。但在现实中,酒店普遍存在重视餐厅和前厅而忽视客房的现象,导致客房设施设备更新速度较慢,与前厅和餐厅的设施设备不协调,使客人的体验与感受出现落差,影响客人对客房服务质量的评价。

## 第三节 客房服务质量管理的方法

从管理学的角度来看,每一项工作都有其固定的管理方法,掌握具体的方法,才能对症下药。客房服务看似琐碎繁杂,但是同样可以利用管理学上的许多经验和方法进行成体系的管理,提高工作效率。

### 一、具体内容分析

（一）确定质量管理目标

客房质量管理是围绕着质量管理的目标展开的。客房质量管理的基本目标为贯彻酒店服务质量等级标准,提供适合客人需要的服务劳动使用价值,维护和保障客人的合法权益,不断提高客房的服务质量。这是客房管理的首要任务。

（二）建立服务质量管理的框架

虽说服务质量管理是一个比较复杂的过程,但也有规律可循,应从规律中提高服务质量。

1. 建立服务活动的框架

从服务活动中可以发现,参与服务活动的总共有三种人,称为服务活动的三大主体,即

管理者、员工、客人。

管理者——要了解客人需求,制定服务标准,设计服务程序,激励员工工作,制定管理措施,提高服务质量。他们是服务质量的管理者。

员工——要掌握服务技能,理解服务内涵,培养服务理念,熟悉服务标准,了解客人心理需求,做好服务工作。他们是服务工作的实施者。

客人——要降低服务期待,说明自己的服务需求,正确感知服务过程,客观评价服务质量。他们是服务的接受者。

2. 建立服务组织框架

服务是一个工作过程,需要在不同的空间、地点,由不同的岗位、工种来完成。为了保质保量地完成服务工作,无论是服务工作还是管理工作,都应有相应的组织框架。

1）服务员工与服务岗位

根据不同的岗位要求,配置不同的员工以完成不同的服务工作。因为不同的服务岗位对员工的文化修养、思想内涵、身体条件、性别比例、责任心、敬业精神等方面的要求是不同的。

2）管理人员与管理岗位

按不同的岗位设置管理和监管人员,以督导式（走动式、现场式、纠错式）的管理方法,监管服务工作的准确性,并及时解决服务中出现的难题。

## 二、时间空间分析

### （一）过程质量管理

服务是一种无形的过程产品,产品质量的高低在服务的过程中就被定位了。因此,提高服务质量就是要在从服务开始到服务结束的各个阶段进行有效的管控,收集反馈意见,分析服务过程中的问题,对服务质量做出科学的评价,分析研究提高酒店服务质量的方法和手段,促使服务质量不断提高。

1. 服务事前管理

服务事前管理就是在提供各项服务前做好充足的准备工作,包括软件和硬件两个方面。酒店在日常服务中出现的许多看似微不足道的问题其实就是准备工作不充分而导致的。软件准备是指对服务人员的管理,不单单只是对客房部人员的服务意识、服务态度的管理,还要根据入住客人的具体情况（是否有车队到店、饮食习惯、文化习惯等多个方面）,与各个部门沟通好,避免手忙脚乱。硬件准备就是指对客房的环境、设施设备、安全等物质因素进行必要的检查和维护,保证客房随时处于能够接待客人的状态。

2. 服务事中管理

服务事中管理就是提供服务的过程,这是酒店服务水平最直接、最具体的体现,是服务过程管理的关键环节。客房的过程质量管理应该把服务质量管理作为工作的重点,包括以下两个方面的内容。

（1）服务人员要严格执行服务规范。客人到店入住后,服务人员必须严格按照规范、标准和程序进行操作,为客人提供优质服务。

(2) 管理者要加强服务质量检查。各级管理人员要以服务质量标准为依据,加强对服务质量的监督和检查,如发现质量问题,要及时纠正,加强控制。特别是对接待服务的关键部门、岗位或薄弱环节,要实行重点有效的监控。

3. 服务事后管理

服务事后管理主要是将服务过程中出现的各种质量问题进行收集、分析和研究,完善服务漏洞,提高服务水平。

(二)质量关键点管理

酒店进行服务质量控制,必须抓住关键点、关键环节、关键时刻的管理和控制。所谓关键点、关键环节、关键时刻是指酒店在接待客人的过程中直接与客人接触的时间。与关键点、关键环节、关键时刻对应的是服务的关键岗位,通常被称为一线部门。前厅、客房是酒店的两大一线部门,在对客服务时存在许多关键点,如前厅的接待服务环节、客房的卫生清理环节等。这些关键点是最容易出现质量问题,也最容易导致客人投诉的。因此,前厅、客房管理人员应该牢记本部门的服务关键点。首先,在挑选员工的时候必须根据岗位特点,尤其是对灵活性要求比较高的岗位,仔细选择、考察;其次,在服务管理过程中既要培养服务关键点员工的服务意识,又要特别注意对这些关键点的控制和监督;最后,还要注意收集关键点容易出现的质量问题,进行归纳、总结、改进,并将其传达给服务人员,尽量避免再度发生。

## 三、常见的质量管理方法

(一)PDCA 管理法

提高客房的服务质量和工作质量需要不断地认识、实践和总结。因此,运用客房的质量保证体系来控制和提高质量是一个循环的过程。我们可以对质量管理活动按照计划(plan)、实施(do)、检查(check)和处理(act)四个阶段来开展。计划—实施—检查—处理四个阶段组成一个循环,可称为 PDCA 管理法,也称为 PDCA 循环。

1. PDCA 循环的步骤

PDCA 循环是科学的质量管理工作程序,运用 PDCA 循环来解决客房质量问题,可分成八个步骤进行,如图 12-1 所示。

1) 计划阶段

步骤一:对客房服务质量或工作质量的现状进行分析,找出存在的质量问题,运用 ABC 分析法分析存在的质量问题,从中找出对客房质量影响最大的主要问题。

步骤二:运用因果分析法分析产生质量问题的原因。

步骤三:从分析出的原因中找到关键原因。

步骤四:提出要解决的质量问题,制定解决质量问题要达到的目标和计划,提出解决质量问题的具体措施、方法以及责任者。

2) 实施阶段

步骤五:按已定的目标、计划和措施执行。

3) 检查阶段

步骤六:在步骤五执行后,再运用 ABC 分析法对客房的质量情况进行分析。并将分析

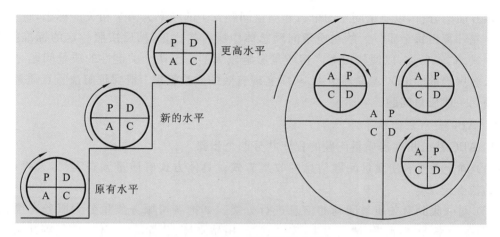

图 12-1 PDCA 循环的基本原理

结果与步骤一发现的质量问题进行对比,以检查在步骤四中提出的提高和改进质量的各种措施和方法的效果。同时,要检查在完成步骤五的过程中是否还存在其他问题。

4) 处理阶段

步骤七:对已解决的质量问题提出巩固措施,以防止同一问题在每次循环中都出现。对已解决的质量问题应给予肯定,并使之标准化,即制定或修改服务操作标准或工作标准,制定或修改检查和考核标准以及各种相关的规程与规范。对已完成步骤五,但未取得成效的质量问题,也要总结经验教训,提出防止这类问题再发生的意见和建议。

步骤八:提出步骤一中发现而尚未解决的其他质量问题,并将这些问题转入下一个循环中去求得解决,从而与下一循环的步骤衔接起来。

2. PDCA 管理法应注意的问题

(1) PDCA 管理法必须按顺序进行,四个阶段的八个步骤既不能缺少,也不能颠倒。它就像车轮一样,一边循环,一边前进。这个车轮必须依靠客房组织的力量和全体员工的努力来推动,才能顺利地滚动前进。

(2) PDCA 管理法必须在客房各个单元、各个层次同时进行,才能有效。客房是一个大的 PDCA 环,各个单元又有各自的 PDCA 环,各班组直至个人都应有 PDCA 环,只有这些大环套小环,并且每个环都按顺序转动前进,互相促进,才会产生作用。

(3) PDCA 循环不是简单的原地循环,每循环一次都要有新的、更高的目标。每循环一次必须既向前推进一步,又向上升高一层。这意味着每经过一次循环后,客房的质量水平就有了新的提高。

(二) ABC 分析法

ABC 分析法是意大利经济学家巴雷特分析社会人口和社会财富的占有关系时采用的方法,美国质量管理学家朱兰把这一方法运用于质量管理。运用 ABC 分析法,可以找到客房存在的主要质量问题。

1. ABC 分析法的概念

ABC 分析法以"关键的是少数,次要的是多数"这一原理为基本思想,通过对影响客房质量多方面的分析,以质量问题的个数和质量问题发生的频率为两个相关的标志,进行走量分析。先计算出每个质量问题在质量问题总体中所占的比重,然后按照一定的标准把质量问题分成 A、B、C 类,以便找出对客房质量影响较大的一至两个关键性的质量问题,并把它们纳入客房当前的 PDCA 循环中去,从而实现有效的质量管理。既保证解决重点质量问题,又照顾到一般质量问题。

2. ABC 分析法的程序

用 ABC 法分析客房质量问题的程序共分四个步骤。

(1) 确定关于客房质量问题信息的收集方式。具体方式有质量调查表、客人投诉和各单元的检查记录等。

(2) 对收集到有关质量问题的信息进行分类。如把客房服务质量分为服务态度、服务时机、服务效率、语言水平、清洁卫生、安全状况、用品质量、设备设施、环境质量等几类,然后统计出每类质量问题出现的次数并计算出每类质量问题在质量问题总体中所占的百分比。

(3) 进行分析,找出主要质量问题。通过对现存的质量问题进行分类,如分为清洁卫生问题、服务态度问题、外语水平问题、设备保养问题、安全问题、噪音问题等,并按问题存在的数量和发生的频率,把上述质量问题分为 A、B、C 三类。A 类问题的特点是项目数量少,但发生的次数多,约占投诉总数的 70%。B 类问题的特点是项目数量一般,发生的次数也相对少一点,约占投诉总数的 20%。C 类问题的特点是项目数量多,但发生的次数少,约占投诉总数的 10%。分类以后,我们可先致力解决 A 类问题,这样做可使客房质量有明显提升。同时,防止 B 类问题增多,并对 C 类问题加以适当注意。因为 C 类问题往往带有偶然性或不可控性,如失窃现象和设备被损的现象等。

(三) 因果分析图法

用 ABC 分析法找出了客房的主要质量问题。可是这些主要的质量问题是怎样产生的呢?对产生这些质量问题的原因有必要进行进一步的分析。因果分析图法是分析质量问题产生原因的简单而有效的方法。

1. 因果分析图法的概念

因果分析图法是利用因果分析图对产生质量问题的原因进行分析的图解法。因为因果分析图形同鱼刺树枝,因此又称为鱼刺图、树枝图。

在客房经营过程中,影响客房服务质量的因素是错综复杂的,并且是多方面的。因果分析图对影响质量(结果)的各种因素(原因)之间的关系进行整理分析,并且把原因与结果之间的关系用带管线(鱼刺图)表示出来,如图 12-2 所示。

2. 因果分析图法的程序

(1) 确定要分析的质量问题,即通过 ABC 分析法找出 A 类质量问题。

(2) 发动客房全体管理人员和员工共同分析,寻找 A 类质量问题产生的原因。各种原因找出以后,还需进一步分析,即查明这些原因是怎样形成的。在分析时,必须请有关各方面的专业人员共同参加,听取不同的意见。对原因的分析应深入细分,直到能够找到合适的应对措施为止。

(3) 将找出的原因进行整理,将结果与原因之间的关系画在图上。对分析寻找出的原

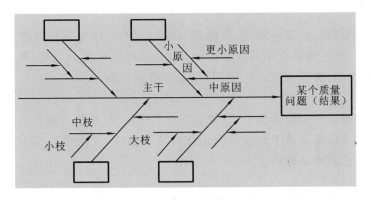

图 12-2 鱼刺图

因应进一步确定主要原因,确定主要原因可以采用加权评分法或 ABC 分析法。

(四) ZD 管理法

1. ZD 管理法的概念

ZD 管理即零缺陷管理(zero defect management),也称缺点预防。零缺陷管理的思想主张企业发挥人的主观能动性来进行经营管理,生产者、工作者要努力使自己的产品、业务没有缺点,并向着高质量标准的目标而奋斗,是以抛弃"缺点难免论",树立"无缺点"的哲学观念为指导,要求全体工作人员从开始就正确地进行工作,以完全消除工作缺点为目标的质量管理活动。零缺陷并不是说绝对没有缺点,或缺点绝对要等于零,而是指要以缺点等于零为最终目标,每个人都要在自己的工作职责范围内努力做到无缺点。它要求生产工作者从一开始就本着严肃认真的态度把工作做得准确无误,在生产中从产品的质量、成本与消耗、交货期等方面的要求进行合理安排,而不是依靠事后的检验来纠正。

ZD 管理法运用到酒店客房应主要注意以下三个要点。

1) 以"无缺点"为管理目标

客房管理都是由各部门、各环节、各岗位的具体工作来完成的。

2) 每位员工都是主角

为了将缺点和差错降到最低,必须使每个员工都认识到自己工作的意义,产生极大的热情、主动性和责任感,认识到自己工作的好坏是企业全局工作的一部分,员工责任重大,应该成为主角。它并不是不要监督和控制,而是要每个员工都全身心地把自己的本职工作做好,所以 ZD 管理法实质上是一种行为科学的管理方法,是以预防为主,防患于未然的管理方法。

3) 充分运用激励因素,挖掘人的内在潜力

ZD 管理法充分运用激励因素,强调每个员工做好本职工作的意义,激发他们的热情、勇气、创造性和责任感,挖掘人的内在潜力。

2. ZD 管理法的特点

ZD 管理法以人为中心,以调动全体员工的积极性和做好本职工作的潜在意识为目的,主要有以下三个特点。

1) 全员性

ZD管理法不是部门的某一单元、某些环节或个人的工作毫无任何缺点或差错,而是要使部门管理和每一项工作的全体人员都将缺点和错误降到最低。当然,要真正做到无缺陷,光靠客房部是不够的,必须全酒店开展 ZD 活动才可能有效。

2) 超前性

ZD 管理要把缺点和错误降到最低,就必须把工作做好,杜绝可能发生的缺点,具有超前性。这种超前性,是以每个员工在做每项工作时的主动性、责任感和工作热情等为前提的,一旦发现差错,自己就主动改进。

3) 一次性

ZD 管理既然要预防和杜绝缺点和错误,当然就要求全体员工一次就把工作做好。如果每做一项工作,第一次就能做好,不再返工或重做,不仅可以降低成本,提高工作效率,而且同样可以保证产品和服务的质量。所以,第一次就把工作做好,是 ZD 管理法的实质。

3. ZD 管理工作程序

ZD 管理工作程序一般包括以下四个步骤。

1) 拟定 ZD 管理方针

ZD 管理方针是指导客房开展零缺陷管理的方向,它以确定开展这一活动的指导思想为主。在拟定这一方针时,一是要明确 ZD 管理的目的和意义;二是要转变观念,动员员工参加;三是要重视单项作业评价;四是要建立表扬、奖励制度。

2) 制订 ZD 管理计划

ZD 管理是针对企业某些问题、某些具体工作任务来开展的,因此,制订客房 ZD 管理工作计划的基本方法为,首先,明确运用 ZD 管理需要解决的问题是质量问题、设备问题、计划管理还是产品销售管理问题等;其次,明确 ZD 管理所涉及的部门或单位;再次,针对管理要解决的问题,分析经常产生缺点和错误的原因;最后,制定工作步骤。

3) 开展小组活动

客房开展 ZD 小组活动的方法为,一是拟定小组内每个人的各个单项目标,缺点、错误的目标值为 0;二是激发小组内每个员工的工作热情和做好本职工作的动机,明确自己工作的重要意义以及出现缺点后对全局工作的影响;三是每个小组成员在自己的本职工作中成为主角、一开始就将每天的每项工作做好,不发生差错;四是小组内每个成员根据存在的问题,提出消除缺点的合理化建议,组长和上级主管及时分析采纳,将可能发生的缺点、错误消灭在萌芽状态;五是组长随时关心和检查小组成员的工作进展,运用激励因素及时表扬和鼓励,使员工产生荣誉感和责任感,做好每项工作;六是定期考核 ZD 小组活动效果,每月评比一次,总结经验教训,对达到 ZD 管理目标值的成员进行表扬和奖励,树立部门 ZD 管理中的先进典型,由此推动客房 ZD 管理的深入发展。

4) ZD 管理效果考核

在客房中,进行 ZD 管理效果考核,一般是将采用这一方法前后的结果进行对比。其评价标准主要包括六个方面:一是单项所产生的缺点、错误的目标值是否为 0 或趋向于 0;二是 ZD 小组活动的开展是否始终坚持,开展过程是否正常,有无停止、间歇现象;三是员工的工作动机、工作热情和责任心是否提高,积极性和创造性是否加强,对工作重要意义的认识是否提高;四是部门的凝聚力是否增强,员工的动力和士气是否提高;五是企业经济效益是否提高,开展 ZD 管理活动后,部门的成本费用节约额有多少,ZD 管理活动的表扬、奖励费用和节约的成本支出的比例如何;六是部门服务质量是否提高,客人投诉意见是否趋于 0,客人对服务质量的满意程度是否达到 100%。

## 第四节 提高客房服务质量的途径

虽然有固定的管理方法,但是在日常的酒店管理中,由于地理位置、风俗习惯、人文交流等多方面的因素影响,还是会出现这样或那样的突发情况,如果处理不当就会对顾客和酒店两方面都造成负面影响,因此不断提高客房服务质量是一个持续性的工作,本节列举的途径主要是从全局方面考虑,也可根据工作中的经历归纳总结。

### 一、制定对客服务质量标准

(一)对客服务标准制定的基本原则

对客服务标准的制定,必须遵循方便客人、方便操作和方便管理的基本原则。

1. 方便客人

制定、实施对客服务标准,是为了使客人获得满意的服务,使其有宾至如归的感觉,像家里一样方便和温馨,甚至能享受家里所没有的舒适氛围。因此,对客服务标准的制定必须以此为出发点。脱离了客人的需求,单纯强调标准和程序是没有任何意义的。对客服务标准的制定,必须结合客人的特点,在对客服务中,既要制定相应的规范和标准,以保证服务质量,同时,又要根据客人的不同特点和要求,进行灵活和机动的有针对性服务。

2. 方便操作

节约时间,方便操作,减少不必要的体力消耗,提高工作效率是制定服务标准应遵循的另一个原则,因此,制定对客服务标准应以具体、实用、可操作为主。如果对客服务标准难以让员工掌握和操作,就失去了意义。

3. 方便管理

实行标准化管理,在于减轻管理者的负担,易控制,易于贯彻管理意图,使客房对客服务有一个质量标准。对客服务标准的制定和使用是一种管理的艺术,因此,客房管理者凡事都要有自己的管理思想,根据客源市场的需求和自己酒店的特殊情况,包括客房设施条件和员工素质,甚至自己的管理风格等,来制定和实施符合客人需求的标准,而不应照抄、照搬别人的东西。

(二)对客服务的基本标准

为了提高宾客的满意程度,客房部一般应制定以下对客服务标准。

1. 服务程序标准

服务程序标准是服务环节的时间顺序标准,即在操作上应先做什么,后做什么,该标准是保证服务全面、准确及流畅的前提条件。

2. 服务效率标准

服务效率标准是对客服务的时效标准,这项标准是保证客人能得到及时、快捷、有效服务的前提条件,也是客房服务的质量保证。

3. 服务设施、用品标准

服务设施、用品标准是酒店为客人所提供的设施、用品的质量、数量标准。这项标准是控制硬件方面服务质量的有效方法,它是从质量、数量、状态三个方面去制定的标准。例如,四星级酒店所用的浴巾不得小于140厘米×80厘米,重量不得低于600克;全棉,无色差,手感柔和,吸水性能好,无明显破损性疵点。在数量上要求每床配备一条,状态上要求洗涤干净,折叠整齐,放于毛巾架上。

4. 服务状态标准

服务状态标准是对服务人员言行举止所规定的标准,如接待客人时的姿势、面部表情、服务用语等。

5. 服务技能标准

服务技能标准是对客房服务人员应达到的服务操作水平所制定的标准,如铺床标准、浴室清洁标准、抹浮尘标准、做夜床标准等,只有熟练掌握服务技能,才能提供优质的服务。

6. 服务规格标准

服务规格标准是针对不同类型宾客制定的不同规格标准,如放置鲜花、水果,根据贵宾的不同级别布置其他物品,根据客史档案记录布置房间等。

7. 服务质量检查和事故处理标准

服务质量检查和事故处理标准是上述各项标准贯彻执行情况的检查标准,也是衡量客房服务是否有效的尺度。此标准重点由两个方面构成,一方面是对员工的奖惩标准,另一方面是对宾客进行补偿及挽回影响的具体措施。

## 二、培养、强化服务意识

服务意识是员工在服务过程中的心理活动过程,涉及对服务的把握和对服务本质的理解。在人们对服务质量要求越来越高的今天,如何培养并提高员工的服务意识显得越来越重要。但是,不是每个感觉到需要提供服务的员工都会懂得如何去服务,这就需要管理者去培养、强化他们的服务意识。

(一)端正员工的对客情绪和情感

以前人们常说"顾客就是上帝"、"客人永远是对的"、"不在客人面前说不",其实这就是对服务员待客提出的要求。只有在客人得到充分尊重的情况下,整个服务过程才算是真正成功,才会让客人满意。不仅如此,现在对这些服务也提出了更高的要求,要求将客人当作自己的亲人朋友,使客人的自尊、情绪、爱好得到满足。我们将之称为个性化服务,也是高服务感知的体现。

(二)激发服务员的需要和动机

根据有关调查显示,在酒店工作的大部分服务员仍把服务当作是一种任务,对他们而言,酒店的荣誉与他们无关。他们只要完成任务就行,效果怎么样就不是他们的事了。要改变他们的这种状况,就要激发他们的主人翁意识,培养他们的团队精神和对酒店的归属感。只有使酒店变成员工的家,员工才不会对管理产生抵触情绪。

（三）形成服务的心理定势

服务的心理定势也就是一种服务思维模式,使服务人员能够从客人的一个眼神、一个细微的手势和动作之中感知到服务的内容。对每一项内容进行分析归类,形成一套服务模式与服务规范。让"宾客至上,服务第一"的思想植根于每一位服务员的心中。

### 三、提供个性化服务

个性化服务就是有针对性地满足不同客人合理的个别需求的服务。服务带给客人的实际上是一种感觉,服务人员应在客人不经意的举手投足和言谈笑语之中,察言观色,想客人所想,应该让自己的服务使客人产生满足感、被尊重感,甚至是离别时的依恋感。而要达到这"三感",光靠规范化的服务是很难达到的,只有在规范化的服务中适时、恰当地提供个性化服务,客人才能真正体会到宾至如归。

（一）个性化服务的要求

随着酒店业的进步与发展,个性化服务已经成为一种趋势,由它所产生的客人与酒店间的亲和力是酒店增强市场竞争力的有力法宝。由于个性化服务的灵活性大,这就要求服务员在个人服务意识和职业素养上具备以下要求。

1. 了解酒店的规范化程序和操作规程

规范化的服务程序是个性化服务的基础,它可以反映酒店的整体服务水平和特色。个性化服务是规范化服务的延续和补充。不仅如此,在实施个性化服务时,为满足客人的一些特殊要求,所提供的服务往往会超出酒店职能部门的界限,通过对各部门的统一协调来为客人提供服务。所以,服务的执行者——服务员,就必须熟悉和了解酒店各部门的操作规程,必要时应打破部门的局限,为客人提供及时的服务。

2. 具有服务超前意识

"想客人之所想,急客人之所急",是提供优质服务的一个基本点。但在个性化服务时,服务人员应加入一些超前意识才能更加完美。例如,在客人有客到访时,房间内人数为5个人,这时,值台的服务员应主动加入三套茶具供客人使用,同时还应征求客人的意见,是否需要其他服务。

3. 尽快减少与客人的陌生感

作为身处异乡的人,最担心的就是来到陌生的地方。所以,在接到客人入住的信息后,服务员要尽快地熟悉客人的个人资料、生活习惯。这样才能为客人提供灵活的服务,拉近与客人的距离,为他们创造一个真正的"家外之家"。

4. 要保持持续性

不论是以天数,还是以客人入住的次数来记录,只要是相同的客人,对其所提供的个性化服务都应该是有持续性的。即客人上一次或前一天所享受的最满意的服务是怎样的,这次为其服务时还应如此,小到一杯咖啡放几块方糖,大到入住房间的摆设、楼层、房号,都应该与前一次客人入住时最满意的服务为基础。这样就可以减少客人对酒店的陌生感,吸引

更多的回头客。这要求服务人员在服务时,要有敏锐的洞察力。同时,还要对客人的特殊服务进行记录,制定出详细的客史档案。

因此,在实施个性化服务的过程中,服务员应时刻保持最佳的精神状态,了解客人的需求,尤其是针对回头客进行的持续性个性化服务,是酒店知名度和美誉度不断提高的有力保证。

（二）个性化服务的内容

个性化服务通常体现为服务员的主动性、发自内心的与客人之间的情感交流,以及设身处地揣摩客人的心情。它的内容很广泛,要体现其内容首先要了解它与规范化服务的关系。规范化服务就是按照标准运作,以有序的服务来满足各种常规的需要。但酒店业竞争激烈,只有规范化服务是远远不够的,还需要突出个性化服务。这个层次的服务有很多称谓,如灵活服务、意外服务、用心服务、亲情服务、创新服务、特色服务、超值服务、贴心服务、细微服务等。尽管称谓不同,但服务宗旨都一样,就是满足客人的某些特殊要求,打动客人的心,吸引客人,真正让客人"乘兴而来,满意而归"。

1. 灵活服务

这是最基本的个性服务,简单地说,不管是否有相应的规范,只要客人提出要求,就尽可能地去满足他们。大多数灵活服务的技术技能要求并不高,但却不可捉摸、不可预测。因此,它要求员工具备积极主动为客人服务的意识,做到心诚、眼尖、口灵、脚勤、手快。

2. 突发服务

这并不是客人原有的需求,但由于客人在酒店消费过程中发生了急需解决的问题,需要酒店帮助。如果此时服务准确到位,效果就会事半功倍,客人将永远难忘。

3. 针对性服务

针对性服务并不一定是很高档的,凡是满足客人心理需要的任何个性服务都能提高酒店的价值。这就要求服务员有强烈的服务意识,应该站在客人的立场上看问题,使服务做得更加到位准确。

4. 延伸服务

客人临时遇到一些困难,试探性地向酒店提出要求,客人知道这些要求超出酒店的服务范围,酒店不提供或婉言谢绝他们也可接受。但若满足了客人的需求,则会使客人感到惊喜,对酒店大加赞誉。作为酒店来讲,为增加产品附加值也可以主动延长产品线。这样做虽然会增加成本开支,但能赢得客人的心。

5. 细微服务

作为服务人员,天天在讲"服务无止境"、"金钱有限,服务无限",但细想起来,所有这些"无限"都体现在一些细节上。细节出口碑,细节出真情,细节出效益,细节是酒店制胜的法宝。因为正是一些细节的服务,让客人感动,提高了客人对酒店的认可度,从而扩大了酒店的客源市场,促进了酒店的发展。

### 四、广泛征求客人对客户服务质量的意见

客人是客房服务的直接消费者,最能发现客房服务中的缺陷,因此对服务产品也最有发

言权。要提高客房服务的质量,征求客人的意见是一个十分重要的途径。征求客人意见有多种途径,最常用的有以下两种。

(一)设置客人意见簿

为了及时征求客人对于客房部各项服务的意见,可在客房设置意见簿,而且应落到实处,注意对其进行管理。

(二)直接向客人征求意见

客房部经理可以定期或不定期地拜访客人,了解客人的需求,从而及时发现客房服务中存在的问题,进一步制订和修改有关计划。

## 知识活页　　个性化服务案例

(1)服务员清扫客房时,发现客人将毛毯、棉织品等硬物垫于枕头下,可能是客人嫌房间的枕头低,我们可以给客人增加一个荞麦枕头。

(2)发现房间客人的皮鞋和旅游鞋表面有污渍和污迹时,服务员可以及时主动帮客人擦干净。

(3)发现客人在店期间偏好某种水果时,可以联系餐厅在客人入住期间只配客人喜欢吃的那种水果。

(4)发现客人将毛巾弄湿放于灯罩上,或将所有杯子里盛满水放于各处时,可能是客人感觉房间干燥需加湿,可以为客人增加加湿器。

(5)发现客人使用笔记本电脑,鼠标下放纸张或杂志等物品时,可为其提供一个鼠标垫。

(6)发现客人有药品(除保健品)放于写字桌、床头柜、迷你吧台等处时,服务员可主动提供白开水并留言提醒客人按时吃药。

(7)发现客人有电器充电或不喜欢使用空调等时,服务员在交接各班次时注意不要将取电卡拔掉或把空调打开。

(8)服务员清扫房间时,发现客人将毛毯或棉织品等物品折叠好平铺在被子下方,可能客人嫌房间的床硬,睡得不舒服,服务员应给客人增加一个海绵垫。相反也有的客人喜欢将床垫去掉,睡硬板床。

(9)服务员在清扫房间时,根据客人的生活习惯、工作习惯适时地给长住客人清扫房间,了解客人房间棉织品的更换情况,房间物品的摆放遵循客人的习惯和偏好。

## 本章小结

酒店客房服务不同于其他部门,客房部的主要任务就是"生产"干净、整洁的客房,为客人提供周到的服务。酒店客房服务模式的组织模式有楼层服务台模式和宾客服务中心模式,两者各有利弊,酒店需根据具体情况合理选择。从管理学的角度来看,每一项工作都有固定的管理方法,掌握具体的方法,才能对症下药。客房服务看似琐碎繁杂,但是同样可以利用管理学上的许多经验和方法进行成体系的管理,提高工作效率。常见的质量管理方法有 PDCA 管理法、ABC 分析法、因果分析图法及 ZD 管理法。

## 思考与练习

1. 试述不同客房服务组织模式的长处与不足。
2. 试述造成现在国内酒店客房服务质量总体水平偏低的原因。
3. 客房服务组织模式的确立应考虑哪些方面的因素?
4. 你认为什么样的服务才能称为个性化服务。
5. 除了本章所提到的提高酒店服务质量的方法,你认为还有什么具体途径。

## 案例分析

### 客人离店被阻

北方某宾馆内,一位四十来岁的客人陈先生提着旅行包从 512 房间匆匆走出,走到楼层中间拐弯处服务台前,将房间钥匙放到服务台上,对值班服务员说:"小姐,这把钥匙交给您,我这就下楼去总台结账。"却不料服务员小余不冷不热地告诉他:"先生,请您稍等,等查完您的房后再走。"随即拨电话召唤同伴。陈先生顿时很尴尬,心里很不高兴,只得无可奈何地说:"那就请便吧。"这时,另一位服务员小赵从工作间出来,走到陈先生跟前,将他上下打量一番,又扫视一下那只旅行包,陈先生觉得受到了侮辱,气得脸色都变了,大声嚷道:"你们太不尊重人了!"

小赵也不搭理,拿了钥匙,径直往 512 号房间走去。她打开房门,走进去不紧不慢地查看,从床上用品到立柜内的衣架,从衣箱里的食品到盥洗室的毛巾,一一清查,还打开电控柜的电视机开关查看屏幕。然后,她离房回到服务台前,对陈先生说:"先生,您现在可以走了。"陈先生早就等得不耐烦了,听到了她放行的"关照",更觉恼火,想要投诉,又想到要去赶火车,只得作罢,带着一肚子怨气离开了宾馆。

**问题:**
结合案例请给出你认为正确的处理方式。

# 第十三章

# 酒店前厅客房服务管理的现状与发展趋势

## 学习导引

当前酒店行业发展日新月异,国内外高端酒店品牌也在加速扩张,无论是酒店硬件设施设备,还是服务质量都有明显提升,成为旅游大产业中最为活跃的行业之一。通过本章的学习,一方面可以洞察我国酒店行业前厅部和客房部服务管理存在的诸多问题并提出相应的提升对策,另一方面能够对我国酒店前厅客房服务管理的未来发展趋势有比较清晰的了解。

## 学习重点

通过本章学习,重点掌握以下知识要点:
1. 酒店前厅部服务管理存在的问题与提升对策;
2. 酒店前厅部服务管理的发展趋势;
3. 酒店客房部服务管理存在的问题与提升对策;
4. 酒店客房部服务管理的发展趋势。

## 第一节 酒店前厅部服务管理的现状与发展趋势

一、酒店前厅部服务管理存在的问题

(一)前台的组织结构流程冗繁

现代酒店前厅部组织结构大多是分级分层管理,从经理、大堂、主管、领班到员工,在信息传递上存在偏差和误解,耗时也较多。这样的分级管理流程在节奏日益加快的当今社会却显得冗繁。减少组织层次,实现组织结构扁平化是现代酒店管理的发展趋势,这样做可以使信息传递更加通畅。如果接待员的请示过程把客人等待的耐心渐渐耗尽,很容易引发投诉。这是在前台工作中普遍存在的问题。

（二）前厅部人员客房销售技巧尚需提高

前厅部的主要任务之一是销售客房,与前台紧密相关的客房销售工作主要有以下几种情形:预订销售、接待销售、合理排房与价格控制。在预订销售时,客人常常采取电话预订或直接走到前台来预订,在这个过程中单有主动的推销意识是远远不够的,订房是否成功还受接待员推销技巧、熟练程度、对酒店产品的熟悉程度等主观方面的影响。在接待销售时,对于已经预订了客房的客人来说,接待员要表现出强烈的服务意识,但也要注重对酒店其他服务设施的推销,而在实际操作中这个环节很薄弱。接待员由于本身的知识欠缺和对房价变通的不熟悉,往往表现得不够灵活,只限于根据预订实际情况办理入住,报当日房价,没有灵活地结合酒店价格政策、优惠政策来积极促销。

（三）前台人员流动量大,人才流失严重

据资料显示,北京、上海、广东等城市的酒店员工平均流动率在30%左右,有些酒店甚至高达45%,而在酒店各部门中,前厅部人员流动量占到整个酒店的80%以上,一名员工至少需要3～6个月的培训和工作实践方能达到前厅部岗位要求,而且酒店对前台员工的特殊要求,使前厅员工的流失成本远远高于其他部门。员工流失既会影响酒店的服务质量,又会给酒店增加培训成本,同时还会对在酒店工作的其他员工的工作情绪产生不利影响,在一定程度上影响其他人的情绪和工作士气。

（四）前厅部与其他各部门的沟通有待进一步加强

前厅部在酒店的正常高效运作中占有很重要的地位,但酒店服务工作是各个部门各个岗位共同努力的结果,也需要与其他部门紧密合作才能更好地开展对客服务,加强沟通协调,保证酒店各部门各环节的高效运作。而在现代酒店实际运作中,造成客人投诉的一大部分原因是各部门之间缺乏沟通。比如,已经预订好房间的客人在办理好入住手续后常常被接待员告知要等候入住,原因是服务员在打扫客房,这时客人肯定会产生不满情绪,究其原因,是因为前厅部与客房部没有做好房间信息核对沟通工作。

## 二、酒店前厅部服务管理的提升对策

（一）提高前厅接待员销售客房的技巧

首先,运用不同方法巧妙地与客人商谈价格,通常情况下有三种方法可供选择。

1. 聊天法

接待员要用聊天的方式了解客人的特点与喜好,分析他们的心理,耐心地介绍产品,与客人商谈价格时,应使客人感到酒店销售的产品是物有所值的,在销售过程中推荐的是酒店的价值而不是价格。

2. 任选法

这一技巧是前台接待员先向客人提供几种可供选择的价格,然后再征求客人的意见。

#### 3. 渗透法

在这种方法中,接受了第一个要求的客人会暗中显示出他们接受得起这种要求。因此,他们可能会接受更多的要求。

其次,了解掌握不同客人的特点。在酒店住宿的客人,国籍、职业、性别、年龄、留宿目的各有不同,前厅部的接待员可以根据客人的特点灵活推销。

最后,适时地介绍酒店相关产品。大多数住店客人都需要根据接待员的服务和介绍来决定如何消费,前厅部接待员要熟知酒店的销售政策及价格变动幅度,同时前台接待员还要了解同行业的情况,帮助客人比较分析,突出本酒店的优势和特色,帮助客人做出选择。

### (二)前厅部的组织结构要实行扁平化

现代酒店前厅部的组织结构要实行扁平化,加强对基层服务员的授权,让接待员在一定范围内不必汇报,让每个员工都能够独立自主地解决一些问题,这样关于服务质量的投诉就会减少。对于接待员而言,充分适当的授权能唤起员工的工作责任感、创造性和对顾客的主动真切服务,员工的这种责任感,对客人尽心尽责的服务,也会为酒店带来了良好的口碑和信誉,使酒店更具有竞争力。

### (三)实施"以人为本"管理,留住人才

酒店前台员工流失会给酒店带来一定的损失,影响酒店服务质量。要从根本上改变这一状况,可从以下几个方面着手。

(1)要提高员工薪水及福利。酒店应重视前台员工为加班牺牲个人时间的奉献精神,给员工提供薪水的同时,给予加班费和适当奖励,有效抑制人才流失,同时也吸引外部优秀人才的加盟。

(2)要实施"以人为本"管理。酒店向客人出售的产品归根结底就是服务,而服务产品质量的高低取决于前台每一位员工的服务技能和服务热情,酒店应当尊重每一位员工,维护前台员工的权益,增强他们自信心,激发他们的工作热情,提高员工对酒店的满意度和忠诚度。

(3)制订个人职业发展计划。酒店为员工制订个人发展计划,协助员工进行学习。通过学习,使每位员工对自己的现有能力进行衡量,使自己的特长和发展方向符合酒店变化的需求,通过这种持续不断的个人发展,帮助员工适应酒店多方面的工作及未来发展的需要,促进个人和酒店的共同发展,降低员工流失率。

### (四)加强与其他部门的沟通与合作

首先,与前厅部密切相关的部门之一便是客房部。以客人入住到离店过程为例,客人在办理完入住手续时直接进入客房,如果前厅部没有及时和客房部核对客房信息状况,极有可能要让客人等待。在客人入住后,前台客户服务中心应当加强与客房部之间的衔接沟通,尽量满足客人提出的合理要求,暂时不能满足的必须做出合理解释。其次,前厅部与销售部、公关部也要加强沟通。前厅部在客房销售工作上需与销售部密切配合,参与制定客房的销售策略。此外,前厅部与财务部也要及时沟通,保证账务清晰。前厅部还要做好与餐饮部的沟通。前台接待员要掌握餐饮部的服务项目、服务特色,协助促销。前厅部还要与人事部做好沟通,便于新员工的录用与上岗培训等。

### （五）培养接待员的服务感知

首先，培养服务感知必须端正接待员的服务态度。要营造良好的前台团队氛围，建立基层员工的主人翁意识。让员工积极提供服务，而不要把服务看成是任务。其次，实践出真知，大量的工作经验对培养接待员的服务感知是必要的。不正确的服务感知会被慢慢淘汰，正确的服务感知会保留下来。这样在培训时就会把工作经验和理论结合得更加紧密。最后，要寻找新的服务思维模式，而不是只局限于一成不变的服务程序，要在此基础上加以个性化的服务，这样才是服务感知的体现，如果接待员能够从一个眼神、一个手势和动作之中感知到客人的需求，设身处地地为客人提供每个细节服务，便会使客人在得到充分尊重的前提下对产品和服务感到最大程度的满足。

## 三、酒店前厅部服务管理的发展趋势

### （一）温馨带房服务的推广

前厅的温馨带房服务是一种对客的体贴关怀，在没有什么投入的情况下，既拉近了酒店与顾客的距离，产生更多的亲切感，也让客人更多地感受到"家外之家"的感觉，对于员工、顾客都是一种欢悦的体验，也符合"人文关怀"的人本理念。随着这一业务的开展，已有越来越多的酒店推行这一服务并形成工作规范。

### （二）快捷服务成为前厅对客服务的追求目标

在一个信息变化更新更快的时代，客人希望有更多的私人时间和空间。入住的快捷服务和离店的快捷服务，将成为大部分客人的期盼，这也对前厅员工的服务技能提出更高更快的要求。"三分钟开房"入住和"三分钟结账"离店将会在各酒店中逐渐形成工作规程。

### （三）接待收银一站式

根据客人的活动规律，上午是客人退房较为集中的时段，收银员的工作比较繁忙，而午后入住客人较多，办理入住登记的接待员较为繁忙，因此可以将前厅的接待收银两岗合一，即实行"接待收银一站式"服务，让前台每一位员工都可以为客人提供入住登记、问询和结账服务。

这项工作的开展，应将前台结账业务的管辖权由财务部划归前厅部，另外要对员工进行1~3个月的培训，才能熟练掌握综合技能和业务处理能力。

这样的业务功能变更，对于酒店而言，可以节省人力；对于员工而言，可以掌握多种劳动技能，提高谋生能力和个人价值；对于顾客而言，则获得高效率的服务，又可以欣赏酒店员工的高质素和勤勉工作状况，实在是使酒店、员工、顾客"三赢"的善举。

### （四）金钥匙服务从一岗服务变为团队服务

随着各酒店金钥匙服务的开展，对客的特殊要求服务逐步在各酒店的前厅普及，这种对客的"物超所值"服务的功能和作用逐渐为各酒店的管理层和前厅的管理者所认识、接受，其作用也日益显现。

金钥匙服务实际有点像是"万事通"业务，随着理念的普及和业务的熟练，这一服务理念不会只限于一岗的金钥匙，许多酒店为保障这一业务的顺畅开展和持续，可在礼宾处和大堂副理班组设立多岗金钥匙，将一岗金钥匙服务变为"金钥匙团队"服务。

**（五）个性化服务将向共性规则的制度化建设转化**

在以人为本的社会，个性化服务是各行各业的一种普遍理念。酒店开展个性化服务通常是有针对性地提供各种"物有所值"或"物超所值"的服务功能。这些个性化服务的实践，大多数酒店都是以案例形式加以归纳、汇集和总结，以为新入职员工作提供参考和借鉴。

随着个性化服务的普及和成熟，对个性化服务有针对性地进行专业化梳理，逐步形成规范性的各类个性化服务手册，如"前厅温馨服务手册"、"前厅金钥匙服务手册"、"前厅快捷服务手册"等。

**（六）一键通和一员通的普及**

总机接线员会承担多项服务职能，客人按下房间电话机上客房服务中心功能键，总机话务员接听后传递接听信息交相关部门跟办，一键通已在很多酒店实行。随着前厅部员工素质和技能的提高，前厅部的任何一位员工都是一员通，必须为有需要的客人提供服务和帮助，不会由于岗位的不同而怠慢客人，客人只需要将其问题向一位员工提出就可得到解决，不会遭遇搪塞推诿现象。

**（七）一条龙服务的规范化**

酒店将把为客人提供一条龙服务变成规范程序。如酒店代表在机场接客后会致电相关部门，接待处会准备客人入住资料、钥匙，在车上还有茶水待服，在途中酒店代表会对本地和酒店进行简单介绍，金钥匙和礼宾员会在门口迎候，客人一下车会称呼其姓名并带客人登记取匙，员工会带领客人进入客房，整个过程顺畅、自然、体贴。前厅部的一条龙服务要求员工具有较好的综合素质和良好的团队协作精神。

**（八）商务中心职能退化**

随着信息技术的发展，越来越多客人有手提电脑和其他通信工具，可以通过互联网直接订票和接发邮件及传真，对酒店商务中心的依赖程度大大减少，酒店商务中心的职能将退化，出租商务中心柜台给票务中心或旅行社将会更加经济实惠。

**（九）总台接待由站式改为坐式**

传统酒店的总台接待是客人站立办理入住登记，员工也站立为客人提供服务。将来将有越来越多的酒店改变传统接待模式，将站式接待服务改为坐式服务。这样的改动会使长途旅行劳累的客人得到彻底放松，增加酒店的亲和力，拉近酒店与客人的距离，且将商务楼层的客人待遇延展到普通客人，增加客人的满足感，而员工同样坐着为客人办理入住或结账服务，也体现了和谐社会对员工的关爱。

**（十）代客填写入住登记表**

对于提供详细预订资料的客人，前厅接待人员会提前做好准备，为客人填写入住登记表，只需签名、刷卡、取匙就有人带客上房，对于没有预订的散客，接待员也会主动帮其填写入住登记表，客人只需签名则可。

**（十一）前厅的组织机构更加精简科学，定编合理**

前厅部的组织机构将更加精简科学，人力讲求最大限度的节省，员工的薪酬待遇得到进一步提升。如将电话总机与前台接待处置于前厅同一区域，仅有前后之隔，员工的调配安排更加有效率,也更加人性化,或将商务中心出租,追求经济实惠,或者使礼宾处的员工兼具保安员的职能等。

(十二)酒店的房间定价策略更加市场化、多元化

在完全市场化的酒店行业,随着物质生活的丰富,旅游成为一种必然的时尚,各地高星级酒店越建越多,供大于求的状况更加凸现,酒店之间的竞争更加激烈。

酒店的定价策略将更加灵活和市场化,价格将与市场完全接轨,净价卖房更加合理,价格更加透明。酒店将给前厅部更充分的价格调整授权,而前厅部也将给员工更大的授权空间,以留住每一位住店客人。依此授权而制定的前厅和员工的奖励制度也更加具体和完善,员工的工作热情进一步得到激发。

(十三)酒店预订网络化的程度进一步提高

随着信息技术的发展,客人的预订更加方便,绝大部分顾客在入住酒店之前会通过电话或互联网订房,没有预订入住酒店的散客将会越来越少。网上预订对于散客来说是一种新的发展趋势。

对于国内酒店来说,各类网络订房公司的发展给单体酒店和酒店集团公司的成员酒店带来了一种成本较低、效益较高的营销手段。对于酒店原有的各种营销方式是一种有益的补充。

网络订房公司的出现、成长和发展是经济全球一体化和国内经济市场化进程的一种必然和进步。随着经济总规模的膨胀,各类业务的运作势必更加专业、更加细化才有生存和发展的空间。

(十四)收益管理理论将在更多酒店实践

在酒店前厅实施收益管理系统将会大大提高酒店的收益率,也使酒店的收益管理从经验管理上升为数字化管理。在今后的一段时期,将有更多的酒店管理公司和酒店对收益管理理论进行运用,并在实践操作中不断地加深对这一理论的认识,修正偏差,寻找更加合理科学的收益目标。

(十五)服务和管理的创新成为一种潮流

在信息时代,为适应"以人为本,和谐社会"的理念,酒店这一以"人"为中心运作的经济体,势必对各种服务手段和管理模式采取一种"向前看"的态度,各类服务手段、管理方式、经营模式的创新将层出不穷,越来越多的酒店也将认识到只有创新才有出路,只有创新才能与时俱进,否则将会被历史前进的车轮所淘汰。

## 第二节 酒店客房部服务管理的现状与发展趋势

一、酒店客房部服务管理存在的问题

(一)对客服务专业程度不够

客房管理中对客服务专业程度的高低,是客人最敏感、印象也最深刻的话题。客房对客

服务专业程度也在一定程度上反映了整个酒店的服务水平,是酒店服务质量的主要标志。因此,客房部对客服务专业程度要体现客房产品的价值,让客人入住酒店客房时感到物有所值。而在现实的高星级酒店客房管理中,这个问题一直是制约客房管理发展的瓶颈。对客服务专业程度不够主要表现在以下几个方面。

1. 对客服务态度欠缺

对客服务态度是提高客房部服务质量的基础。由于客房服务人员在对客服务中缺乏主动性、积极性和创造精神,素质较低,对本职工作的热爱程度不高,员工在工作的时候也只是为了完成每天的工作任务,忽略了对客服务的细节。因此在对客服务的实践操作中,不能为入住酒店的客人提供良好的微笑服务、热情服务、主动服务、周到服务,而这又正是酒店客房管理的大忌。

2. 对客服务技巧生疏

对客服务技巧是提高客房部服务质量的技术保证。一些酒店客房部的服务人员在为客人提供服务时由于服务技巧生疏,如清理客房时经常违反酒店要求的做房程序,因此不能在不同时间、不同场合,对不同的服务对象灵活而恰当地运用适当的操作方法和作业技能,从而影响了客房服务效果。客房服务效果低下明显有碍酒店客房部的正常运营和发展,严重影响酒店声誉。

3. 对客服务效率低下

对客服务效率是客房部服务人员工作的时间概念,是提供客房服务的时限。商务客人入住高星级商务型酒店,就是因为对酒店客房部高效率服务的信赖。但是由于客房部员工在清理客人房间时,服务效率的低下增加了客人等待的时间,而等待对于外出商务或旅行的人来说是件头痛的事,它会给客人带来一种强烈的不安感。

(二)管理阶层水平较低

客房管理阶层水平较低几乎是每个酒店面临的最急需解决的问题。大多数酒店客房部管理团队主要是由有经验的老员工组成的,大多文化水平较低,没有受过专业教育,在管理上缺乏创新。管理阶层存在的主要问题有以下几个方面。

1. 领导管理人员学历偏低

客房部的管理人员大多是依靠工作经验获得提升的,他们大多学历不高,受过本科及以上教育的更少。

2. 管理素质上的应对能力不足

作为客房部的领导阶层,应具有较强的管理素质,管理经验固然重要,但也不能忽视文化知识水平,否则会因为文化知识水平不高、专业管理素质欠缺而造成客人的投诉。

3. 管理者存在认识偏差

管理者的认识偏差及不正确的认识往往会把管理带进误区。比如管理者的一些常见的自足心态:我已经是领导了,我还需要学什么呢?只有管理者才能管理员工,员工没有资格指责管理者的不足等等。管理者在对待与员工的沟通上有所欠缺,本可以共同合作,服务于顾客,但因为有沟通认识造成的矛盾,从而影响共同的工作。此外,管理意识上普遍重视组织发展,轻视个人发展,重视对员工的管理,轻视对员工的开发。

### (三) 客房部的信息沟通不畅

信息沟通是加强部门之间协作和配合的前提,在现代社会,信息越来越成为企业开展经营管理所依赖的重要资源,酒店大多配备了完整的信息沟通工具,但还是时常会出现信息错误。究其原因主要有员工操作技能低,不能较好地操作信息沟通系统;员工的工作责任心不强,没有将信息传递到位;部门之间欠缺沟通,部门与部门之间由于出现了某种矛盾,造成互相不理解;部门与部门之间的认识不足,只维护本部门的利益,从而造成了小部门主义;部门经理传达给员工的信息出现偏差等。

### (四) 部门培训课程缺乏针对性

客房部的部门培训是提高客房部员工服务水平与能力的手段。因此对于部门的培训课程应该具有较强的针对性。否则在培训过程中,一些员工会比较反感部门培训,他们认为自身服务水平及服务技能也没有得到有针对性的提高,没有针对性的培训完全是在浪费时间。久而久之,员工的心理上也出现了惰性,从而影响了部门培训的效果。

### (五) 客房成本控制机制不足

一般的高星级酒店的客房对客物品通常都是一次性的,使用的床单被套及低值易耗品都是一天一换,其中存在最严重的问题就是浪费。这不仅给酒店客房成本控制带来较大阻力,从而导致客房投资成本过高,还不利于酒店绿色资源循环再利用的长期发展。酒店客房成本控制机制不足的表现有以下几个方面。

1. 对低素质客人无法控制

这是一个意识形态与个人素质上的差异。低素质客人往往认为花钱就是用来享受的,自己想怎么用就怎么用,别人无权干涉。而对于这种情况酒店束手无策,没有任何应对机制。

2. 员工的节约意识淡薄

客房服务员每天与酒店客用易耗品直接接触,往往缺乏节约意识与回收再利用的绿色资源意识,管理人员的重视程度也不够,缺乏与之相关的节约机制管理。比如客人未用完的一次性用品——香皂洗发水、沐浴露等,不管多少都是通通丢弃。而部门有此类物品需要回收洗衣房的硬性规定,一些酒店的员工通道内,几乎随处可以见到与酒店客房部相关的节约资源与成本的宣传招贴,而且每个季度的节约期望值也一目了然,但由于监督控制不严,最后成为一纸空谈。

## 二、酒店客房部服务管理提升的对策

客房部在酒店中有着极其重要的地位,是酒店经济收入的主要来源,客房管理中存在的问题也越来越受到管理层的关注。因此只有解决好这些问题,才能促使酒店管理水平上升到一个新的层次,从而达到增加酒店效益的最终目的。

### (一) 积极提高自身的专业服务技能

1. 加强员工服务态度意识

作为酒店客房部的楼层服务员,每天都会与客人直接接触,因此在进入客房部之前,就

应为之树立良好的服务态度意识,并扩大影响。通过客房服务员为客人服务这一途径来提高酒店的知名度。在努力规范好客房部服务态度的管理过程中,从员工身上落到实处,要求每一位客房部员工在楼层遇到客人的时候都要放下手中的活与客人打招呼,如现在提倡的微笑服务、主动服务、周到服务,这便是酒店的一种无形的宝贵的财产。同时,在客房员工服务时,管理者应积极引导他们树立正确的职业价值观、良好的职业态度,使他们热爱本职工作。

2. 加强新入职员工的客房服务专业技术培训

客房服务技巧是客房劳务质量的重要部分,其关键是要抓好客房服务人员的专业技术培训。其基本要求是通过组织客房部的专业部门培训,加强新入职员工的专业知识培训和实际操作训练,从而不断提高新入职员工的技术水平和处理客人要求的服务技巧,以此全面提高客房部的整体服务质量。客房部员工只有完全熟悉并掌握了客房部的服务规程和操作程序,不断提高对客服务的处理技巧,具备灵活的应变能力,才能把自身的聪明才智和客房服务工作结合起来,为客人提供专业的高质量服务。

3. 提高员工服务效率

客房部员工的服务效率是一个比较宽泛的概念,在酒店客房管理中,应引导员工在客房服务时又快又好。酒店客房服务效率并不仅仅是靠经验积累的,因为在服务过程中有较大的变数,那么就有必要用员工在清理客房时的工时定额来固定服务效率。遇到客房赶房时,主管则要安排其他不赶房的员工进行协作,保证必要的服务效率。

(二)注重管理层管理素质的提升

客房部管理层管理素质的提升,就是运用科学的方法,吸引和保存有较高学历条件和业务素质的专业管理人才,另外,有效利用内部员工的才智,不断训练及发展优秀员工向管理型人才发展,从外在和内在两个方面不断提高客房部领导阶层的管理素质。同时,改变现有不科学的客房管理领导方式,强化对客服务管理的应对能力,树立正确的客房管理意识,建立良好的客房管理人员机制,从而从整体上提升客房领导层的管理素质。

1. 规范客房部领导层的招聘及晋升渠道

首先向人力资源部提出招聘高素质的客房管理人才的计划要求,采取各种招聘手段,为酒店客房部选聘到足够数量的有较高学历及专业管理素质的管理人员;其次在客房部内部制订详细的人才晋升发展计划,然后根据人才晋升发展计划的要求,培养适合酒店客房部发展的管理人员。

2. 改善服务管理水平

与酒店人力资源部强强联合,分阶段对酒店客房部管理层进行提升。通过各种方式,使客房管理层始终处于一种持续的兴奋状态,调动员工的积极性。提高客房管理层的主观积极性,从而充分发挥其潜在能力,着重培养对客服务管理的应对能力,对一些经典的客房管理案例进行分析,从根本上提升客房管理层的从业水平,这也是客房部管理层人力资源开发的重要途径之一。

3. 树立正确的客房管理意识

让客房管理层树立正确的管理意识,让领导者通过对自身客房管理的再次认知,重新定位客房管理者对客房部的管理意识。同时加强人与人之间的沟通,使客房部员工能义无反顾地追随客房管理层,自觉、自愿而又充满信心地把自己的力量奉献给客房部。

（三）建立良好的信息沟通模式

信息在现代社会越来越成为企业开展经营管理活动依赖的重要资源。在酒店管理及运作中,员工之间、部门之间的信息沟通必不可少且十分重要。因此,建立良好的信息沟通模式是很有必要的。良好的信息沟通模式包括以下几个方面。

1. 口头传递

这种方式是一种最快、最直接的传递方式,它能够使客房部管理者在最短的时间内,通过客房部每天例行的早会进行传递,使大多数客房部员工在同一时间得到有关一天内酒店及客房部的工作信息,如部门培训、部门会议、酒店员工大会等。

2. 电话传递

电话传递类似于口头传递,但具有很强的针对性,多带指令性。客房部管理人员、办公室文员及其他部门可针对客房服务这一项目,向客房服务员进行信息沟通、传递、命令下达等有关客房的工作信息,如客房预订、工作协作、客人临时要求通知、客房工作跟进、火警等。但采用这种方式,应落实通话双方部门、姓名（职位）、时间,且应对传递内容有比较清楚的交代。

3. 手机传递

手机传递分酒店内手机及酒店外手机。酒店内手机也叫岗位手机,是为客房服务员、楼层主管等这些特定岗所配置的,其优点是能在最短的时间内找到在楼层服务的员工。酒店外手机多为员工本人所有,因此,一些紧急事情可通过总机或办公室将信息传递给客房部员工,如加班、换班、客房客人遗留物品的交接等。

4. e-mail 传递

这是一种现代化的商务酒店中最先进、最可靠的信息传递方式。各相关办公室、员工通道都配备计算机终端,所发布的信息通过网络传至各相关部门。客房部管理者只需打开信箱,便可及时了解酒店的相关工作信息。

5. 文件传递

俗话说"空口无凭,立字为证",文件传递是一种较为原始但最规范的信息传递方式。在酒店的整体运作中,将信息用书面形式在部门之间传递仍为最普遍的方式,如客房部每天的房态表、会议记录、客史档案等均采用文件传递方式。

上述各种信息传递方式提高了酒店客房部的工作效率,并与酒店各部门顺利地完成发布信息—传递信息—接收信息"三步曲",从而能更好地下达指令、执行指令,做好各部门之间、个人与部门之间、个人之间的工作信息传递。但不管采用哪一种方式都应认真负责,避免在传递过程中出现失误,因为不管在哪一个信息传递环节出现问题,都会造成不必要的麻烦,造成各部门之间、个人与部门之间、个人之间的相互猜疑以及推卸责任,更严重的会导致客人投诉进而损害酒店的利益。

（四）深入加强部门专业培训课程

加强客房部员工培训的组织与实施,开展客房部员工培训工作是开发客房部人力资源、

提高员工素质的重要手段。同时,客房部员工的培训工作,也是员工激励的一项重要内容,是吸引并保留客房部人才的一个重要方面,通过员工培训提高客房部整体素质是客房部人力资源开发的基本途径,也是客房部管理的一项重要工作。因此,开展各项有关客房服务等方面的有针对性的培训课程是很有必要的。

1. 专家授课

请具有客房服务专业知识的资深职业经理人为客房部员工集中授课,详细讲解和示范对客服务的礼节礼貌、服务流程等,详尽说明和明确定位在为客人清理房间或其他工作情况时应具备的角色意识、服务意识及服务态度等。要求客房部楼层服务员根据客人的实际需要,用心为客人提供个性化服务,而不是仅仅按照规定和程序做完房间清洁卫生后就走人。通过学习培训,让楼层服务员意识到机械服务、哑巴服务、只说不做的服务、事后服务都不是优质服务,服务的数量也不等于服务质量,服务的好坏最终来自客人的满意程度和评价,并且将直接影响下一次的销售活动,进而影响整个客源市场对酒店客房部的评价。

2. 加强英语培训

目前,酒店客房部的大部分员工英语水平都较低,应分别对客房管理层、办公室文员及楼层服务员进行专业的酒店英语培训。尤其是商务型酒店,每天都要面对大批国际商务客人,因此客房部的员工必须具备一定的英语能力。具体培训方法是先由英语专业老师讲授,再由英语基础较好的员工进行情景会话,模拟表演示范,帮助其他员工理解记忆,复习巩固。定期对员工进行考试、考核,将考核情况与奖励挂钩,这样才能极大地激发员工学习英语的积极性,从而整体提高员工的对客服务水平。

3. 加强员工考核

对客房部各岗位员工的服务范围、服务知识、技能等进行强化培训和考核。由客房经理、楼层主管示范,做出培训样板,员工按要求进行实际操作,对完成的时间、质量等进行综合考核并排出名次,以此激励员工学习酒店客房服务知识、专业客房服务技术,提高对客服务质量和水平。

(五)加强成本控制机制

目前我国高星级酒店中,客房部管理成本控制不尽如人意,产生大量的浪费及超计划客房用品,使酒店客房部成本居高不下,导致许多酒店利润缩小甚至亏损。因此,加强客房部废弃物的管理对于酒店来说意义重大。

1. 加强废弃物管理

实施客房部废弃物管理首先要从客房部及洗衣房废弃物的清查开始,要对酒店客房部每月产生的废弃物的数量和种类进行评估。做评估时,必须直接对酒店客房一次性用品、客房巾类物品、迷你吧废弃过期酒水、客房清洁用品等进行计量、分类,和以上物品领用数据、根据前台每月的客房营业额计算的理论数据进行比较,才能知道被无效废弃的客房物品量。然后调查在被使用的客房物品中有多少是有可能减少的。

2. 制订成本计划

认真制订每月客房部的成本计划,做好成本计划是客房管理工作的基本前提和必要保障。通过此项计划明确每月客房成本的最大限度,并约束楼层服务员在这个范围内开展工作。

3. 加强楼层服务员的节约意识

楼层服务员是直接回收客房一次性物品并使用客房清洁用品的工作者,良好的节约意识有助于客房管理成本的控制,大大减少一些不必要的浪费。

4. 积极引导客人树立正确的消费观

在这个客人就是上帝的时代,积极地引导客人正确地消费,提升他们的节约意识,也有助于酒店客房成本的控制。

5. 建立有效的客房部成本控制监督机制

一个再完美的机制如果没有有效的监督机制,都可能成为一纸空谈,毫无影响力。因此,在加强客房部成本控制时,也应建立相应的责权机制和监督机制,以保证客房部成本控制的顺利实施。

## 三、酒店客房部服务管理的发展趋势

随着酒店业竞争的加剧,越来越多的酒店开始注重客人需求的满足,但目前许多酒店提供的相当一部分服务和客用品并非是客人期望得到的。因此,许多酒店开始调整酒店的对客服务项目、提供的客用品品种以及客房的硬件设施。以下是酒店客房部服务管理的发展趋势。

（一）项目丰富化

酒店客房服务项目的设立充分考虑客人的需求和酒店的实际情况,使服务项目趋于丰富。即使是同一种服务项目,也努力形成酒店自身的服务特色,如一些位于环境优美的风景区的酒店,考虑到客人进出不方便,在楼层区域设立小图书室以丰富一些喜静客人的晚间生活。同是客房小酒吧服务,由于接待的客人不同,有的酒店摆放零食,而有的酒店则摆放快餐面等可以让客人果腹的食品。

（二）服务个性化

只有标准化而没有个性化的服务是不完善的,是不能够真正满足客人的需求,令客人完全满意的。因此,在酒店业竞争日趋激烈的今天,个性化服务已经成为酒店竞争的有力措施,成为服务的大趋势。客房服务尤其如此,为提供个性化服务,获得客人的忠诚,酒店客房通常建立完善的客史档案,并根据客人需求的变化不断调整服务的规程和标准。如提供夜床服务的酒店要能够保证为客人开喜欢的那张床,放客人喜爱的水果、茶等物品;不再强求所有客人看同一份报纸,而是根据客史档案将客人喜爱看的报纸或杂志放进客房。此外,在高星级酒店,如果你是酒店会员,或许在入住时,还会惊喜地发现床头柜上放着你最喜欢的水果或报刊等。这些如私人管家式的服务,会让酒店宾客感到更加个性化的关怀。

（三）设施智能化

科技使生活变得更美好,酒店客房作为酒店最主要的卖点,科技的融入成为服务水平提高的必不可少的因素。传统的客房设备为电视、电话,随着科技的发展,为了满足顾客的需求,酒店客房配备了高清电视、便捷的网络服务、客房多媒体设备等。如今,网络与客房电视也能进行连接,酒店浴室防水电视、镜面电视等让人眼前一亮。还有的酒店客房多媒体系统

通过接入网络接口与电视接口,在普通电视上实现电视与网络功能的一键切换。科技带来便捷,也让人们体验到酒店客房更精彩的休闲时光和入住体验。

（四）客房绿色化

在倡导可持续发展的今天,创建绿色酒店已经成为一种时尚,而客房的绿色化则是其中重要的组成部分。因此,酒店通常在客房的房间和卫生间中放置棉织品的免洗提醒卡;减少并非大多数客人需要的客用品的品种和数量,同时提醒客人如果需要这些物品可以通知客房中心;用沐浴液、洗发液的液体分配器取代传统的一次性容器,减少一次性容器对环境造成的污染;客房小冰箱选用吸收式的环保产品;减少一次性塑料用品的使用等。

（五）设计人性化

客房的设计更注重人的感受,如插座的位置更加精心设计,以方便客人的使用;座椅将更加追求舒适感,至少应有方便移动的轮子,高低可以调节,以满足客人办公和休息的双重需要;照明的灯光既考虑美化环境,也兼顾阅读和工作的需要,具有足够的亮度等。另外,还考虑到残疾客人的需要,在所有残疾客人可能抵达的楼层区域应无障碍物,其可能需要使用的设施应可自助使用,无须他人帮助,这也体现着一种社会的文明。

（六）类型多样化

随着酒店业的发展,酒店市场竞争日益激烈,如何在庞大的市场中占据一席之地,成了当前我国酒店企业面临的重要问题。一些有远见的酒店已经开始营造自己的特色,而客房的类型是其区别于其他酒店的一个重要方面,因此,客房类型呈现多样化发展的趋势。如商务客房、会议客房、休闲度假客房、无烟客房、女士客房、儿童客房、残疾人客房、盲人客房、大床房、连通房等,另外还有诸如以浪漫、监狱、便所、卡通形象等为主题的客房。在客房类型趋向于多样化的情况下,酒店也逐渐形成了自己的特色,并尽量使客人满意。

（七）授权常态化

对基层服务人员赋予一些权力,客房部服务人员不必任何事都进行汇报,并且每一个员工都能够自主地去解决一些问题,从而增加锻炼机会,以减少服务投诉。对基层服务人员来说,赋予适当的权力,可以在一定程度上提升自信心和对工作的责任心,能够更加好地对宾客进行服务,也会为酒店带来良好的声誉,提高酒店的影响力。目前很多高端酒店品牌均给予了员工足够的信任和充分的授权。

## 知识活页　　智能化酒店的发展趋势

智能化是社会经济和科技发展的共同结果,酒店行业随着智能化的发展,也由原来的简单地满足客人的住宿要求到现在对服务要求的提高,世界一体化促进了人们商务出差的行为增加,旅游业的发展也促进了酒店行业的快速发展,现在人们追求的更多是舒适便捷,而智能客房控制系统能够满足客人的入住需要。

酒店智能客房控制系统是先进的物联网和互联网结合体，科技的发展使得酒店的智能化也远远没有尽头，它的出现提高了酒店的个性化服务和信息化服务水平。酒店客房控制系统最大的特点是操作方便，之前酒店必须为交换机配置复杂的设备，也需要维护人员进行专门的维护，智能客房控制系统使得酒店卸下了大包袱，节省了人工成本。

当今信息社会，入住客人的网络需求增加，凭借传统的网络服务功能不能满足客人的需要，很多酒店为了迎合客人开通了宽带服务，但是为了使得每一个入住的客人都能享受到网络服务，一些酒店提出一种解决方案，那就是每个房间配置一台电脑，这样一来，成本提高了很多，而且电脑会影响整个房间的布局，笔记本硬件也容易被破坏，所以这种做法没有得到普及。

在酒店行业竞争激烈的今天，只有为客人提供个性化服务才能进一步提高入住率与知名度。智能客房控制系统使得酒店在激烈的行业竞争中独辟蹊径，巧妙运用资源，打破酒店行业客房设施配备的瓶颈。

（资料来源：http://www.zgznh.com/news/show-841941.html.）

## 本章小结

当前酒店行业发展迅速，但也存在诸多问题。

酒店前厅部在组织结构设计、销售技巧提升、人才流失控制和与其他部门的有效沟通等方面还需要进一步提升改善。未来酒店前厅部将在温馨带房、快捷服务、一条龙服务、个性化服务等方面进一步发展。

酒店客房部在对客服务专业化程度、管理层水平、信息沟通、培训课程针对性和成本控制机制等方面还需要进一步改善。未来酒店将在项目丰富化、服务个性化、设施智能化、客房绿色化、设计人性化、类型多样化和授权常态化等方面进一步发展。

## 思考与练习

1. 简述酒店前厅部服务管理中存在的问题与提升对策。
2. 简述酒店前厅部服务管理的发展趋势。
3. 简述酒店客房部服务管理中存在的问题与提升对策。
4. 简述酒店客房部服务管理的发展趋势。

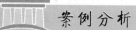

## 案例分析

### 案例一：一管牙膏

一天，某酒店入住了一位外宾。通过连续几天为这位外宾整理卫生间，服务员小王发现，客人很喜欢使用酒店的一次性洗漱用品，但是客人每天拆开一支新牙刷包装后却只使用里边的牙膏，而牙刷孤零零地躺在包装袋中。她想，可能是这位外宾觉得酒店为他提供的牙刷令他感到满意且质量很好，所以这几天一直只使用一把牙刷，但客人又没有自带牙刷，所以只好拆了一个又一个牙刷包装只是为了使用里边的牙膏。小王觉得客人喜欢用酒店的洗漱用品是件好事，但经常这样只用牙膏不用牙刷，不是形成一次性浪费吗？因此，小王想，不如为客人加一管牙膏，既方便客人使用，同时又节约了酒店的一次性成本，正好两全其美。于是她在客房中心的帮助下为客人加了一管牙膏，没想到客人对此做法非常满意，小王也感到非常欣慰。

**问题：**

案例中服务员小王的做法有哪些地方值得我们学习？

### 案例二：令人惊喜的插座

有一天，酒店客房服务员小徐在清洁套房时，无意中听到客人林总在客厅的卫生间自言自语地说："如果有个能插吹风筒的插座就好了。"其实，套房卧室的卫生间除了配有吹风筒外，还都有一个"须刨"插座和一个备用的插座，而林总恰好喜欢使用自己的吹风筒，并在客厅的卫生间使用。小徐想现在客人有需求，就应该满足他。于是林总外出后，小徐立刻联系工程部将客厅卫生间里的备用插座开通了。下午，林总回来在走廊遇见了小徐，小徐微笑地告诉林总客厅卫生间里也有插座可以使用，如有问题请马上通知她。小徐的一番话令客人发愣了半天，他对小徐的"未卜先知"感到不可思议，惊喜之余激动地向小徐连声道谢。其实，酒店在为顾客提供优质服务的过程中，并不意味着一定要为顾客提供多少额外的或附加的服务。有时候，顾客在消费的每个过程中，哪怕只获得一点点的"惊喜"，他们的满意度就会大大提高。因此，在酒店服务的过程中，要十分重视给顾客带来惊喜的服务，牢牢把握服务过程的质量管理这一关。

**问题：**

案例中服务员小徐的做法有哪些地方值得我们学习？

# 参考文献

References

[1] 黄志刚.前厅服务与管理[M].北京:北京大学出版社,2012.
[2] 尹寿兵.前厅与客房管理[M].合肥:安徽人民出版社,2009.
[3] 贺湘辉,徐文苑.酒店前厅管理实务[M].3版.广州:广东经济出版社,2011.
[4] 贺湘辉,徐文苑.饭店客房管理与服务[M].北京:北京交通大学出版社,2005.
[5] 李锦.饭店前厅与客房管理实务[M].北京:对外经济贸易大学出版社,2010.
[6] 滕宝红,李建华.酒店前厅服务员技能手册[M].北京:人民邮电出版社,2009.
[7] 郑燕萍.前厅客房服务与管理[M].厦门:厦门大学出版社,2011.
[8] 袁文平.前厅技能实训[M].天津:天津大学出版社,2010.
[9] 孟庆杰.前厅与客房管理[M].北京:旅游教育出版社,2008.
[10] 孟庆杰,宋华清,刘颖.前厅与客房管理[M].北京:旅游教育出版社,2011.
[11] 祝红文.前厅实务[M].重庆:重庆大学出版社,2009.
[12] 郑宏博,付启敏.前厅服务与管理[M].3版.大连:东北财经大学出版社,2008.
[13] 张永华.前厅服务与管理[M].西安:西北工业大学出版社,2010.
[14] 赵忠奇.前厅及客房服务与管理[M].北京:冶金工业出版社,2008.
[15] 黄莉.客房服务与管理[M].长沙:湖南大学出版社,2014.
[16] 吴学群.客房服务与管理[M].南昌:江西高校出版社,2008.
[17] 付迎.旅游饭店客房服务与管理[M].北京:对外经济贸易大学出版社,2008.
[18] 王丹红.前厅与客房服务技术[M].北京:中国纺织出版社,2009.
[19] 王伟.客房服务与管理创新[M].北京:旅游教育出版社,2008.
[20] 欧阳驹,沈永青.前厅、客房服务与管理[M].武汉:武汉理工大学出版社,2011.
[21] 徐文苑.酒店客房管理实务[M].广州:广东经济出版社,2008.
[22] 郭胜,董静.前厅客房服务与管理[M].北京:中国商业出版社,2005.
[23] 张青云.前厅客房服务与管理[M].北京:北京大学出版社,2013.
[24] 叶红,林枫.客房服务与管理实务[M].北京:北京大学出版社,2010.
[25] 马涛,李少斌.客房服务与管理[M].西安:西北工业大学出版社,2011.
[26] 韦小良.客房服务与管理[M].武汉:武汉大学出版社,2011.
[27] 沈忠红,石莹.现代酒店前厅客房服务与管理[M].2版.北京:人民邮电出版社,2010.
[28] 梭伦.客房管理实务[M].北京:中国纺织出版社,2009.

[29] 梭伦,肖云山.新编酒店客房管理[M].南京:江苏美术出版社,2013.
[30] 刘伟.现代饭店房务运营与管理[M].2版.北京:中国旅游出版社,2009.
[31] 刘伟.现代饭店客房部服务与管理[M].广州:广东旅游出版社,2000.
[32] 汝勇健.客房管理实务[M].北京:旅游教育出版社,2010.
[33] 于水华.酒店前厅与客房管理[M].北京:旅游教育出版社,2011.
[34] 郭一新.酒店前厅客房服务与管理实务教程[M].武汉:华中科技大学出版社,2010.
[35] 仇学琴.饭店前厅客房服务与管理[M].天津:南开大学出版社,2011.
[36] 王华.前厅客房服务与管理[M].北京:北京大学出版社,2009.
[37] 唐飞,方雅贤,曹洪珍.酒店前厅与客房管理[M].北京:清华大学出版社,2012.
[38] 姜文宏,刘颖.前厅客房服务[M].2版.北京:高等教育出版社,2015.
[39] 秦承敏,王常红.前厅客房服务与管理——理论、实务、案例、实训[M].大连:东北财经大学出版社,2011.
[40] 黄志刚.前厅服务与管理[M].北京:北京大学出版社,2012.
[41] 黄莉.客房服务与管理[M].长沙:湖南大学出版社,2014.
[42] 吴学群.客房服务与管理[M].南昌:江西高校出版社,2008.
[43] 李雯.酒店客房部精细化管理与服务规范[M].北京:人民邮电出版社,2009.
[44] 叶秀霜,沈忠红.客房运行与管理[M].杭州:浙江大学出版社,2009.
[45] 文通.新编现代酒店客房人员培训与星级服务标准[M].北京:中国纺织出版社,2008.

# 教学支持说明

全国普通高等院校旅游管理专业类"十三五"规划教材系华中科技大学出版社"十三五"规划重点教材。

为了改善教学效果，提高教材的使用效率，满足高校授课教师的教学需求，本套教材备有与纸质教材配套的教学课件（PPT电子教案）和拓展资源（案例库、习题库视频等）。

为保证本教学课件及相关教学资料仅为教材使用者所得，我们将向使用本套教材的高校授课教师和学生免费赠送教学课件或者相关教学资料，烦请授课教师和学生通过电话、邮件或加入旅游专家俱乐部QQ群等方式与我们联系，获取"教学课件资源申请表"文档并认真准确填写后发给我们，我们的联系方式如下：

地址：湖北省武汉市东湖新技术开发区华工科技园华工园六路

邮编：430223

电话：027-81321911

传真：027-81321917

E-mail：lyzjjlb@163.com

旅游专家俱乐部QQ群号：306110199

旅游专家俱乐部QQ群二维码：

群名称：旅游专家俱乐部
群　号：306110199

# 教学课件资源申请表

填表时间：_____年___月___日

1. 以下内容请教师按实际情况写，★为必填项。
2. 学生根据个人情况如实填写，相关内容可以酌情调整提交。

| ★姓名 | | ★性别 | □男 □女 | 出生年月 | | ★职务 | |
| --- | --- | --- | --- | --- | --- | --- | --- |
| | | | | | | ★职称 | □教授 □副教授 □讲师 □助教 |
| ★学校 | | | | ★院/系 | | | |
| ★教研室 | | | | ★专业 | | | |
| ★办公电话 | | 家庭电话 | | | | ★移动电话 | |
| ★E-mail（请填写清晰） | | | | | | ★QQ号/微信号 | |
| ★联系地址 | | | | | | ★邮编 | |

| ★现在主授课程情况 | 学生人数 | 教材所属出版社 | 教材满意度 |
| --- | --- | --- | --- |
| 课程一 | | | □满意 □一般 □不满意 |
| 课程二 | | | □满意 □一般 □不满意 |
| 课程三 | | | □满意 □一般 □不满意 |
| 其 他 | | | □满意 □一般 □不满意 |

| 教 材 出 版 信 息 | | |
| --- | --- | --- |
| 方向一 | | □准备写 □写作中 □已成稿 □已出版待修订 □有讲义 |
| 方向二 | | □准备写 □写作中 □已成稿 □已出版待修订 □有讲义 |
| 方向三 | | □准备写 □写作中 □已成稿 □已出版待修订 □有讲义 |

请教师认真填写表格下列内容，提供索取课件配套教材的相关信息，我社根据每位教师/学生填表信息的完整性、授课情况与索取课件的相关性，以及教材使用的情况赠送教材的配套课件及相关教学资源。

| ISBN(书号) | 书名 | 作者 | 索取课件简要说明 | 学生人数（如选作教材） |
| --- | --- | --- | --- | --- |
| | | | □教学 □参考 | |
| | | | □教学 □参考 | |

★您对与课件配套的纸质教材的意见和建议，希望提供哪些配套教学资源：